김창훈 교수 강해설교 시리즈 ❹

로마서

복음의 하나님 중심적 이해와 적용

Romans _
Its Meaning
and Application

김창훈 교수 강해설교 시리즈 **4**

로마서

복음의
하나님 중심적 이해와 적용

발행자 • 2018. 9. 15.

저 자 • 김창훈
발행인자 • 김미정

펴낸곳자 • 호밀리아
출판등록자 • 25100-2011-000033호
서울 노원구 상계2동 1282 상계2차 중앙하이츠 201-2002
총판처 • CLC 영업부 031)942-8761

가격은 표지 뒤에 있습니다.
잘못 만들어진 책은 바꾸어 드립니다.
이 책은 저작권법의 보호를 받는 저작물이므로 무단전재 및 무단복제를 금합니다.

머리말

로마서 강해를 시작하면서 …

로마서는 성경의 어느 책보다도 신앙의 뼈대 또는 기초를 세우는 데 중요한 가르침을 담고 있습니다. 특히 로마서는 구원의 교리를 분명하면서도 자세하게 설명해 주고 있습니다. 얼마 전에 소천하신 유명한 학자요 설교자인 존 스토트는 "로마서는 복음에 대해 가장 온전하고 분명하며 가장 웅대하게 설명하고 있다"고 했습니다.

로마서는 교리적인 내용을 단순히 지적으로만 가르치는 책은 아닙니다. 로마서는 기독교 역사에서 커다란 발자취를 남긴 많은 위대한 믿음의 사람들의 신앙과 삶에 결정적인 영향을 주었던 책입니다. 사도 바울 이후 종교개혁까지 가장 위대한 신학자로 여겨지는 어거스틴, 종교 개혁의 대표적인 사람들인 루터와 칼빈 그리고 감리교의 창시자인 웨슬리 등의 신앙과 삶에 획기적인 변화를 주었습니다.

저는 로마서를 설교하면서 두 가지 소원을 갖습니다. 하나는 로마서를 통해 우리의 신앙의 기초가 점검되고 굳게 세워지기를 원합니다. 다른 하나는 로마서를 통해 우리 신앙과 삶에 근본적인 변화와 온전한 성숙이 이루어지지 원합니다. 여러분들도 그냥 말씀을 듣지 마시고 이 두 가지 소원을 가지고 사모하면서 말씀을 들었으면 좋겠습니다. 하지만 문제가 있습니다. 그것은 로마서를 이해하기가 쉽지 않다는 것입니다. 혹시 여러분들이 경험하셨는지 모르겠지만, 로마서는 더 깊고 더 자세하게 읽으려고 시도하면 할수록 더욱 더 미궁에 빠지는 경우가 많습니다. 또한 로마서 안에 있는 중요한 주제들에 대해 많은 신학적 논란이 있고, 로마서 본문의 해석에도 다양한 견해들이 있습니다. 물론 많은 신학적인 논의들 가운데 성도들이 알아야 할 부분도 있고, 알 필요가 없는 부분도 있습니다.

이번에 강해하면서 필요하다면 종종 어렵다고 느껴지는 부분까지도 간략하게나마 다루려고 합니다. 제가 그렇게 하기로 결정한 계기가 있습니다. 영국 기독교 역사에서 가장 탁월한 설교자 가운데 한 사람으로 마틴 로이드 존스라는 목사님이 있는데요, 그분은 12년 동안 주일 아침에 연속적으로 로마서를 강해하였습니다. 그가 로마서를 강해한 것이 열 몇 권의 책으로 출판되었는데, 우리말로도 번역되어 있습니다. 또한 얼마 전에 소천하신 옥한흠 목사님도 사랑의 교회에서 주일 아침에 2년여에 걸쳐 로마서를 강해했는데, 역시 책으로 출판되었습니다. 그 두 분의 책을 보면, 주일 낮 설교인데도 제가 생각할 때 이 부분까지 다루어야 되나 할 정도로 깊은 신학적인 부분까지 설명되어 있습니다. 그래서 '우리 교회에서도 할 수 있겠다'고 생각되었습니다. 뿐만 아니라 저는 수요 예배에서 로마서를 강해하니까 좀 더 편안하게 깊이 있는 부분을 다룰 수 있지 않을까 생각합니다.

물론 로마서는 학자들을 대상으로 쓴 신학 논문이 아니고 바울이 로마 교회에 보낸 편지입니다. 다시 말해, 당시 로마 교회의 특정한 상황을 염두 해 두고 그들에게 필요한 내용을 기록하였고, 당시 로마 교회의 성도들이 읽으면 충분히 이해할 수 있는 내용들이었습니다. 단지 당시 로마 교회의 상황에 대해 우리가 다 알지 못하고, 또한 당시의 문화와 언어가 오늘날 우리의 문화와 언어가 다르기 때문에 이해하기 어려운 부분들이 있는 것입니다(본문 중에서).

김 창 훈

목 차

1. 로마서 1:1-7
   하나님의 복음 _ 7
2. 로마서 1:8-17(1)
   다시 들어야 할 복음 _ 25
3. 로마서 1:8-17(2)
   복음의 능력 _ 43
4. 로마서 1:18-32
   하나님의 진노 _ 61
5. 로마서 2:1-11
   진리대로(행한 대로) 심판하시는 하나님 _ 81
6. 로마서 2:12-29
   공평하게 은밀한 것을 심판하시는 하나님 _ 99
7. 로마서 3:1-20
   죄의 세력 아래서 _ 117
8. 롬 3:21-31
   하나님의 의 _ 135
9. 로마서 4:1-17
   믿음으로 의롭다하시는 하나님의 은혜 _ 153
10. 로마서 4:17-25
    전능하시고 신실하신 하나님 _ 173
11. 로마서 5:1-11
    의롭게 된 자가 누리는 복 _ 191

12. 로마서5:12-21

    더 큰 은혜와 생명의 왕 노릇 _ 209

13. 로마서 6:1-11

    그리스도와 연합 _ 231

14. 로마서 6:12-21

    은혜 아래 있는 삶 _ 249

15. 로마서7:1-13

    그리스도 안에 있는 자에게 율법은? _ 269

16. 로마서 7:14-25

    오호라 나는 곤고한 사람이라 _ 289

17. 로마서 8:1-8

    결코 정죄함이 없나니 _ 309

18. 로마서 8:9-18

    영광스러운 소망과 삶 _ 327

19. 로마서 8:19-30

    '이미' 그리고 '아직' 사이에서 _ 349

20. 로마서 8:31-39

    끊어질 수 없는 하나님의 은혜와 사랑 _ 373

21. 로마서 9:1-33

    창조주 하나님의 신비와 주권 _ 395

22. 로마서 10:1-21

    의로우신 하나님 더 알아가기 _ 413

23. 로마서 11:1-36

    역사의 주인이신 하나님 _ 431

로마서 1:1-7

하나님의 복음

※ 설교 주제: 복음은 하나님께서 주도적으로 진행하시고 완성시키셨고, 은혜와 사랑으로 우리에게 이르게 되었다.

※ 설교 목적: 하나님께서 주도적으로 진행하시고 완성시키셔서 은혜와 사랑으로 우리에게 이르게 된 복음의 성격과 그에 대한 우리의 합당한 자세를 깨닫게 한다.[1]

※ 설교 전개
    로마서를 시작하면서
    인사말
        하나님의 복음
        주 예수 그리스도
        하나님의 은혜와 사랑
        그리스도의 종
        기원

---

[1] 본서에서 '깨닫게 한다'는 것은 단순히 알게 한다는 것만을 의미하지 않고, 그 방향으로 신앙과 삶을 변화시키는 것을 포함한다.

※ 설교 요약

　바울 서신에 나타나는 인사말(발신자, 수신자, 기원)은 그저 형식적인 서론이 아니다. 인사말에는 바울의 신학과 신앙이 잘 반영되어 있다. 로마서의 인사말에서는 간단하지만 복음의 핵심적인 개념들을 소개한다. 특히 로마서에서 바울은 복음의 하나님의 주도성을 강조하기 위해 '하나님의 복음'이라고 명명하였다. 그 하나님의 복음은 주 예수 그리스도에 대한 것이며, 은혜와 사랑으로 우리 각자 각자에게도 임하게 되었다. 우리는 종 된 자세로 은혜와 사랑에 보답해야 하며, 하나님으로부터 기인한 은혜와 평강을 더욱 간절히 사모해야 한다.

로마서를 시작하면서

오늘은 바울이 로마 교회에 했던 기원으로 인사말을 대신 하겠습니다. 7절입니다.

(로마에서) 하나님의 사랑하심을 받고 성도로 부르심을 받은 모든 자에게 하나님 우리 아버지와 주 예수 그리스도로부터 은혜와 평강이 있기를 원하노라!

앞으로 얼마 동안은 로마서를 함께 살펴보겠습니다. 여러분들도 아시는 것처럼, 로마서는 성경의 어느 책보다도 신앙의 뼈대 또는 기초를 세우는데 중요한 가르침을 담고 있습니다. 특히 로마서는 믿음의 교리를 분명하면서도 자세하게 설명해주고 있습니다. 얼마 전에 소천하신 유명한 학자요 설교자인 존 스토트는 "로마서는 복음에 대해 가장 온전하고 분명하며 가장 웅대하게 설명하고 있다"고 했습니다.

그런데 로마서는 교리적인 내용을 단순히 지적으로만 가르치는 책은 아닙니다. 로마서는 기독교 역사에서 커다란 발자취를 남긴 많은 위대한 믿음의 사람들의 신앙과 삶에 결정적인 영향을 주었던 책입니다. 사도 바울 이후 종교개혁까지 가장 위대한 신학자로 여겨지는 어거스틴, 종교 개혁의 대표적인 사람들인 루터와 칼빈 그리고 감리교의 창시자인 웨슬리 등의 신앙과 삶에 획기적인 변화를 주었던 것입니다.

저는 로마서를 설교하면서 두 가지 소원을 갖습니다. 하나는 로마서를 통해 우리의 신앙의 기초가 점검되고 굳게 세워지기를 원합니다. 다른 하나는 로마서를 통해 우리 신앙과 삶에 근본적인 변화와 온전한 성숙이 이루어지기를 원합니다. 여러분들도 그냥 말씀을 듣지 마시고 이 두 가지 소원을 가지고 사모하면서 말씀을 들었으면 좋겠습니다.

하지만 문제가 있습니다. 그것은 로마서를 이해하기가 쉽지 않다는 것입니다. 혹시 여러분들이 경험하셨는지 모르겠지만, 로마서는 더 깊고 자세하게 읽으려고 시도하면 할수록 더욱 더 미궁에 빠지는 경우가 많습니다. 또한 로마서 안에 있는 중요한 주제들에 대해 많은 신학적 논란이 있고, 로마서 본문의 해석에도 다양한 견해들이 있습니다. 물론 많은 신학적인 논의들 가운데 우리 성도들이 알아야 할 부분도 있고, 알 필요가 없는 부분도 있습니다. 이번에 강해하면서 필요하다면 종종 어렵다고 느껴지는 부분까지도 간략하게나마 다루려고 합니다. 제가 그렇게 하기로 결정한 계기가 있습니다. 영국 기독교 역사에서 가장 탁월한 설교자 가운데 한 사람으로 마틴 로이드 존스라는 목사님이 있는데요, 그분은 12년 동안 주일 아침에 연속적으로 로마서를 강해하였습니다. 그가 로마서를 강해한 것이 열 몇 권의 책으로 출판되었는데, 우리말로도 번역되어 있습니다. 또한 얼마 전에 소천하신 옥한흠 목사님도 사랑의 교회에서 주일 아침에 2년여에 걸쳐 로마서를 강해했는데, 역시 책으로 출판되었습니다. 그 두 분의 책을 보면, 주일 낮 설교인데도 제가 생각할 때 이 부분까지 다루어야 되나 할 정도로 깊은 신학적인 부분까지 설명되어 있습니다. 그래서 '우리 교회에서도 할 수 있겠다'고 생각되었습니다. 뿐만 아니라 저는 수요 예배에서 로마서를 강해하니까 좀 더 편안하게 깊이 있는 부분을 다룰 수 있지 않을까 생각합니다.

물론 로마서는 학자들을 대상으로 쓴 신학 논문이 아니고 바울이 로마 교회에 보낸 편지입니다. 다시 말해, 당시 로마 교회의 특정한 상황을 염두 해 두고 그들에게 필요한 내용을 기록하였고, 당시 로마 교회의 성도들이 읽으면 대부분 충분히 이해할 수 있는 내용들이었습니다. 단지 당시 로마 교회의 교회적 상황에 대해 우리가 다 알지 못하고, 또한 당시의 문화와 언어가 오늘날 우리의 문화와 언어가 다르기 때문에 이해하기 어려운 부분들이 있는 것입니다.

인사말

오늘 본문은 소위 '인사말'에 해당합니다. 인사말에는 일반적으로 발신자, 수신자 그리고 문안 인사가 포함되어 있는데, 오늘 본문도 그렇습니다. 로마서의 발신자는 바울이고, 수신자는 로마에 있는 교회입니다. 문안 인사는 7절에 있습니다. 학자들은 바울 서신에서 인사말은 단순히 형식적인 인사말이 아니라고 합니다. 조금 있다가 살펴보겠지만 바울 서신의 인사말에는 바울의 신학과 신앙이 아주 잘 반영되어 있습니다. 그래서 어떤 분들은 바울의 인사말을 가지고 바울의 신학과 신앙에 대한 학위 논문을 쓰기도 하였습니다.

로마서의 인사말은 사도 바울이 쓴 다른 서신들의 인사말보다는 깁니다. 로마서는 다른 서신들과는 다르게 인사말을 하면서 복음에 대해 간단하지만 핵심적인 내용을 소개하고 있습니다. 다음 주에 1:8-17에 대해 말씀을 나누면서 좀 더 구체적으로 언급하겠지만, 그것은 바울이 로마 교회에 무엇보다도 필요한 것이 복음에 대한 바른 가르침과 깨달음이라고 생각했기 때문입니다.

이제 본문을 보겠습니다. 1절입니다.

> 예수 그리스도의 종 바울은 사도로 부르심을 받아 하나님의 복음을 위하여 택정함을 입었으니

바울은 발신자인 자신을 소개하고 있습니다. 자신을 누구라고 소

개합니까? 세 가지로 소개합니다. 바울은 자신을 '예수 그리스도의 종이요' '사도로 부르심을 받은 사람이요,' 그리고 '하나님의 복음을 위해 택정함을 받은 사람'이라고 합니다.

하나님의 복음

다른 서신에서는 발신자를 언급한 다음에 곧바로 수신자를 언급하는데 오늘 본문에서는 2-4절까지 '하나님의 복음'에 대해서 구체적으로 설명합니다. 원어에 보면 하나님의 복음이라는 말을 관계대명사로 연결하여 설명하고 있습니다(우리가 잘 알고 있는 것처럼, 관계 대명사는 앞의 (대)명사를 보충 설명하는 기능을 갖고 있습니다). 대부분의 영어 성경에서도 그 부분을 관계 대명사로 번역하고 있습니다.

먼저 우리가 주의 깊게 보아야 할 것은 바울이 단순히 '복음'을 위해 택정함을 받은 자라고 하지 않고 '하나님의 복음'을 위해서 택정함을 받은 자라고 하였다는 것입니다. 왜 그렇게 표현했을까요? 그리고 그것은 무엇을 의미할까요? 하나님의 복음이라는 말은 성경 전체에서 그리고 로마서에서 아주 중요한 개념입니다. 하나님의 복음의 의미를 설명하기 위해서는 어렵지만 로마서가 쓰여 진 헬라어 문법에 대해서 간단하게 말씀드려야 합니다. 우리가 다 아는 것처럼, 여기에서 '하나님의' 할 때의 '의'는 문법적으로 소유격입니다. 헬라어의 소유격은 다양한 구문론적 의미를 가지고 있는데, 여기에서의 소유격은 '기원을 의미하는 주격 소유격' 용법으로 쓰여 졌습니다. 쉽게 이야기하면, '하나님에 관한' 또는 '하나님을 위한' 복음이라기보다는 하나님께서 주어가 되셔서 주도적으로 시작하시고 진행하시고 완성하신 복음을 의미합니다.

인류의 조상 아담이 죄를 지었을 때 하나님께서 구원의 복음을 약속하셨습니다. 그리고 역사가 진행되는 동안 계속해서 약속하시면서 그 일을 진행하셨으며 마침내 하나님이 계획하신 때가 되매 그 일을 완성하셨습니다. 물론 인간들이 반역하기도 하고 대항하기도 하였지만 그 일을 시작하신 하나님께서 그 일을 주도적으로 진행하시고 완성하신 것입니다. 그것을 하나님의 복음이라고 표현한 것입니다. 이해되시죠? 본문 2절에서도 이 복음은 하나님께서 선지자들을 통해 성경에서 미리 약속하신 것이라고 말씀합니다.

주 예수 그리스도

다음으로, 하나님께서 약속하시고 진행하시고 완성하신 하나님의 복음은 한 마디로 우리 주 예수 그리스도에 대한 것이라고 합니다(2, 4절). 3-4절에서는 예수 그리스도에 대해 간략하게 설명되어 있습니다. 3-4절을 함께 읽겠습니다.

> 육신으로는 예수 그리스도가 다윗의 혈통에서 나셨다.
> 성결의 영으로는 부활하여 하나님의 아들로 선포되었다.

3절에서 예수님은 원래 영으로 존재하신 하나님이시지만 '역사 안에서' 그리고 실제로 육체를 가지신 가장 낮고 천한 모습으로 다윗의 가문으로 이 땅에 오신 분임을 말씀합니다. 그 예수님이 부활하심으로 하나님의 아들, 즉 하나님으로 확인되시고 선포되셨습니다(4절). 여기에서 '성결의 영'은 많은 해석학적 논의가 있지만 쉽게 이야기하면 "육신으로는"이라는 말과 대조적인 개념으로 부활하신 이후의 예수님의 존재를 표현하고 있다고 보는 것이 타당합니다. 그러니까 낮고 천한 존재로 오신 예수님이 부활하심으로 원래의 지위를 회복하셔서 거룩하시고 존귀하신 영적인 존재로 인정되시고 선포되셨다는 것입니다. 우리는 복음서를 통해서 실제로 부활하신 예수님은 그 전의 단순히 육체를 입은 사람이 아니라 영광되고 구별된 영적 존재로 변하셨음을 알 수 있습니다.

뿐만 아니라 부활하셔서 하나님의 아들이신 것이 확인되었고 인정되었습니다(하나님의 아들로 인정되었다는 것은 예수님께서 단순한 인간이 아니고 하나님이시요 구원자라는 것을 내포합니다). 물론 예수님께서 다윗의 자손으로 오심과 부활하심도 구약에서 수백 번 이상 약속된 것입니다. 그래서 사도행전에 보면 사도들이 복음을 전하면서 이 부분을 계속 강조하고 있습니다(참고. 행 13:16-41).

여러분, 우리가 믿는 복음 되신 예수님은 어떤 분입니까? 우리의 믿음의 대상이 되신 예수님은 요즈음 우리 주변에서 보는 이단들 같이 우발적으로 우연히 또는 갑자기 나타난 분이 아닙니다. 하나님의 계획과 섭리 가운데서 미리 수천 년 전부터 언제 어디에서 어떻게 나시고 어떻게 사시고 어떻게 죽으시고 어떻게 부활하실 것이 수 백 번 예언되시고, 하나님의 정하신 때가 되어서 그 예언대로 약 2000년 전에 역사 안에서 이 땅에 오신 분입니다. 그리고 33년의 짧은 생애를 사셨지만 우리에게 하나님을 직접 보여주시고 위대한 가르침과 놀라운 능력을 행하시면서 진정한 삶의 모습을 보여주신 분입니다. 그래서 세상의 역사도 예수님을 인류 역사에 가장 위대한 분으로 인정하며 예수님을 기준으로 기원전(BC: Before Christ)과 기원후(AD: Anno Domini)를 구분하고 있습니다.

뿐만 아니라 죽은 자 가운데서 부활하심으로 하나님이시고 우리의 구원자이심을 확증하여 보여주신 분입니다. 예수님께서 승천하신 다음 기독교 2000년 동안 기독교를 반대하고 부인하려고 하는 많은 사람들이 기독교가 허구라는 것을 증명하기 위해서 예수님 부활의 역사성을 조사했습니다. 그러나 객관적으로 조사한 사람마다 그것이 너무나 분명한 역사적 사실임을 고백하지 않을 수 없었습니다. 실제로 부활하신 주님을 만난 사람들은 완전히 다른 사람들이 되었습니다. 그들은 원래 평범한 사람들이었는데 부활하신 주님을 만난 다음에 생명을 걸고 담대하게 예수님의 하나님 되심과 메시아 되심을 생명 걸고 전하지 않을 수 없었습니다.

사랑하는 성도 여러분, 우리는 신기루와 같은 허상을 쫓아가는 사람들이 아닙니다. 또한 믿음은 막연한 것이 아니며 그랬으면 좋겠다고 생각하는 희망 사항도 아닙니다. 우리는 2000년 전에 이 땅에 육체로 오셔서 우리에게 실제로 보여주셨고, 부활하심으로 역사적으로 그리고 객관적으로 하나님이시고 구원자이심이 확인되신 그 예수님을 믿습니다. 이것은 믿음의 핵심적인 요소 가운데 하나입니다. 이 부분들이 분명치 않기 때문에 신앙이 흔들리는 것입니다. 이 사실을 분명히 알고 믿으면 어떠한 상황에서도 우리의 믿음이 흔들리지 않게 될 줄 믿습니다.

하나님의 은혜와 사랑

오늘 본문에서 또 한 가지 눈여겨 볼 것이 있습니다. 그것은 하나님의 복음이 역사적으로 그리고 객관적으로만 나타난 것이 아닙니다. 하나님의 복음이 우리 각자 각자에게도 임했습니다. 우리는 그것을 '은혜' 라고 합니다. 5-6절입니다.

> 그로 말미암아 우리가 은혜와 사도의 직분을 받아 그의 이름을 위하여 모든 이방인 중에서 믿어 순종하게 하나니 너희도 그들 중에서 예수 그리스도의 것으로 부르심을 받은 자니라.

하나님께서 바울에게 은혜로 사도직을 주셨다는 것입니다(중언법: hendiadys- '형용사+명사 대신에 두 개의 명사를 접속사에 연결해서 표현하는 법'). 그리고 이방인들을 믿어 순종케 하셨는데 너희도 부르심을 받았다고 합니다. 누가 그렇게 하셨다고요? 하나님께서 은혜로 바울에게 사도직을 주셨고 이방인들도 믿게 하셨다는 것입니다. 뿐만 아니라 오늘 본문에서 발신자인 바울과 수신자인 로마 교회에 대해 언급하면서 강조되는 것이 있는데 그것은 '하나님의 은혜와 사랑' 입니다.

본문에서 1절을 보면, 바울은 사도로 부르심을 받았고, 하나님의 복음을 위해 택정함을 받았다고 합니다. 문법적으로는 수동태로 되었습니다. 6-7절을 보면 수신자인 로마의 교인들도 하나님의 사랑하심을 받고 성도로 부르심을 받았다고 합니다. 발신자인 바울과 수신자인 로마 교인들이 '주도적인 하나님의 은혜와 사랑에 의해서' 모두 하나님의 백성이 되고 사명을 받은 것임을 계속해서 강조합니다. 그것이 너무도 중요하기에 반복적으로 언급하고 있습니다. 오늘 본문에서만 그렇게 말씀하지 않습니다. 고린도전서 15:9-10에서 이렇게 고백합니다.

나는 사도 중에 가장 작은 자라. 나는 하나님의 교회를 박해하였으므로 사도라 칭함 받기를 감당하지 못할 자니라. 그러나 내가 나 된 것은 하나님의 은혜로 된 것이니 내게 주신 그의 은혜가 헛되지 아니하여 내가 모든 사도보다 더 많이 수고하였으나 내가 한 것이 아니요 오직 나와 함께 하신 하나님의 은혜로라.

디모데전서 1:13-14에서는 이렇게 고백합니다.

내가 전에는 비방자요 박해자요 폭행자였으나 도리어 긍휼을 입은 것은 내가 믿지 아니할 때에 알지 못하고 행하였음이라. 우리 주의 은혜가 그리스도 예수 안에 있는 믿음과 사랑과 함께 넘치도록 풍성하였도다.

바울 서신 전체에 흐르는 대표적인 믿음의 고백 가운데 하나는 자신은 만삭되지 못해 낳은 자 같고, 사도 중에 가장 작은 자이고, 죄인 중에 괴수지만 다시 말해 자신은 전혀 자격이 없고 부족하지만 주도적인 하나님의 사랑과 거저 주시는 은혜로 구원받았다는 것입니다. 또한 자신이 열심이 있고 능력이 있어서 사명을 잘 감당한 것이 아니고 그것도 역시 전적으로 하나님의 은혜와 함께 하심으로 된 것이라고 고백하고 있습니다.

사랑하는 성도 여러분, 바울을 바울 되게 했던 가장 중요한 것 가운데 하나는 하나님의 은혜와 사랑으로 구원 받은 것에 대한 온전한 고백과 감사와 감격입니다. 그 구원의 기쁨과 감격이 그의 생애를 온전히 하나님께 드리도록 하였습니다. 뿐만 아니라 이 세상의 어떤 것도 그 기쁨과 감격을 약화시키거나 흔들 수 없었습니다. 모든 환경과 상황을 초월하는, 아무도 흔들 수 없는 은혜로 구원받은 기쁨과 감사가 있었습니다. 사도행전 16장을 보면, 바울이 실라와 함께 빌립보에서 복음을 전하다가 투옥된 일이 기록되어 있습니다. 바울과 실라는 옷이 벗겨진 채로 아마 온 몸에 피가 절절 흐를 정도로 맞고 지하 감옥에서 차꼬에 채워져 있었을 것입니다. 참으로 억울한 일이고 고통스러운 일이었습니다. 그러나 그런 상태에서 바울이 어떻게 했습니까? 하나님을 찬양했다고 합니다. 그것은 이 세상의 어떤 것으로도 흔들 수 없는 모든 환경과 상황을 초월하는 구원의 기쁨과 감사가 있었기 때문에 가능한 일입니다.

우리도 마찬가지입니다. 내가 구원 받아 지금 여기에서 하나님께

예배드리고 있고 지금 내가 이만큼이라도 할 수 있는 것 모두 다 하나님의 주권적인 사랑과 아무런 조건 없이 거저 주시는 은혜의 결과(선물)인 줄 믿습니다. 복음을 전하다 보면 믿고 싶은데 믿어지지 않는다는 사람들이 있습니다. 예수님 시대에도 그 놀라운 능력을 보면서도 많은 사람들이 믿지 않았습니다. 예수님이 믿어지는 것은 하나님의 전적인 은혜요 사랑인 줄 믿습니다.

한 해를 시작하면서 한 해를 아니 우리의 나그네 인생 전체를 좀 더 의미 있고 주님께 기쁨이 되는 삶을 살기 위해서 우리에게 가장 기본적으로 중요하고 필요한 것은 모든 환경과 상황을 초월해서 나를 구원하신 하나님의 거저 주시는 은혜에 대한 고백과 감사가 넘치는 것입니다. 요즘은 특히 각 가정에서 자녀들의 진학이나 취업으로 인해 아주 민감한 때입니다. 진학이나 취업에 대해 먼저 물어보는 것은 실례라고 하죠? 또한 직장에서도 많은 변화가 있을 때입니다. 아이가 대학에 합격할 수도 있고 떨어질 수도 있습니다. 어떤 일이 잘 될 수도 있고, 잘 되지 않을 수도 있습니다. 성공할 수도 있고, 실패할 수도 있습니다. 원하는 것이 이루어질 수도 있고, 그렇지 않을 수도 있습니다. 그러나 모든 상황과 환경을 초월하는 그 어떤 것에도 결코 흔들리지 않고 영향을 받지 않는 은혜로 구원받은 자의 기쁨과 감사가 우리에게 있어야 할 줄 믿습니다.

그런데 그것이 쉬운가요? 결코 쉽지 않습니다. 우리의 본성 가운데 하나는 자신을 인정하는 것입니다. 아전인수라는 말이 있습니다. 자기 위주로 생각한다는 것입니다. 많은 사람들이 스스로 착각 가운데 살고 있습니다. 또한 우리는 상황과 환경에 지배받기 쉽습니다. 정도의 차이는 있지만 상황과 환경에 지배받지 않는 사람은 없습니다. 목사인 저도 마찬가지입니다. 우리는 또한 배은망덕하기 쉽습니다. 옛날 말에 은혜는 물에 새기고 원수는 돌에 새긴다는 말이 있습니다. 은혜는 쉽게 잊어버린다는 것이죠. 이것은 성경에 기록된 이스라엘 민족을 통해서도 쉽게 확인될 수 있습니다. 이스라엘은 늘 상황에 지배를 받았고, 늘 하나님의 은혜를 망각했습니다. 그래서 하나님을 실망시키고 죄를 범하게 된 것입니다.

그들만 그런가요? 우리 모두도 그렇습니다. 우리도 순간적으로 착각할 수도 있고, 순간적으로 상황과 환경에 지배받을 수도 있고, 순간적으로 배은망덕할 수는 있습니다. 저는 우리 모두가 그렇게 살지 않길 바랍니다. 이제 한 해를 시작하면서 우리는 이렇게 기도해야 할 줄 믿습니다. "하나님, 모든 상황과 환경을 초월하는, 이 세상의 어떤 것도 흔들 수 없는 전적인 은혜와 사랑으로 구원 받은 자의 고백과 감사와 기쁨이 늘 샘솟듯 솟아오르게 하옵소서! 그리고 그것이 저의 전체 삶과 인생을 사로잡을 수 있도록 하옵소서!" 이것이 우리의 가장 기본적이며 중요한 기도의 제목이고 우리의 소원이 되어야 할 줄 믿습니다.

그리스도의 종

또 한 가지 발신자인 바울과 수신자인 로마 교회를 설명하면서 강조하는 중요한 개념이 있습니다. 그것이 무엇이죠? 1절에 바울은 자신을 '그리스도의 종'이라고 합니다. 또한 6절을 보면, 로마 교인들을 그리스도의 것이라고 합니다. 같은 개념입니다. 잘 아시는 것처럼 당시의 종은 사람 취급받지 못했습니다. 물건처럼 사고 팔리는 것이었습니다. 자신의 소유도 없었고, 오직 주인께 순종하는 것밖에 다른 선택이 없었습니다. 바울은 그 용어를 자신에게 그리고 로마 교인들에게 적용하고 있습니다. 그러면 왜 우리가 주님의 종이고 주님의 것입니까? 성경은 거듭 거듭 주님께서 피 값으로 우리를 사셨다고 합니다. 그렇기 때문에 당연히 우리는 주님의 종이요 주님의 소유입니다. 이것 역시 단순한 형식적인 고백이나 설명이 아닙니다. 바울의 편지들에 보면 항상 이 개념이 강조되고 있고, 또한 철저히 예수 그리스도의 종으로 살았습니다. 그는 자신의 야망과 욕심을 모두 다 배설물처럼 내려놓았습니다. 뿐만 아니라 자신에게 맡겨진 일을 오직 주님을 위해서 감당하였고, 자신의 사명을 감당하는데 있어서 죽음도 두려워하지 않았습니다.

사랑하는 성도 여러분, 우리도 역시 주님께서 사신 주의 종인 줄 믿습니다. 많은 사람들이 목사님들을 주의 종이라고 하는데 목사님들만 종이 아닙니다. 모두 다 주의 종인 것입니다. 왜 그렇습니까? 주님께서 십자가에서 값을 지불하고 목사만을 사신 것이 아니고 우리 모두를 사셨기 때문에 우리 모두는 주의 종이고 주님의 것입니다. 그래서 우리 모두는 예수님을 '주님'이라고 부릅니다.

그러면 주님의 종으로서, 그리고 주님의 것으로서 우리는 어떻게 살아야 합니까? 물론 종이라는 신분은 우리에게 많은 것을 요구합니다. 그런데 어떻게 살아야 하는지 너무도 분명하게 말씀하는 성경 구절이 있습니다. 고린도전서 6:19-20입니다.

> 너희 몸은 너희가 하나님께로부터 받은바 너희 가운데 계신 성령의 전인 줄을 알지 못하느냐 너희는 너희 자신의 것이 아니라 값으로 산 것이 되었으니 그런즉 너희 몸으로 하나님께 영광을 돌리라.

하나님께서 값을 지불하고 사신 우리가 어떻게 살아야 한다고 합니까? 우리의 몸으로 하나님께 영광을 돌리는 삶을 살라고 합니다(참고. 롬 14:8). 문맥을 보면, 몸으로 하나님께 영광 돌리는 삶은 성전으로 우리가 세상 사람들과 구별된 삶을 살아야 함을 말씀합니다. 당시 고린도 교회는 세상의 가치관들이 교회에 들어와서 교회를 혼란스럽게 했습니다. 그래서 이 말씀을 주신 것입니다. 우리도 마찬가지입니다. 우리는 주님의 종이요 주님의 것으로서 주님을 위해서 주님의 영광을 위해서 살아야 합니다. 그것이 어떻게 가능합니까? 그것은 세상 사람들과 구별된 삶을 삶으로 가능합니다.

　우리는 세상 사람과 똑같은 삶을 살아서는 안 됩니다. 똑같이 거짓말하고, 똑같이 이기적으로 살고, 똑같이 범법 행동을 해서는 안 됩니다. 우리의 가정과 직장과 사회에서 말과 행동과 생각이 세상 사람과 확연히 구별되어야 합니다. 무엇에든지 참되며, 무엇에든지 경건하며, 무엇에든지 옳으며, 무엇에든지 정결하며, 무엇에든지 사랑받을 만하며, 무엇에든지 칭찬받을 만한 삶을 살아야 합니다(빌 4:8). 그래서 우리의 모습을 통해 우리가 섬기는 예수님을 볼 수 있어야 하고, 우리의 주인 되신 예수님의 모습을 볼 수 있어야 합니다. 그것이 종 된 자의 삶이고, 그것이 주님을 위해 사는 것이고, 그것이 하나님께 영광 돌리는 삶인 줄 믿습니다. 같이 한 번 하겠습니다.

　　　나 OOO는 주님의 종입니다! 주님의 것입니다!
　　　올해도 구별된 삶을 통해 주인 되신 주님께 영광을 돌리는 삶을 살겠습니다!!

기원

그리고 마지막으로 문안 인사를 합니다. 7절 하반절 입니다.

하나님 우리 아버지와 주 예수 그리스도로부터 은혜와 평강이 있기를 원하노라!

바울은 로마 교인들에게 은혜와 평강이 임하기를 기원합니다. 은혜와 평강은 바울의 인사말 가운데 가장 빈번하게 등장하는 일종의 세트입니다. 여기에서 은혜는 값없이 주시는 하나님의 선물을 말합니다. 평강은 헬라말로 '에이레네'이고 히브리말로는 '샬롬'입니다. 그것은 하나님의 은혜로 실제적인 삶에서 경험되는 영적, 육적, 정신적, 물질적 평안, 풍성함, 회복 등을 의미합니다. 이 인사 역시 단순히 형식적인 기원이 아닙니다. 바울은 하나님과 예수 그리스도로 말미암은 은혜가 그의 삶과 신앙과 사역에서 얼마나 필요하고 귀한 것인지 친히 경험했던 사람입니다. 그 은혜로 인해 실제적인 모든 상황에서 평안을 누릴 수 있었고, 그 은혜로 인해 삶의 풍성함을 경험할 수 있었고, 진정한 회복을 경험하였습니다. 바울은 자신이 삶을 통해 실제로 경험했던 은혜와 평강이 자신이 진정 사랑하는 성도들에게 임하기를 진정으로 간절히 원했던 것입니다.

저는 우리 모두도 바울이 항상 가장 간절하게 기원했던 은혜와 평강이 우리의 가장 간절한 기도 제목이 되길 바랍니다. 왜 그렇습니까? 우리 각자 각자와 우리 가정과 우리 교회와 우리나라에 가장 필요하고 중요한 것이 하나님의 값없이 주시는 은혜이기 때문입니다. 무엇보다도 우리는 매일 매일 일상적으로 살아가면서 비록 부족하고 연약하고 받을 자격이 없지만 거저 주시는 하나님의 은혜가 필요합니다. 또한 우리가 해결할 수 없고 감당할 수 없는 일들을 경험할 때도 그것을 극복하기 위해서 절대적으로 주님의 은혜가 필요합니다. 뿐만 아니라 오늘 본문의 말씀대로 흔들리지 않는 견고한 믿음을 갖기 위해서, 구원의 은혜에 늘 감사하며 살기 위해서, 그리고 주의 종으로서 온전히 살기 위해서도 하나님의 은혜가 절대적으로 필요합니다. 오직 하나님의 은혜로만 그 모든 것이 가능한 줄 믿습니다. 한 걸음 더 나아가 그 은혜로 인해 우리 삶의 모든 상황에서 이 세상 어떤 것으로도 얻을 수 없는 진정한 평안과 풍성함과 회복을 경험하게 될 줄 믿습니다. 저는 올 한 해 우리 각자, 우리 가정, 우리나라에 하나님의 은혜가 임하기를 소원합니다. 뿐만 아니라 그 은혜로 인해 모든 상황에서 평안과 풍성함과 회복을 누릴 수 있기를 간절히 바랍니다.

말씀을 맺겠습니다.

오늘 본문은 로마서의 인사말입니다. 인사말을 통해서 하나님께서 우리에게 주시는 교훈이 많습니다. 무엇보다도 저는 우리 모두가 역사적으로 객관적으로 확실하게 증명된 복음 되신 예수님에 대한 흔들리지 않는 견고한 믿음의 고백이 있기를 바랍니다. 또한 상황과 환경을 초월하여 은혜로 구원받은 자에 대한 고백과 감사와 기쁨이 항상 있기 바랍니다. 뿐만 아니라 주님의 종으로 구별된 삶을 통해 하나님의 영광을 드러내는 삶을 살 수 있기를 바랍니다. 그리고 하나님과 예수님으로부터 오는 은혜와 평강이 우리 각자 각자에 우리의 가정에 우리의 직장과 우리 교회와 우리나라 위에 계속해서 경험될 수 있기를 간절히 기도하시기 바랍니다.

※ 로마서 1:1-7의 구조 분석

Paul,
   a bond-servant of Christ Jesus,
   called as an apostle,
   set apart for <u>the gospel of God</u>,
      which He promised beforehand through His prophets in the holy Scriptures, concerning <u>His Son</u>,
         who was born of a descendant of David according to the flesh,
         who was declared the Son of God with power by the resurrection from the dead, according to the Spirit of holiness, <u>Jesus Christ our Lord</u>,
         through whom we have received grace and apostleship to bring about the obedience of faith among <u>all the Gentiles for His name's sake</u>,
         among whom you also are the called of Jesus Christ;

to all who are beloved of God in Rome, called as saints:
Grace to you and peace from God our Father and the Lord Jesus Christ.

로마서 1:8-17(I)
다시 들어야 할 복음

※ 설교 주제: 온전하고 견고한 신앙생활을 위해서 복음을 계속 들어야 하고 복음에 대한 감격이 계속 우리를 지배해야 한다.

※ 설교 목적: 견고하고 온전한 신앙생활과 섬김을 위해 복음의 본질과 핵심을 계속 듣고 묵상하며 감격하는 것이 얼마나 중요하고 필요한지를 깨닫게 한다.

※ 설교 전개
　　　로마 교회의 모습: 어려울 때 진가가 드러나는 믿음
　　　그럼에도 불구하고 다시 들어야 할 복음
　　　복음의 핵심
　　　　1) 관계의 회복으로서 구원
　　　　2) 하나님의 능력(처방)으로서 복음
　　　　3) 오직 믿음으로만

※ 설교 요약
　　바울은 본격적으로 로마 교회에 필요한 복음의 메시지를 전하기 전에 먼저 왜 자신이 로마 교회를 방문해야 하는지, 자신이 로마에

가서 하고 싶은 일이 무엇인지, 그리고 로마서 전체를 통해 자신이 전하고자 하는 복음의 핵심이 무엇인지에 대해 간략하게 언급한다. 특히 로마 교회는 좋은 믿음의 모습을 보여주고 있지만 더욱 견고해지고 온전해지기 위해 여전히 복음을 들어야 했다. 마찬가지로 우리도 온전하고 견고한 신앙생활과 섬김을 위해 복음을 계속 들어야 하고 복음에 대한 감사와 감격이 계속 우리를 사로잡아야 된다.

지난주에는 로마서에 있는 인사말을 함께 살펴보았습니다. 인사말은 발신자, 수신자 그리고 문안 인사가 포함되어 있습니다. 그것은 그저 형식적인 인사말이 아니었습니다. 그 속에는 사도 바울의 신앙과 신학이 함축적으로 담겨져 있습니다. 그런데 로마서는 다른 서신들과는 다르게 인사말 안에 간략하게 복음을 소개하고 있는데, 바울은 단순히 복음이라고 하지 않고 '하나님의 복음'이라고 소개합니다. 그것은 복음의 성격을 말씀합니다. 다시 말해, 복음이 하나님께서 주도적으로 시작하시고 약속하시고 진행하시고 완성시키신 것임을 강조합니다.

그리고 그 하나님의 복음은 예수 그리스도에 대한 것이라고 말씀합니다. 그 예수님이 다윗의 혈통에서 나셨고, 부활하심으로 하나님의 아들로 선포되었다고 합니다. 이 말씀은 우리 믿음의 대상이신 예수님이 어떤 분인지를 보여줍니다. 우리 주 예수 그리스도는 수 천 년 동안 미리 수 백 번 예언되시고, 역사적으로 2000년 전에 이 땅에 실제로 오신 분이고, 부활하셔서 하나님이시고 구원자 되심이 확인되신 분입니다. 그 예수님이 우리 믿음의 대상이기 때문에 우리의 믿음은 결코 흔들리지 않습니다.

사도 바울은 인사말에서 발신자와 수신자를 설명하면서 두 가지를 강조하고 있습니다. 하나는 발신자나 수신자 모두 하나님의 주도적인 사랑과 은혜와 부르심을 받았고 사명을 받았다는 것이고, 다른 하나는 구원 받은 모든 사람은 예수님의 피 값으로 사신 바 되었기에 그리스도의 종 또는 그리스도의 소유라는 것입니다. 그러면서 바울은 로마 교인들에게 하나님의 값없이 주시는 은혜와 그 은혜로 말미암은 평안과 회복과 풍성함이 임하기를 간절히 기원하고 있습니다.

로마 교회의 모습: 어려울 때 진가가 드러나는 믿음

오늘 본문은 로마서의 서론에 해당합니다. 본격적으로 로마 교회에 전하고자 하는 메시지를 언급하기 전에, 먼저 왜 로마 교회를 방문하려고 하는지, 그리고 그가 가서 하고 싶은 것이 무엇인지 간략하게 서술하고 있습니다. 또한 로마서 전체를 통해 말하고자 하는 메시지의 핵심을 언급하고 있습니다. 아마 다음 주까지 이 부분에 대해서 말씀을 나누어야 할 것 같습니다. 8절입니다.

먼저 내가 예수 그리스도로 말미암아 너희 모든 사람에 관하여 내 하나님께 감사함은 너희 믿음이 온 세상에 전파됨이로다

무엇보다도 바울은 로마 교회의 믿음이 온 세상에 전파된 것에 대해서 감사하고 있습니다. 혹자는 이것이 바울이 편지를 쓸 때 하는 그저 의례적인 격려의 말이라고도 합니다. 물론 그럴 수도 있습니다. 하지만 초대 교회 전체를 보거나 로마 교회 자체를 보아도 그들의 믿음은 인정받고 칭찬받을 만하였습니다. 잘 아시는 것처럼 초대 교회 당시에 예수를 믿는다는 것은 결코 쉬운 일이 아니었습니다. 물론 이 때까지는 아직 박해가 본격적으로 시작되지 않았지만 예수를 믿는다는 것은 오늘날 중동 지역에서 볼 수 있는 것처럼 많은 어려움과 핍박을 각오해야만 가능한 것이었고, 또한 자신들이 누릴 수 있는 많은 권리를 포기하지 않으면 할 수 없는 일이었습니다.

그것은 로마에서도 마찬가지였습니다. 로마 교회가 어떻게 설립되었는지 정확하게는 알 수 없지만, 아마 디아스포라로 흩어져서 로마에 살던 유대인과 유대교로 개종한 이방인들이 오순절에 예루살렘에 왔다가 예수님을 알고 로마로 돌아가서 교회를 세웠을 것이

라는 것이 일반적인 견해입니다(참고. 행 2:10). 역사적 기록에 의하면 AD 49년에 로마 황제 클라우디우스(Claudius: 우리말 성경에는 글라우디오라고 번역되어 있습니다)는 모든 유대인들에게 로마에서 떠나라는 추방령을 내렸습니다. 그것은 크레스투스(Chrestus. 대개 그리스도의 잘못된 철자라고 판단합니다)라는 사람으로 인해 빈번하게 소요가 발생했기 때문이었습니다.

그 당시 상황을 설명하면 이렇습니다, 오순절에 복음을 믿게 된 유대인들이 로마로 돌아와서 예전처럼 유대인의 회당 모임에 참여했습니다. 그런데 복음이신 예수 그리스도를 믿게 된 그들은 가만히 있지 못하고 복음을 전했습니다. 그러나 다른 도시에서와 마찬가지로 로마에 사는 대부분의 유대인들은 복음을 거절했고, 결국 그들 사이에 갈등과 분쟁이 일어났던 것입니다. 그 결과 클라우디우스 황제는 모든 유대인들을 로마에서 추방했습니다. 그 가운데 브리스길라와 아굴라도 있었습니다(행 18:2). 또한 남아 있는 이방인 그리스도인들은 흩어져서 가정 교회를 이루고 있었습니다.

그런데 클라우디우스가 죽고 우리가 잘 아는 네로 왕이 즉위하였을 때 추방당했던 유대인 그리스도인들이 다시 로마로 돌아와서 함께 신앙생활을 할 수 있었습니다. 요약하면, 당시 로마에 있는 그리스도인들은 안정된 삶의 터전을 포기할 정도의 열정과 각오로 신앙생활하고 있었고, 또한 여러 가지 어려운 상황 가운데도 최선을 다해 신실하게 믿음을 지켰습니다. 그것은 당시 세계의 중심지였던 로마에서 일어난 일이었기에 많은 곳에 쉽게 소문이 날 수밖에 없었습니다. 저는 우리 각자 각자가, 우리 광염교회가 그리고 우리 한국교회 전체가 로마 교회와 같이 좋은 믿음으로 하나님께 인정받고 온 세상에 소문이 나기를 원합니다. 그것이 또한 우리 모두의 간절한 소원이길 원합니다.

여기에서 질문 하나 하겠습니다. 진정 인정받고 칭찬받을 만한 믿음인지 아니면 그렇지 않는 믿음인지 언제 가장 확실하게 드러나죠? 그것은 초대 교회의 성도들 그리고 오늘 본문의 로마 교회 성도들이 경험했던 것처럼 손해나 위기의 상황에서, 또는 인간적으로 감당하기 어려운 상황에서 가장 확실하게 드러나는 경우가 많습니다.

물론 평상시에 훌륭하게 신앙생활 하는 것도 중요하고, 또한 평상시에 훌륭하게 신앙생활 하는 분들이 위기의 순간이나 어려움을 당하면서도 좋은 믿음의 모범을 보여주는 경우도 많습니다. 하지만 그렇지 않는 경우도 있습니다. 사람을 상대하다 보면 사람의 성격이나 인격의 진면목도 평상시에는 감추어져 있다가 급한 상황에서 또는 어려움이나 위기 때 드러나는 경우가 많지 않습니까?

또한 우리 자신도 위기나 어려운 상황에서의 자신이 대처하는 모습을 보면서 스스로 깜짝 놀라기도 하고, 그동안 자기 자신을 잘 모르고 있었다는 것을 발견하기도 합니다. 저는 문제와 어려움과 위기는 믿음생활에 있어서 리트머스 종이와 같다고 생각합니다. 리트머스 종이를 대보면 어떤 물질이 산성인지 알칼리성인지를 알 수 있지 않습니까?

마찬가지입니다. 베드로를 비롯한 제자들을 보십시오. 그들은 모든 것을 버리고 주님을 따랐고, 절대로 주님을 부인하지 않겠다고 각오하고 맹세까지 하였습니다. 하지만 어려움을 당하자 다 주님을 부인하고 도망하였습니다. 아마 자신들도 그럴 줄 몰랐을 것입니다. 그것이 그 때 그들의 진정한 신앙의 모습이었습니다. 그런데 나중에 부활하신 주님을 만나고 성령의 능력을 힘입었을 때 그들은 완전히 변했습니다. 죽음도 두려워하지 않는 담대한 믿음을 보여주었습니다.

　사실 요즈음에 우리는 초대 교회와 같은 그런 끔직한 외부의 박해는 없습니다. 그런데 나의 믿음의 수준이 어느 정도인지 확인할 방법은 많습니다. 예를 하나 들겠습니다. 우리가 두 가지 가운데 하나를 선택할 기로에 서 있다고 합시다. 한 쪽은 분명 물질적 현실적 유익이 보장되어 있는 길입니다. 그런데 그것은 하나님께서 별로 기뻐하지 않을 것 같습니다. 반대로 다른 한 쪽은 그것을 선택하면 당장 어려움과 손해가 있지만 그 길은 최소한 나의 판단으로는 하나님께서 참으로 기뻐하시는 길임이 분명합니다.

　여러분, 실제로 우리는 살아가면서, 아이들을 키우면서, 그리고 직장 생활 하면서 그러한 일들을 많이 경험하지 않습니까? 그 때 여러분들은 어떤 길을 택하셨나요? 저는 우리 모두가 순간적으로 손해를 보고 순간적으로 어려워도 항상 하나님께 인정받고 사람들에게 칭찬받을 만 한 믿음의 길을 택하는 믿음의 사람이 되길 바랍니다. 저는 그러한 상황에서 다니엘과 그의 친구들이 우리의 모델이 된다고 생각합니다. 다니엘의 친구들이 무엇이라고 고백하였죠? "이 길을 택하면 하나님께서 분명 나와 함께 하실 것이다. 그러나 '그리 아니하실지라도' 나는 하나님께서 기뻐하시는 길을 택하겠다(단 3:17-18)"고 하였습니다.

　최근 교회 홈 페이지에 은영 자매 이야기가 소개되었습니다. 이번에 이화여대에서 박사학위 논문이 통과되었는데, 통과된 지 얼마 후에 곧 하나님의 부르심을 받았다는 이야기입니다. 졸업 논문이 유작이 되었습니다. 그 자매는 100여 차례의 항암치료를 받았는데, 그 자매는 죽음 앞에서도 하나님과 많은 사람들에게 감사하면서 자신의 일에 최선을 다했고, 끝까지 의연한 믿음의 길을 걸었다고 합니다. 그 자매의 이야기는 많은 사람들에게 감동을 주는 것 같습니다. 여러분, 진정 하나님께 인정받고 모든 사람들에게 칭찬받을 만한 믿음은 그러한 어렵고 힘든 상황에서 드러나는 믿음인 줄 믿습니다.

그럼에도 불구하고 다시 들어야 할 복음

바울은 그렇게 인정받고 칭찬받은 로마 교회를 방문하기 원했습니다. 그저 형식적으로 가기를 원한 것이 아니었습니다. 본문을 보면 그것을 위해 간절히 기도하였고, 실제적으로 여러 번 시도하였다고 말씀합니다(9,10,13절). 왜 그렇게 가기를 원했습니까? 다음 주에 자세히 말씀드리겠지만 한 마디로 하면, 그들을 견고케 하기 위해서였다고 합니다(11절 하). 그리고 그들을 견고케 하기 위해서 바울이 가장 중요하게 하고자 했던 것은 무엇이었습니까? 15절입니다.

> 그러므로 나는 할 수 있는 대로 로마에 있는 너희에게도 복음 전하기를 원하노라

그것은 그들에게 복음을 전하는 것이었습니다. 요약하면 이렇습니다. 로마 교회는 이미 믿음의 소문이 난 교회였습니다. 그럼에도 불구하고 여전히 더욱 견고해질 필요가 있었습니다. 그리고 그들의 믿음을 견고케 하기 위해서 그들에게 가장 필요한 것은 복음을 다시 전하고 듣는 것이었습니다. 그러면 왜 로마 교회는 복음의 본질과 핵심을 다시 자세히 들어야 했습니까? 먼저, 당시의 상황을 보면 우리가 쉽게 알 수 있는 여러 가지 이유가 있었습니다. 무엇보다도 물론 이 때까지는 본격적으로 등장하지는 않았지만 초대 교회에

는 많은 이단들이 있었습니다. 로마 교회도 예외는 아니었습니다. 또한 12장 이하에서 바울이 권면하는 것을 보아서 당시 로마 교회 안에도 여러 가지 해결되어야 할 문제들이 있었습니다. 교회 안에 할례를 통해 구원받는다고 하는 율법주의자들이 있었습니다. 또한 이단이나 율법주의는 아니지만 여전히 복음에 대한 온전한 이해가 부족한 사람들도 있었습니다. 그러한 상황에서 로마 교회의 신앙이 더욱 온전하고 견고해지기 위해 그들에게 중요하게 필요한 것은 바르고 온전한 복음을 자세히 다시 듣는 것이었습니다.

이것은 오늘날도 마찬가지입니다. 그동안 우리 한국 교회에 임한 하나님의 은혜가 너무도 큽니다. 기독교 2000년 역사에 한국교회와 같이 놀라운 부흥을 경험한 교회가 없었습니다. 다른 나라에 가면 많은 사람들이 한국 교회에 대해 궁금해 합니다. 한국 교회의 믿음이 온 세상에 퍼졌다고 해도 과언이 아닙니다. 참으로 감사할 일이 아닐 수 없습니다. 하지만 한국만큼 이단이 많은 나라가 없습니다. 특히 신천지의 기승은 이루 다 말할 수 없습니다. 신천지 때문에 풍지 박산이 난 교회들이 많이 있고, 많은 성도들이 신천지에 넘어가고 있습니다. 뿐만 아니라 종교 다원주의(기독교의 근본진리를 부정하고 모든 종교는 같다고 주장합니다), 혼합주의(기독교인지 불교인지 구분이 안 됩니다) 등이 기승을 부리고 있습니다.

지난 성탄절에 어떤 교회는 (법륜)스님이 와서 예수님이 이 땅에 오신 뜻에 대해 설교했다고 합니다. 그런데 그 분이 우리의 구원자 되시는 예수님이 탄생하신 것에 대해 무엇을 말했겠습니까? 그러면서 그분들은 그 일을 통해 종교 간의 화해가 이루어졌다고 평가하는 것을 보았습니다. 얼마 전에 지관스님이라는 분이 이 세상을 떠났는데 천주교 지도자인 정진석 추기경이 애도의 메시지를 보냈는데 무엇이라고 했는지 아세요? "극락왕생을 기원한다!"

고 하였습니다. 극락왕생이 무엇입니까? "이 세상을 떠나서, 아미타불이 살고 있어 아무런 괴로움과 걱정이 없는 안락하고 자유로운 세상에 가서 다시 태어남"을 의미합니다. 성경을 믿는다고 하는 천주교의 대표자가 성경의 내세관과 전혀 다른 불교적인 내세관으로 조의를 표의한다는 것은 성경의 핵심 메시지를 부인하는 것이고 성경을 심각하게 훼손하는 것입니다.

또한 최근 한국교회는 여러 가지로 어렵습니다. 마이너스 성장을 한 지도 오래 되었습니다. 요즈음 몸살을 앓고 있는 대형 교회들이 자주 매스컴에 오르내리곤 합니다. 성도들의 말이나 행동이 얼마나 거칠고 과격한지 모릅니다. 그들은 하나님을 위하고 교회를 위한다고 하지만 '과연 예수를 믿는 사람들일까?' 하는 의구심이 생기기도 합니다. 저는 최근에 한국 교회와 우리 교단의 여러 가지 안타까운 상황을 보고 들으면서 오는 심적인 고통으로 잠을 이루지 못하는 때가 많습니다.

뿐만 아니라 교회 안에 복음이 왜곡되어 있는 부분도 많습니다. 믿음과 적극적 사고방식이 구별되지 않는 경우도 많습니다. 믿음은 단순히 적극적인 사고를 하면서 돌격 앞으로 하는 것이 아닙니다. 믿음은 모든 상황에서 하나님의 뜻을 묵상하며 하나님의 뜻을 이루는 것을 최고의 목표로 하는 것이고, 하나님으로 인해 자족하는 것입니다.

또한 신앙과 기복주의를 착각하는 경우도 많습니다. 복은 참으로 좋은 것입니다. 기복주의는 물질적/현세적 복이 신앙의 최고 목표가 되는 것을 말합니다. 물론 예수 잘 믿으면 하나님께서 우리의 가정과 자녀와 물질과 범사에 은혜와 복을 주십니다. 그것은 당연한 것입니다. 그러나 반드시 그런 것은 아닙니다. 예수 잘 믿어도 건강에 어려움을 당할 수 있습니다. 예수 잘 믿어도 자녀들의 일이 잘 풀리지 않을 수도 있습니다. 예수 잘 믿어도 가난할 수 있습니다. 예수 잘 믿어도 뜻하지 않는 여러 가지 사고와 재난을 당할 수 있습니다. 실제로 우리 가운데 그런 사람들이 많습니다. 여러분, 믿음의 본질은 단순히 물질적 현세적 복과 풍요가 아닙니다. 그러나 그렇게 가르치기도 하고, 실제로 그렇게 착각하는 분들이 많습니다.

저는 이러한 여러 가지 한국 교회의 상황에서 오늘날 한국 교회에 가장 필요한 것은 복음이 온전히, 바르게 그리고 자세히 다시 전해지고 들려지는 것이라고 믿습니다. 그것이 가장 지혜로운 최선의 방법입니다. 아니 그것이 어쩌면 유일한 해결책이라고 믿습니다. 개인적으로도 마찬가지입니다. 우리의 믿음을 견고케 하기 위한 최고의 처방은 복음을 다시 듣는 것입니다. 뿐만 아니라 더욱 성숙하고 칭찬받는 믿음을 유지하기 위한 최고의 예방약도 역시 계속해서 바르고 온전한 복음의 메시지를 듣는 것이라고 믿습니다.

복음의 핵심

그러면 로마 교회가 다시 들어야 할 복음은 무엇입니까? 16-17절입니다.

> 내가 복음을 부끄러워하지 아니하노니 이 복음은 모든 믿는 자에게 구원을 주시는 하나님의 능력이 됨이라 먼저는 유대인에게요 그리고 헬라인에게로다. 복음에는 하나님의 의가 나타나서 믿음으로 믿음에 이르게 하나니 기록된 바 오직 의인은 믿음으로 말미암아 살리라 함과 같으니라

16-17절은 로마서 전체를 통해서 바울이 말하고자 하는 핵심이

들어 있습니다. 오늘 일부분을 설명하고 다음 주에 좀 더 설명하려고 합니다. 16-17절을 보면 중요한 세 단어가 있습니다. 그것은 '구원,' '능력,' 그리고 '믿음' 이라는 단어입니다.

1. 관계의 회복으로서 구원

먼저, 복음은 구원을 주시는 것이라고 했습니다. 복음이 주는 결과 또는 선물은 구원이라는 것입니다. 여러분, 구원이 무엇이죠? 성경 전체의 관점에서 보면 구원의 근본적인 의미는 '하나님과의 관계 회복'을 말합니다. 원래 우리는 '하나님 안에서' '하나님께서 주시는 은혜'를 먹으며 살도록 지음을 받았습니다. 그것은 나무는 땅 속에 심겨서 땅이 주는 영양분을 공급받으며 살도록 창조되었고, 물고기는 물속에서 물이 주는 영양분을 공급받으며 살도록 되어 있는 것과 같은 원리입니다. 그러나 아담의 죄로 인해 우리 인간은 하나님과 분리되었습니다.

오늘날 우리가 경험하는 모든 고통, 병, 슬픔 그리고 죽음은 모두 하나님과 분리되었기 때문에 발생한 것입니다. 그런데 하나님께서 복음 되신 예수님을 보내시고 그 예수님을 통해 하나님과 분리된 우리에게 하나님과의 관계가 회복되도록 길을 열어 주셨습니다. 그런 차원에서 우리가 구원을 받는다는 것은 하나님과 관계가 회복된다는 것을 의미합니다. 이해되시죠?

그러면 하나님과 관계가 회복되면 어떤 일이 일어납니까? 한마디로 하면, 다시 하나님이 원래 의도하셨던 하나님의 은혜와 복을 누리게 됩니다. 물론 그 속에는 물질적, 정신적, 현실적인 모든 풍성함과 회복이 포함되어 있습니다. 실제로 예수를 믿으면 그런 은혜와 복들을 누리게 됩니다. 그러나 그것이 구원받은 자(하나님과의 관계가 회복된 자)가 누리는 최고의 선물이 아닙니다. 하나님과의 관계가 회복된 자가 누리게 되는 최고의 선물과 복은 무엇이죠? 그것은 만왕의 왕 되시고 역사의 주인 되시는 하나님과 교제하고, 그 하나님을 섬기고 예배할 수 있는 것이고, 궁극적으로 영생을 얻는 것입니다. 이 복은 이 땅에서 잠시 누릴 수 있는 물질적 풍성함과는 비교할 수 없습니다. 그래서 우리 주변의 많은 목회자와 성도들과 선교사님들이 하나님과 교제하는 것이 최고의 복이기에 손해 보는 일이 있어도 기쁨으로 믿음의 길을 택하고, 나그네 인생길에서 하나님을 섬기는 복이 최고라고 생각하기에 복음 때문에 일부러 어렵고 힘든 길을 선택하는 것입니다.

저는 우리 모든 성도들의 최고의 기쁨과 감사가 매일 매일 매 순간 순간 하나님과 교제하고, 하나님을 예배하고 섬기는 데있기를 바랍니다. 우리의 최고의 소망이 하나님께서 주신 영생의 영광스러운 소망에 있기를 바랍니다. 그것이 삶 전체를 지배할 수 있기를 간절히 바랍니다. 왜냐하면 이것이 구원 받은 자가 누리는 최고의 기쁨이요 복이요 선물이고, 또한 이 복을 누리지 못하면 구원받은 자의 진정한 복을 누리지 못하는 것이기 때문입니다.

2. 하나님의 능력(처방)으로서 복음

다음으로, 복음은 하나님의 능력이라고 했습니다. 사랑하는 여러분, 복음은 하나님의 능력인 줄 믿습니다. 실제로 복음이 전파되고 복음이 부딪치는 곳마다 얼마나 놀라운 능력들이 나타나는 줄 모릅니다. 이것은 설명할 필요가 없습니다. 그런데 여기에서 능력은 '듀나미스(δύναμις)'라는 말인데, 이 말은 능력이라는 말의 의미도 있지만 헬라어 사전을 찾아보면, '처방'이라는 의미도 있습니다. 문맥으로 보면 이 의미가 더 잘 어울립니다. 다시 말해, 예수 그리스도는 하나님께서 우리를 구원하시기 위한 하나님의 처방(또는 구원방법)이라는 것입니다. 물론 능력과 처방의 의미는 연결되어 있습니다. 왜냐하면 제대로 처방이 되었다면 처방을 따르기만 하면 능력이 나타나기 때문입니다.

우리 하나님은 스스로 존재하시는 분입니다. 어떤 것에도 지배받지 않으시고 스스로에 지배를 받으시는 분입니다. 그 하나님의 원칙이 있는데 그것은 죄가 그냥 용서되지 않는다는 것입니다. 그것이 구약의 율법에 분명히 드러나 있습니다. 그래서 우리를 죄에서 구원하시기 위해서 하나님이신 예수님을 보내시고, 우리의 죄 값을 지불하기 위해서 십자가에 못 박으셨습니다. 그리고 하나님이 십자가에 못 박히신 예수님을 부활시키심으로 예수님이 구원자이시고 예수님의 십자가가 하나님의 구원 방법이심을 확인시켜 주셨습니다. 우리에게 구원의 길을 주신 것입니다. 그리고 성경은 십자가를 지신 예수님 외에 다른 구원 받을 만한 이를 주신 적이 없다고 너무도 분명히 선포하십니다. 오직 우리 예수님만이 길이요 진리요 생명이라고 말씀합니다.

뿐만 아니라 하나님께서는 십자가 사건을 통해서 하나님이 죄를 얼마나 미워하시는지, 죄의 대가가 얼마나 큰 지를 보여주셨습니다. 또한 십자가 사건을 통해서 우리에 대한 하나님의 사랑과 은혜가 얼마나 큰지도 분명히 보여주셨습니다. 이 십자가의 의미와 은혜와 사랑을 깨달았던 바울은 모든 것을 배설물처럼 여기고 십자가만을 알기로 했고 십자가만을 전하기로 했다고 고백하고 있습니다. 마찬가지로 구원 받은 자로서 복음에 합당한 삶을 살기 위해 가장 중요하고 필요한 것 가운데 하나는 하나님의 처방이요 구원 방법인 십자가의 의미를 깊이 알고 그 십자가에 나타난 하나님의 은혜와 사랑에 감사하고 감격하는 것입니다. 왜냐하면, 우리가 신앙생활하기 어렵고 힘든 이유 가운데 하나는 십자가에 대한 믿음과 깨달음이 없던지 아니면 십자가에 대한 감격과 감사가 사라져 버렸기 때문입니다. 저는 우리 모두가 항상 십자가의 진리를 묵상하고, 십자가의 진리에 대한 기쁨과 감격이 넘치고, 십자가의 진리가 우리의 신앙과 삶 전체를 항상 지배할 수 있기를 간절히 바랍니다. 왜냐하면, 이것이 진정 복음 안에서 사는 것이기 때문입니다.

3. 오직 믿음으로만

세 번째로 구원을 받기 위해 우리가 할 일이 있습니다. 16절에 '모든 믿는 자에게 구원을 주신다'고 하였습니다. 우리가 구원을 얻을 수 있는 유일한 길은 하나님의 구원 방법을 믿음으로 받아들이는 것입니다. 주님께서는 얼마나 돈이 많이 있느냐, 얼마나 좋은 가문에서 태어났느냐, 네가 지금까지 얼마나 선하게 살았느냐, 얼마나 인간적인 능력이 있느냐, 얼마나 많이 공부했느냐를 보시지 않습니다. 얼마나 감사한지 모릅니다.

또한 아무리 교회에 열심히 출석을 하고, 아무리 열심히 봉사를 하고, 아무리 헌금을 많이 해도 십자가와 부활에 대한 분명한 믿음이 없으면 우리는 구원과 상관이 없습니다. 왜냐하면 오직 그 방법만을 구원의 길로 제시하셨기 때문입니다. 하나님께서는 오직 믿음만을 요구하십니다. 하나님의 구원 방법인 십자가의 진리를 믿음으로 받아들이기만 하면 하나님과의 관계가 회복되고 의인이 됩니다. 그래서 하나님의 은혜를 누릴 수 있고, 하나님과 교제할 수 있고, 하나님의 다스림과 통치를 경험할 수 있고, 영생을 선물로 얻게 됩니다.

뿐만 아니라 구원받은 자에게도 여전히 요구되는 것은 믿음입니다. 17절을 보면 "믿음으로 믿음에 이르게 한다"고 하시면서 "의인은 믿음으로 말미암아 살리라"고 하십니다. 여기에서 믿음에서 믿음에 이른다는 것은 여러 가지 해석이 있는데 저는 처음부터 끝까지 오직 믿음이 요구된다는 것을 의미한다고 생각합니다. 또한 의인은 하나님과의 관계가 회복된 자 즉 구원 받은 자를 말씀합니다. "살리라"는 '자오(ζάω)'인데, 이것은 이 땅에 살면서 누리는 풍성함과 영생 모두를 포함합니다. 다시 말해, 구원의 자리에 들어가기 위해서도 믿음이 필요하지만, 구원받은 자가 계속 해서 더 깊은 은혜와 통치를 경험하기 위해서도 오직 믿음이 요구된다는 것입니다. 이 말은 크게 두 가지로 나누어서 생각할 수 있습니다.

먼저, "의인은 믿음으로 산다는 것"은 모든 상황에서 전적으로 하나님을 신뢰함으로(믿음으로) 하나님으로 인하여 기뻐하고 감사하는 삶을 의미합니다. "오직 의인은 믿음으로 말미암아 살리라."는 하나님께서 선지자 하박국에게 주신 말씀입니다. 당시의 상황은 어둡고 힘든 상황이었습니다. 선지자는 낙심하고 좌절되었습니다. 그때 하나님께서 이 말씀을 주셨습니다. 그리고 그는 "비록 무화과나무가 무성하지 못하며 포도나무에 열매가 없으며 감람나무에 소출이 없으며 밭에 먹을 것이 없으며 우리에 양이 없으며 외양간에 소가 없을지라도 나는 여호와로 말미암아 즐거워하며 나의 구원의 하나님으로 말미암아 기뻐하리로다(합 3:17-8)."고 고백하고 있습니다. 그러니까 의인은 믿음으로 산다는 것은 모든 상황에서 하나님을 신뢰하고 하나님으로 인하여 기뻐하는 삶을 의미합니다.

다음으로, 의인은 믿음으로 산다는 것은 나를 철저히 부인하고 하나님께서 주시는 은혜와 능력과 힘으로 신앙생활하고 사는 것을 의미합니다. 구원을 얻을 때만 믿음으로 하고 그 이후의 신앙생활을 나의 수고와 노력과 결단으로 하는 것이 아니라는 것입니다. 물론 우리의 신앙생활에서 우리의 수고도 필요하고 노력도 필요하고 결단도 필요합니다. 그러나 나의 노력과 수고와 결단만을 가지고 신앙생활을 하고 신앙과 삶의 열매를 맺으려고 하면 더 큰 좌절과 실망만을 경험할 수밖에 없습니다. 우리가 잘 아는 찬송이 있습니다.

> ♪ 빈 손들고 앞에가 십자가를 붙드네.
> 의가 없는 자라도 도와주심 바라고
> 생명 샘에 나가니 나를 씻어 주소서!! ♪

하나님께서는 지금까지의 나의 열매, 공로, 수고, 열심조차도 하나님의 은혜임을 인정하고, 가장 겸손하게 무릎 꿇고 하나님을 온전히 의지하고 도움을 구하는 것을 가장 기뻐하시는 줄 믿습니다. 여러분, 구원을 얻고 하나님과 관계가 회복되기 위해서 그리고 더 큰 은혜의 자리로 나아가기 위해서 우리에게 필요한 것은 오직 믿음입니다. 처음부터 끝까지 믿음이 요구됩니다. 저는 우리 모두가 하나님의 구원 방법인 예수님의 십자가를 믿음으로 받아들이기 원합니다. 그리고 더 큰 은혜의 자리에 나아가기 위해서도 모든 상황에서 하나님을 신뢰하고 또한 철저히 하나님을 의지함으로 신앙 생활하시기 바랍니다. 이것이 복음 안에서 믿음으로 사는 자의 삶인 줄 믿습니다.

말씀을 맺겠습니다.

오늘 본문은 로마서의 서론인데, 여기에서 바울은 그가 왜 로마에 가야 하는지, 그가 가서 하고 싶은 일이 무엇인지 그리고 그가 전하려는 메시지의 핵심이 무엇인지 말씀합니다. 로마 교회가 믿음에 있어서 칭찬받는 교회였지만 복음을 다시 들어야 했던 것처럼, 오늘날 우리에게도 가장 필요하고 중요한 것은 복음을 듣고 또 듣는 것이라고 말씀드렸습니다. 또한 본문은 로마서에서 바울이 말하고자 하는 핵심이 들어 있습니다. 복음은 모든 믿는 자에게 구원을 주시는 하나님의 능력이라고 말씀합니다. 저는 복음이 요구하는 진정한 신앙생활은 하나님과의 교제의 기쁨, 하나님을 섬기는 기쁨, 그리고 영광스러운 소망, 그리고 십자가에 대한 감사와 감격이어야 한다고 말씀드렸습니다. 뿐만 아니라 구원을 받기 위해서도 그리고 구원 이후에 더 큰 은혜의 자리에 나아가기 위해서도 처음부터 끝까지 믿음이 요구된다고 말씀드렸습니다. 그 믿음이 우리 모두에게 있기를 간절히 바랍니다.

로마서 1:8-17(2)
복음의 능력

※ 설교 주제: 빚진 자의 심정으로 복음을 전하고, 복음의 능력을 경험하자.

※ 설교 목적: 빚진 자의 심령으로 복음을 전하며 살고, 항상 복음의 능력을 경험하는 신앙생활을 하도록 촉구한다.

※ 설교 전개
    언약 관계에 신실하신 하나님
    복음의 빚 진자
    복음의 능력
        1) 은사의 공유
        2) 신앙과 삶의 열매
        3) 성도 상호간의 격려

※ 설교 요약
    사도 바울이 쉽지 않은 상황에서도 계속해서 로마 교회를 방문해서 복음을 전하고자 하는 이유가 있었다. 먼저 자신의 관점에서 보면, 복음에 관하여 하나님께 빚진 자의 심정이 있었기 때문이었

다. 그리고 로마 교회의 관점에서 보면, 복음의 능력을 믿었기 때문이었다. 다시 말해, 복음을 통해 신령한 은사를 경험하게 되고, 신앙과 삶의 열매가 맺혀지고, 또한 성도 상호 간의 격려와 회복이 있을 것을 분명히 믿었기 때문이었다. 마찬가지다. 우리도 복음에 제대로 부딪쳐서 복음을 통해 신령한 은사를 경험하고, 신앙과 삶에 변화를 경험하고, 성도 상호 간의 격려와 회복을 경험해야 한다. 뿐만 아니라 빚 진자로서 복음을 전해야 하고 복음을 전하면서도 항상 복음의 능력을 경험할 수 있어야 한다. 복음은 능력이다!!

지난주에 이어 오늘도 로마서의 서론을 함께 보면서 은혜를 나누겠습니다. 바울은 본격적으로 로마 교회에 필요한 복음의 메시지를 전하기 전에 먼저 왜 자신이 로마 교회를 방문해야 하는지, 자신이 로마에 가서 하고 싶은 일이 무엇인지, 그리고 로마서 전체를 통해 자신이 전하고자 하는 복음의 핵심이 무엇인지에 대해서 간략하게 언급하고 있습니다.

로마 교회는 여러 가지 어려운 상황에서도 최선을 다해 믿음을 지켰습니다. 이 때문에 그들의 믿음은 좋은 소문이 났습니다. 그러나 이 땅에 완벽한 교회는 없습니다. 모든 교회는 다 보완되어야 할 부분이 있고, 해결되어야 할 문제들이 있습니다. 로마 교회도 마찬가지였습니다. 뿐만 아니라 외적으로도 많은 이단들과 복음을 방해하는 세력들이 있었습니다. 그러한 상황에서 로마 교회가 더욱 견고해질 필요가 있었는데, 그것을 위한 최선의 방법은 바른 복음을 자세하고 온전히 전하는 것이라고 바울은 판단했습니다.

그가 전하고자 하는 복음은 우리가 잘 아는 대로 로마서 1:16-17에 핵심적으로 요약되어 있습니다. 바울은 한 마디로 "복음은 믿는 모든 사람들에게 구원을 주시는 하나님의 능력"이라고 간단하면서도 분명하게 선포합니다. 여기에서 구원은 '하나님과의 관계 회복'을 의미한다고 했습니다. 능력은 '처방' 또는 '구원 방법'으로 이해하는 것이 문맥에 더욱 합당하다고 했습니다. 그리고 구원 받기 위해 우리가 할 일은 하나님의 유일한 구원 방법인 십자가에 못 박히신 예수님을 '믿는 것'이라고 했습니다.

뿐만 아니라 구원 이후에 더 큰 은혜의 자리에 나아가기 위해서도 여전히 요구되는 것은 오직 믿음이라고 했습니다. 바울은 하박국서에 있는 "오직 의인은 믿음으로 말미암아 살리라"는 말씀을 인용합니다. '의인이 믿음으로 말미암아 산다는 것'은 크게 두 가지를 의미한다고 말씀드렸습니다. 하나는 그 말씀은 선지자 하박국이 고백했던 것처럼 구원받은 자는 모든 상황에서 하나님을 신뢰하고 하나님으로 인해 기뻐하고 감사해야 함을 의미한다고 했습니다. 그 말씀의 또 하나의 의미는 나의 부족하고 연약함을 인정하고 철저하게 하나님을 신뢰하고 의지함으로 하나님의 은혜와 능력으로 신앙생활 하는 것이라고 했습니다.

언약 관계에 신실하신 하나님

또한 바울은 예수 그리스도 안에서 구원받은 하나님의 백성이 더 큰 은혜를 경험하기 위해서도 오직 믿음이 요구되는 근거를 제시하고 있습니다. 17절입니다.

> 복음에는 하나님의 의가 나타나서 믿음으로 믿음에 이르게 하나니 기록된 바 오직 의인은 믿음으로 말미암아 살리라 함과 같으니라

"복음에 하나님의 의가 나타났기 때문"이라고 말씀합니다. '복음에 나타난 하나님의 의'가 구원받은 하나님의 백성이 더 큰 은혜를 경험하기 위해서 오직 믿음이 요구되는 근거라는 것입니다. 그러면 '하나님의 의'는 무엇을 의미합니까? '의'라는 단어는 성경에 많이 등장하는데 성경을 좀 더 의미 있게 이해하기 위해서 그리고 로마서를 온전하고 깊이 이해하기 위해서 '의'라는 단어에 대한 설명이 필요합니다.

일반적으로 많은 사람들은 '의'라는 말을 '도덕적 윤리적 차원에서 옳음'으로 이해합니다. 예를 들어, "너 혼자 의로운 채 하지 말아라"고 한다면 이 말은 '너 혼자 도덕적 윤리적으로 옳은 것처

럼 하지 말라' 것으로 이해하는 것입니다. 또한 성경에 익숙한 많은 분들은 로마서의 주제를 '이신칭의'라고 하면서 의를 '구원'과 같은 말로 이해하기도 합니다. 물론 의역해서 발전적으로 그런 의미가 있는 것은 분명합니다. 그런데 성경에서 의란 단어의 의미에 대해서 학자들의 많은 연구와 논의가 있었는데, 많은 학자들이 '의'라는 단어는 가장 기본적으로 '관계성에 있어서 신실함'을 의미한다는데 동의합니다.

실제로 성경에 등장하는 의라는 단어를 관계성에 있어서 신실함으로 이해하면 쉽고 분명해 집니다. 예를 들어, "먼저 그의 나라와 의를 구하라" "의를 위해서 핍박받는 자는 복이 있다" "요셉은 의로운 사람이라" 등에서 의를 관계성에 있어서 신실함으로 이해하면 그 말씀들의 의미가 더욱 분명해 집니다. 그래서 '의인은 없나니 하나도 없다'고 한 것은 2-3장에서 설명되겠지만 하나님과의 신실한 관계를 위해서 요구되는 것을 행하는 사람이 한 사람도 없다는 것을 의미합니다. 또한 '의인이 되었다'는 것은 하나님과의 신실한 관계에 있어서 요구되는 것을 충족했다는 것을 의미합니다.

그런데 하나님과의 관계에서 신실하기 위해 요구되는 것은 무엇이죠? 그것은 하나님의 처방인 십자가에 못 박힌 예수님을 오직 믿음으로 받아들이는 것입니다. 다른 방법이 없습니다. 오직 '믿음으로 의롭게 되는 것'입니다. 다시 말해, 십자가의 진리를 받아들이는 것입니다. 뿐만 아니라 관계가 회복된 다음에 더 깊은 은혜의 자리에 나아가기 위해서 여전히 요구되는 것도 무엇이죠? 그것도 역시 오직 하나님에 대한 믿음이라는 것입니다. 그래서 '의인은 믿음으로 사는 것'입니다. 이해되시죠?

사랑하는 여러분, 우리는 우리 하나님이 모든 일을 스스로 이루어 가시는, 언약에 신실하신 하나님이신 것을 믿습니다. 그것은 성경을 통해서 그리고 역사적으로도 분명히 나타났습니다. 하나님의 신실하심의 대표적인 샘플은 아브라함과의 언약을 통해 나타났습니다. 하나님께서는 아브라함에게 가나안 땅을 약속하셨습니다. 그리고 약 440년 후에 실제로 가나안 땅을 주심으로 하나님의 신실하심을 보여주셨습니다. 그래서 성경은 자주 이스라엘의 가나안 정복을 아브라함과의 언약의 관점에서 설명하기도 합니다(신 9:4-5). 또한 구약 성경 전체를 통해서도 우리 하나님은 참으로 신실하심을 보여주셨습니다. 하나님께서는 이삭, 야곱, 요셉, 모세, 다윗 그리고 선지자들을 통해 약속하시고 그 약속하신 것을 그대로 이루심으로 참으로 신실하심을 보여주셨습니다.

그런데 하나님께서 언약을 성취하실 때 그들이 똑똑해서 잘나서 신실해서 그것이 가능했습니까? 결코 그렇지 않습니다. 아브라함, 이삭, 요셉, 야곱, 모세, 다윗 그리고 전체 이스라엘을 보아도 언약의 대상자들인 인간들은 항상 부족하고 연약하여 실수도 하고 죄도 지었습니다. 언약이 성취되는 과정에서 그들은 수치도 당하고 처절하게 실패를 경험하게도 하셨습니다. 그러나 하나님께서 그들을 용서하시고, 그들의 연약함과 부족함이 채우시면서 하나님께서 주도적으로 그들과의 언약을 이루셨습니다(참고. 신 9:4-5).

한 마디로, 하나님께서 그들을 용납하시고 받아주심으로 이루어진 것입니다. 그런데 하나님께서 언약을 주도적으로 신실하게 이루어 가심의 절정이 예수 그리스도 안에 있는 복음을 통하여 가장 확실하고 분명하게 드러난 것입니다. 그것을 로마서에서는 '하나님의 복음을 통해 하나님의 의로우심을 보여주셨다' 고 말씀합니다. 그 뿐 아닙니다. 기독교 2000년 역사를 통해서 하나님께서 얼마나 신실하게 교회와 복음을 지키시고 하나님의 일을 이루어 가시는지 너무도 분명히 보여주셨습니다. 그리고 지금도 우리를 통해서 그 하나님의 신실하심이 계속 보여 지고 있습니다. 저에게 가장 감격적으로 고백되어지는 하나님은 신실하신 하나님이십니다. 하나님께서는 한 번도 저를 실망시키지 않으셨습니다. 그것이 저에게만 그렇습니까? 우리 주변에 얼마나 수많은 사람들에게 우리 하나님은 신실하심을 보여주셨습니까?

그렇기 때문에 의인은 신실하신 하나님을 믿음으로 말미암아 삽니다. 다시 말해, 아무리 힘들고 어려워도 도저히 소망이 보이지 않는 상황에서도 낙심하지 않고 하박국 선지자와 같이 신실하신 하나님을 신뢰하고 모든 상황에서 기뻐하고 감사할 수 있는 것입니다. 또한 우리 하나님은 우리의 구원을 스스로 이루시기에 때문에 구원 받은 이후에도 믿음의 사람은 자신의 노력과 수고와 결단으로 신앙생활을 하는 것이 아니라 나의 부족과 연약함을 인정하고 가장 겸손하게 일을 이루어 가시는 하나님을 의지하고 그 하나님이 주시는 은혜와 능력과 힘으로 신앙생활을 해야 합니다. 뿐만 아니라 인간적으로 보기에는 불가능하게 보이는 일이라 할지라도 그 일을 주도적으로 이루어 가시는 신실하신 하나님을 신뢰하기에 믿음으로 하나님께서 원하시고 기뻐하시는 일에 나를 던져서 헌신할 수 있어야 합니다.

로마서 1:17의 말씀과 관련하여 가장 많이 언급되는 분이 바로 종교 개혁자 마틴 루터입니다. 루터는 법학 박사가 되려고 박사과정의 등록을 마치고 돌아오는 중에 천둥과 번개를 만났습니다. 루터는 그 위험 속에서 하나님께서 살려주시면 수도사가 되겠다고 서원합니다. 그리고 무사히 살게 되자 그는 가족들과 주위의 반대를 뿌리치고 하나님께 약속한 대로 모든 것을 버리고 수도원에 들어갔습니다. 수도원에 들어간 이후에 그의 유일한 소원은 선한 하나님을 만나고 구원의 확신을 얻는 것이었습니다. 그는 금식과 기도와 구제와 선행 등 그가 할 수 있는 모든 것을 다 해 보았지만 도저히 하나님께 나아갈 수 없는 너무나 추한 자신의 모습을 보고 처음에는 자신을 증오하게 되고 나중에는 하나님마저 미워하게 됩니다. 그런 고민과 갈등 속에서 루터는 로마서 1:17의 진리를 발견하게 되었습니다. 이 말씀을 통해 그는 우리의 구주가 되시는 예수 그리스도를 믿음으로 하나님께 나아갈 수 있고 죄가 용서된다는 것을 깨닫게 되었습니다. 이 위대한 구원의 진리를 깨달은 루터는 다음과 같은 고백을 하게 됩니다.

> 나는 마치 내가 새로 태어난 것 같았고 천국 문이 활짝 내게 열린 것처럼 느껴졌다. 하나님께서 마련하신 의라는 구절이 내 가슴 속을 미움 대신 형언할 수 없는 위대한 사랑의 달콤함으로 가득 채우게 되었다.

실제로 인생의 깊은 절망과 좌절 가운데서 복음에 대한 부딪침은 그의 삶을 송두리 채 바꾸어 놓았습니다. 또한 복음 안에 있는 하나님의 신실하심에 대한 믿음은 생명의 위협 앞에서도 결코 위축됨이 없이 끝까지 담대하게 진리를 주장하도록 하였습니다. 그가 종교 개혁을 이룰 수 있었던 것은 그에게 탁월한 정치가의 기질이나 혁명가적 기질이 있어서가 결코 아니었습니다. 일개 시골의 수도사인 그가 기독교 역사상 가장 위대한 종교 개혁을 이룰 수 있었던 것은 하나님의 복음에 대한 부딪침과 감격이었고 복음 안에 드러난 하나님의 신실하심에 대한 믿음이었습니다. 사랑하는 여러분, 우리도 역사 복음을 제대로 접하게 되면 삶의 획기적인 변화가 있을 줄 믿습니다. 뿐만 아니라 우리도 하나님의 신실하심을 믿으면 우리를 통해 놀라운 일들이 일어날 것입니다. 왜냐하면 이것이 복음을 제대로 접하고 복음 안에 드러난 하나님의 신실하심을 믿는 사람들에게 당연히 나타나는 변화요 능력이기 때문입니다.

복음에 빚진 자로

이렇게 주도적으로 이루어 가시는 하나님의 신실하심이 드러난 복음을 바울이 로마 교회에 전하기 위해 쉬지 않고 기도하면서 가기를 원했고, 그동안 여러 차례 길이 막혔지만 가서 복음을 전하기 간절히 원했던 이유는 무엇일까요? 그것은 크게 두 가지입니다. 하나는 14절에 언급되어 있습니다. 14절입니다.

> 헬라인이나 야만인이나 지혜 있는 자나 어리석은 자에게 다 내가 빚진 자라

그는 모든 사람에 대해서 복음에 빚진 자였다고 생각했습니다. 우리가 잘 아는 것처럼 바울은 원래 주님을 거역하였을 뿐 아니라 주님을 믿는 사람들을 모질게 핍박하는 사람이었습니다. 그러나 하나님의 값없이 주시는 은혜로 주님을 만났고, 말로 다 표현할 수 없는 놀라운 은혜를 경험하였습니다. 그는 철저히 빚진 자의 심정을 가지게 되었고, 그 빚진 자의 마음이 그의 전 생애와 사역을 지배하였던 것입니다. 저는 복음을 제대로 접하게 되면 당연히 나타나는 현상 또는 결과 가운데 하나가 빚 진자의 심정이라고 믿습니다.

흔히 크게 세 부류의 신앙인이 있다고 합니다. 하나는 채권자의 자세로 신앙생활 하는 사람입니다. 마치 자신이 하나님 앞에서 채권자인 것처럼, 다시 말해, 하나님께서 자신에게 빚진 것이 있는 것처럼 늘 하나님께 "~ 주세요! ~ 주세요!"만 하는 신앙입니다. 그리

고 원하는 대로 주지 않으면 투정을 부리고 원망합니다. 이것은 마치 어린아이들이 부모님께 늘 '주세요! 주세요!' 라고 요구하고, 부모님이 원하는 것을 들어주지 않으면 원망과 불평으로 가득 차 있는 것과 마찬가지입니다.

두 번째는, 일의 결과(대가)로 무엇을 정당하게 요구하는 신앙입니다. 즉, "하나님, 저 이것을 했습니다. 그러니까 이것 주시지요"하는 신앙입니다. 대가를 기대하거나 요구하면서 하나님을 섬기고 다른 사람을 섬기는 신앙입니다. 어떤 장로님께서 이런 말씀을 하신 것을 들었습니다. 자신이 교회 건축을 위해 아파트를 팔아 헌금했는데, 그것을 아파트를 심었다고 표현하는 것이었습니다. 그래서 거두게 하실 것이라는 것입니다. 물론 우리 하나님은 심은 대로 거두게 하시고, 이 정도의 신앙만 되어도 우리 하나님께서는 대견하다고 하실 것입니다. 그러나 이런 신앙도 역시 온전히 성숙한 신앙은 아닙니다. 이것은 자녀들이 어떤 일을 하고 부모에게 어떤 것을 요구하는데, 그것은 지금까지 부모님이 아무런 조건 없이 먹여주고 키워주고 공부시킨 것은 생각지 않고 자신이 한 것만을 강조하는 것과 같습니다. 사실 하나님께서 지금까지 우리에게 주신 은혜를 생각하면 그 어떤 것도 요구할 자격이 없습니다. 그렇죠?

마지막으로 채무자의 심정으로 신앙생활 하는 것입니다. 이 사람은 '어떻게 하면 하나님께 빚을 갚을까?' '내게 주신 은혜를 어떻게 보답할꼬?' 라고 늘 생각하는 신앙입니다. 그 은혜를 갚기 위해 하나님을 섬기고 다른 사람들을 섬기고 봉사합니다. 뿐만 아니라 빚을 갚는 것이 너무도 당연하기 때문에 어떠한 대가도 바라지 않습니다. 혹시 그 대가로 어떤 것을 주시면 그것을 당연하게 생각지 않고 과분하게 생각하고 참으로 감사해 합니다. 또한 받은 은혜가 너무 크다고 생각하기 때문에 불평이 없고, 모든 것이 기쁘고 모든 것에 감사하는 마음이 있습니다. 우리는 부모와 자녀 간에 이런 사람들을 효자라고 합니다. 효자와 같은 부모에 대한 빚진 자의 마음과 자세가 바울에게 있었습니다.

여러분은 어떤 부류의 신앙인지 모르겠습니다. 저는 우리 모두가 채권자를 넘어서, 대가를 요구하는 차원을 넘어서, 바울처럼 하나님께 채무자의 자세로, 빚진 자의 심정으로 신앙생활 하는 성도들이 되기를 바랍니다.

은사의 공유

바울이 그동안 여러 차례 길이 막혔지만 로마 교회에 복음을 전하기 위해 쉬지 않고 기도하면서 가기를 원했던 또 하나의 이유는 복음은 하나님의 능력이 나타나는 처방이기 때문입니다. 그래서 바울은 결코 복음 전하는 것을 부끄러워하지 않았습니다. 그러면 복음을 제대로 전하면 어떤 능력과 변화가 나타날까요? 그것은 너무도 많지만, 바울이 복음을 전함으로 로마 교회에 이루고자했던 목적을 중심으로 알아보겠습니다. 먼저, 11절입니다.

> 내가 너희 보기를 간절히 원하는 것은 어떤 신령한 은사를 너희에게 나누어 주어 너희를 견고하게 하려 함이니

바울은 복음을 전함으로 신령한 은사를 나누어주기를 원했습니다. 교회를 견고케 하기 위해서 신령한 은사를 나누어주는 것이 복음을 전하는 목적이라는 것입니다. 신령한(영적인) 은사가 무엇인지 많은 논란이 있지만, 은사는 기본적으로 그리스도의 몸인 교회를 세우기 위해 그리고 교회 안에 다른 지체들을 섬기기 위해 하나님께서 주시는 선물입니다. 그 구체적인 예들이 로마서 12장과

고린도전서 12장에 대표적으로 설명되고 있습니다.

사도 바울은 그것을 로마 교회에 나누어주기를 원한다고 했습니다. 여러분, 분명한 것은 영적인 은사들은 사람이 주는 것이 아니고, 성령 하나님께서 주시는 것입니다($\delta \acute{\iota} \delta \omega \mu \iota$). 그런데 여기에서 '나누어준다($\mu \varepsilon \tau \alpha \delta \acute{\iota} \delta \omega \mu \iota$)'는 '공유한다'는 의미가 있습니다. 같은 단어가 누가복음 3:11에서 "옷 두 벌 있는 자는 옷 없는 자에게 나눠줄 것이요."라는 말씀에 있습니다. 또한 이 단어는 "구제한다(롬 12:8)"는 의미로도 쓰입니다. 모두 자신에게 있는 것을 남과 공유한다는 의미입니다. 그러니까 영적인 은사를 나누어 준다는 것은 바울이 직접 준다는 것이 아니라 하나님께서 사도로서 자신에게 교회와 성도들을 섬기도록 성령께서 주신 많은 은사들이 있는데 그 은사들을 성도들과 공유하고 싶다는 것을 표현하고 있습니다. 그것은 또한 로마 교회 성도들과 교회를 견고하게 하기 위해서 은사에 따라 교회를 섬기게 하겠다는 것을 의미합니다.

실제로 이 은사에 대한 부분이 로마 교회가 해결할 가장 중요한 문제 가운데 하나였습니다. 로마서 12장 이하는 실제적인 삶에 대한 권면인데 거기를 보면 첫 번째로 이 은사에 대해서 말씀하고 있습니다. 12장 1-2절에서 "거룩한 산제사로 드려라. 영적 예배를 드려라. 그리고 변화를 받고 하나님께서 기뻐하시는 뜻을 분별하라"고 한 다음에 3절 이하에서 각각의 지체가 감당해야 할 은사에 대해서 언급하고 있습니다. 그러니까 바울은 복음을 전함으로 각각의 지체가 은사로 주신 지체의 역할을 감당해서 로마 교회가 교회를 든든히 세워질 수 있기를 원했습니다(참고. 엡 4:11-12). 이해되시죠?

여러분, 복음에 제대로 부딪치면 당연히 나타나는 결과 가운데 하나가 빚진 자의 심정이 되어 하나님께서 자신에게 주신 은사를 따라 교회와 성도들을 섬기게 되는 것입니다. 또한 복음에 제대로 부딪치면 자존감이 생깁니다. 자존감이 무엇이죠? 자신의 강점과 약점을 모두 수용하는 것입니다. 다른 사람보다 조금 나은 부분이 있다고 교만하거나 다른 사람보다 조금 부족하다고 의기소침 해 하지 않고 자신에게 주신 은사의 분량을 따라, 교회와 다른 지체들을 섬기고 돕는 것입니다.

그래서 요즈음에 성도들을 평생 주는 것만 받아먹는 어린 아이의 신앙이 아니라 장성한 신앙인이 되어서 교회와 다른 성도들을 섬기며 신앙생활 하도록 시스템을 바꾸려고 하는 교회들이 많습니다. 또한 어떤 교회는 장로님들이나 중직자들 또는 성숙한 성도들이 안주하지 않도록 일부러 개척 교회에 보내어 일정 기간을 섬기도록 하게도 합니다. 저는 바람직한 현상이라고 생각합니다. 사랑하는 성도 여러분, 왜 우리가 은혜를 받아야 하고, 왜 성경을 공부해야 하고, 왜 제자 훈련을 받아야 합니까? 왜 돈을 벌어야 하고 공부를 해야 합니까? 그것을 통해서 하나님을 섬기고 몸 된 교회와 성도들을 섬기기 위해서입니다. 이번 겨울에도 우리 교역자들 공부한다고 하는데 왜 하죠? "공부해서 남 주고, 성도 주자!"는 것이 목표라고 합니다. 바람직한 것입니다.

우리 교회에도 그런 분들이 많이 계시지만 제가 예전에 섬기던 교회에서 어떤 남자 집사님이 일찍 교회에 나와서 기쁨으로 안내하고 주보를 나누어주는 것을 보았습니다. 다른 사람들의 칭찬이나 직분에 대해 전혀 관심을 갖지 않고 섬겼습니다. 또한 어떤 권사님은 식당 봉사를 참으로 헌신적으로 섬기면서, 다른 것은 못하니까 자신이 할 수 있는 것으로 교회를 세우고 성도들을 섬긴다고 말씀하는 것을 들었습니다. 저는 이러한 모습은 복음을 제대로 접하게 될 때 당연히 나타나는 결과요 능력인 줄 믿습니다.

신앙과 삶의 열매

또 한 가지 바울이 복음을 전해서 얻고자 하는 이유가 있었습니다. 그것은 그들 가운데 열매를 맺게 하는 것입니다. 13절입니다.

형제들아 내가 여러 번 너희에게 가고자 한 것을 너희가 모르기를 원하지 아니하노니 이는 너희 중에서도 다른 이방인 중에서와 같이 열매를 맺게 하려 함이로되 지금까지 길이 막혔도다

여기에서 열매를 맺는다는 것은 무엇을 의미합니까? 물론 여기에서의 열매는 안 믿는 사람들이 복음을 듣고 돌아오는 것을 의미할 수 있습니다. 또한 구원 받은 이후에 신앙과 삶 속에 실제적으로 나타나는 변화를 의미할 수도 있습니다. 그 구체적인 내용은 12장 이하에 언급되어 있습니다. 바울은 이런 열매들이 그가 복음을 바르고 온전하게 전함으로 나타나길 원했습니다. 여러분, 복음이 제대로 전파되면 당연히 나타나는 것은 신앙과 삶에 있어서 열매입니다. 복음이 제대로 전파되기만 하면 많은 영혼들이 주님께 돌아오지 않을 수 없습니다. 또한 복음을 제대로 접하면 신앙과 삶이 변하지 않을 수 없습니다. 예수님께서도 복음 되신 예수님께 붙어있으면 당연히 우리의 신앙과 삶에 열매를 맺지 않을 수 없다고 하셨고(요 15장), 열매로 그 신앙을 알 수 있다고 하셨습니다(마 7:20).

감리교의 창시자 웨슬리는 하나님의 은혜를 받아 복음 전하는 자가 되기로 서원하고 열심히 기도하고 전도하였습니다. 미국에 선교사로 가서 인디언들에게 복음을 전하기도 했습니다. 그러나 능력도 나타나지 않고 늘 허전함을 느끼고 그 빈 부분이 채워지지 않는 힘든 신앙생활을 하였습니다. 우연히 어떤 모임에 가서 로마서 전

체를 요약한 마틴 루터의 로마서 서론을 들으면서 복음에 부딪쳤습니다. 그 이 후 그의 삶과 신앙과 사역이 변했고, 기독교 역사에서 위대한 사역자 가운데 한 사람으로 인정되고 있습니다. 저는 우리가 신앙과 삶과 사역 속에서 열매가 맺히기를 원합니다. 그것이 어떻게 가능합니까? 그것은 복음을 제대로 전하고 복음을 제대로 접했을 때 자연스럽게 나타나는 결과요 능력인 줄 믿습니다. 그 은혜가 우리에게 임하기를 바랍니다.

성도 상호 간의 격려

뿐만 아니라 바울은 바른 복음에 기초한 믿음을 통해 피차 안위함(격려함)을 얻게 되기를 원했습니다. 12절입니다.

> 이는 곧 내가 너희 가운데서 너희와 나의 믿음으로 말미암아 피차 안위함을 얻으려 함이라

이 말씀은 크게 두 가지 의미로 해석될 수 있습니다. 하나는 일반적인 관점에서 이해될 수 있습니다. 그것은 바울이 로마에 가서 서로 믿음의 교제를 하고 믿음의 삶을 나눔으로 서로 격려와 위로와 힘을 얻을 수 있다는 의미일 수 있습니다. 물론 그 의미를 배제할 수 없지만, 좀 더 바른 해석은 문맥 가운데서 이해하는 것입니다. 다시 말해, 이 말씀은 로마 교회에 복음이 전해지면 그들이 그 복음을 통해 진정한 격려와 위로를 얻게 되고, 또한 그들이 견고해지면 그것이 또한 바울에게 많은 위로와 격려가 된다는 것을 의미합니다. 실제로 당시 로마 교회는 결코 쉽지 않은 상황에 있었습니다. 교회 안에 어려움이 있었고, 사회에서도 소외되었습니다. 그런데 지난주에 말씀드린 것처럼 바울은 그러한 상황에서 그들을

위로하고 격려하는 최고의 방법이 복음을 전하는 것이라고 생각했습니다.

옥한흠 목사님이 로마서 강해집에서 이런 고백을 하였습니다. 자신이 로마서를 강해했던 이유가 2년 정도 육체적으로 고통을 겪은 다음에 많이 침체되어 있었기 때문이었다는 것입니다. 다시 말해, 힘들고 어려운 상황에서 자신에게 가장 필요한 것이 복음의 감격을 회복하는 것이었기에 스스로 다시 복음의 감격을 회복하기 위해 로마서를 강해할 필요를 느꼈다는 것입니다.

여러분, 복음의 메시지는 우리의 신앙과 삶의 모든 문제를 극복하게 하는 마스터키와 같습니다. 세상의 그 어떤 것도 순간적인 위로와 도움은 되겠지만 근본적인 도움과 해결책은 되지 못합니다. 그러나 복음만 제대로 접하게 되면 해결되지 않을 문제가 없습니다. 교회 생활의 문제, 부부의 문제, 가정의 문제, 자녀의 문제, 다른 사람들과의 문제, 삶의 어려움 등이 모두 복음을 통해서 해결될 줄 믿습니다. 실제로 우리 교회에서도 선포되는 복음을 통해서 얼마나 많은 사람들이 본질적인 면에서 신앙과 삶이 회복을 경험하는지 모릅니다. 이것이 복음의 능력인 줄 믿습니다.

또한 우리가 복음을 통해 견고해지고 열매가 맺히면 자신에게만 유익한 것이 아니라 다른 사람들에게 많은 격려와 위로와 힘과 용기를 줍니다. 무엇보다도 목회자들에게 많은 격려가 됩니다. 여러분, 목회자는 하나님이 아닙니다. 목회자들도 지칠 때가 있고 힘들 때가 있습니다. 바울도 그랬습니다(참고. 고후 11:28-30, 고전 2:3). 목회자가 위로받고 가장 행복하고 보람을 느낄 때는 성도들이 성숙한 모습을 보일 때입니다. 부모 된 입장에서 자녀들을 키울 때 자녀들이 자신의 일을 잘 감당하고 성숙한 모습을 보일 때 얼마나 기쁩니까? 모든 고생과 힘든 것이 한꺼번에 없어져

버리지 않습니까? 목회자들도 마찬가지입니다.

뿐만 아니라 복음을 통해 견고해진 성숙된 신앙인은 목회자 뿐 아니라 모든 사람에게 격려와 위로와 용기가 됩니다. 종종 주변에서나 매스컴을 통해서 복음 안에 굳게 서 있는 분을 보거나 그들의 간증을 들으면 우리는 많은 격려와 힘을 얻게 됩니다. 그렇죠? 적극적으로 다른 사람들에게 격려와 용기를 주는 어떤 특별한 일을 하지 않아도 내가 복음 안에서 든든히 서 있는 것만으로도 얼마든지 다른 사람들에게 위로와 소망과 유익을 줄 수 있습니다. 저는 우리 교회가 목회자와 성도 간에 그리고 성도 상호 간에 서로 격려와 위로와 힘이 되는 좋은 모델 교회라고 생각합니다. 우리 교회가 더욱 복음에 견고히 서서 그 일이 앞으로도 더욱 풍성하게 계속되길 원합니다. 왜냐하면 그것이 복음 위에 세워진 교회가 보여주어야 할 진정한 모습이기 때문입니다.

말씀을 맺겠습니다.

오늘 본문은 우리에게 복음의 능력에 대해서 말씀합니다. 복음이 제대로 전파되고 복음에 제대로 부딪히면 당연히 나타나는 몇 가지 결과 또는 능력이 있습니다. 먼저, 복음은 빚진 자의 심정을 갖게 합니다. 그래서 자기에게 주어진 은사대로 최선을 다해 교회와 지체들을 섬기게 됩니다. 그리고 신앙과 삶에 있어서 열매를 맺히게 됩니다. 또한 복음은 본인의 문제를 해결할 뿐 아니라 복음을 통해 견고해진 자신을 통해 많은 다른 사람들이 위로받고 힘을 얻게 합니다. 이것이 복음의 능력입니다. 이 복음의 능력을 우리 모두가 경험할 수 있기를 간절히 바랍니다.

로마서 1:18-32

하나님의 진노

※ 설교 주제: 하나님과 잘못된 관계(불경건)와 다른 사람들과 잘못된 관계(불의)로 인해 하나님의 진노(심판)가 임한다.

※ 설교 목적: 하나님께 범하는 죄와 사람에게 범하는 죄에 대해서 하나님께서 반드시 진노하신다는 것을 깨닫게 한다.

※ 설교 전개
  1. 본문 설명
     복음이 절대 필요한 이유: 하나님의 진노
        1) 이방인들의 불경건함
        2) 이방인들의 불의
  2. 적용(교훈)
     하나님의 진노
        1) 하나님과 잘못된 관계
        2) 다른 사람과 잘못된 관계

※ 설교 요약
   바울은 이제 본격적으로 복음을 전한다. 바울은 먼저 하나님의

진노 또는 심판에 대해 언급한다. 왜냐하면 하나님의 진노에 대해 분명하게 깨닫게 하는 것은 복음을 전하는데 꼭 필요하면서도 효과적인 방법이기 때문이다. 또한 바울은 하나님의 심판에 대한 메시지를 전하면서 유대인과 이방인을 나누어서 설명한다. 왜냐하면 하나님을 전혀 인정하지 않는 이방인들과 하나님을 인정하고 알고 있는 유대인들의 상황이 다르기 때문이다. 본문에서는 이방인들을 주 대상으로 하나님의 진노(심판)가 왜 그들에게 임하는지를 말씀한다. 그것은 경건치 않음(Ungodliness)과 불의이다. 경건치 않음은 하나님을 온전히 섬기지 못한 것과 관련되어 있고, 불의는 다른 사람과의 관계에서 창조질서에 합당치 않은 삶을 의미한다. 우리도 마찬가지다. 우리도 하나님만을 사랑하고 섬기지 않을 때 그리고 다른 사람과의 관계에서 공동체 의식을 가지고 신실하게 살지 않을 때 하나님의 진노와 심판을 경험할 것이다.

우리는 두 주 동안 로마서의 서론을 살펴보았습니다. 사도 바울은 로마 교회가 견고해질 필요가 있었는데 그것을 위해 그들에게 가장 필요한 것은 바른 복음을 자세히 다시 듣는 것이라고 믿었습니다. 그래서 계속 기도하면서 로마 교회를 방문하고자 했는데 여러 차례 뜻을 이루지 못했습니다. 그렇다면 그렇게 결코 쉽지 않는 상황에서도 바울이 로마 교회를 방문해서 복음을 전하고자 하는 이유는 무엇이었습니까? 먼저 자신의 관점에서 볼 때, 바울에게 복음에 관하여 하나님께 빚진 자의 심정이 있었기 때문이었습니다.

그리고 로마 교회의 관점에서 보면, 바울은 복음의 능력을 믿었기 때문이었습니다. 그러니까 로마 교회의 성도들이 복음을 들으면 빚진 자의 심정으로 각각의 은사를 가지고 교회와 성도들을 섬기게 되고, 또한 12장 이하에 언급되어 있는 신앙과 삶에 열매가 맺힐 것이라는 확신이 있었던 것입니다. 한 걸음 더 나아가, 복음을 듣고 그들이 성숙해지면 그것이 바울에게 그리고 서로 서로에게 격려와 위로가 될 것을 믿었습니다.

여러분, 우리는 복음이 능력임을 믿습니다. 복음이 제대로 전파되면, 그리고 우리가 복음에 제대로 부딪치면 그로 인해 반드시 신앙과 삶에 변화가 일어나지 않을 수 없습니다. 또한 당연히 열매가 맺혀질 수밖에 없습니다. 저는 우리 모두가 이 복음의 능력을 항상 체험할 수 있기를 바랍니다.

복음이 절대적으로 필요한 이유

이제 사도 바울은 로마서 1:18 이하에서 본격적으로 복음을 전하기 시작합니다. 바울은 먼저 우리의 구원을 위해 복음 되신 예수님이 왜 그렇게 절대적으로 필요한 지를 말씀합니다. 다시 말해, 하나님이 어떤 분인지, 그리고 우리 인간의 본질적인 모습이 어떠한지를 설명합니다. 그것은 마치 의사가 환자에게 치료 방법을 제시하거나 어떤 약을 처방할 때, 먼저 환자에게 그 사람이 어떤 병을 가지고 있고, 그 병의 원인이 무엇이고, 왜 그런 치료가 필요한 지를 설명하는 것과 같은 이치입니다.

바울은 한 마디로 복음 되신 예수 그리스도께서 우리의 구원을 위해 필요한 이유는 우리 모든 인간이 죄 아래 있어서 하나님의 진노 또는 심판을 피할 수 없기 때문이라고 말씀합니다. 그것이 1:18-3:20에 언급되어 있습니다. 바울은 늘 하던 방식대로 이방인과 유대인으로 나누어서 설명합니다. 그것은 앞으로 설명되겠지만 이방인과 유대인이 하나님 앞에서 심판받을 죄의 종류 또는 성격이 다르기 때문입니다. 1:18-32에서는 이방인들을 중심으로, 2:1-3:8은 유대인을 중심으로 언급합니다. 3:9-20에서는 앞의 내용을 종합해서 우리 인간 전체가 죄 아래 있기 때문에 심판을 받을 수밖에 없음을 말씀합니다.

본문을 보겠습니다. 18절입니다.

> 하나님의 진노가 불의로 진리를 막는 사람들의 모든 경건하지 않음과 불의에 대하여 하늘로부터 나타나나니

여기에서 '하나님의 진노'라는 용어는 로마서 2-3장에 언급되어 있는 '하나님의 심판'이라는 용어와 같은 의미를 가지고 있습니다. 특히 로마서 2:5를 보면 '진노'와 '심판'이 교환적으로 사용되고 있습니다. 쉽게 이야기하면, 하나님의 진노는 '하나님께서 죄를 심판하실 때 보여주시는 하나님의 속성'이라고 할 수 있습니다. 그러면 어떤 죄에 대해서 하나님의 진노가 임한다고 하였습니까? 하

나님의 진노는 '불의로 진리를 거역하는 사람들'에게 나타난다고 말씀합니다.2) 여기에서의 '진리'는 복음을 말한다기보다는 조금 있다가 말씀드리겠지만 '창조 질서 가운데서 요구된 삶의 원리'를 말합니다.

다시 말해, 하나님께서는 천지를 창조하시면서 우리 인간이 하나님과의 관계에서 그리고 다른 사람들과의 관계에서 하나님의 창조 질서에 합당한 삶이 무엇인지 분명히 보여주시고 알려 주셨습니다. 그런데 사람들이 그 창조 질서에 합당한 삶을 거역했습니다.

사도 바울은 불의로 창조 질서 가운데 요구된 삶의 원리를 거역한 죄를 크게 두 가지로 나누어 설명합니다. 그것이 무엇이죠? '경건하지 않음'과 '불의'입니다. '경건하지 않음'은 영어 성경에서는 대개 'Ungodliness'로 번역하고 있습니다. 바람직한 번역이라고 생각합니다. 이 말은 하나님과의 관계에서 요구된 창조 질서를 거역한 죄를 의미합니다. 오늘 본문에서는 19-25절에서 구체적으로 언급되어 있습니다. 또한 '불의'는 다른 사람과의 관계에서 요구된 창조 질서를 따르지 않는 죄를 의미합니다. 물론 '불의'라는 단어 자체는 하나님과의 관계에서 범한 죄도 포함하지만, 여기에서는 '경건하지 않음'과 대비되어 사람과의 관계에서 범한 죄를 의미한다고 할 수 있습니다.3) 본문에서는 26-32절까지 구체적으로 설명

---

2) 17절에서는 '하나님의 의'와 '인간의 불의'가 대조되고 있습니다. 다시 말해, 복음을 통해 하나님께서는 신실하심을 보여주셨는데, 인간이 하나님과의 관계에서 하나님께 당연히 보여야 할 반응(신실함)을 보이지 않은 것입니다.
3) 18절에 '불의'라는 단어가 두 번 나타나는데 앞에 등장하는 불의는 '하나님과 사람에 대한 죄 전체'를 모두 포함하고(즉, 뒤에 언급되는 불경건과 불의를 모두 포함합니다), 뒤에 언급되는 불의는 좁은 의미에서 '다른 사람과의 관계에서 범한 죄'를 말한다고 할 수 있습니다.

되어 있습니다. 그러니까 하나님의 진노가 하나님과의 관계에서 그리고 다른 사람들과의 관계에서 창조 질서가 요구하는 삶의 원리를 거역하는 사람에게 임한다는 것입니다.

이방인들의 불경건함

이제 좀 더 구체적으로 하나님의 진노가 임하는 이방인의 불경건한 죄와 불의한 죄에 대해서 살펴보도록 하겠습니다. 먼저, 불경건의 죄에 대한 것입니다. 23-25절입니다.

> 썩어지지 아니하는 하나님의 영광을 썩어질 사람과 새와 짐승과 기어 다니는 동물 모양의 우상으로 바꾸었느니라. 그러므로 하나님께서 그들을 마음의 정욕대로 더러움에 내버려 두사 그들의 몸을 서로 욕되게 하게 하셨으니 이는 그들이 하나님의 진리를 거짓 것으로 바꾸어 피조물을 조물주보다 더 경배하고 섬김이라 주는 곧 영원히 찬송할 이시로다 아멘

한 마디로 하면, 하나님의 진노가 임하는 이방인들의 불경건한 죄는 하나님을 섬기지 않고 사람과 새와 짐승과 기어 다니는 동물 모양의 우상을 섬기고(23절), 피조물을 조물주보다 더 경배하고 섬기는 것입니다(25절).

그러면 그러한 그들에게 하나님의 진노가 임하는 이유는 무엇입니까? 하나님께서는 이미 그들에게 하나님을 알만한 것을 보여주셨습니다(19절). 다시 말해, 하나님께서 창조하신 만물을 통해 그들에게 하나님의 영원하신 능력과 신성을 보여주었습니다(20절). 이렇게 창조 세계를 통해 하나님을 보여주신 것을 일반적으로 '자연 계시' 또는 '일반 계시'라고 합니다. 그래서 그들에게 이미 하나님을 알

만한 것이 그들 속에 있다는 것입니다(19절). 그러나 그들은 하나님을 영화롭게도 하지 않고 감사하지도 않고 그 생각이 허망하여 지고 미련한 마음이 어두워져서(21절), 창조주이시고 역사를 주관하시는 유일신 하나님을 그들은 섬기지 않고 우상과 다른 피조물들을 섬기게 된 것입니다. 그렇기 때문에 그들에게 하나님의 진노가 임할 수밖에 없다는 것입니다.

그러면 하나님께서 만물을 통해 하나님의 영원하신 신성과 능력을 보여주셨음에도 불구하고 왜 그들의 생각이 잘못되고 마음이 어두워져서 하나님 대신 우상과 다른 피조물을 섬기게 되었습니까? 본문은 그 이유가 하나님께서 그들을 '내버려두셨기' 때문이라고 반복적으로 말씀합니다(24절. 참고. 26, 28절). 이 부분을 좀 더 설명할 필요가 있습니다.

하나님께서는 하나님께서 창조하신 만물을 통해 하나님을 보여주셨고, 우리는 만물을 통해 하나님의 능력과 손길을 느낄 수 있습니다. 그렇기 때문에 우리 모든 인간은 종교성이 있습니다. 그것은 이 세상의 어느 부족이든지 자기 나름대로의 종교를 가지고 있음을 통해 확인할 수 있습니다. 그러나 그들은 유일신 하나님을 섬기는 것이 아니라 스스로 지혜롭게 여겨서 자기들이 만든 신들을 섬깁니다. 그런데 하나님께서 그들이 창조주 하나님을 섬기지 않고 자기들이 만든 신을 섬기도록 그냥 내버려두신 것입니다.

이것이 하나님의 백성인 이스라엘과 이방인의 다른 점입니다. 2-3장에서 말씀드리겠지만 하나님께서 이스라엘에게는 이방인들과는 다르게 두 가지 놀라운 혜택이 주어졌습니다. 하나는 특별 계시인 성경(율법)을 주셨습니다. 그 특별 계시인 율법을 통해 하나님은 이스라엘에게 유일신 하나님을 말씀하시고, 그 하나님을 어떻게 섬겨야 할지 가르쳐주셨습니다. 그러나 이방인들에게는 그러한 특별 계시를 주시지 않았습니다.4) 또 한 가지는 하나님께서 이스라엘을 그냥 내버려두시지 않고 잘못하면 간섭하시고 징계하셨습니다. 그들이 우상을 섬기면 즉시 하나님의 진노가 임했습니다. 그러나 이방인들은 그렇게 하지 않고 그냥 내버려 두셨다는 것입니다. 우리 인간은 어느 누구도 특별 계시와 징계가 없이 내버려두면 온전히 하나님을 섬길 수 없습니다. 지금 이방인들이 그런 상태에 있는 것입니다.

그러면 왜 이스라엘에게는 특별 계시와 징계를 주셔서 하나님을 섬기게 하시고, 이방인에게는 내버려두셔서 하나님의 진노가 임한다고 말씀하십니까? 여러분 왜 그렇다고 생각하십니까? 저도 사실 그것을 다 모릅니다. 저도 궁금할 때가 많습니다. 사실 우리는 하나님의 깊은 모든 것을 다 알 수 없고 이해할 수 없을 때가 있습니다. 성경은 그것을 하나님의 주권과 섭리라고 말씀합니다. 로마서 9:14-23을 보면 하나님께서 토기장이로서 긍휼히 여길 자를 긍휼히 여기시고 완악하게 하실 자를 완악하게 하신다고 말씀합니다. 그런데 한 가지 분명한 것은 하나님께서는 긍휼히 여길 자를 긍휼히 여기시고 완악하게 하실 자를 완악하게 하심을 통해서 오직 하나님만이 진정한 신임을 보여주시기 원하신다는 것입니다(롬 9:17,22). 다시 말해, 하나님께서는 하나님의 백성들에게는 놀라운 능력을 보여주심으로 여호와 하나님이 참으로 전능하시고 유일하신 하나님이심을 보여주시고,5) 하나님을 섬기지 않는 이방인들에게는

---

4) 하나님의 백성들은 시편 기자가 고백하는 것처럼 만물을 보면서 하나님의 손길을 느낄 수 있습니다. 실제로 피조 세계를 보면서 하나님의 능하신 손길을 느껴서 예수 믿는 사람들이 많습니다. 우리 모두는 모든 피조 세계를 보면서 하나님의 손길을 느낄 수 있어야 하고, 또한 그것으로 인해 감사하고 감격할 수 있어야 할 줄 믿습니다.

완악한 마음을 주어서 벌을 내림으로 하나님의 하나님 되심을 보여주신다는 것입니다.

하나님의 하나님 되심을 보여주시기 위해서 하나님의 백성과 이방인들에게 다른 방법으로 역사하시는 이유는 하나님의 주권과 섭리에 속합니다. 피조물인 우리가 창조주 하나님의 섭리에 이러쿵저러쿵 할 수 없고, 하나님의 깊으신 뜻과 섭리를 다 알 수도 없습니다. 이런 부분만 그런 것이 아니죠? 살다 보면 우리는 개인적으로 그리고 주변에서 이해할 수 없는 수많은 일들을 경험하기도 하고 보기도 합니다. 때로는 참으로 의로운 사람이 어려움을 당하기도 하고, 벌을 받아야 마땅할 악인들이 번창 하고 성공하는 것을 보게 됩니다. 물론 이 모든 것 속에 우리 하나님의 뜻과 섭리가 있을 것입니다.

그런데 피조물인 우리는 창조주이신 하나님의 뜻과 섭리를 다 알 수 없습니다. 물론 나중에 주님을 만나면 주님께서 다 알려주시겠죠! 하지만 지금 당장은 믿음을 통해 우리는 희미하게 하나님의 뜻과 섭리를 알 수 있을 따름입니다. 모든 상황에서 우리가 할 일은 하나님의 주권과 섭리를 믿고 인정하고 단지 우리가 할 수 있는 최

---

5) 하나님께서는 이스라엘 백성들에게 하나님의 하나님 되심을 보여주길 원했습니다. 출애굽 할 때 그 부분이 중요했습니다. 이사야서를 보면 이스라엘이 어려움을 당하면서 자신들이 섬기는 하나님에 대해 의심을 할 때 하나님께서는 여러 방법을 통해 "나(하나님) 외는 다른 신이 없다."는 것을 보여주시기 원하셨습니다. 에스겔서에서도 하나님의 백성들이 바벨론 포로에 잡혀 가서 하나님에 대한 의심을 할 때 하나님께서는 여러 가지 역사하심을 통해 "너희가 나를 여호와 인줄 알리라"고 거듭 거듭 말씀하셨습니다. 그러니까 하나님께서는 하나님 백성들에게 다양한 수단과 방법과 역사하심을 통해 하나님만이 진정한 신이시며, 또한 하나님 자신이 역사를 주관하시는 여호와인줄 보여주시길 원하셨습니다.

선을 다하는 것입니다. 이 부분은 로마서 9장에서 좀 더 자세하게 설명하도록 하겠습니다.6)

이방인들의 불의

다음으로 26-32절에 있는 이방인들의 불의에 대한 것입니다. 하나님의 진노가 임하는 이방인들의 불의는 무엇입니까? 그것은 성적인 타락 특히 동성애(26-27절)와 우리 인간이 범할 수 있는 다양한 도덕적 윤리적인 죄입니다. 그런데 동성애와 29-31절에 언급된 죄들은 '모두 인간관계를 파괴하는 죄'들입니다. 그래서 아마 이러한 죄들을 한 마디로 '불의(즉, 관계에 있어서 신실하지 못한 죄)'라고 명명한 것 같습니다. 특히 바울은 본문에서 하나님의 진노가 임할 이방인의 죄를 지적하면서 특별히 성적인 죄 가운데 동성애에 대해서 강조하고 있습니다. 그것은 당시 로마에서는 동성연애가 편만해 있었기 때문일 것입니다. 당시 그들은 동성애는 인간의 가장 숭고한 사랑이라고까지 이야기했습니다. 이것은 하나님의 창조 질서가 요구하는 삶을 정면으로 도전하는 것입니다.

사실 오늘날도 동성애의 문제는 중요한 사회적 이슈 가운데 하나입니다. 2000년에 네덜란드가 최초로 동성 결혼을 허용한 이래

---

6) 저는 우리의 신앙생활에서 중요한 부분 가운데 하나가 범사에 하나님의 주권과 섭리를 인정하는 것이라고 믿습니다. 이 세상에 어느 것 하나라도 하나님의 뜻과 섭리 없이 발생하는 것은 없습니다. 그런데 우리가 기억해야 할 것은 피조물인 우리는 창조주이신 하나님과 뜻과 섭리를 다 알 수 없다는 것입니다. 그렇기 때문에 우리는 하나님의 뜻을 단정적으로 판단해서는 안 됩니다. 특히 신앙인들에게 닥치는 불행을 무조건 하나님의 벌이나 징계로 단정해서는 안 됩니다. 그것은 악한 사람들에게도 항상 징계나 심판이 임하지 않음을 통해서도 확인할 수 있습니다. 알곡과 가라지의 비유도 그 부분에 대해 교훈하고 있습니다.

벨기에(2003년), 캐나다와 스페인(2005년)이 동성 결혼을 허용하였고, 영국, 프랑스, 덴마크, 노르웨이, 아이슬란드, 스웨덴 등 많은 서유럽 국가들이 결혼이라는 용어는 사용하지 않지만 동성 간에 결합과 법적인 권리를 어느 정도 허용하고 있습니다. 또한 미국에서도 6개주가 동성 결혼을 이미 허용하였습니다. 선진국이요 기독교 문화가 중심을 이루는 국가들에서 동성애를 인정한다는 것은 오늘날 우리 시대에 참으로 큰 문제입니다. 하나님의 진노가 어떻게 임할지 두렵기도 합니다.

그러면 왜 이방인들이 동성애와 모든 윤리적 도덕적으로 사람과의 관계를 깨뜨리는 죄를 지어서 하나님의 진노 아래 놓이게 된 것일까요? 이것 역시 본문은 하나님께서 그들을 '내버려두신' 결과라고 말씀합니다(26, 28절). 우리 인간은 타락한 이후 하나님과 분리되어 마귀의 지배를 받고 있기 때문에 당연히 그런 죄를 지을 수밖에 없습니다. 그런데 그러한 죄를 지었을 때 하나님께서 이스라엘과 이방인들에게 대하는 방법이 달랐습니다. 이스라엘은 그런 죄를 지으면 하나님께서 즉각적으로 반응하셔서 벌을 내리셨습니다.

그래서 징계를 경험하고 하나님께 돌아 왔습니다. 그것이 성경 전체에서 반복되는 주제입니다. 그러나 이방인들은 특별한 경우를 제외하고는 하나님께서 직접 벌하지 않으시고 그냥 두셨습니다. 그런데 하나님께서는 우리 인간에게 양심을 주셨기 때문에(롬 2:15) 이방인들도 역시 그것이 죄라는 것을 알고 있습니다. 그러나 그것이 잘못인 줄 알면서도 양심을 속이면서 그렇게 하고, 다른 사람들에게 그런 일을 행하도록 부추기도 합니다(32절).

오늘날도 하나님께서 악한 사람들을 그냥 내버려두시는 경우가 있습니다. 그렇죠? 하나님께서는 죄를 짓는 사람들을 징계하시기도 하시고, 그냥 내버려두시면서 쌓아두시기도 합니다(롬 2:5). 그러나 그러한 사람들은 재수가 좋은 사람이 아니라 가장 불행한 사람들입니다. 또한 분명한 것은 주님 앞에 설 때에 또는 심판의 날에 하나님께서 모든 것을 명명백백하게 드러내신다는 것입니다(롬 2:16).

하나님의 진노

그러면 오늘 본문을 통해 우리에게 주시는 교훈을 살펴보겠습니다. 먼저 오늘 본문에서 사도 바울은 본격적으로 복음을 제시하기 전에 죄 아래 있는 인간들에게 하나님의 진노가 임한다는 것을 강조하고 있습니다. 왜 그렇습니까? 그것은 우리가 구원의 자리에 이르는 출발점은 우리 인간이 본질적으로 그리고 실제적으로 얼마나 큰 죄를 짓고 있는지 아는 것과 모든 죄에는 반드시 하나님의 진노(심판)가 있음을 아는 것이기 때문입니다. 그래서 바울은 우리 하나님이 죄에 대해서 진노하시는 하나님이심을 강조하고 있습니다.

여러분, 우리 하나님은 죄에 대해 진노하시는 하나님이신 줄 믿습니다. 우리는 여기에서도 "아멘!" 하셔야 합니다. 종종 어떤 분들은 하나님은 사랑이신데 진노는 하나님의 속성이나 성품에 어울리지 않는다고 주장하기도 합니다. 그런데 성경을 보면 우리 하나님의 속성이 다양하게 나타납니다. 그 가운데 사랑이 있고, 신실하심이 있고, 전지하심, 전능하심, 무소부재하심, 불변하심 등이 있습니다. 또한 하나님의 속성 가운데 하나가 거룩하심입니다. 그 거룩하신 하나님은 죄와는 함께 하지 못하십니다(참고. 수 24:19).

죄를 벌하고 심판하시는 거룩하신 하나님 성품의 '인간적인 표현'이 바로 하나님의 진노입니다(참고. 수 24:19). 인간적인 표현이라는 것은 그렇게 표현해야 우리 인간들이 가장 쉽고 분명하게 이해할 수 있다는 것입니다. 신학적으로 이러한 수사법을 '신인동형론적(神人同形論的) 표현(anthropomorphism)'이라고 합니다. 예를 들어, 이사야 59:1을 보면 "여호와의 손이 짧아 구원하지 못함이 아니요 여호와의 귀가 둔하여 듣지 못함이 아니라"고 말씀합니다. 여기에서 '하나님의 팔'이나 '하나님의 귀' 같은 표현을 신인동형론적 표현이라고 합니다. 하나님에게 무슨 팔이 있고, 귀가 있습니까?

하나님은 영적인 존재이기 때문에 육체가 없습니다. 우리 인간이 이해하기 쉽도록 그렇게 표현한 것입니다. "하나님이 후회하셨다" 또는 "하나님은 질투 하신다" 등도 여기에 해당합니다. 아무튼 성경 전체를 보면 성경은 너무도 확실하고 분명하게 죄에 대해서 진노하시는 하나님에 대해 언급하고 있습니다. 숫자로만 본다면, 사랑의 하나님보다도 진노하시는 하나님이 더 많이 언급되어 있습니다.

문제는 복음을 전할 때 우리가 죄인이라는 사실과 하나님은 죄에 대해서 벌하시는 분이라는 것에 대해서 잘 말하지 못한다는 것입니다. 왜냐하면, 죄인이라고 할 때 기분 좋은 사람은 없고, 하나님의 진노를 언급하면 협박하는 것같이 느껴지기도 하고 또한 그것은 기독교의 본질이 아닌 것 같이 생각되기 때문입니다. 그것은 오늘날 강단에서도 마찬가지입니다. 강단에서도 성도들이 별로 좋아하지 않기 때문에 죄에 대해서 그리고 진노하시는 하나님에 대해서 쉽게 이야기하지 못합니다. 물론 하나님의 본질이 사랑이시고 우리는 궁극적으로 복음(좋은 소식)을 전하는 자들이기 때문에 죄와 하나님의 진노에 대한 언급이 우리가 전하는 메시지의 중심이 되어서는 안 됩니다. 하지만 죄와 하나님의 진노에 대해서 언급하지 않기 때문에 복음의 본질과 핵심이 제대로 전해질 수 없고, 성경의 메시지가 제대로 전달되지 않는 것입니다.

미국 기독교 역사에 있어서 가장 탁월한 설교자 가운데 한 사람으로 조나단 에드워드 목사님이 있습니다. 그 분은 18세기 미국의 1차 부흥 운동을 주도했던 분입니다. 미국 부흥운동을 촉발시켰던 그 사람의 가장 대표적인 설교가 무엇인지 아십니까? <진노하시는 하나님의 손 안에 있는 죄인>이라는 제목의 설교입니다. 제목만 들어도 무슨 내용인지 아시겠죠? 그 설교를 통해 많은 사람들이 통회하고 자복하고 주님께 돌아왔고, 그 설교는 미국 부흥 운동의 기폭제가 되었습니다. 그러면 하나님의 진노가 이방인들에게만 임합니까? 그렇지 않습니다. 하나님의 백성에게도 죄를 지으면 진노하시겠다고 경고하셨고, 실제로 죄를 범했을 때 진노하셨습니다(예. 출 32:10-12; 민 11:1). 우리 하나님은 하나님의 백성들이 죄를 범할 때 진노하십니다.

1. 하나님과 잘못된 관계

성경을 보면 오늘 본문에서 언급하는 하나님을 섬기지 않고 우상을 섬기는 것에 진노하시는 하나님과 관련하여 자주 등장하는 하나님의 성품(속성)이 있습니다. 그것은 '질투하시는 하나님' 입니다. 이것도 역시 신인동형론적 표현입니다. 성경에 언급되어 있는 질투하시는 하나님에 대한 예는 너무 많습니다(출 20:5; 34:14; 신 4:23-24). 하나님께서 왜 질투하시죠? 우리를 참으로 사랑하시기 때문입니다. 흔히 사랑의 반대는 무관심이라고 합니다. 오늘 본문의 용어를 사용하면 '내버려두심' 이다. 그런데 질투는 가장 사랑하는 사람을 향한 내적 감정입니다. 질투와 사랑은 동전의 양면입니다. 하나님께서 우리를 대충 사랑하시는 것이 아니라 질투하실 정도로 사랑하십니다. 참으로 감사할 일 아닙니까?

그러면 질투하시는 하나님께서 하나님을 믿는 우리에게 요구하시는 것은 무엇입니까? 속된 말이지만 금방 이해할 수 있도록 표현하자면, '양다리 걸치지 말라' 입니다. 하나님도 사랑하고 세상의 쾌락이나 명예나 돈도 함께 사랑하지 말라는 것입니다. 하나님도 의지하고 다른 사람이나 인간적인 수단과 방법도 함께 의지하지 말라는 것입니다. 마음과 뜻과 정성을 다해 하나님만 사랑하고, 전적으로 하나님만 의지하라는 것입니다. 연인이나 부부 사이에서 가장 비난받는 사람은 어떤 사람이죠? 양다리 걸치는 사람입니다. 하나님께서는 우리를 질투하시도록 사랑하시기 때문에 우리가 양다리 걸치면 질투하시고 진노하십니다.

실제로 이스라엘 역사를 보면 그것이 확실합니다. 성경을 보면 이스라엘은 늘 양다리 걸치기를 하였습니다. 그들은 하나님을 한 번도 완전히 떠나지 않았지만 하나님과 함께 이방신을 섬기고 하나님과 함께 이방 나라를 의지했습니다. 그 때 질투하시는 하나님께서 진노하시고 이스라엘에게 벌을 내리셨던 것입니다.

우리가 살아가다 보면 종종 선택의 기로에 설 때가 있습니다. 하나님께서 기뻐하시지 않는 세상의 즐거움이나 명예나 물질이 우리의 마음을 유혹하기도 합니다. 또한 하나님께서 기뻐하시지 않는 인간적인 수단과 방법을 의지하고 활용하도록 우리의 마음을 흔들기도 합니다. 여러분, 그럴 때가 있나요? 없나요? 그 때 어떻게 하셨죠? 유혹을 물리치고 하나님만 사랑하고 하나님만 의지하는 길을 선택했을 때 오는 기쁨과 은혜를 경험하셨나요? 제 경우에는 하나님께서 더 큰 은혜를 주시기 위한 과정에서 늘 그런 시험(Test)을 경험하게 하신 것 같습니다.

평생에 오만 번 기도 응답을 받았다는 조지 뮬러는 절대로 사람들에게 손을 벌리지 않기로 작정했다고 합니다. 그것이 그가 기도에 응답받는 비법이었다고 합니다. 물론 너무 극단적으로 신앙생활을 하는 것은 바람직하지 않고, 그것이 어쩌면 하나님을 시험하는 것이 될 수 있습니다. 하지만 그런 자세가 질투하시는 하나님께서 우리에게 요구하시는 믿음의 자세입니다.

저는 우리가 종종 기억하고 묵상해야 될 하나님의 성품 가운데 하나가 질투하시면서 죄에 대해 진노하시는 하나님이라고 생각합니다. 그 때 우리가 더욱 온전히 하나님만 섬기고 하나님만 의지할 수 있을 줄 믿습니다. 그리고 그 때 하나님의 더 큰 은혜와 사랑을 경험하게 되고, 모든 상황에서 참으로 담대하고 당당해지고 결코 비굴해지지 않을 줄 믿습니다.

2. 다른 사람과 잘못된 관계

또 한 가지 오늘 본문에서 말씀하는 하나님의 진노가 임하는 죄는 다른 사람과의 관계에서 범하는 불의입니다. 앞에서도 말씀드렸지만 본문에 언급하고 있는 동성애를 포함한 모든 말과 생각과 행동으로 범하는 죄들은 모두 바르지 못한 인간관계에서 비롯되거나 인간관계를 파괴하는 죄들입니다. 하나님께서는 인간들을 창조하시면서 우리 인간들 사이에서 요구되는 삶의 질서를 주셨습니다. 간단히 말하면, 그것은 서로 교제하고 서로 사랑하고 서로 돕는 삶입니다. 그런데 죄가 들어와서 우리 인간들 사이에 개인주의와 이기심과 미움과 다툼과 경쟁심을 주었습니다. 그와 같이 사람들이 인간관계에서 하나님이 원하시는 진리 가운데 살지 못하기 때문에 하나님께서 인간들에게 진노하시고 심판하신다는 것입니다.

이러한 인간관계에서 범하는 죄에 대한 진노도 하나님의 백성에게 똑같이 적용됩니다(예. 출 22:22-24; 골 3:5-6). 하나님께서는 약자들을 해롭게 할 때, 또는 인간관계를 깨트리는 나쁜 생각을 가질 때 진노하신다는 것입니다. 그러면 하나님께서 창조 질서 안에서 다른 사람들과의 관계에서 요구하는 삶의 질서는 무엇입니까?
 오늘 본문의 문맥에서 살펴본다면 그것을 한 마디로 하면 불의한 삶이 아니라 의로운 삶입니다. 사람들과의 관계에서 불의한 삶은 관계에 신실하지 못하고 관계를 깨뜨리는 삶입니다. 의로운 삶은 관계에 신실한 삶이고 관계를 세우고 회복시키는 삶입니다. 그것이 로마서에서는 12:14-21에 언급되어 있습니다. 관계에 있어서 행복하고 신실한 삶과 관련해서는 우리 목사님(서울 광염 교회 조현삼 목사)이 전문가입니다. 목사님께서 의로운 인간관계를 위해서 8가지 법칙을 말씀하셨습니다. 그것이 무엇이죠? '연약함은 도와주라.' '부족함은 채워주라.' '허물은 덮어주라.' '좋은 것은 말해주라.' '뛰어난 것은 인정해 주라.' '가족은 돌아보라.' '이웃은 더불어 살라.' '원수는 없애라.' 우리가 늘 기억해야 할 삶의 법칙입니다.
 그런데 사람과의 관계에서 의로운 삶을 살기 위해 즉 다른 사람과 관계성에 있어서 신실한 삶을 살기 위해서 우리가 꼭 기억해야 할 것이 있습니다. 그것을 한 마디로 하면, '공동체 의식'입니다. 공동체 의식은 아주 간단하게 이야기하면, 늘 공동체 전체를 생각하고 배려하는 삶의 방식입니다. 다시 말해, '내'가 아니라 '우리'를 생각하는 삶입니다. 성경을 보면 하나님께서는 공동체 의식을 얼마나 강조하는지 모릅니다. 예를 들어, 공동체 안의 약자 또는 소외된 자를 돌아보고 사랑하라는 공동체 의식을 가지고 사는 사람의 대표적인 실천 사항입니다. 또한 성경에서 자주 그리스도를 머리로 하는 지체라고 말씀하시는데 그것도 역시 동고동락하고 서로 섬기는 공동체적인 삶에 대한 강조입니다. 그 외에도 하나님께서는 성경을 통해서 얼마나 많이 공동체 의식을 가지고 살기를 강조하고 있는지 모릅니다. 저는 이 부분에 있어서도 우리 교회는 탁월하게 잘하고 있다고 생각합니다.

우리 시대의 문제 가운데 하나는 갈수록 공동체 의식이 약화되고 있다는 것입니다. 갈수록 개인주의와 이기주의와 유익하지 않은 경쟁심이 심해지고 있습니다. 물론 우리 모든 인간은 본질적으로 개인주의적이고 이기적이고 경쟁적인 성향이 있습니다. 그런데 그것이 교회에서나 사회에서 더욱 더 심화되고 있는 것이 오늘날의 안타까운 현실입니다.7) 사실 우리가 다른 사람과의 관계에서 죄를 범하는 근본적인 원인은 공동체 의식이 없기 때문입니다.

공동체 의식이 없기 때문에 연약한 자, 부족한 자들을 무시하고, 훌륭하고 뛰어난 자들을 시기하고 끌어 내리려고 하는 것입니다. 지체 가운데 한 사람이 쓰러지면 나도 역시 같이 쓰러진다는 하나님의 법칙을 모릅니다. 그러나 공동체 의식을 가지면 연약하고 부족한 자를 돕지 않을 수 없고, 공동체 의식을 가지면 남이 잘할 때 좋게 생각되고 기뻐하지 않을 수 없습니다. 또한 공동체 의식이 없기 때문에 남을 속이고, 먹지 못할 것들로 음식을 만들어 팔고, 조

---

7) 작년에 세계 36개국의 중학교 2학년을 대상으로 의식구조에 대한 조사를 했다고 합니다. 그런데 우리나라 학생들은 공부는 뛰어난데 공동체 의식(남과 함께 더불어 사는 능력)이 36개국 가운데서 35번째라고 합니다. 혹자는 그것이 경쟁 위주의 입시제도와 각박한 삶의 현실이 그 원인이 아닐까하고 진단하기도 합니다. 또한 일본 사업가들과 한국 사업가들의 의식구조를 비교한 어떤 글을 보았는데, 일본의 사업가들은 사업이 어려워지면 자기에게 남아있는 개인 재산을 모두 다 회사에 투자한다고 합니다. 반면에 한국 기업가들은 회사가 어려워지면, 자신을 먼저 생각해서 회사의 공적인 자산까지 모조리 빼돌린다는 점을 지적했습니다. 물론 다 그런 것은 아니지만 대체로 그렇답니다. 그렇기 때문에 아무리 큰 재난이 나도 일본 사람들은 사재기를 하지 않는다고 합니다. 지난번 원자력 피해를 볼 때도 일본은 사재기가 없었지 않습니까? 그런데 우리나라는 어떻습니까?

금만 나라가 어렵다고 하면 사재기하고 그런 것입니다. 남이야 어떻게 되든지 나만 잘 먹고 잘 살면 된다고 생각하고 행동하는 것입니다. 그것이 본문에서 말씀하는 불의한 삶입니다. 그리고 그러한 사람들에게 하나님의 진노가 임하게 됩니다.

저는 우리 모두가 사람과의 관계에서 신실하지 못하는 자들에게 진노하시는 하나님을 늘 기억할 수 있기를 바랍니다. 그래서 공동체 의식을 가지고 의로운 삶(신실한 삶)을 살 수 있기를 바랍니다. 그 때 하나님께서 큰 은혜와 사랑을 경험케 하실 줄 믿습니다.

말씀을 맺겠습니다.

오늘 본문은 죄에 대해서 진노하시는 하나님을 말씀하고 있습니다. 우리는 하나님께서 죄에 대해서 진노하시고 심판하신다는 진리를 기억해야 합니다. 죄에 대해 맹렬하게 진노하시는 하나님을 묵상할 때 더욱 더 근신하는 모습과 자세로 하나님을 섬기게 될 줄 믿습니다. 본문은 그 하나님의 진노가 경건하지 않음과 불의에 대해 나타난다고 말씀합니다. 우리가 하나님의 진노를 경험하지 않기 위해서는 질투하시는 하나님을 기억하고 하나님만 사랑하고 하나님만을 섬겨야 할 줄 믿습니다. 뿐만 아니라 하나님의 진노를 경험하지 않기 위해서 불의한 삶이 아니라 공동체 의식을 가지고 모든 관계에 있어서 신실한 삶을 살아야 할 줄 믿습니다. 이 은혜가 우리 모두에게 임하기를 바랍니다.

로마서 2:1-11

진리대로(행한 대로) 심판하시는 하나님

※ 설교 주제: 진리를 따라(행한 대로) 심판하시는 하나님 앞에서 착각하지 말고, 인내함으로 선을 행하자.

※ 설교 목적: 하나님께서는 진리를 따라(행한 대로) 심판하시는 분임을 알게 하고, 하나님 앞에서 인내하면서 선을 행하도록 촉구한다.

※ 설교 전개
  영적인 왕자병/공주병
  착각하는 이유
  진리대로(행한 대로) 심판하시는 하나님
   1) 선을 행하라
   2) 끝까지 인내하라

※ 설교 요약
  사도 바울은 이제 하나님의 진노의 대상을 유대인으로 옮긴다.

유대인들은 스스로 하나님을 잘 섬기고 있고, 이웃과의 관계에서도 창조 질서에 합당한 삶을 살고 있다고 생각했다. 그래서 그들은 이방인들의 불경건과 불의에 대해 정죄했다. 그렇지만 그것은 대단한 착각이었다. 왜냐하면, 물론 어느 정도 다른 부분이 있기는 했지만, 유대인들도 역시 이방인들과 같은 죄를 범하고 있었기 때문이다. 그러한 유대인들을 향하여 바울은 하나님의 심판이 진리대로 이루어진다고 선포한다. 또한 행한 대로 보응하시는 하나님의 심판은 유대인이나 헬라인이나 상관없이 모든 사람들에게 동일하게 적용되며, 어느 누구도 이의를 제기할 수 없도록 공평하게 실행된다고 말씀한다. 그렇기 때문에 우리 모두는 악을 행하지 말고 선을 행하되, 끝까지 인내해야 한다고 권면한다.

로마 교회는 여러 가지 고난과 어려움 가운데서도 훌륭하게 믿음을 지킴으로 좋은 소문이 난 교회였습니다. 그러나 이 땅의 모든 교회와 마찬가지로 로마 교회도 문제는 있었습니다. 바울은 로마 교회가 안고 있는 여러 가지 문제를 해결하기 위해 가장 중요하고 필요한 것은 그들이 다시 복음을 제대로 듣는 것이라고 생각했습니다. 물론 직접 가서 얼굴과 얼굴을 맞대고 복음을 전하고 싶었습니다. 그리고 여러 차례 최선을 다해 노력을 했지만 갈 수 없어서 먼저 편지로 복음을 전했습니다. 그것이 로마서의 내용입니다.

다른 편지와 마찬가지로 로마서에서도 바울은 먼저 문안 인사를 합니다(1-7절). 8-17절에서는 서론적으로 왜 그리고 무엇을 위해서 로마 교회를 방문하고 싶어 하는지에 대해서 기술하면서, 16-17절에서 로마서 전체의 핵심 메시지를 요약하여 선포합니다. 이 말씀은 성경 전체에서 가장 중요한 말씀 가운데 하나입니다. 다같이 다시 한 번 더 읽어보겠습니다.

> 내가 복음을 부끄러워하지 아니하노니 이 복음은 모든 믿는 자에게 구원을 주시는 하나님의 능력이 됨이라. 먼저는 유대인에게요 그리고 헬라인에게로다. 복음에는 하나님의 의가 나타나서 믿음으로 믿음에 이르게 하나니 기록된 바 오직 의인은 믿음으로 말미암아 살리라 함과 같으니라.

이제 1:18부터 본격적으로 복음을 전합니다. 바울은 먼저 하나님의 진노 또는 심판에 대해 먼저 언급합니다. 왜냐하면 하나님의 진노에 대한 메시지는 오직 예수 그리스도를 믿음으로 말미암아 구원을 얻는다는 복음의 핵심 메시지를 전하는데 꼭 필요하면서도 효과적인 방법이기 때문입니다. 또한 하나님의 심판에 대한 메시지를 전하면서 유대인과 이방인을 나누어서 설명합니다. 왜냐하면 하나님을 전혀 인정하지 않는 이방인들과 하나님을 인정하고 알고 있는 유대인들의 상황이 다르기 때문입니다. 그래서 1:18-32에서는 이방인들을 주 대상으로 하나님의 진노(심판)가 왜 그들에게 임하는지를 말씀하고, 2:1-3:8까지는 유대인들에게 왜 하나님의 심판이 임하는지 설명합니다. 그리고 3:9-20에서는 앞의 내용을 종합해서 왜 모든 인류에게 복음 되신 예수 그리스도가 필요한 이유를 말씀합니다.

앞에서 보았던 대로 이방인과 관련해서는 1:18에서 하나님의 진노가 불의로 진리를 막는 사람들의 경건치 않음과 불의에 대해 나타난다고 했습니다. 그리고 19-32절까지 그것을 구체적으로 설명합니다. 경건치 않음(Ungodliness)은 하나님을 온전히 섬기지 못한 것과 관련되어 있다고 했습니다. 다시 말해, 하나님께서 피조세계를 통해 하나님을 알만한 것을 그들에게 보여주셨지만(그것을 흔히 '일반 은총' 이라고 합니다), 그들은 하나님을 섬기지 않고 하나님을 대신해서 우상과 다른 피조물들을 경배하며 섬긴다는 것입니다. 그렇기 때문에 하나님의 진노가 임하지 않을 수 없다고 합니다. 불의는 다른 사람과의 관계에서 창조질서에 합당치 않은 삶이라고 했습니다. 다시 말해, 성적으로 도덕적으로 윤리적으로 타락한 삶입니다. 그렇기 때문에 하나님의 심판을 면할 수 없다고 합니다.

영적인 왕자병·공주병

오늘 본문은 1:18-32에 언급된 사람들과는 조금 다른 차원에 있는 사람들에 대해서 말씀합니다. 오늘 읽은 본문의 내용이 유대인과 관련된 것인지 아니면 이방인에 대한 것인지에 대해 많은 논란이 있습니다. 간략하게 결론을 말씀드리면, 저는 이방인이 완전히 배제되지는 않지만 우선적으로 유대인과 관련된 메시지라고 생각합니다.8) 본문을 살펴보면 좀 더 분명해 질 것입니다. 1-3절입니다.

> 그러므로 남을 판단하는 사람아, 누구를 막론하고 네가 핑계하지 못할 것은 남을 판단하는 것으로 네가 너를 정죄함이니 판단하는 네가 같은 일을 행함이니라. 이런 일을 행하는 자에게 하나님의 심판이 진리대로 되는 줄 우리가 아노라. 이런 일을 행하는 자를 판단하고도 같은 일을 행하는 사람아, 네가 하나님의 심판을 피할 줄로 생각하느냐!

오늘 본문에 언급된 사람들은 1:18-32에서 말씀하는 불경건과 불의의 죄에 대해 어느 정도 자신 있어 하는 사람들입니다. 그들은 나름대로 하나님을 제대로 섬기고 있다고 생각했고, 다른 사람과의 관계에서도 창조질서에 합당한 삶을 살고 있다고 생각했습니다. 그래서 스스로 굉장한 자부심을 가지고 있었을 뿐 아니라 그렇지 못하다고 생각하는 이방인들을 정죄(죄가 있다고 선언하는 것)하였습니다. 물론 오늘 본문의 유대인들은 하나님을 전혀 알지 못하는 이방인들과 다른 부분이 있었습니다. 1:18-32에 언급된 사람들은 자기들이 악한 행동들을 하면서 그런 짓을 하는 사람들도 잘했다고 하는 사람들이었지만, 오늘 본문의 사람들은 그렇지는 않았습니다(롬 1:32).

---

8) 물론 부분적으로 이방인들을 포함하는 내용이 있기는 하지만(9-10절). 오늘 본문은 우선적으로 유대인과 관련된 메시지라고 생각합니다. 왜냐하면 본문에 언급된 사람들은 1:18-31에서 말씀하는 불경건과 불의에 대해서 어느 정도 자신 있는 사람들입니다. 그들은 나름대로 하나님을 섬기고 있고, 다른 사람과의 관계에서도 하나님께서 원하시는 것이 무엇인지 알았으며 스스로 자부심을 가지고 있었습니다. 또한 2장 전체를 보면 1-11절과 12-29절은 내용적으로 깊이 연결되어 있습니다. 따라서 같은 대상으로 보는 것이 타당합니다.

그런데 그들의 문제는 무엇이었습니까? 그것은 그들이 이방인들을 정죄하고 있지만 자신들도 역시 같은 일들을 행하고 있다는 것입니다. 그것을 1-3절에서 계속 말씀하고 있습니다. 한 마디로 그들이 착각하고 있다는 것입니다. 서로 다른 부분이 있기는 하지만 그들도 이방인들과 똑같이 경건하지 못하고 불의한 죄를 짓고 있다고 합니다. 그렇기 때문에 그들에게도 똑같이 하나님이 심판이 임한다는 것입니다.

우리 주변에도 종종 착각하는 사람들이 있는 것을 봅니다. 물론 우리가 스스로 자기 자신을 지나치게 비하하거나 평가절하해서 위축되고 자신감을 상실하는 것도 문제지만, 본문의 유대인들처럼 소위 '영적인 공주병/왕자병'에 걸린 것은 어쩌면 더 큰 문제일 수 있습니다. 공주병과 왕자병이 무엇이죠? 사전을 찾아보니까 "스스로를 멋지고 괜찮다고 생각하면서, 잘난 체하고 다른 사람을 얕잡아 보는 사람들"이라고 설명되어 있습니다. 성경의 표현대로 하면 자기 눈에 들보가 있으면서도 그것을 보지 못하고 다른 사람들 눈에 있는 티끌을 보는 사람들입니다. 복음을 전할 때도 가장 쉽지 않은 사람들이 스스로 '도덕적으로 깨끗하고 부끄럽지 않게 살았다.'고 자신하는 사람들이잖아요?

우리 가운데는 영적인 공주병이나 왕자병에 걸리신 분은 없겠죠? 저는 우리 모두가 영적으로 공주병이나 왕자병에 걸리지 않기를 소원합니다. 하나님을 믿고 섬기고 있는 우리에게 절실하게 필요한 것은 겸손한 자세라고 생각합니다. 공주병이나 왕자병의 반대 개념으로 겸손은 크게 두 가지를 말할 수 있습니다.

먼저는 나의 나 된 것이 하나님의 은혜라는 고백과 감사가 있어야 합니다. 잘 알려진 이야기인데요, 이런 이야기가 있습니다. 성 프란시스의 제자가 어느 날 환상에서 하늘나라에 올라갔다고 합니다. 그곳에 높은 보좌가 있기에 누구의 의자냐고 물었더니 '성 프란시스'의 의자라고 했다고 합니다. 제자는 그 소리를 듣고 질투가 좀 났습니다. 그래서 꿈을 깬 후에 스승에게 물었습니다. "선생님은 자기 자신을 어떤 사람이라고 생각하십니까?"

그러자 성 프란시스가 대답했다. "나는 이 세상에서 제일 나쁜 사람이지!" 그러자 제자가 말하기를 "선생님의 대답은 위선이고 거짓입니다. 선생님은 사람들이 다 성자라고 하는데도 악하다고 하시면 실제 살인자, 강도, 사기꾼 같은 사람들은 어찌 합니까?" 이 반발에 성 프랜시스가 웃으면서 대답했습니다. "그것은 자네가 잘 몰라서 하는 소리네. 만약 내가 받은 은혜를 다른 사람들이 받았으면 그들은 나보다 훨씬 더 좋은 사람이 되었을 거야. 내가 얼마나 많은 은혜를 받고 사는지 자네는 잘 몰라!" 프란시스에게 이러한 겸손이 있었기에 평생을 하나님과 사람을 위해 온전히 헌신할 수 있었다고 생각합니다.

사도 바울도 마찬가지 아닙니까? 사랑하는 여러분, 우리에게 객관적으로 좀 괜찮거나 다른 사람보다 나은 것이 있다면 그것은 온전히 하나님의 은혜인 줄 믿습니다. 우리 교회나 가정이나 자녀들도 마찬가지입니다. 또한 실제로도 그렇지 않습니까? 우리 모두 마음 속 깊이 겸손한 마음이 있기를 간절히 바랍니다.

다른 하나는 다른 사람들의 부족한 부분이나 잘못하는 부분 또는 죄를 지은 것을 보면 먼저 자신을 돌아보는 것입니다. 오늘 본문과 잘 연결된 말씀이 갈라디아서 6장이라고 생각하는데 갈라디아서 6:1은 이렇게 말씀합니다. "형제들아 사람이 만일 무슨 범죄 한 일이 드러나거든 신령한 너희는 온유한 심령으로 그러한 자를 바로잡고 너 자신을 살펴보아 너도 시험을 받을까 두려워하라." 물론 우리는 주변에서 발생하는 절대적으로 악한 것에 대해서는 그것이 악이라고 지적하고, 또한 바로 잡아주어야 할 위치에 있다면 그 책임을 잘 감당해야 합니다. 그러나 다른 사람들이 악을 행하는 것을 보았을 때 무엇보다도 먼저 우리는 자신을 살피고 돌아보아야 합니다. 그런 자세가 되어 있다면 우리는 함부로 남을 비판하거나 정죄하지 못할 것입니다. 왜 그렇습니까? 어느 정도의 차이는 있지만 나도 그들과 크게 다르지 않다는 것을 알기 때문입니다.

착각하는 이유

그런데 유대인들이 그렇게 착각하는 이유가 있었습니다. 4-5절입니다.

> 혹 네가 하나님의 인자하심이 너를 인도하여 회개하게 하심을 알지 못하여 그의 인자하심과 용납하심과 길이 참으심이 풍성함을 멸시하느냐? 다만 네 고집과 회개하지 아니한 마음을 따라 진노의 날 곧 하나님의 의로우신 심판이 나타나는 그 날에 임할 진노를 네게 쌓는도다.

1장을 보면 하나님께서 이방인들은 그냥 내버려두셨다고 합니다(롬 1:24, 26, 28). 그러나 유대인은 불경건과 불의가 있어도 회개하고 돌아오도록 인자하신(좋으신) 하나님이 그들을 용납하고 오래 참으셨습니다. 이것이 이방인과 유대인이 다른 것이죠! 그러나 그들은 그 하나님의 선하심과 용납하심과 오래 참으심의 풍성함을 멸시하였습니다. 많은 문제가 있음에도 불구하고 자기들이 잘나서 또는 잘 하고 있어서 형통하고 어려움이 없는 줄로 착각한 것입니다. 바울은 그러한 그들을 향해 하나님의 진노를 계속 쌓고 있다고 선포합니다. 저는 우리 가운데 한 사람도 하나님의 인자하심과 용납하심과 오래 참으심의 풍성함을 멸시하는 분들이 없기를 바랍니다. 혹시 끊지 못한 죄가 있다면 하나님의 심판이 임하기 전에 회개하고 돌아서기를 바랍니다.

진리대로(행한 대로) 심판하시는 하나님

그렇게 착각하는 유대인들을 향해 바울은 분명하고 힘차게 외칩니다. 2절입니다.

이런 일을 행하는 자에게 하나님의 심판이 진리대로 되는 줄 우리가 아노라.

이 구절이 오늘 본문의 핵심입니다. 밑줄을 그어야 할 말씀합니다. 진리대로 심판하신다는 말씀은 2장에서 크게 두 가지를 의미하는데 6절에서 한 가지를 말씀합니다. 6절입니다.

하나님께서 각 사람에게 그 행한 대로 보응하시되

뿐만 아니라 그와 같이 행한 대로 심판하시는 원리는 모든 사람들에게 동일하게 적용된다는 것을 7-10절에서 구체적으로 설명하고 있습니다.

참고 선을 행하여 영광과 존귀와 썩지 아니함을 구하는 자에게는 영생으로 하시고, 오직 당을 지어 진리를 따르지 아니하고 불의를 따르는 자에게는 진노와 분노로 하시리라. 악을 행하는 각 사람의 영에는 환난과 곤고가 있으리니 먼저는 유대인에게요 그리고 헬라인에게며 선을 행하는 각 사람에게는 영광과 존귀와 평강이 있으리니 먼저는 유대인에게요 그리고 헬라인에게라.

행한 대로 평가(상과 징계)하시는 것은 유대인이나 헬라인에게, 즉 모든 사람에게 동일하게 적용되는 하나님의 원칙이요 진리라는 것입니다. 그리고 그 결과에 대해 어떻게 말씀합니까? 선을 행하는 사람들에게는 영생으로 하시는데 그들에게는 영광과 존귀와 평강으로 하실 것이요, 악을 행하는 사람들에게는 진노와 분노로 하시는데 그들에게는 환난과 곤고가 있을 것이라고 합니다. 결론적으로 11절에서는 하나님께서는 외모로 취하지 않는다고 합니다. 원문을 보면 11절은 '하나님의 심판이 모든 사람에게 공평하다'고 되어 있는데, 우리말은 그 말씀을 의역하였습니다(대부분의 영어 성경은 직역하였습니다.

예를 들어, ESV는 "For God shows no partiality"라고 번역하였습니다). 이 말씀은 5절의 하나님의 평가(심판)는 의로우시다고 하시는 말씀과 같은 의미입니다. 다시 말해, 1절에서 말씀하시는 것처럼 어느 누구도 핑계하지 못하도록(이의를 달지 못하도록) 하나님께서 정하신 기준에 따라 모든 사람에게 신실하고 공평하게 평가하심을 반드시 보여주신다는 것입니다. 갈라디아서는 이 말씀을 각도를 달리해서 설명합니다. 갈라디아서 6:7은 "스스로 속이지 말라 하나님은 업신여김을 받지 아니하시나니 사람이 무엇으로 심든지 그대로 거두리라."고 말씀합니다. 하나님을 눈속임 할 수 없고, 절대 요행을 바래서는 안 된다는 것입니다.

사랑하는 성도 여러분, 우리 하나님은 우리가 행한 대로 그것도 정확하게 그리고 공평하게 평가하시는 하나님이신 줄 믿습니다. 이것은 성경 전체에서 너무도 분명하게 말씀하시는 진리입니다. 오늘 이와 관련하여 중요한 말씀들을 찾아보고자 합니다. 먼저 요한계시록 20:12-13을 보겠습니다.

또 내가 보니 죽은 자들이 큰 자나 작은 자나 그 보좌 앞에 서 있는데 책들이 펴 있고 또 다른 책이 펴졌으니 곧 생명책이라 죽은 자들이 자기 행위를 따라 책들에 기록된 대로 심판을 받으니 바다가 그 가운데에서 죽은 자들을 내주고 또 사망과 음부도 그 가운데에서 죽은 자들을 내주매 각 사람이 자기의 행위대로 심판을 받고

이 말씀에 대해 여러 가지 신학적 해석이 있지만 쉽게 이야기하면, 예수님을 믿는 사람들과 믿지 않는 사람들에 관해 기록한 생명책과 우리가 나그네 인생길을 살아가면서 행한 모든 것을 기록한 책들이 있는데, 하나님께서 그 책들에 기록된 대로 평가(심판)하신다는 것입니다.

하나 더 찾아보겠습니다. 마태복음 12:36입니다.

내가 너희에게 이르노니 사람이 무슨 무익한 말을 하든지 심판 날에 이에 대하여 심문을 받으리니

하나님께서 심판 날에 우리가 무익하게 한 말까지도 평가하신다는 것입니다(참고. 시 139:2-4). 그러면 다른 부분은 어떻겠습니까? 주님께서는 우리가 매일매일 살아가면서 행하는 우리의 생각과 말과 행동 일거수일투족 하나하나를 모두 빠짐없이 기록하셨다가 나중에 그것을 근거로 우리를 평가하실 줄 믿습니다.

그래서 베드로 사도는 그와 관련하여 중요한 말씀을 합니다. 베드로전서 1:17입니다.

외모로 보시지 않고 각 사람의 행위대로 심판하시는 이를 너희가 아버지라 부른즉 너희가 나그네로 있을 때를 두려움으로 지내라.

우리 모두는 주님의 평가를 생각하면서 두렵고 떨리는 마음으로 나그네 인생길을 살아야 할 줄 믿습니다. 여러분, 학생들이 왜 공부하죠? 시험이라는 평가가 있기 때문에 그리고 그 시험에서 잘 평가를 받고 싶어서 공부하는 것입니다. 그것을 위해서 그들은 하고 싶은 것을 다 하지 않으면서 절제하고 긴장하면서 생활하고 공부합니다. 평가나 그 결과에 관심 없으면 공부하지 않습니다. 그렇기 때문에 중요한 것은 평가와 결과에 관심을 가지고 기억하며 사는 것입니다. 여러분 어떠시죠? 사실 우리는 너무 바쁘고 할 일이 너무 많기 때문에 주님 앞에 설 때를 깊이 생각하지 못하고 사는 때가 많습니다. 그러다가 주변에 가까운 사람들이 이 땅을 떠나면 갑자기 심각해집니다. 그러나 다시 잊어버립니다. 우리는 늘 주님께서 우리의 말과 행동과 생각을 평가하신다는 것을 기억하며 나그네 인생길을 두렵고 떨리는 마음으로 살아야 할 줄 믿습니다.

선을 행하라

계속해서 본문에서는 하나님의 평가를 받아야 할 우리가 특별히 악을 행하지 말고 선을 행하라고 합니다. 그러면 선(또는 악)을 행한다는 것이 무엇인가를 살펴보아야 본문의 말씀을 좀 더 쉽게 이해할 수 있습니다. 성경 전체에서 보면 선은 '단순히 도덕적이고 인간적인 차원의 착함'만을 의미하지 않고 크게 다음의 세 가지를 의미합니다.

먼저, 선을 행한다는 것은 예수를 믿는 것입니다. 여러분, 이 세상에 가장 선한 일은 창조주 하나님을 믿고 인정하며 하나님의 구원 방법인 예수를 믿는 것인 줄 믿습니다. 요한복음 5:24-29입니다.

> 내가 진실로 진실로 너희에게 이르노니 내 말을 듣고 또 나 보내신 이를 믿는 자는 영생을 얻었고 심판에 이르지 아니하나니 사망에서 생명으로 옮겼느니라. … 선한 일을 행한 자는 생명의 부활로, 악한 일을 행한 자는 심판의 부활로 나오리라.

1장에서도 언급한 것처럼, 이 세상에서 가장 악한 일은 하나님을 인정하지 않고 믿지 않고 섬기지 않는 일입니다.

다음으로 선을 행하는 것은 하나님을 기쁘시게 하는 삶 또는 자신을 부인하고 하나님께서 주신 사명을 잘 감당하는 삶입니다. 고린도후서 5:9-10입니다.

> 그런즉 우리는 몸으로 있든지 떠나든지 주를 기쁘시게 하는 자가 되기를 힘쓰노라. 이는 우리가 다 반드시 그리스도의 심판대 앞에 나타나게 되어 각각 선악 간에 그 몸으로 행한 것을 따라 받으려 함이라.

주님께서 행한 대로 평가하시기 때문에 주님을 기쁘시게 하는 삶을 살라고 말씀합니다. 또한 마태복음 16:24-27을 보겠습니다.

> 이에 예수께서 제자들에게 이르시되 누구든지 나를 따라오려거든 자기를 부인하고 자기 십자가를 지고 나를 따를 것이니라. … 인자가 아버지의 영광으로 그 천사들과 함께 오리니 그 때에 각 사람이 행한 대로 갚으리라.

주님께서 행한 대로 심판하시기 때문에 자기를 부인하고 십자가를 지고 따르는 삶이 선한 일이라고 말씀합니다(마태복음 19장에서는 선한 일은 주님을 위해 살기 위해서 방해가 되는 것을 버리고 제거하는 삶이라고 말씀합니다).

세 번째로 선을 행하는 것은 다른 사람의 유익(필요를 채우는 삶)을 위해 사는 삶입니다. 이것은 일반적으로도 쉽게 이해될 수 있는데 본문을 보면 더욱 분명해 집니다. 본문에 선과 악은 반대 개념인데 8절을 보면 본문이 악을 행하는 삶을 한 마디로 잘 말씀하고 있습니다. 본문 8절의 '당을 짓는다'는 것의 원어는 'ἐριθεία(에리세이아)'인데, 이 말은 '이기적으로 사는 것' 또는 '자신 만을 위해 사는 것'을 의미합니다. 그래서 대부분의 영어 성경에는 그렇게 번역되어 있습니다(예를 들어, ESV는 'self-seeking'으로 번역하였습니다). 그러니까 남에게 해를 끼치고 나쁜 짓을 하는 것만이 악이라고 하지 않고, 하나님도 없고 이웃도 없고 오직 자기만을 생각하고 자신의 유익과 욕심만을 위해 사는 삶도 악한 삶이라고 합니다.

사랑하는 성도 여러분, 저는 우리 모두가 선한 일을 행하며 살기를 바랍니다. 그런데 선을 행하는 것이 무엇이죠? 먼저 하나님을 인정하고 예수님을 믿는 것입니다. 또한 하나님을 인정하고 믿을 뿐 아니라 주님을 기쁘시게 하는 삶입니다. 다시 말해, 한 걸음 한 걸음 내 딛고 하나하나를 결정할 때마다 하나님께서 가장 기뻐하시도록 결정하고 행하는 삶입니다. 또한 주님을 섬기는 데 기쁘시게 하는데 방해되는 것들을 과감하게 제거하고 포기하는 삶입니다.

우리 모두에게는 주님을 섬기고 기쁘게 하는데 방해되는 부분들이 있습니다. 그것이 물질일수도 있고, 명예일수도 있고, 정욕일수도 있고, 자녀일수도 있습니다. 그것을 내려놓는 삶입니다. 그리고 자신에게 주어진 사명을 잘 감당하는 삶입니다. 우리 모두에게는 하나님께서 맡기신 것들이 있습니다. 나이에 상관없이, 능력에 상관없이, 사명의 크고 작음에 상관없이 나에게 맡기신 일들을 신실하게 그리고 최선을 다해 감당하는 것입니다. 그래서 주님께서 "잘했다 착하고 충성된 종아! 네가 작은 일에 충성하였구나!"라고 칭찬받는 삶입니다. 그것이 선을 행하는 삶입니다. 뿐만 아니라 이기적이고 개인적인 삶이 아니고 우리 주변의 사람들의 필요를 채우고 돕는 삶입니다. 그것이 선을 행하는 것입니다. 우리가 그렇게 선한 삶을 살면 주님께서 영생으로, 영광과 존귀와 평강의 삶으로 갚아 주시고, 그렇게 살지 않으면 진노와 분노로 환난과 곤고를 경험하게 하신다는 것입니다. 어느 누구에게도 예외 없이 반드시 그리고 동일하게 적용된다고 말씀합니다.

끝까지 인내하라

그런데 문제가 있습니다. 하나님께서 선을 행하면 영광과 존귀와 평강으로 갚아주시고, 악을 행하면 곤고와 어려움을 주신다고 말씀했는데, 하나님의 벌과 상이 즉각적으로 이루어지지 않는 경우가 있다는 것입니다. 먼저, 죄를 지으면 그것이 확연히 드러나도록 하나님께서 즉시 벌하십니까? 물론 그럴 때도 있습니다. 그렇게 되면 얼마나 좋겠습니까? 하지만 그렇지 않을 때도 있습니다.

1장에서 말씀하는 것처럼 하나님께서는 악한 사람들을 그냥 내버려 두실 수도 있습니다. 오늘 본문 4-5절에서 말씀하는 것과 같이 하나님의 인자하심과 용납하심과 오래 참으시는 속성 때문에 하나님께서 악을 행한 사람들이 회개하고 돌아오도록 즉시 심판하시지 않을 수도 있습니다. 실제로 성경을 보면 하나님께서 죄가 차기까지 진노를 지체하시는 경우가 많습니다. 노아의 홍수 때도 그렇고, 소돔과 고모라를 멸망시킬 때도 그랬습니다. 심지어 가나안 땅도 죄가 차기까지 하나님은 기다리시면서 심판을 보류하시지 않았습니까? 또한 선을 행하면 금방 열매가 나타납니까? 물론 그럴 때도 있습니다. 그러나 그렇지 않을 때도 있습니다. 오늘 본문에서도 그것을 말씀하고 있습니다. 7절입니다.

> 참고 선을 행하여 영광과 존귀와 썩지 아니함을 구하는 자에게는 영생으로 하시고

선을 행하는데 '참고' 선을 행해야 된다고 말씀합니다. 갈라디아서 6장에서는 선을 행하되 낙심치 말아야 한다고 말씀합니다. 물론 선을 행하는 것 자체가 기본적으로 기쁘고 즐거운 일입니다. 또한 선을 행하면 행복합니다. 그러나 분명한 것은 선을 행하는 과정에서 힘들 때도 있고 낙심될 때도 있다는 것입니다. 물론 그 이유는 여러 가지가 있을 수 있습니다.

또한 때때로 이해할 수 없는 정반대의 결과가 일어나기도 합니다. 악을 행하는 사람들이 형통하고 일이 잘 풀리는데 선을 행한 사람이 어려움에 당하고 손해를 보는 경우도 많습니다. 그 때 우리는 하박국 선지자가 고민했던 것처럼 "하나님 어찌 이런 일들이 일어날 수 있습니까?"라고 불만을 표출하면서 낙심하고 좌절할 수 있습니다. 뿐만 아니라 최선을 다하여 하나님을 섬기면서 하나님을 기쁘시게 하고 주님께서 주신 사명을 신실하게 감당하는데, 이웃을 사랑하고 섬기는 데 오해받을 수도 있고 당장 아무런 효과가 나타나지 않을 수 있습니다. 그 때 낙심할 수도 있고 포기하고 싶기도 합니다.

성경은 그러한 모든 상황에서 낙심하지 말고 인내하라고 말씀합니다. 왜 그런가요? 당장 나타나지 않을 수 있어도 우리 주님께서 반드시 그리고 어느 누구도 예외 없이 하나님의 책들에 기록한대로

모든 것을 공평하게 심판하시기 때문입니다. 그 때 사람들이 핑계하거나 이의를 제기하지 못할 것이고 하나님께서 참으로 신실하심을 보여주실 것입니다. 저는 우리 모두가 궁극적으로 주님께서 평가하실 때 잘했다고 인정받고 칭찬받는 삶을 살기를 간절히 바랍니다.

말씀을 맺겠습니다.

오늘 본문은 우리 하나님은 진리대로, 행한 대로 심판하시는 하나님9)이심을 말씀합니다. 그렇기 때문에 우리는 어떻게 살아야 합니까? 지금 잘하고 있다면, 더욱 겸손하고 두렵고 떨리는 마음으로 살아야 합니다. 혹시 지금 잘못된 것이 있다면, 하나님의 인자하심을 멸시하지 말고 빨리 회개하고 삶의 방향을 바꾸어야 합니다. 한 걸음 더 나아가 상 주시는 하나님을 바라보고 기대하며 적극적으로 선을 행하되, 인내하고 낙심하지 말아야 합니다. 그러면 하나님의 때에 분명히 하나님의 은혜를 경험하고 하나님의 상을 받게 될 줄 믿습니다. 이 은혜가 우리 모두에게 임하기를 바랍니다.

---

9) 여기에서 의미상 '심판' 하시는 하나님보다는 '평가' 또는 '판단' 하시는 하나님이라는 표현이 더욱 적절할 수도 있습니다. 실제로 본문 1-3절에서 우리말로 '심판'과 '판단(평가)'이라고 번역되었지만 원문에서는 같은 단어입니다($\kappa\rho\acute{\iota}\nu\omega$). 다시 말해, 하나님의 판단 또는 평가는 행한 대로(진리대로) 된다는 것입니다. 그런데 본문이 전체적으로 부정적인 관점에서 쓰여져 있고, 또한 심판이 평가나 판단보다는 훨씬 강하고 분명하게 의미를 전달할 수 있기 때문에 심판이라는 용어를 선택했습니다. 하지만 여기에서 사용된 심판은 단순히 징계만을 의미하지 않는다는 것을 기억해야 합니다.

로마서 2:12-29

공평하게 은밀한 것을 심판하시는 하나님

※ 설교 주제: 하나님께서는 공평하게 그리고 은밀한 것까지 심판하신다.

※ 설교 목적: 공평하게 그리고 은밀한 것까지 심판하시는 하나님을 깨닫게 하고, 그 하나님 앞에서 새롭게 삶을 살도록 결단하게 한다.

※ 설교 전개
    공평하게 심판하시는 하나님
      적용: 차원이 다른 양심적인 삶(다윗의 기도)
    은밀한 것을 심판하시는 하나님(이스라엘의 모습)
      적용: 언행일치의 신앙과 삶
        본질을 놓치지 않는 신앙과 삶

※ 설교 요약
    2장에서 사도 바울은 유대인들도 역시 이방인들과 같은 죄를 지

었기 때문에 하나님의 심판을 면할 수 없다고 주장한다. 그러면서 하나님의 심판이 '진리대로' 임한다고 말씀한다. 여기에서 진리는 '하나님께서 정하신 원칙'을 의미하는데, 2장에서는 두 가지를 말씀한다. 하나는 행한 대로 심판하신다는 것이다. 다른 하나는 은밀한 것까지 심판하신다는 것이다. 유대인들은 회칠한 무덤 같은 표리부동한 모습을 보였다. 겉으로는 그리고 사람이 보기에는 그럴 듯 했지만, 마음과 중심은 전혀 하나님께 합당치 않았다. 또한 할례의 예에서 보여주는 바와 같이 그들은 본질은 잃어버리고 껍데기만 남아 있는 신앙생활을 하였다. 그러한 모습을 보고 바울 사도는 하나님께서 은밀한 것까지 심판하실 것이라고 선포했다. 우리도 마찬가지다. 우리도 은밀한 것을 심판하시는 하나님 앞에서 언행일치의 신앙생활과 삶, 그리고 본질을 놓치지 않는 신앙생활과 삶을 살아야 할 것이다.

지난주에 이어서 오늘 본문도 유대인에 대한 하나님의 심판에 관해서 말씀하고 있습니다. 유대인들은 스스로 하나님을 잘 섬기고 있고, 이웃과의 관계에서도 창조 질서에 합당한 삶을 살고 있다고 생각했습니다. 그래서 이방인들의 불경건과 불의에 대해 정죄했습니다. 그렇지만 그것은 대단한 착각이었습니다. 왜냐하면, 물론 어느 정도 다른 부분이 있기는 했지만, 유대인들도 역시 이방인들과 같은 죄를 범하고 있었기 때문입니다. 그래서 바울은 유대인들을 향하여 하나님의 심판이 진리대로(행한 대로) 이루어진다고 선포합니다. 또한 행한 대로 보응하시는 하나님의 심판은 유대인이나 헬라인이나 상관없이 모든 사람들에게 동일하게 적용되며, 어느 누구도 이의를 제기할 수 없도록 공평하게 실행된다고 말씀합니다.

공평하게 심판하시는 하나님

사도 바울은 계속해서 하나님 심판의 공평함을 말씀합니다. 12절입니다.

무릇 율법 없이 범죄 한 자는 또한 율법 없이 망하고 무릇 율법이 있고 범죄 한 자는 율법으로 말미암아 심판을 받으리라

13-15절에서 12절의 말씀을 보충설명 합니다. 앞에서와 마찬가지로 먼저 유대인과 관련하여 언급합니다. 13절입니다.

하나님 앞에서는 율법을 듣는 자가 의인이 아니요 오직 율법을 행하는 자라야 의롭다 하심을 얻으리니

하나님께서는 율법을 듣는 사람이 아니라 율법을 행하는 사람을

하나님과의 관계에서 신실한 자로 인정하신다는 것입니다. 14-15절에서는 율법이 주어지지 않는 이방인들의 심판의 기준이 무엇인지 말씀합니다.

> 율법 없는 이방인이 본성으로 율법의 일을 행할 때에는 이 사람은 율법이 없어도 자기가 자기에게 율법이 되나니 이런 이들은 그 양심이 증거가 되어 그 생각들이 서로 혹은 고발하며 혹은 변명하여 그 마음에 새긴 율법의 행위를 나타내느니라

하나님께서 이방인들에게는 율법을 주시지 않았지만 그들에게도 양심을 주셔서 그들도 본능적으로 율법이 요구하는 사항을 알고 행할 수 있다는 것입니다. 그 양심이 스스로에게 율법이 되어 그들을 평가하는 기준이 된다고 합니다. 여기에서 우리는 이런 질문을 할 수 있습니다. "유대인들은 율법이 그들을 평가하는 기준이지만, 율법이 주어지지 않은 이방인들은 양심이 하나님이 그들을 평가하는 기준이라고 하면 하나님을 알지 못하는 이방인들이 양심대로 살면 구원을 받을 수 있느냐?"는 것입니다.

여러분들 어떻게 생각하세요? 예전에 친척 가운데 한 분에게 복음을 전했는데, 복음을 전할 때마다 그 분이 꼭 하는 질문이 있었습니다. "우리나라에 복음이 전해지기 전의 사람들은 어떻게 되었느냐?"는 것입니다. 예를 들어, "이순신 장군이나 세종대왕 같은 훌륭한 사람들도 지옥에 갔느냐?"는 것입니다. 그러면서 만약에 그들이 예수님을 믿지 않았기 때문에 지옥에 갔다면 그것은 불공평하다고 소리를 높였습니다. 뿐만 아니라 어떤 분들은 오늘 본문을 가지고 그 질문에 답을 하면서 그들도 양심대로 살았으면 구원을 받을 수 있다고 주장하기도 합니다. 그러한 접근과 답변이 과연 옳은가요?

성경을 읽을 때 본문의 의미와 의도를 제대로 파악하기 위해 우리가 항상 기억해야 할 것이 있습니다. 그것은 주어진 본문을 문맥 가운데서 이해하는 것입니다. 이단에 속한 사람들과 이야기하다보면 많은 경우 문맥을 무시하고 성경에서 한 절이나 단어를 뽑아 가지고 자기들의 주장을 펼치는 특징이 있는 것을 발견합니다. 그러나 문맥에 비추어보면, 그들의 주장이 대부분 잘못되었다는 것을 쉽게 알 수 있습니다.

오늘 본문도 마찬가지입니다. 문맥 가운데서 본문을 이해해야 합니다. 오늘 본문의 문맥이 무엇이죠? 다시 말해, 지금 사도 바울이 계속해서 말하고 있는 내용은 무엇이죠? 지금 바울은 유대인과 이방인이 어떻게 구원을 받을 수 있는지에 대해 말하고 있지 않습니다. 바울은 계속해서 그들에 대한 하나님의 심판 또는 진노에 대해 말하고 있습니다. 1:18-32에서는 이방인들이 불경건과 불의 때문에 하나님의 심판(진노)을 받지 않을 수 없고, 2장에서는 유대인들도 똑같은 일을 하고 있기 때문에 행한 대로 하나님의 심판을 받을 수밖에 없다는 것을 말하고 있습니다. 뿐만 아니라 13절에서 유대인들이 율법을 행함으로 의롭게 된다고 하지만 사실 로마서 전체가 강조하는 것은 율법을 통하여 절대로 의롭게 될 수 없다는 것입니다. 왜 그렇죠? 그것은 율법을 완전히 순종할 수 있는 사람이 아무도 없기 때문입니다.

그것은 이방인들도 마찬가지입니다. 본문은 율법이 주어지지 않는 이방사람들이 양심에 합당한 삶을 통해 구원받을 수 있음을 말씀하지 않습니다. 또한 율법을 온전히 지킬 수 있는 사람이 없는 것처럼, 타락 이후에 모든 인간은 사탄의 지배 아래 있기 때문에 양심의 법을 온전히 지킬 수 있는 사람도 없습니다. 뿐만 아니라 타락 이후 인간의 양심은 온전치도 못합니다. 예를 들면, 바울은 예수님을 만나기 전에 복음을 전하는 사람들을 핍박하면서 자신은 양심적으로 온전하다고 생각했습니다. 그러나 그것은 그리스도 안에 회복되지 않은 비뚤어진 양심이었습니다. 그러니까 양심대로 살아서 구원받을 수 있다고 하는 것은 옳지 않습니다. 한 가지 말씀드릴 수 있는 것은 복음이 들어오기 전의 사람들에 대해서는 성경이 말씀하는 바는 없습니다. 성경은 분명히 그리스도를 믿지 않고는 구원을 받을 수 없다고 하였습니다. 자세한 것은 공평하게 심판하시는 하나님 앞에 가서 물어보면 하나님께서 분명하게 말씀해 주실 것입니다.

차원이 다른 양심적인 삶

오늘 본문을 통해 우리가 적용할 것이 있습니다. 그것은 선한 양심으로, 또는 양심에 부끄럽지 않게 사는 삶입니다. 성경을 보면 하나님의 백성이 선한 양심으로 살아야 한다고 자주 명령하십니다. 디모데전서 1:18-19에서 "아들 디모데야 내가 네게 이 교훈으로써 명하노니 전에 너를 지도한 예언을 따라 그것으로 선한 싸움을 싸우며, 믿음과 착한 양심을 가지라. 어떤 이들은 이 양심을 버렸고 그 믿음에 관하여는 파선하였느니라."고 말씀합니다. 믿음으로 사는 것과 선한 양심으로 사는 것이 긴밀하게 연결되어 있습니다.

또한 디모데전서 3:9을 보면 교회의 지도자가 되기 위해서 깨끗한 양심과 믿음의 비밀을 가져야 한다고 말씀합니다. 뿐만 아니라 바울 자신도 범사에 양심을 따라 하나님을 섬겼다(행 23:1)고 했고, 하나님과 사람을 대하여 항상 양심에 거리낌이 없기를 힘썼다(행 24:14~16)고 했습니다. 그러니까 선한 양심으로 사는 것이 구원의 조건은 아니고, 선한 양심으로 산다고 해서 구원을 받을 수 있는 것도 아니지만, 구원받은 믿음의 사람은 당연히 선하고 깨끗한 양심으로 살아야 한다는 것입니다.

사랑하는 여러분, 우리 인간은 하나님의 형상대로 지음 받았기 때문에 우리 모든 인간은 기본적으로 인격과 도덕성과 선악을 판단하는 능력과 양심이 있습니다. 그래서 14-15절에서 말씀하는 대로 예수님을 알지 못하는 사람들도 도둑질하고 거짓말하는 것이 나쁜 줄 알고, 부모에게 효도하는 것이 인간으로서 우리에게 마땅히 요구되는 삶인 줄 압니다. 뿐만 아니라 하나님께서 모든 사람에게 그러한 일반은총을 주셨기에 그것에 의해 법이 만들어지고 사회가 유지될 수 있는 것입니다.

그런데 하나님께서는 하나님을 믿는 우리에게 요구하는 것이 있습니다. 그것은 세상 사람보다는 차원이 높은 또는 세상 사람들보다 월등한 양심의 사람이 되기를 원하신다는 것입니다. 그것은 하나님을 믿는 백성에게 당연히 나타나야 할 열매입니다. 그래야 하나님 백성의 진가가 나타나서 세상에 빛이 될 수 있습니다.

이번 달부터 소위 '포괄수가제'를 시행하는 것 때문에 지난달에 꽤 시끄러웠습니다. 포괄수가제라는 것은 백내장, 탈장, 제왕절개 등 정부가 지정한 일곱 개 질병군에 대해서 어느 병원에서 수술하든지 환자들이 같은 비용을 지불하는 제도입니다. 대한의사협회에서는 그 제도는 수술과 진료의 질적 저하를 가져올 것이 불보듯 뻔하다고 주장하면서 수술을 거부하겠다는 성명을 발표하기도 했습니다. 물론 포괄수가제에 문제가 없는 것은 아니지만 정부가 포괄수가제를 강행한 것은 병원의 과잉진료나 불필요한 진료 때문에 어쩔 수 없는 조치라고 합니다. 다시 말해, 정부와 국민이 병원의 양심을 믿지 못하기 때문이라는 것입니다.

저는 그런 논의가 진행되는 와중에 2-3년 보았던 전주 예수 병원의 기사가 생각났습니다. 당시에 전주 예수병원의 원장인 김민철 박사에게는 절대로 양보할 수 없는 경영 철칙이 있었다고 합니다. 그것은 철저히 환자 중심으로 그리고 반드시 필요한 진료만 하겠다는 것입니다. 그는 "만약 돈만 벌려고 한다면 예수 병원이 세속병원과 다를 게 뭐가 있겠습니까?"라고 하면서 기독교 병원의 정체성을 강조했다고 합니다. 그러면서 처방 하나도 환자의 입장에서 하였다고 합니다.

실제로 평가원의 조사에서도 항생제, 주사제, 제왕절개의 분만율이 전국에서 최저치를 기록할 정도로 그 병원은 돈이 되는 장사를 하지 않았다고 합니다. 하지만 신뢰가 높아져 환자들이 몰려들었고, 적자도 극복해 계속 흑자를 내었다고 합니다. 게다가 병원 내의 자체 선교회를 만들어 노인, 실직자, 외국인 노동자들까지 돌보고 있어, 이 지역에선 '가난한 자들의 병원'으로 불리고 있다는 것입니다.

하나님께서 우리 하나님의 백성에게 이러한 양심적인 삶을 원하시는 줄 믿습니다. 저는 우리 모두가 개인적으로도 그렇고, 사업을 하면서도 그렇고, 직장 생활하면서도 그렇고, 이웃 사람들을 만나면서도 그렇고 우리가 처한 모든 상황에서 세상 사람들의 수준을 훨씬 뛰어넘어서 세상 사람들에게 빛이 될 수 있는 선한 양심의 사람이 되기를 간절히 바랍니다.

다윗의 기도

그런데 문제가 있습니다. 그것은 양심이 요구하는 것을 알지만 온전히 양심대로 살기가 쉽지 않다는 것입니다. 때로는 양심의 가책을 받으면서도 같은 일을 계속하기도 합니다. 또한 우리의 양심이 많이 무디어져 있습니다. 그것은 이 세상이 너무 악하고 양심이 없는 삶이 보편화되었기 때문입니다. 엊그제 TV에서 유명한 호텔들에서 곰팡이가 낀 음식물을 사용하다가 발각되고, 유명인들이 운영하는 쇼핑몰에서 1000개 이상의 가짜 사용 후기를 남겼다가 적발된 것이 보도되었습니다. 이러한 양심 불량한 일들이 비일비재하니까 그러한 일들을 보아도 크게 충격을 받지 않습니다. 그래서 우리도 모르는 사이에 양심이 무디어져서 예수를 믿어도 종종 양심에 어긋난 일들을 하게 되는 것입니다.

저는 우리에게 다윗의 기도가 필요한 줄 믿습니다. 다윗은 믿음의 사람이었습니다. 그러나 어느 순간에 신앙과 양심이 무디어졌습니다. 그렇게 악한 일을 하고도 크게 죄인지 몰랐습니다. 그러나 나단이 꾸짖었을 때 잘못인 줄 알고 회개 기도를 하였습니다. 다윗은 울면서 "하나님이여! 내 속에 정한 마음을 창조하시고 정직한 영을 새롭게 해 달라(시 51:10)."고 했습니다. 우리도 그 기도를 매일 매일 해야 할 줄 믿습니다. 그래서 우리 모두가 주의 은혜로 양심이 무디어지지 않고 양심이 제 기능을 발휘하고 민감하게 작동하는 삶을 살 수 있기 바랍니다.

은밀한 것을 심판하시는 하나님

이렇게 유대인과 이방인의 심판의 기준에 대해서 말씀하신 다음에 다시 한 번 하나님의 심판의 정확함 또는 속일 수 없음을 말씀합니다. 16절입니다.

> 곧 나의 복음에 이른 바와 같이 하나님이 예수 그리스도로 말미암아 사람들의 은밀한 것을 심판하시는 그 날이라.

16절은 오늘 본문의 핵심 구절입니다. 2장은 유대인의 심판에 대한 것인데, 하나님께서 그들에게 진리대로 심판하시는 하나님 심판의 큰 두 가지 원칙 또는 기준을 제시합니다. 하나는 지난주에 말씀드린 대로 6절에 있는 '행한 대로' 심판하시는 것입니다. 다른 하나는 16절에서 말씀하는 것처럼 '은밀한 것'을 심판하시는 것입니다. 오늘 본문의 나머지 부분은 이에 대한 실제적인 예요 보충설명이라고 할 수 있습니다.

여기에서 '은밀하다($κρυπτός$)'는 말은 사전을 찾아보면 크게 두 가지 의미를 가지고 있습니다. 하나는 '감추어진 것' 또는 '사람들에게 드러나지 않는 것'을 의미합니다. 다른 하나는 '의도,' '중심,' 또는 '내적인 것'을 의미합니다(로마서 2:29의 '이면적'이라는 말과 같은 단어입니다.). 그러니까 은밀한 것을 심판하신다는 말씀은 하나님께서는 사람들에게 보이는 것만을 평가하시는 것이 아니라, 사람들이 보지 못한 것 또는 사람들에게는 감추어 진 것까지라도 모두 드러내어서 평가하신다는 것입니다. 또한 외적으로 드러난 것뿐 아니라 내적인 의도 또는 마음의 자세도 드러내어 평가하신다는 것입니다(참고. 시 139:1-4).

사랑하는 성도 여러분, 사람들의 평가와 하나님의 평가가 같을 수 있습니다. 또한 이 땅에서의 평가와 마지막 날의 평가가 같을 수 있습니다. 가능하다면 하나님과 사람들에게 모두 좋은 평가를 받고, 이 땅에서의 평가와 마지막 날에 평가가 모두 좋은 것이 바람직하고 그렇게 되기를 소원합니다. 그러나 반드시 그렇지 않을 수 있습니다. 하나님의 평가와 사람의 평가가 다를 수도 있고, 이 땅에서의 평가와 마지막 날의 평가가 다를 수 있습니다. 왜냐하면, 사람은 수치나 겉으로 드러난 것을 중심으로 평가하지만, 하나님의 평가는 드러나지 않는 것과 내적인 것까지 다 드러내 놓고 평가하시기 때문에 그렇습니다. 그래서 유명한 찬송가 작가였던 존 뉴톤이라는 분이 임종 직전에 했던 이야기는 잘 알려져 있습니다. 그는 "내가 천국에 가면 세 가지 놀라운 일을 발견하리라. 하나는 예상치 않았던 사람을 그 곳에서 만나는 것이고, 둘째로는 예상했던 사람이 그 곳에 없는 것이고, 셋째로 가장 큰 놀라움은 내 자신이 그 곳에 있다는 것이다."고 했습니다. 놀랠 것이 그것만 있겠습니까? 저는 또 놀랠 것 가운데 하나가 우리가 인간적인 관점에서 볼 때 하나님께 큰 칭찬을 받을 것이라고 생각했던 사람들이 우리의 생각과 다르게 평가받고, 우리가 볼 때 그렇게 탁월하지 않게 생각했는데 하나님께서 크게 칭찬하시고 인정하시는 것을 보는 것이 아닐까 생각합니다. 우리 모두가 수치나 겉으로 평가하는 이 땅에서의 사람들의 평가보다는 은밀한 것을 평가하시는 하나님의 마지막 평가에 더욱 큰 관심을 가지고 살아야 할 줄 믿습니다.

이스라엘의 모습

이제 바울은 은밀한 것을 심판하시는 하나님 앞에서 이스라엘의 문제되는 부분을 언급하고 있습니다. 그것이 17-24절에 기록되어 있습니다. 유대인들은 대단한 자부심을 가지고 있었고, 남들을 가르치는 자리에 있었습니다(17-20절). 하지만 자신들은 전혀 그렇게 살지 못했습니다(21-23절). 그리고 그것 때문에 오히려 이방인들 가운데서 하나님의 이름이 욕되게 되었습니다(24절).

복음서를 보면 당시의 이스라엘, 특별히 이스라엘의 종교 지도자들의 모습을 잘 보여줍니다. 그들은 사람들이 보기에는 정말 그럴듯 했습니다. 그들은 일주일에 두 번씩 금식하고, 소득의 십일조를 분명히 구별해서 드렸고(눅 18장), 안식일을 얼마나 엄격하게 지켰는지 모릅니다. 사실 그렇게 사는 것이 쉽지 않습니다. 그런데 그들을 보면서 주님께서 어떻게 평가합니까? 오늘 본문과 같은 평가를 합니다. 마가복음 7:6에서 "이 백성이 입술로는 나를 존경하되 마음은 내게서 멀다"고 말씀하셨습니다. 마태복음 23장에서 예수님께서는 "그들의 말하는 바는 행하고 지키되 그들의 행위는 본받지 말라"고 합니다(3절). 그러면서 그들의 모습을 회칠한 무덤이라고 하시고, 그들의 누룩 곧 외식을 주의하라고 경고하십니다. 그들의 문제는 무엇이었죠? 한 마디로 요약하면, 언행일치가 안 되고, 겉과 속이 다르다는 것입니다. 그러한 그들의 모습을 보면서 바울은 그들을 향해 하나님께서 은밀한 것, 즉 사람들이 보지 못하는 부분 그리고 내적인 부분까지 드러내서 심판하신다고 말씀하고 있습니다.

언행일치와 중심을 드리는 신앙과 삶

오늘 본문에 언급되어 있는 유대인들을 통해서 우리에게 교훈하는 것은 크게 두 가지입니다. 하나는 언행일치의 신앙과 삶입니다. 저는 우리 모두가 언행일치의 신앙과 삶을 살기를 바랍니다. 말만 하는 사람이 아니고 행동이 동반되는 삶입니다. 특별히 오늘 예배에 오신 대부분은 부모로서 최소한 어른으로서 가르치는 위치에서 살고 있습니다. 저는 가르치는 자로서 그리고 어른으로서 사는 우리에게 가장 중요하게 요구되는 것은 언행일치의 신앙과 삶이라고 생각합니다. 쉽게 이야기하면, 아이들에게 가르치고 아이들에게 소원하는 대로 신앙생활에나 인격에서 먼저 본이 되는 삶을 살아야 한다는 것입니다. 그것이 가장 효과적인 가르침인 줄 믿습니다. 저의 소박하면서도 가장 간절한 소원 가운데 하나는 우리 아이들의 기억 속에 참으로 멋있고 아름다운 신앙인의 모습으로, 그리고 충성되고 신실한 목사의 모습으로 남는 것입니다. 제가 이 땅에 살 때 뿐 아니라 이 땅을 떠난 후에도 아이들이 늘 저의 모습을 기억하면서 도전받고 새롭게 결단하는 삶을 사는 것입니다. 저는 그것이 제가 남길 수 있는 최고의 유산이라고 믿습니다.

오늘 본문이 주는 또 하나의 교훈은 중심과 마음이 드려지는 신앙생활입니다. 본문에서 하나님은 우리가 얼마나 외적으로 그럴 듯하게 보이느냐는 것으로 우리를 평가하지 않고, 은밀한 것을 다 드러내놓고 심판하신다고 합니다. 사람들이 몰라도, 사람들이 속아도, 하나님은 사람들에게 감추어진 모든 것을 드러내셔서 평가하신다는 것입니다. 이와 관련하여 우리가 잘 아는 말씀이 있습니다. 그것은 하나님께서 사울에게 했던 말입니다. 아무리 사울이 그럴싸하게 변명하여도 하나님은 속지 않으셨습니다. 그러면서 "사람은 외모를 보지만 하나님은 중심을 보신다(삼상 16:7)"고 말씀하셨습니다. 말씀을 전하는 자로 제가 가장 중요하게 늘 기도하는 것이 있습니다. "하나님, 말씀을 전하는 저의 마음과 생각과 목적이 하나님께 합당하도록 붙들어 주십시오!"라는 것입니다. 제가 얼마든지 바르지 못한 마음과 인간적인 생각으로 가르치고 설교할 수 있습니다. 또한 제 마음이 제대로 되어 있지 않으면서도 은혜를 끼칠 수 있을 것입니다. 그렇게 되면 저도 얼마든지 사울처럼 버림을 받을 수도 있는 것입니다.

우리 모두도 마찬가지입니다. 얼마든지 다른 사람들에게 그럴듯하게 보이기 위해서 봉사하고 예배드릴 수 있습니다. 얼마든지 남을 이용하려고 사랑하는 척 할 수 있습니다. 얼마든지 사람들 앞에서 그럴듯하게 보이려고 행동할 수 있습니다. 뿐만 아니라 스스로를 속일 수도 있습니다. 그런데 사람들을 속일 수 있을지 모르지만 하나님께서는 겉으로 드러난 것 가지고 우리를 평가하는 것이 아니라 은밀한 것까지 드러내어서 평가하신다는 것입니다.

그런데 본문의 말씀은 우선적으로 당시의 지도자들에게 해당하는 말씀임을 기억해야 합니다. 다시 말해, 오늘 말씀은 우선적으로 오늘날 교회의 지도자들, 즉 저를 포함한 목회자들, 교회의 장로와 권사와 같은 평신도 지도자들, 순장과 교사를 포함한 다른 성도들을 돌보는 위치에 있는 사람들 그리고 이렇게 수요 예배까지 참석하면서 열심히 신앙생활 하는 사람들에게 적용된다는 것입니다. 사실 그저 주일 낮에만 겨우 다니는 분들은 언행일치가 되지 않아도 표리부동한 삶을 살아도 별로 비난을 듣지 않습니다. 왜냐하면 세상 사람들도 그들에게는 기대하는 바가 별로 없기 때문입니다. 그러나 지도자적 위치에 있는 사람이나 이렇게 수요 예배까지 참석하신 분들이 말만 그럴듯하게 하거나 표리부동한 삶을 살면 사람들은 "저사람 목사라며, 저사람 장로/권사라며!" "저사람 수요예배까지 참석하면서 왜 그래?"라고 수군거립니다.

그들의 평가 기준은 인간적인 관점에서 보면 불공평한 것 같습니다. 그러나 하나님 편에서 보면 그러한 평가는 공평합니다. 왜냐하면, 하나님께서 직분을 주신 것과 수요 예배까지 참석하는 것은 큰 은혜의 결과인데, 더 많은 은혜를 준 자에게 더 많은 것을 요구하는 것은 당연하고 공평하기 때문입니다. 이 밤에 참석하신 모든 분들은 사명감을 가지고 가정에서 직장에서 진정 언행일치의 신앙과 삶을 살기 바랍니다. 또한 중심과 마음이 하나님께 합당한 신앙생활하기를 바랍니다. 그 때 하나님께서 영광을 받으실 줄 믿습니다.

본질을 놓치지 않는 신앙과 삶

이제 바울은 계속해서 유대인들이 언행일치를 하지 못하고 표리부동한 신앙생활을 하는 대표적인 사례 또는 원인을 언급합니다. 그것은 할례에 대한 것입니다. 25-29절에서 그 문제를 언급합니다.

> 네가 율법을 행하면 할례가 유익하나 만일 율법을 범하면 네 할례는 무할례가 되느니라. 그런즉 무할례자가 율법의 규례를 지키면 그 무할례를 할례와 같이 여길 것이 아니냐 또한 본래 무할례자가 율법을 온전히 지키면 율법 조문과 할례를 가지고 율법을 범하는 너를 정죄하지 아니하겠느냐 무릇 표면적 유대인이 유대인이 아니요 표면적 육신의 할례가 할례가 아니니라 오직 이면적 유대인이 유대인이며 할례는 마음에 할지니 영에 있고 율법 조문에 있지 아니한 것이라 그 칭찬이 사람에게서가 아니요 다만 하나님에게서니라

할례는 구약시대에 이스라엘의 최고의 자랑이었고 또한 중요했습니다. 당시 할례는 하나님의 백성으로 인정되는 중요한 증표였고, 이방인들이 유대인의 특권을 누리고 하나님의 백성이 될 때 반드시 거쳐야 되는 관문이었습니다. 그런데 할례는 그 자체 보다는 믿음의 고백이요 표현으로서 의미가 있었습니다. 할례는 마치 오늘날 결혼식과 같습니다. 우리가 사랑하면 사랑의 결과로서 결혼식을 올립니다. 사랑이 없는 결혼식은 큰 의미가 없습니다. 그리고 결혼식도 의미가 있고 중요하지만 더욱 중요한 것은 결혼식 후에 부부에 합당한 삶입니다. 그렇죠? 마찬가지로 할례도 그 자체가 의미가 있는 것이 아니라 더욱 하나님의 백성으로 구별된 삶을 살게 하는 징표였습니다. 그러나 유대인들은 할례를 행했지만 삶은 전혀 구별되지 않고 엉망이었던 것입니다. 그래서 바울은 지금

할례를 받아도 율법을 범하면 무할례가 되고, 무할례자도 율법을 지키면 할례자가 된다는 것입니다. 설령 결혼식을 올리지 못해도 합당한 부부의 모습을 보여준다면 진정한 부부가 된다는 것입니다.

그러면 본문에서 말씀하는 유대인들의 문제는 무엇이었습니까? 그들은 그러한 할례의 본질(진정한 의미)을 놓쳐버린 것입니다. 율법(신 10:16; 30:6)과 선지서(렘 4:4)를 보면 마음의 할례가 중요하다고 분명히 말씀합니다. 물론 그들도 처음에는 할례의 의미를 알았습니다. 그러나 시간이 지날수록 본질을 잊어버리고 껍데기만 가지고 있었던 것입니다. 할례 뿐 아니었습니다. 당시의 이스라엘은 율법의 모든 부분에서 본질을 잊어버렸습니다. 그것이 산상수훈에서 명확하게 드러납니다. 먹는 문제도 그렇습니다. 안식일 문제도 그렇습니다. 그러니까 바울은 본문에서 할례 문제를 통해서 이스라엘이 모든 부분에서 율법의 본질, 신앙생활의 본질을 놓쳐버린 것을 지적하고 있습니다. 그리고 할례의 예를 통해 분명히 알 수 있는 것처럼 바울은 유대인들이 율법의 본질 또는 신앙의 본질을 놓쳐버렸기 때문에 지금 유대인들이 그러한 상황에 놓일 수밖에 없었고 하나님의 심판의 자리에 이를 수밖에 없었다는 것을 말씀하고 있습니다.

사랑하는 성도 여러분, 우리의 신앙을 온전히 유지하기 위해서 가장 중요한 것은 본질을 놓쳐버리지 않는 것입니다. 그런데 신앙의 본질을 유지하기 위해서, 오늘 본문에서 말씀하는 것처럼 언행일치의 신앙생활을 하고 마음과 중심이 드려지는 신앙생활을 하기 위해 참으로 중요하고 꼭 필요한 것은 무엇일까요? 그것은 구원의 기쁨과 감격, 그리고 나에게 베푸신 하나님의 은혜와 사랑에 대한 감사를 계속해서 유지하는 것입니다. 여러분, 하나님께서 이스라엘에게 3대 절기를 지키라고 하셨습니다(유월절, 맥추절, 장막절). 오늘날 교회도 성탄절, 부활절, 감사절을 지킵니다. 왜 그러한 절기를 지키라고 하셨죠? 그것은 구원의 기쁨과 감격, 그리고 나에게 베푸신 하나님의 은혜와 사랑에 대한 감사를 기억하도록 하기 위함입니다. 왜냐하면 우리가 본질을 놓치지 않고 온전히 신앙생활을 유지하기 위해서 그것이 가장 중요하고 필요하다고 하나님께서 판단하셨기 때문입니다. 구원의 기쁨과 하나님의 은혜에 대한 감사가 늘 계속해서 우리를 사로잡으면 우리는 은밀한 것을 심판하시는 주님 앞에 온전한 생활을 할 수 있을 줄 믿습니다.

그런데 우리가 기억해야 할 것이 있습니다. 그것은 본질을 벗어날 때 처음부터 확연하게 표가 나지 않는 경우가 대부분이라는 것입니다. 조금 씩 조금 씩 본질에서 벗어나는 것입니다. 서서히 뜨거워지는 주전자 속에서 자신도 모르게 죽어가는 개구리의 이야기를 우리는 잘 알고 있습니다. 당시의 유대인들도 마찬가지였습니다. 그들은 율법을 제대로 지키려고 얼마나 노력했는지 모릅니다.

그러나 시간이 지남에 따라 구원의 감격과 은혜와 사랑에 대한 감사가 사라지면서 본질을 잃어버리고 본문의 상태가 된 것입니다. 그렇기 때문에 우리는 구원의 기쁨과 하나님의 은혜에 대한 감사가 약화되지 않도록 끊임없이 점검하고 깨어 있어야 할 줄 믿습니다. 그것은 운동선수들이 실력을 유지하기 위해 기본기를 반복해서 연습하는 것과 같은 이치입니다. 실제로 발버둥 쳐야 합니다. 왜냐하면, 일 자체에 빠지면 본질을 잃어버릴 가능성이 많기 때문입니다. 우리가 잘 아는 고린도전서 9:24-27을 함께 읽겠습니다.

운동장에서 달음질하는 자들이 다 달릴지라도 오직 상을 받는 사람은 한 사람인 줄을 너희가 알지 못하느냐 너희도 상을 받도록 이와 같이 달음질하라. 이기기를 다투는 자마다 모든 일에 절제하나니 그들은 썩을 승리자의 관을 얻고자 하되 우리는 썩지 아니할 것을 얻고자 하노라. 그러므로 나는 달음질하기를 향방 없는 것 같이 아니하고 싸우기를 허공을 치는 것 같이 아니하며 내가 내 몸을 쳐 복종하게 함은 내가 남에게 전파한 후에 자신이 도리어 버림을 당할까 두려워함이로다

말씀을 맺겠습니다.

지난주는 행한 대로 심판하시는 하나님에 대한 말씀이었고, 오늘 본문은 은밀한 것을 심판하시는 하나님에 대한 말씀입니다. 은밀한 것을 심판하시는 하나님 앞에서 우리는 양심에 거리낌이 없는 삶을 살아야 합니다. 마지막에 하나님의 심판을 중히 여기는 삶을 살아야 합니다. 또한 언행일치의 신앙생활을 하고, 표리부동하지 않고 마음과 중심을 드리는 신앙생활을 해야 합니다. 그런데 그러한 삶을 위해 가장 중요하고 필요한 것은 구원의 기쁨과 감격, 그리고 나에게 베푸신 하나님의 은혜와 사랑에 대한 감사를 잃지 않고 계속 되새김하여 유지하는 것입니다. 이 은혜가 우리 모두에게 임하기를 바랍니다.

로마서 3:1-20
죄의 세력 아래서

※ 설교 주제: 죄의 세력 아래 있어서 철저히 부패하고 무능한 우리 인간의 실체를 알아야 한다.

※ 설교 목표: 모든 인간이 죄의 세력 아래 있기 때문에 철저히 부패하고 무능하다는 것을 분명히 인식하게 한다.

※ 설교 전개
  예상 가능한 질문들
  최고의 특권과 은혜로서 하나님 말씀
  죄의 세력 아래 있는 모든 인간들
  우리의 실체를 바로 알아야 …

※ 설교 요약

2장에서 심판하시는 하나님에 대해 언급한 후, 3장에서 바울은 죄의 세력 아래 있는 우리 인간의 실체에 대해서 설명한다. 한 마디로, 모든 사람들이 죄의 세력 아래 있기 때문에 이 땅에 의인은 한 사람도 없다고 선포한다. 모든 인간은 죄의 세력 아래 있기 때문에 말과 생각과 행동이 전적으로 부패할 수밖에 없으며, 하나님과의 관계에서도 전적으로 무능하다는 것이다. 바울이 그렇게 아주 직접적이고 신랄하게 우리 인간의 부패하고 무능한 모습을 서술한 것은 이러한 우리 인간의 실체를 알고 인정할 때 복음의 진정한 의미와 가치를 깨닫고 받아들일 수 있기 때문이다. 또한 모든 인간이 죄의 세력에 사로 잡혀 있기 때문에 어느 누구도 율법을 지켜서 의롭게 될 수 없다고 말씀한다. 따라서 모든 인간은 죄의 세력 아래 있는 것을 온전히 인정하고, 철저히 성령님께 의지하는 삶을 살아야 한다.

사도 바울은 로마서 1:18-32에서 이방인의 죄에 대한 하나님의 진노 또는 심판에 대해서 말씀하였습니다. 2장에서는 유대인들도 역시 이방인들과 같은 죄를 지었기 때문에 하나님의 심판을 면할 수 없다고 주장합니다. 그러면서 하나님의 심판이 '진리대로' 임한다고 말씀합니다. 여기에서 진리는 '하나님께서 정하신 원칙'을 의미하는데, 2장에서는 두 가지를 말씀합니다. 하나는 행한 대로 심판하신다는 것입니다. 유대인들은 하나님의 뜻과 원하시는 것을 알았고 심지어 그것을 가르치기까지 했습니다.

그러나 말 뿐이었고 행함이 전혀 동반되지 않았습니다. 그러한 모습을 보고 하나님께서는 행한 대로 보응하신다고 말씀합니다. 다른 하나는 은밀한 것을 심판하신다는 것입니다. 유대인들은 회칠한 무덤 같은 표리부동한 모습을 보였습니다. 겉으로는 그리고 사람이 보기에는 그럴 듯 했지만, 마음과 중심은 전혀 아니었습니다. 또한 그들은 할례의 예에서 보여주는 바와 같이 본질은 잃어버리고 껍데기만 남아 있는 신앙생활을 하였습니다. 그러한 모습을 보고 하나님께서 은밀한 것까지 심판하실 것이라고 선포했습니다.

그러한 바울의 메시지를 들으면서 유대인들에게 당연히 떠오르는 질문이 있었습니다. 그것은 크게 두 가지였습니다. 하나는 '하나님께서 특별한 섭리 가운데 이방인들과 구분하여 유대인들을 하나님의 백성 삼으셨고, 또한 유대인들에게 특별한 사랑과 은혜를 베풀어주셨는데 이방인들과 똑같이 취급(또는 심판) 당한다는 것이 말이 되는가?' 입니다. 쉽게 이야기하면, '하나님의 택한 백성인 유대인과 이방인 사이에 차이가 없다는 말인가?' 라는 질문입니다. 충분히 가능한 질문이죠? 다른 하나는 '하나님께서 유대인을 주권적으로 선택하시고 언약을 맺으셨는데, 유대인을 심판하시는 것은 끝까지 보호하시고 지키시는 하나님 언약의 신실하심 또는 언약적 사랑에 비추어보면 문제가 있는 것이 아닌가?' 입니다. 좀 더 쉽게 이 야기하면, '언약 백성인 유대인이 하나님께 버림받는 것이 과연 타당한가?' 라는 의문입니다. 이것도 얼마든지 있을 수 있는 질문입니다. 뿐만 아니라 이러한 당연한 질문과 함께 유대인들의 잘못을 지적하며 유대인들을 심판하신다는 말을 들으면서 하나님께 불만을 품거나 마음이 비뚤어져 있는 유대인들이 할 수 있는 질문들이 있었습니다.

예상 가능한 질문들

바울은 유대인들의 예상 가능한 질문들에 대해서 오늘 본문 1-8절에서 아주 간략하게 언급하면서 답을 하고 있습니다. 그 질문은 네 가지인데, 네 가지 질문 모두 쉽지 않는 주제이고, 많은 논의가 필요한 주제들입니다. 바울은 그러한 주제에 대해 오늘 본문에서는 간략하게 언급하고, 로마서 나머지 부분에서(특히 6-11장에서) 자세하게 설명하고 있습니다. 저도 오늘은 간략하게 언급하고, 그 때 가서 자세히 말씀드리겠습니다. 1-2절입니다.

> 그런즉 유대인의 나음이 무엇이며 할례의 유익이 무엇이냐
> 범사에 많으니 우선은 그들이 하나님의 말씀을 맡았음이니라

'하나님의 특별한 택함을 받은 유대인과 하나님 백성으로서 가장 중요한 증표였던 할례가 전혀 유익이 없는가?' 하는 것입니다. 바울은 많이 있다고 합니다. 그 가운데 대표적인 것은 하나님의 말씀을 맡기셨다는 것입니다. 로마서 9:4-5을 보면 여러 가지 유대인들의 특권 또는 혜택에 대해 6-7가지를 언급합니다. 그런데 오늘

본문에서는 한 가지만을 이야기합니다. 이것은 그들에게 주어진 여러 가지 특권 가운데 최고의 특권은 하나님의 말씀이 그들에게 맡겨진 것임을 의미합니다. 여기에서 하나님의 말씀은 단지 형식적인 면에서 구약 성경 자체를 의미하기보다는, 그 안에 있는 내용과 약속 그리고 그 안에서 그들에게 주어진 사명 모두를 가리킨다고 할 수 있습니다.

다시 말해, 하나님께서는 구약 성경을 통해 하나님이 누구이신지 그리고 그 하나님을 어떻게 섬겨야 할지를 알려주셨습니다. 또한 구약 성경을 통해 하나님의 가장 위대한 약속인 메시야에 대한 약속을 주셨습니다. 뿐만 아니라 그들이 선택된 하나님의 백성으로 그들이 감당해야 할 사명이 무엇인지도 말씀하셨습니다. 이렇게 말씀을 통해 하나님과 하나님의 구원 계획을 알려주시고 또한 하나님의 위대한 구원 역사를 위해서 사명을 감당하는 특사로 택하심을 받는다는 것은 위대한 특권과 혜택이 아닐 수 없습니다. 그 특혜와 혜택과 은혜를 유대인들이 받았다는 것입니다.

다음으로, 3-4절을 보겠습니다.

> 어떤 자들이 믿지 아니하였으면 어찌하리요 그 믿지 아니함이 하나님의 미쁘심을 폐하겠느냐? 그럴 수 없느니라 사람은 다 거짓되되 오직 하나님은 참되시다 할지어다 기록된 바 주께서 주의 말씀에 의롭다 함을 얻으시고 판단 받으실 때에 이기려 하심이라 함과 같으니라.

'어떤 자(유대인을 말합니다)'들이 하나님을 믿지 않으면(또는 하나님과 하나님의 말씀에 신실하게 반응하지 않으면), 그것이 하나님의 신실하심을 폐하느냐?' 는 것입니다. 이에 관해 바울은 두 가지를 말씀합니다. 먼저는 인간의 불신실함 또는 죄를 지음은 오히려 하나님의 신실함을 드러나게 한다는 것입니다(4절 상). 그 대표적인 예로 다윗의 고백을 인용합니다(4절 하). 여러분, 다윗이 간음죄를 범한 것이 하나님의 신실하심에 문제가 있음을 드러내는 것인가요? 결코 아닙니다. 다윗이 지은 죄는 다윗 자신이 책임을 져야 합니다. 왜냐하면, 하나님께서는 우리 인간을 로봇으로 만들지 않고 자유 의지를 부여하셨고 스스로의 행동에 책임을 지도록 창조하셨기 때문입니다.

만약 그 문제로 재판정에서 하나님이 피고의 자리에 선다고 할지라도 그가 의롭다는 것은 변호되고 입증 받는다는 것입니다(4절 하). 전혀 소송감이 되지 않는다는 것입니다. 실제로 이스라엘이 참으로 불신실함에도 불구하고 하나님이 얼마나 신실하신지는 구약의 이스라엘 역사를 통해 보여 졌습니다. 뿐만 아니라 하나님께서 얼마나 신실하신지는 복음 되신 예수 그리스도를 통해 분명히 드러났습니다(롬 1:17). 또 하나의 질문은 언약 백성으로서의 유대인의 하나님에 대한 불신 또는 복음을 받아들이지 않음을 어떻게 이해할 것인가에 관한 것입니다. 그 부분에 대한 것은 9-11장에서 말씀하고 있는데 간략하게 이야기하면 우리가 다 알 수 없는 하나님의 또 다른 깊은 섭리가 있다는 것입니다. 그 부분은 그 때 좀 더 자세한 부분을 말씀드리겠습니다.

세 번째 질문이 있습니다. 5-6절입니다.

그러나 우리 불의가 하나님의 의를 드러나게 하면 무슨 말 하리요 [내가 사람의 말하는 대로 말하노니] 진노를 내리시는 하나님이 불의하시냐 결코 그렇지 아니하니라 만일 그러하면 하나님께

서 어찌 세상을 심판하시리요

우리의 불의가 하나님의 의를 더욱 드러낸다면, 우리가 불의하다고 하나님께서 진노하시고 심판하시는 것이 부당한 것 아니냐? 또는 하나님을 높였기 때문에 오히려 상 주어야 될 것이 아니냐?는 것입니다. "사람의 예대로 말하노니"는 세상 사람들이 그렇게 따진다는 것입니다. 그런가요? 이것은 억지고 궤변입니다.

여러분, 죄 또는 불의에 진노하시고 심판하시는 것은 죄와 함께 하실 수 없는 하나님의 본질적인 속성입니다. 뿐만 아니라 이스라엘의 죄에 대해 진노하는 것은 이스라엘과의 언약관계에 신실하심을 표현하는 것입니다. 하나님께서는 분명히 언약을 어기면 징계하시겠다고 말씀하셨습니다. 만약 죄에 대해서 진노하시지 않는다면 그것은 자신에게 신실하지 않는 것이고 또한 이스라엘과의 언약관계에서도 신실하지 않는 것입니다. 그래서 하나님의 심판은 '의로운 심판' 이라고 하였습니다(롬 2:5). 뿐만 아니라 하나님이 원칙이 없거나 상황에 따라 원칙을 쉽게 바꾸는 분이라면 우리가 어떻게 그 하나님을 믿겠습니까? 그리고 그렇게 왔다 갔다 하는 하나님이라면 그 하나님은 결코 죄에 대해서 진노하시거나 심판하실 자격이 없는 분이고, 또한 심판하신다고 할지라도 그 심판이 공정하다고 할 수 없을 것이라고 말씀합니다.

여러분, 우리가 믿는 하나님은 스스로 계신 분이시고 또한 하나님은 스스로 정하신 원칙에 정확하시고 신실하신 분인 줄 믿습니다. 그렇기 때문에 우리는 어떠한 상황에서도 흔들림 없이 그리고 온전히 하나님을 믿을 수 있는 줄 믿습니다. 다음 주에 보겠지만, 실제로도 하나님의 정하신 원칙에 대한 신실하심 때문에 우리를 구원하기 위해 예수님을 보내셔서 비참하게 십자가에 못 박으셔서 희생제물이 되게 하셨습니다.

네 번째도 세 번째와 같은 논리입니다. 7-8절입니다.

> 그러나 나의 거짓말로 하나님의 참되심이 더 풍성하여 그의 영광이 되었다면 어찌 내가 죄인처럼 심판을 받으리요 또는 그러면 선을 이루기 위하여 악을 행하자 하지 않겠느냐 어떤 이들이 이렇게 비방하여 우리가 이런 말을 한다고 하니 그들은 정죄 받는 것이 마땅하니라

'만약 나의 거짓말이 하나님의 참되심과 영광을 풍성하게 하였다면 내가 죄인처럼 심판을 받는 것이 합당하지 않다. 다시 말해, 선을 드러내기 위해서 악을 행하는 것은 좋은 일이 아니냐?' 는 것입니다. 이것도 역시 억지고 궤변이죠? 그렇습니까? 이 부분에 대해서 바울은 아예 답변을 하지 않습니다. 물론 하나님께서는 하나님의 뜻을 이루는데 악한 것도 사용합니다. 그러나 하나님께서는 악을 통해 자신의 뜻을 이루고 자신을 드러내기를 원치 않으십니다. 반대로 우리 하나님은 우리의 믿음 있음과 선함을 통해 하나님의 뜻을 이루고 하나님의 선하심을 보여주기를 기뻐하시는 하나님이신 줄 믿습니다.

물론 두 번째, 세 번째, 네 번째 질문은 논리적으로는 가능한 질문이지만 상식적으로 말도 되지 않는 질문입니다. 5절에서 말씀한 대로 이러한 질문들은 궤변론자들 또는 마음이 비뚤어진 사람들이 하는 것입니다. 그러나 바울은 그런 엉뚱한 질문들도 짚고 가야할 문제라고 생각했기 때문에 오늘 본문에서 간단히 다루고 로마서 뒷부분에서 자세하게 설명합니다. 나중에 보시면 알겠지만, 그러한 엉

뚱한 질문들은 오늘날도 얼마든지 있을 수 있는 질문입니다.

최고의 특권과 은혜로서의 말씀

오늘 본문에서 우리가 교훈 받을 수 있는 것은 하나님의 백성으로 우리에게 주어진 최고의 특권 또는 최고의 혜택은 하나님의 말씀이 주어졌다는 것입니다. 또한 하나님께서는 우리가 나그네 길 인생을 살아가면서 이 말씀이 주어진 놀라운 특권과 혜택을 누리며 살기를 원하십니다. 그런데 유대인들은 그 혜택을 누리지 못했습니다.

우리는 하나님의 말씀을 받은 자로서 특권과 은혜를 누려야 할 줄 믿습니다. 그런데 그 놀라운 은혜를 누리기 위해 가장 중요하고 필요한 것이 무엇인지 아세요? 그것은 하나님의 말씀을 읽는 것입니다. 하지만 오늘날 많은 성도들이 성경을 읽지 않습니다. 어떤 조사에 의하면 우리나라 성도들 중 약 절반이 예배 시간에만 성경을 본다고 합니다. 엄청난 혜택을 활용하지 못하고 숨겨두며 사는 것입니다. 엄청난 재산을 가지고도 활용하지 못하는 사람과 같습니다. 빌리 그레함의 말을 우리가 기억해야 될 줄 믿습니다. 그는 "인간 번민의 99%는 성경을 읽지 않는데 그 원인이 있다"고 했습니다.

여러분 어떻습니까? 우리는 너무 바쁩니다. 이것저것 할 일이 너무 많습니다. 그리고 우리 주변에는 재미있는 것이 너무 많습니다. 여러분, 우리나라 국민 한 사람 당 TV 시청시간이 얼마나 될 것 같습니까? 2011년 우리나라 국민의 하루 평균 TV 시청 시간은 2시간 57분이라고 합니다. 또한 가구 당 하루 평균 TV 시청 시간은 7시간 48분이었다고 합니다. 여러분 혹시 성경을 읽는 시간보다 TV를 시청하는 시간이 훨씬 많지는 않습니까? 또한 성경을 읽는 시간보다 TV를 시청하는 시간이 훨씬 더 재미있지는 않나요?

저는 우리의 영적 건강을 측정하는 대표적인 척도 가운데 하나가 성경에 대한 우리의 태도라고 생각합니다. 베드로 사도는 순전하고 신령한 젖을 사모하라고 했습니다(벧전 2:2). 시편 기자는 하나님의 말씀을 순금보다 더 사모할 것이고, 하나님의 말씀이 꿀보다도 더 달다고 했습니다(시 19:10). 만약 말씀에 대한 사모함이 없고 말씀이 별로 달지 않다면 우리의 신앙에 문제가 있는 것입니다. 밥이 별로 먹고 싶지 않거나 밥맛이 별로 없다면 건강에 문제가 있는 것과 같은 것입니다. 우리는 하나님의 말씀을 시간을 정해놓고 지속적으로 읽어야 하고, 가능하면 체계적으로 읽어야 할 줄 믿습니다.

뿐만 아니라 말씀을 읽을 때 바람직한 믿음의 성장을 하고 놀라운 능력을 경험합니다. 위대한 설교자였던 D. L. 무디의 이야기입니다. 그는 거듭난 후 하나님 앞에서 온전하게 살 것을 서약하고 생활했는데도 늘 넘어졌다고 합니다. 이래서는 안 되겠다고 생각한 무디는 산으로 들어가 기도했습니다. 기도 중 어떤 때는 하늘의 신령한 은혜를 맛보기도 했습니다. 하늘의 신기한 복들이 자기 심령에 물밀 듯 쏟아졌습니다.

"아, 이제 나는 됐다!" 라는 생각을 하고 산을 내려와 살았지만 큰 은혜가 한 달도 가지 못했습니다. 유명한 부흥 목사님으로부터 은혜를 받아야겠다고 생각하고 부흥집회를 쫓아다니기도 했지만 이 방법 역시 마찬가지였습니다. 그래서 무디는 스스로 탄식하기를 "나는 화인 맞은 양심인가보다. 성경 속 비유에 나타나는 길가의 마음처럼 씨가 자라지 못하는 마음인가보다"하며 스스로를 혐오스럽게 여겼습니다. 그러던 어느 날 문득 펴든 성경에서 로마서 13:17을 발견했습니다. "믿음은 들음으로 나며 들음은 그리스도의 말씀으로 말미암았느니라" 무디는 말씀을 읽기 시작했고, 이후 그는 전 미국의 역사를 뒤바꾼 위대한 설교자가 되었다고 합니다. 그래서 무디는 "죄가 당신을 성경에서 떠나게 하든지 아니면 성경이 당신을 죄에서 떠나게 하든지 둘 중 하나이다"라는 위대한 말을 남겼습니다. 이것이 바로 말씀의 능력인 줄 믿습니다.

    기독교 역사를 보면 그것이 교회적으로 그리고 개인적으로 너무도 분명합니다. 위대한 믿음의 사람들의 대부분이 성경을 읽으면서 순간순간 놀라운 삶의 변화를 경험하고 문제와 위기를 극복하였습니다. 저도 그렇습니다. 삶의 위기 위기마다 하나님께서 말씀으로 위기를 극복하게 하고 저의 길을 인도하셨습니다. 여호와의 율법을 즐거워하여 그 율법을 주야로 묵상하는 자는 복 있는 자인 줄 믿습니다(시 1:2). 뿐만 아니라 말씀을 읽을 때 말씀을 혜택을 더 누리기 위해(하나님께서 말씀하신 바를 바르고 깊게 깨닫기 위해) 우리에게 두 가지가 필요합니다. 하나는 배우는 것이고, 다른 하나는 성령의 조명입니다(시 119:18, 34, 73, 125, 130). 우리에게 "내 눈을 열어서 주의 율법에서 놀라운 것을 보게 하소서!(시 119:18)"라고 한 시편 기자의 기도가 필요합니다.

죄의 세력 아래 있는 모든 인간들

    그러면서 다시 질문을 던집니다. 9절(상)입니다.

    그러면 어떠하냐 우리는 나으냐? 결코 아니라.

    '유대인들이 나으냐?' 결코 그렇지 않다는 것입니다. 유대인의 특권과 특혜가 있었던 것은 분명하지만 지금의 상황에서는 유대인과 이방인이 똑같다는 것입니다. 다시 말해, 똑같이 복음이 필요하다는 것입니다. 그러면 어떤 면에서 동일하다는 것입니까? 9절(하)입니다.

> 유대인이나 헬라인이나 다 죄 아래에 있다고 우리가 이미 선언하였느니라.

모든 사람이 죄 아래 있다고 합니다. 성경을 보면 특히 로마서에서 죄라는 것은 단순히 우리가 살면서 짓는 죄의 행위보다는, 죄의 세력 즉 사탄 또는 마귀를 의미할 때가 많습니다. 여기에서 죄는 죄의 세력(사탄 또는 마귀)을 의미합니다. 모든 사람들이 죄의 세력 아래 있다는 것입니다. 그러면서 죄의 세력 아래 또는 죄의 세력에 사로 잡혀 있는 우리 인간의 구체적인 모습을 언급합니다. 자신의 말로 쓰지 않고 구약의 일곱 말씀에서 인용합니다. 왜냐하면 그것이 유대인들을 가장 효과적으로 설득할 수 있는 접근이기 때문입니다. 10절입니다.

> 기록 된 바 의인은 없나니 하나도 없으며

먼저 의인은 하나도 없다고 합니다. 다시 말해, 죄의 세력에 사로잡혀 있기 때문에 하나님과의 관계에서 신실하다고 온전히 인정되는 사람, 즉 하나님께서 요구하시는 것을 온전히 만족시킬 수 있는 사람이 없다는 것입니다. 11-12절입니다.

> 깨닫는 자도 없고 하나님을 찾는 자도 없고
> 다 치우쳐 함께 무익하게 되고 선을 행하는 자는 없나니 하나도 없도다

죄의 세력에 사로잡혀 있기 때문에 하나님을 지각(이해)할 수도 없고, 하나님을 찾을 수도 없으며(하나님을 찾고자 하는 의지), 또한 다 치우쳐서(길을 잃어서) 전혀 무익하고 무가치하며 선을 행할 가능성과 능력도 전혀 없다고 합니다. 13-15절입니다.

> 그들의 목구멍은 열린 무덤이요 그 혀로는 속임을 일삼으며 그 입술에는 독사의 독이 있고 그 입에는 저주와 악독이 가득하고 그 발은 피 흘리는 데 빠른지라

죄의 세력 아래에 있기 때문에 우리의 말과 행동(발)이 얼마나 악한지를 말씀합니다. 이것은 단순히 말과 행동만을 말하는 것이 아니라 우리의 삶 전체가 얼마나 악한 지를 말씀하는 것입니다. 또한 16-18절에서 죄의 세력 아래 있는 인간은 파멸과 고생만을 경험하며 평강의 길도 경험하지 못하다고 합니다. 뿐만 아니라 하나님도 두려워하지 않는다고 합니다.

그런데 본문에서 '한 사람도 없다' 또는 '전혀 없다' 또는 '전적으로 부패했다'고 하는 말은 인간적인 관점에서 말하는 것은 아닙니다. 인간적인 관점에서 보면 하나님의 형상대로 지음 받은 우리 모든 인간은 타락 이후 하나님의 형상이 파괴되었지만 하나님께서 창조 시에 사람에게 부여하신 특징들을 완전히 잃어버리지는 않기 때문에 나름 깨달음도 있고, 우리의 삶(말과 행동)에서 선함이 있는 것도 분명합니다. 또한 상대적으로 다른 사람들에 비해서 선한 사람들도 있습니다. 뿐만 아니라 안 믿는 사람에게도 막연하지만 신의식과 신적인 두려움이 있기도 합니다. 본문은 그런 인간적이고 상대적인 관점에서 말하는 것이 아닙니다. 오늘 본문은 하나님으로부터의 그리고 절대적인 관점에서 말하는 것입니다. 다시 말

해, 하나님께서 정하신 절대적으로 완전한 기준에 도달할 사람이 한 사람도 없다는 것입니다.

20절에서도 율법을 행함으로 의롭게 될 사람도 한 사람도 없다고 말씀합니다. 지난주에 말씀드린 대로 물론 모든 인간은 어느 정도는 율법의 요구사항을 지킬 수 있습니다. 또한 사람들과의 관계에서 상대적인 선을 행할 수 있습니다. 그것은 우리에게 여전히 인격과 도덕성과 양심이 있기 때문입니다.

그래서 이 사회가 유지되는 것입니다. 그러나 어느 누구도 하나님의 기준에 온전히 도달하도록 완벽하게 율법을 지킬 수 있는 사람은 없습니다. 예를 들면, 이렇게 설명할 수 있습니다. 이 문제에 대해서 조 목사님은 점수로 설명하셨는데요. 저는 정답으로 설명하겠습니다. 10+10은 얼마죠? 너무 쉽죠? 좀 어려운 문제를 낼까요? 25+25는 얼마죠? 50입니다. 그런데 시험을 봐서 채점할 때는 2도 틀리고 20도 틀리고 49도 틀립니다. 하나님께서 정하신 절대적인 기준이란 그런 의미입니다. 2보다는 20이 20보다는 49가 상대적으로 정답에 가깝습니다. 그러나 50 이외의 모든 답은 절대적인 면에서 보면 모두 틀립니다. 그런 차원에서 보면 절대적으로 정답인 사람이 없다는 것입니다.

그리고 율법은 죄를 깨닫게 한다고 말씀합니다(20 하). 다시 말해, 율법은 거울 역할을 하는 것입니다. 우리가 생활하다보면 우리의 얼굴에 어떤 것이 묻었는데도 그것을 모를 때가 있습니다. 그런데 살다가 거울을 보면 우리 얼굴에 어떤 것이 묻은 것을 아는 것과 같이 율법이 그 역할을 한다는 것입니다. 그러나 거울은 그 묻은 것을 씻어주지는 못합니다. 그러면 '예수님 오시기 전, 구약시대에는 한 사람도 구원받은 사람이 없는가?' 또한 '구약 성도들은 어떻게 구원받았는가?'에 대한 질문이 있을 수 있습니다. 그에 대한 것은 4장에서 설명합니다.

그러면 본문이 말씀하는 핵심은 무엇이죠? 죄의 세력 지배 가운데 있는 우리 인간의 모습이 얼마나 참담한지 말씀합니다. 다시 말해, 죄의 세력 아래 있는 우리 인간의 모든 부분(지정의, 그리고 말과 생각과 행동)이 부패되어 있으며(전적부패), 하나님과의 관계에서 얼마나 무능한 지(전적 무능) 언급하고 있습니다. 그러면서 의인은 한 사람도 없다고 합니다. 그것이 우리의 현재 모습이라는 것입니다. 그리고 그 이유를 무엇이라고 말씀합니까? 그것은 죄의 세력 아래 있기 때문이라고 합니다.

우리의 실체를 바로 알아야

그러면 오늘 본문에서 바울이 어쩌면 과격하고 신랄하게 그리고 직설적으로 우리의 상태를 언급하는 이유가 무엇일까요? 그것은 우리 인간의 실체를 제대로 아는 것이 우리가 구원받고 온전한 신앙생활을 하는데 절대적으로 중요하기 때문입니다. 그것은 어떤 병에 걸린 사람이 치료받기 위해서는 MRI 라든지, X-ray라든지 피 검사를 통해 자신의 상태를 아는 것이 우선적인 일인 것과 마찬가지입니다.

사랑하는 성도 여러분, 우리가 예수님을 믿고 구원의 자리에 이르기 위해서, 그리고 우리가 하나님께 합당한 삶을 살고 맡기신 사역을 감당하기 위해 우리에게 가장 필요한 것은 우리의 실체를 제대로 아는 것인 줄 믿습니다. 우리의 실체는 어떻습니까? 그것은 우리가 죄의 세력 아래 있고, 전적으로 부패하고, 전적으로 무능하다는 것입니다. 에베소서에 보면 그러한 죄의 세력에 지배받는 우리의 모습을 간략하고 핵심적으로 말씀합니다. 에베소서 2:1-2 입니다.

> 그는 허물과 죄로 죽었던 너희를 살리셨도다. 그 때에 너희는 그 가운데서 행하여 이 세상 풍조를 따르고 공중의 권세 잡은 자를 따랐으니 곧 지금 불순종의 아들들 가운데서 역사하는 영이라

우리는 아담의 타락으로 말미암아 공중의 권세 잡은 자의 지배 아래 있기 때문에 우리는 허물과 죄로 죽었다고 말씀합니다. '죽었다' 는 것은 영적으로 죽었다는 것을 의미합니다. 그러면 '영적으로 죽었다' 는 것은 무엇을 의미합니까? 그것은 두 가지를 의미합니다. 하나는 우리가 주도적으로 어떤 것도 할 수 없다는 것을 의미하고, 또 하나는 어떤 것에도 전혀 반응할 수 없음을 의미합니다. 그러니까 죄의 세력 아래 있는 우리 인간은 구원과 관련하여(또는 하나님께 의인으로 인정받기 위해) 어떤 것도 할 수 없는 전적으로 무능한 상태라는 것입니다. 또한 서로 서로 도와주어서 또는 약을 먹거나 주사를 맞아서 회복될 수도 있는 상태가 아니라는 것입니다. 그러한 우리를 구원하기(살리기) 위해 위에서 생명이신 예수님께서 오셔서 우리를 지배하고 있는 마귀의 세력을 멸하는 방법 외에는 다른 방법이 없었던 것입니다. 요한일서 3:8입니다.

> 죄를 짓는 자는 마귀에게 속하나니 마귀는 처음부터 범죄함이라 하나님의 아들이 나타나신 것은 마귀의 일을 멸하려 하심이라

뿐만 아니라 죽었기 때문에 어떠한 강한 충격 요법에도 우리는 전혀 반응할 수 없습니다. 다시 말해, 하나님께서 예수님을 통해 우리에게 우리의 길을 허락하셨어도 우리가 그것에 반응할 수 없는 것입니다. 오직 주의 은혜로 성령의 역사하심으로 우리가 살아나서

예수님께 반응하여 구원의 자리에 이를 수 있습니다. 그냥 내버려 두시면 어느 누구도 하나님을 알 수도 없고 깨달을 수도 없습니다. 그래서 성경은 구원은 하나님의 은혜로 거저 주시는 선물이라고 말씀하고 있습니다.

또한 지난주에 우리가 온전한 신앙생활을 유지하기 위해 가장 중요하게 필요한 것이 우리가 구원의 기쁨과 감격과 감사를 온전히 고백하고 지금까지 베푸신 은혜에 대한 감사라고 했는데 이러한 우리 자신과 우리의 상태에 대한 바른 이해가 있으면 우리는 구원에 대해 지금까지 베푸신 은혜에 대해 감사하고 감격하지 않을 수 없을 것입니다. 실제로 하나님 앞에서 발버둥 치다보면 우리가 전적으로 부패되고 전적으로 무능력하다는 것이 사실인 것을 고백하지 않을 수 없습니다. 예를 들어, 이사야는 하나님을 보면서 "화로다 나는 망했다!"고 했고, 바울은 "나는 죄인 중에 괴수"라고 했습니다.

뿐만 아니라 죄의 세력 아래 우리가 하나님의 뜻대로 살고 또한 사명을 감당하기 위해서도 우리는 전적으로 무능력함을 인정해야 합니다. 우리는 구원을 받았지만 죄의 세력이 완전히 제압되지 않았기 때문에 여전히 죄의 세력의 영향권에 있습니다. 주님께서 다시 오실 때까지 사탄의 세력은 우는 사자처럼 여전히 우리를 유혹하며 방해할 것입니다. 그래서 성경은 우리의 싸움은 혈과 육의 싸움이 아니요, 공중에 권세 잡은 악한 영들과의 싸움이라고 하였습니다. 많은 사람들이 사탄의 세력에 대해 인정하지 않거나 별로 의식하지 않고 살아갑니다. 그러면 백전백패합니다. 지금도 사탄은 우리를 우는 사자와 같이 먹을 것을 찾고 있음을 우리는 기억해야 하고 또한 늘 의식하고 살아야 합니다.

그러나 우리의 힘으로는 사탄의 세력을 절대로 이길 수 없습니

다. 우리의 결단과 각오와 의지가 필요하기는 하지만 우리의 능력
으로는 이 세상에서 죄의 세력과 싸워서 이길 수 있는 사람은 없
습니다. 그러나 방법은 있습니다. 그것은 마귀를 이기신 주님의
능력과 성령의 도우심을 의지하는 것입니다. 뿐만 아니라 하나님
의 전신갑주를 입어야 하는데 가장 대표적인 것은 하나님께서 우
리에게 특권으로 주신 하나님의 말씀으로 매일 매일 무장하는 것
입니다. 예수님께서 그렇게 하셨던 것처럼 우리도 말씀으로 무장
했을 때 사탄의 유혹을 극복할 수 있고 마귀와의 싸움에서 승리할
줄 믿습니다. 그러나 주의할 것이 있습니다. 사탄이 말씀도 이용
한다는 것입니다. 아담과 하와 때도 그렇고 예수님에게도 그랬습
니다. 그렇기 때문에 우리는 말씀을 제대로 이해해야 하고 성령의
도우심을 받아 제대로 적용해야 합니다. 그러면 마귀와 싸워 승리
할 줄 믿습니다.

말씀을 맺겠습니다.

오늘 본문은 우리의 모습을 말씀합니다. 의인은 한 사람도 없다
고 합니다. 왜냐하면 우리 모두는 죄의 세력 아래 있기 때문입니다.
전적으로 부패하고 전적으로 무능한 우리의 모습을 제대로 알 때
우리는 온전한 신앙생활을 할 수 있습니다. 특히 우리가 죄의 세력
과 싸워 이기기 위해 해야 할 가장 중요한 일은 하나님의 말씀을
가까이 하고 읽고 묵상하는 것입니다. 이 은혜가 우리 모두에게 임
하기를 바랍니다.

롬 3:21-31

하나님의 의

※ 설교 주제: 우리는 오직 하나님의 의인 예수 그리스도를 믿음으로 받아들임으로 의롭게 될 수 있다.

※ 설교 목적: 우리가 구원 받을 수 있는 유일한 길은 하나님의 의인 예수 그리스도를 믿음으로 받아들이는 방법 밖에 없음을 깨닫게 하고, 복음을 받아들이도록 촉구한다.

※ 설교 전개
    그러나 이제는
    하나님의 의
        속량 & 화목제물
    오직 십자가의 진리를 믿음으로
    십자가의 진리를 더 깊이 체험하기 위해

※ 설교 요약
    로마서의 전체의 핵심 구절은 1:16-17이다. 사실 로마서 전체는 1:16-17을 풀어서 자세히 설명하는 내용이라고 할 수 있다. 이렇게 핵심 주제를 선포한 다음에 1:18-3:20에서 사도 바울은 우리 인간

이 어떤 죄를 짓고 있는지 그리고 그 죄들에 대한 하나님의 심판이 무엇인지를 설명한다. 왜냐하면 구원의 진리를 온전히 깨닫고 믿기 위해서는 죄에 대한 하나님의 진노와 심판에 대해 아는 것이 절대적으로 필요하기 때문이다. 그것을 이방인과 유대인으로 나누어서 설명한다. 왜냐하면, 그들이 전혀 다른 죄의 상태에 있었기 때문이다. 이방인들은 하나님을 아예 몰랐고, 유대인들은 구원의 진리를 잘못 알고 있었다. 오늘 본문에서는 좀 더 구체적으로 하나님께서 어떻게 구원의 길을 마련하셨는지를 설명한다. 율법과는 별도로 하나님의 의가 나타났다는 것이다. 그 구원의 방법을 속량과 화목제물이라는 용어로 설명한다. 그러면서 오직 예수님을 믿음으로 의롭게 된다고 다시 한 번 강조한다. 우리는 오직 믿음으로 의인이 되고 하나님의 영광을 누릴 수 있다. 한 걸음 더 나아가, 우리는 하나님의 의인 십자가의 복음을 더 깊이 체험적으로 알아가야 한다.

사도 바울은 로마서 1:16-17에서 로마서 전체의 핵심을 아주 간략하게 말씀합니다. 그 내용은 크게 세 가지입니다. 먼저는 복음(예수 그리스도)은 우리를 구원하기 위한 하나님의 처방(구원 방법)이라고 합니다. 다음으로, 복음에는 하나님의 의(하나님의 언약 관계의 신실함)가 나타났다고 합니다. 그리고 마지막으로 예수 그리스도를 믿음으로 말미암아 의인이 된다는 것입니다.

이제 본론에 들어가서 바울은 무엇보다도 먼저 이방인과 유대인들에게 임할 하나님의 진노(심판)를 자세히 언급합니다. 왜 그랬습니까? 그것은 진정한 복음은 하나님의 심판과 진노로부터 출발해야 하기 때문입니다. 오늘 본문에서도 언급되겠지만, 만약 죄에 대해 심히 진노하시고 엄히 심판하시는 하나님에 대한 깨달음과 믿음이 없으면 복음은 큰 의미가 없고 말 그대로 복된 소식이 아니기 때문입니다.

심판하시는 하나님에 대해 언급하면서 바울은 죄의 세력 아래 있는 우리 인간의 실체에 대해서도 설명합니다. 한 마디로, 모든 사람들이 죄의 세력 아래 있기 때문에 이 땅에 의인은 한 사람도 없다고 선포합니다. 모든 인간은 죄의 세력 아래 있기 때문에 말과 생각과 행동이 전적으로 부패할 수밖에 없으며, 하나님과의 관계에서도 전적으로 무능하다는 것입니다. 그런데 바울이 왜 그렇게 아주 직접적이고 신랄하게 우리 인간의 모습을 서술했습니까? 그것은 이러한 우리 인간의 실체를 알고 인정할 때 복음의 진정한 의미를 깨닫고 받아들일 수 있기 때문입니다. 또한 모든 인간이 죄의 세력에 사로 잡혀 있기 때문에 어느 누구도 율법을 지켜서 의롭게 될 수 없다고 말씀합니다. 율법의 기능은 단지 죄를 깨닫게 하는 것이라고 합니다.

그러나 이제는

오늘 본문은 1:16-17에서 핵심적으로 간략하게 선포했던 복음에 대해서 좀 더 자세하게 설명합니다. 21절 상(上)입니다.

이제는 율법 외에 하나님의 한 의가 나타났으니 율법과 선지자들에게 증거를 받은 것이라.

"그러나(우리말 성경에는 생략되어 있습니다) 이제는(But now)"이라는 이 두 단어는 논리적으로 그리고 시간적으로 큰 '전환점'을 표현하고 있습니다. 그러니까 한 사람도 의인이 없는데 이제 의인이 될 수 있는, 또는 모든 사람들이 하나님의 심판과 진노를 경험해야 하는데 이제는 하나님의 심판과 진노에서 면제될 수 있는 '새로운 시대'가 열렸다는 것입니다.

그러면 그 구체적인 내용이 무엇이죠? 그것은 '율법 외에(즉, 율법과는 별도로, 또는 율법과는 다른 차원에서) 하나님의 의가 나타났다'는 것입니다(우리말 성경에는 '하나님의 한 의'라고 표현되어 있는데 원문은 그냥 '하나님의 의'라고 되어 있습니다). '하나님의 의'라는 표현에 대한 바른 이해는 본문을 이해하는데 절대적으로 중요합니다. 앞에서도 여러 번 등장했는데 오늘 본문에도 그 표현이 다섯 번이나 등장하고 있습니다(21, 22, 25, 26절-2번). 지난번에 말씀드린 대로 하나님의 의가 무엇을 의미하는지에 대해 학자들 사이에 많은 신학적인 논의가 있지만, '의롭다'는 단어의 기본적인 의미는 '언약 관계에 있어서의 신실함'이라고 했습니다. 그렇게 이해할 때 성경 전체와 로마서 말씀들의 의미가 분명해지는 경우가 많습니다. 지난번에 로마서 1:17에서 '복음에는 하나님의 의가 나타났다'는 말은 복음에는 하나님의 언약관계의 신실하심이 드러났다는 것을 의미한다고 했습니다. 로마서 3:5에서도 '우리의 불의가 하나님의 신실함을 드러내면 오히려 우리가 잘한 것이 아니냐?' 라는 의미로 이해했습니다. 기억나세요?

그런데 오늘 본문에서는 문자적으로 이해하기 보다는 조금 응용해서 이해하는 것이 필요합니다. 구약을 보면 '하나님의 의,' 다시 말해 하나님의 언약 관계의 신실하심을 통해 드러나는 대표적인 결과는 구원임을 말씀합니다(예. 시 98:2, 사 45:21, 46:13). 한 예로 이사야 46:13을 보겠습니다.

> 내가 나의 공의를 가깝게 할 것인즉 그것이 멀지 아니하나니
> 나의 구원이 지체하지 아니할 것이라
> 내가 나의 영광인 이스라엘을 위하여 구원을 시온에 베풀리라.

그러니까 본문을 '율법과 별도로 하나님께서 구원의 길을 제시하였다' 라는 말로 바꿀 수 있습니다. 또한 로마서 1:17에서 복음에는 하나님의 의가 나타났다고 했기 때문에 본문을 로마서의 문맥에 따라 '율법과 별도로 하나님의 복음(또는 한 마디로 예수 그리스도라고도 할 수 있습니다)이 나타났다.' 라는 말로도 바꿀 수 있습니다. 이렇게 율법과는 다른 차원에서 하나님의 의(다른 말로 하면, 복음, 예수 그리스도 또는 구원의 길)를 드러내셨다고 선포하신 다음에 계속해서 그 하나님의 의에 대해 자세히 설명하고 있습니다.

하나님의 의

이제 차례대로 살펴보겠습니다. 21절 하(下)입니다.

> 율법과 선지자들에게 증거를 받은 것이라

먼저 하나님의 신실하심으로 복음(예수 그리스도 또는 구원의 길)이 제시된(나타난) 것은 율법과 선지자들의 증거를 받은 것이라고 말씀합니다. 복음이 우연히 우발적으로 어쩌다가 나타난 것이 아니라는 것입니다. 하나님께서는 구약성경을 통해 꾸준히 300번 이상이나 예수 그리스도를 통한 구원을 약속하셨습니다. 그리고 '때가 되었을 때' 하나님께서 그것을 성취하셨습니다. 이것을 우리는 '복음(믿음)의 역사성'이라고 합니다. 다시 말해, 예수 그리스도 안에서의 우리의 믿음이 막연하고 추상적인 것이 아니라 역사적인 사실과 증거에 근거한 믿음이라는 것입니다.

사랑하는 성도 여러분, 우리가 흔들리지 않고 견고하게 신앙생활을 하기 위해 필요한 것 가운데 하나는 '복음의 역사성'에 대한 깨달음과 믿음인 줄 믿습니다. 우리의 구원자 되시고 복음이 되신 예수님은 이 땅에 오시기 전에 언제 어디에서 어떻게 태어나서 살다가 죽을 것이 예언되신 다음에 이 땅에 오셨고, 또한 그 예언대로 태어나셔서 그 예언대로 사시다가 그 예언대로 죽으셨습니다. 그리고 이 땅에 사시면서 "나를 본 자는 아버지를 보았다(요 14:9)"고 하시면서 우리에게 하나님을 보여주셨습니다. 또한 십자가에 못 박혀 돌아가신지 3일 만에 부활하셔서 하나님 되심을 확증시켜 주셨습니다. 뿐만 아니라 기독교 2000년 역사를 통해 그리고 많은 하나님의 사람들을 통해 예수님의 하나님 되심을 보여주셨습니다. 그 예수님이 우리의 믿음의 대상입니다. 역사를 통해서, 셀 수 없이 많은 믿음의 사람들을 통해 하나님 되심을 보여주신 예수님에 대한 분명한 깨달음과 믿음이 있으면 우리의 신앙은 어떠한 상황과 환경에서도 결코 흔들리지 않을 줄 믿습니다.

22절입니다.

> 곧 예수 그리스도를 믿음으로 말미암아 모든 믿는 자에게 미치는 하나님의 의니 차별이 없느니라.

하나님의 의가 나타남으로 말미암는 혜택은 모든 사람에게 차별 없이 미치는 것입니다. 29-30절에도 같은 말씀이 있습니다. 하나님께서는 하나님의 구원 역사를 진행하는 과정에서 특별한 시기에 이스라엘을 택하시고 그들에게 은혜와 사랑을 베푸셨습니다. 율법도 특별히 유대인들에게 한정적으로 주어졌습니다. 왜 그러셨죠? 그것은 하나님을 드러내시고 구원을 이루어 가시는데 가장 적합한 방법이었기 때문입니다. 그러나 이제는 하나님의 은혜와 사랑은 더 이상 혈통적이고 민족적인 이스라엘에만 국한되지 않습니다. 예수님을 통한 복음의 새로운 시대에서는 민족적이고 혈통적이고 사회적이고 외적인 모든 장벽이 완전히 무너져버린 것입니다.

그러면 이제 복음의 새로운 시대에 요구되는 것은 무엇이죠? 그것은 오직 담대하고 간절한 마음으로 주님께 나아오는 믿음입니다. 복음서를 보면 그것이 너무도 분명히 드러납니다. 구약시대에는 한센 병이라든지 중풍 병이라든지 혈루 병에 걸린 사람들은 불결하다고 여겨져서 하나님께 결코 나아오지 못했습니다. 그들은 격리되어서 진 밖에서 살다가 완치되어야 다시 진 안으로 들어올 수 있었습니다. 그런데 예수님께서 그런 사람들에게 능력을 행하신 것은 복음의 새로운 시대의 특징이 무엇인지 보여주기 위함이었습니다. 지금 우리도 마찬가지입니다. 능력이나 학력이나 외모나 인간적인 어떤 조건도 복음 되신 예수님 앞에서는 아무 의미가 없습니다. 오히려 그러한 것들이 주님께 나아오는데 걸림돌이 되는 경우가 더 많습니다. 현재 우리의 모습이 어떠할지라도 있는 모습 그대로 오직 담대하고 간절한 믿음으로 주께 나아오면 주님께서 우리의 인생을 복되게 하시고, 우리의 인생이 아름답게 쓰임 받게 될 줄 믿습니다. 이것이 복음의 새로운 시대에 나타난 특징입니다.

세 번째로, 하나님의 의를 믿는 사람에게 주어지는 결과가 무엇입니까? 23-24절입니다.

> 모든 사람이 죄를 범하였으매 하나님의 영광에 이르지 못하더니 그리스도 예수 안에 있는 속량으로 말미암아 하나님의 은혜로 값 없이 의롭다 하심을 얻은 자 되었느니라

모든 사람이 죄의 세력 아래 있었기 때문에 죄를 범하지 않을 수 없었습니다. 죄인이기 때문에 거룩하신 하나님의 영광에 이르지 못한 것입니다. 그러나 이제는 예수 그리스도 안에 있는 속량으로 의롭게 여김을 받았습니다. 또한 하나님의 영광을 누리는 것과 의인됨이 연결되어 있습니다. 그러니까 하나님의 은혜로 의인이 되면 하나님의 영광을 누리게 된다는 것입니다. 여기에서의 영광을 누림은 현재와 미래를 모두 포함하고, 1:17에서 '산다'는 말과 같은 의미입니다. 다시 말해, 전에는 죄로 말미암아 죽어서 하나님 밖에 살았기 때문에 하나님의 은혜를 누리지 못했는데 이제는 살아서(하나님과의 관계가 회복되어, 또는 하나님 안에 들어와서) 하나님께서 원래 의도하셨던 복과 은혜와 영광을 누리게 되었다는 것입니다(롬 5장 참조).

속량 & 화목제물

네 번째로, 하나님의 의를 드러내셔서 구원의 길을 제시한 객관적이고 공개적인 수단 또는 방법을 말씀합니다. 그것은 두 개의 단

어로 요약됩니다. 하나는 '예수 그리스도 안에 있는 속량'이고 다른 하나는 '그리스도 피로 말미암은 화목제물'입니다.

먼저, '속량'은 당시 경제 용어였습니다. 시장에서 어떤 것을 사기위해 값을 지불할 때, 특히 노예를 사기 위해 값을 지불할 때 쓰는 단어였습니다. 그러니까 예수님께서 우리를 속량하셨다는 말은 예수님께서 사탄의 지배를 받았던(사탄의 노예였던) 우리를 해방시키기 위해 값을 지불하신 것을 의미합니다. 그래서 복음서에서는 예수님께서 자신을 '대속물'이라고 하셨습니다. 마가복음 10:45입니다(참고. 마 20:18).

인자가 온 것은 섬김을 받으려 함이 아니라

도리어 섬기려 하고 자기 목숨을 많은 사람의 대속물로 주려 함이니라.

그 결과 우리는 더 이상에 죄에 대한 책임이 없어졌습니다. 예를 들어, 어떤 아이가 유리창을 깼다고 합시다. 그것 때문에 그 아이는 그 주인에게 잡혀 있었습니다. 그런데 부모님이 가서 유리 값을 대신 지불하였습니다. 이제 그 아이는 더 이상 유리창을 깬 죄에 의해 속박되지 않고 자유를 누릴 수 있습니다. 마찬가지입니다. 우리도 예수님께서 죄의 세력 가운데 있는 우리를 값을 지불하고 사셨기 때문에 우리에게 두 가지 변화가 일어났습니다. 하나는 죄의 지배 아래에 있던 자들이 하나님의 통치로 들어오게 되어서 하나님의 영광을 누리게 된 것입니다. 다른 하나는 주님께서 사셨기 때문에 이제 우리는 주님의 것이 되었습니다.

다음으로, 그의 피로 말미암은 '화목제물'이 되셨다고 하였습니다(참고. 요일 2:2). 25절입니다.

이 예수를 하나님이 그의 피로써 믿음으로 말미암는 화목제물로 세우셨으니 이는 하나님께서 길이 참으시는 중에 전에 지은 죄를 간과하심으로 자기의 의로우심을 나타내려 하심이니

"그의 피로 말미암아"는 '그리스도의 희생적 죽음'을 말씀합니다. 그리고 '화목제물'은 당시 제사 때에 쓰이던 용어로 어떤 희생 제물을 통해서 신의 진노가 진정되는 것을 의미하였습니다. 그러니까 우리 모두는 죄로 인해 하나님의 진노와 심판을 받을 수밖에 없었는데 하나님께서 우리에게 임할 진노와 저주를 십자가 위에서 화목제물 되신 예수님께 대신 쏟아 부으셨습니다. 그래서 어떻게 되었나요? 우리의 죄가 간과되었습니다. 다시 말해, 우리의 죄가 없어지고 용서된 것입니다. 그래서 이제는 더 이상 죄인으로 취급되지 않고 의인이 되게 하셨고, 하나님과 우리 사이가 화목하게 된 것입니다.

그러면 왜 그렇게 하셔야 했나요? 26절입니다.

곧 이 때에 자기의 의로우심을 나타내사 자기도 의로우시며 또한 예수 믿는 자를 의롭다 하려 하심이라.

예수님을 그렇게 처절하게 십자가에 못 박으셔서(대속 제물과 화목 제물 삼으셔서) 우리의 죄를 용서하심으로 하나님 스스로에게 신실하시고 또한 언약 관계에 신실하심을 증명하셨다는 말씀입니다. 지난주에 잠깐 본 바와 같이, 만약 그렇게 하시지 않고 쉽게 용서하시면 그것은 죄를 미워하시며 반드시 죄를 징벌하시는 하나님의 본질적 속성에 신실하지 않는 것이고, 또한 죄를 지으면 벌하시겠다고 약속하신 언약 관계에도 신실치 못한 것입니다. 그러니까

스스로와 언약 관계에 신실하신 하나님께서 그것 외에는 우리의 죄가 용서받고 의인이 되고 하나님과의 관계가 회복될 다른 방법이 없으셨던 것입니다.

그래서 성경은 그리스도의 십자가 사건은 자기 자신과 언약 관계에 신실하신 하나님에게 최고의 지혜로운 사건이라고 말씀하는 것입니다(고전 1:24). 그리고 그러한 하나님의 원칙이 구약의 율법에 자세히 설명되어 있습니다. 그래서 31절에 믿음이 율법을 더욱 세운다고 말씀합니다. 다시 말해, 율법은 십자가를 통한 구원 사건의 기초와 원리를 제공하는 것입니다. 또한 갈 3:24에서는 율법이 우리를 그리스도께 인도하는 몽학선생(초등교사)의 역할을 한다고 하였습니다(참조. 7장).

마지막으로 하나님의 의는 공개적이고 객관적으로 드러났습니다. 25절에 '세우셨다'는 것은 이제 모든 사람들이 구원 받을 길을 공개적으로 보여주셨다는 것을 의미합니다. 이것은 마치 모세가 광야에서 뱀을 드는 것과 같습니다.

오직 십자가의 진리를 믿음으로

그러면 이와 같이 하나님께서 이렇게 구원의 길을 공개적으로 세우셨는데 우리가 할 일은 무엇입니까? 그것은 우리가 너무도 잘 알죠? 오직 그 십자가에 달리신 예수님을 믿고 받아들이는 것입니다. 어느 누구도 차별이 없고 예외가 없습니다. 27-30절입니다.

> 그런즉 자랑할 데가 어디냐 있을 수가 없느니라 무슨 법으로냐 행위로냐 아니라 오직 믿음의 법으로니라. 그러므로 사람이 의롭다 하심을 얻는 것은 율법의 행위에 있지 않고 믿음으로 되는 줄 우리가 인정하노라. 하나님은 다만 유대인의 하나님이시냐 또한

이방인의 하나님은 아니시냐 진실로 이방인의 하나님도 되시느니라. 할례자도 믿음으로 말미암아 또한 무할례자도 믿음으로 말미암아 의롭다 하실 하나님은 한 분이시니라

사랑하는 여러분, 다시 한 번 선포합니다. 하나님께서는 십자가 사건을 통해 우리에게 구원의 길을 허락하셨습니다. 우리가 할 일은 하나님의 구원방법인 그 십자가의 복음을 믿음으로 받아들이는 것입니다. 그 때 우리는 의롭게 되고 하나님과의 관계가 회복되어서 하나님의 영광을 누릴 수 있습니다. 그러나 십자가에 못 박히신 예수님을 믿음으로 받아들이지 않으면 아무리 열심히 교회를 다니고 아무리 열심히 봉사한다고 할지라도 그 사람은 구원과 상관없는 사람입니다. 왜냐하면 하나님께서는 이 십자가의 복음을 믿는 방법 외에 어느 다른 방법으로도 우리에게 구원의 길을 주시지 않았기 때문입니다. 우리 모두가 십자가에 못 박히신 예수님을 믿음으로 구원의 자리에 이르기를 소원합니다.

뿐만 아니라 로마서를 통해서 교훈하는 것은 십자가의 복음을 통해 우리의 신앙과 삶이 더욱 견고하고 더욱 온전하고 더욱 성숙하기를 원하신다는 것입니다. 1장에서 본 것처럼, 다른 교회들과 마찬가지로 로마교회도 문제는 있었는데 바울은 그러한 문제를 해결하기 위해 로마교회에 가장 필요한 것은 그들에게 다시 복음을 들려주는 것이라고 믿었습니다. 그리고 1:16-17에서 복음에 대해 간단하면서도 분명하게 선포한 다음에 오늘 본문에서 십자가의 복음을 자세하고 깊이 있게 설명하고 있습니다. 로마 교회만 그런 것이 아닙니다. 초대 교회 가운데 가장 문제가 많은 교회가 고린도 교회였습니다. 그래서 바울은 고린도서에서 어느 서신보다도 자세하게 십자가의 진리를 설명하고 있습니다. 왜냐하면 고린도 교회가 겉으

로는 여러 가지 문제들로 나타나지만 그들의 문제의 핵심은 십자가의 진리에 대한 바른 깨달음과 믿음이 부족하다고 생각했고 또한 그들의 문제를 해결하는 해결책은 십자가의 진리에 대한 깨달음과 믿음이라고 판단했기 때문입니다.

오늘날도 마찬가지입니다. 교회와 우리 신앙과 삶의 모든 문제의 근본적인 해결책은 십자가의 복음에 대한 바른 깨달음과 믿음인 줄 믿습니다. 여러분들도 아시는 것처럼, 요즈음 한국 교회가 참으로 어렵습니다. 유럽이나 미국 교회는 더 어렵습니다. 교회당이 술집이나 이슬람에게 매각되고 교회에 젊은이들이 많지 않습니다. 여러분, 왜 교회가 문제가 생기고 약화되는 줄 아세요? 물론 여러 가지 원인이 있겠지만 핵심적인 것은 교회가 십자가의 진리 위에 제대로 서 있지 못하기 때문이고 또한 강단에서 십자가의 복음이 제대로 선포되지 못하기 때문입니다. 십자가의 복음 위에 온전히 세워진 교회는 결코 흔들리지 않습니다. 십자가의 복음이 온전히 선포되는 교회는 결코 약화되지 않습니다. 저는 우리 한국 교회가 십자가의 복음 위에 세워지기를 원합니다. 한국 교회의 강단에서 십자가의 복음이 바르고 깊이 있게 선포되기를 바랍니다.

개인적으로도 마찬가지입니다. 십자가의 복음 위에 우리의 신앙이 세워지지 않으면(십자가에 못 박힌 예수님과의 인격적인 만남의 기초 위에 세워지지 않으면) 온전한 신앙생활을 유지할 수 없습니다. 제자들처럼 문제가 생기면 다 도망갈 가능성이 많습니다. 기도의 응답, 기적, 감정적인 뜨거움 그 어느 것도 우리의 신앙의 기초가 될 수 없습니다. 또한 신앙생활을 하다보면 힘들고 어려울 때가 있습니다. 낙심되고 좌절될 때가 있습니다. 다른 사람들과의 관계가 힘들 때가 있습니다. 예배에 기쁨과 감격이 약해질 수 있습니다. 그런 신앙생활의 침체기를 극복하고 살아가면서 경험하는 모든 문제를 극복하는 가장 효과적이고 바람직한 방법은 십자가의 복음에 대한 믿음과 감사와 감격의 회복입니다. 십자가에 대한 믿음과 감사와 감격이 우리의 심령에 넘치면 우리는 감격적으로 신앙생활을 하고 기쁨과 즐거움으로 헌신하고 뜨겁게 예배를 드리게 될 줄 믿습니다.

뿐만 아니라 오늘 본문을 통해서 하나님께서는 우리가 십자가의 복음을 바르고 더 깊이 알기 원하는 것을 볼 수 있습니다. 오늘 본문을 보면 참으로 자세하게(어쩌면 복잡하게) 어려운 용어를 써 가며 십자가의 복음을 설명하고 있습니다. 그런데 혹시 오늘 본문을 보면서 십자가의 진리에 대해 이렇게 자세하게 설명할 필요가 없는데 하시는 분들이 계신지 모르겠습니다.10) 그렇지 않습니다. 십자가의 진리를 더욱 자세하고 더욱 깊게 알 때 우리는 더 감격스럽게 신앙생활을 할 수 있고, 더 온전히 믿음의 길을 갈 수 있습니다.

여러분, 바울을 변화시킨 결정적인 사건은 십자가의 진리에 대한 깨달음과 믿음이었습니다. 그런데 바울은 거기에 머무르지 않았습니다. 고린도전서 2:2을 보면 그리스도와 그가 십자가에 못 박히신 것 외에 아무 것도 알지 아니하기로 작정했다고 했습니다. 그의 생애의 최고의 관심과 목표는 십자가의 진리를 더 깊이 바르게 아는 것이라는 말씀입니다. 십자가의 복음을 알고 깨닫고 믿었지만 그의 생애를 통해 더 깊이 알기를 원했던 것입니다. 왜냐하면 이 세상을 살아가면서 가장 고상한 일은 그리스도와 그의 십자가를 알아가는 것이고(빌 3:8), 그것이 또한 우리를 더욱 하나님께 합당한 자로 온

---

10) 오늘 본문에서는 여러 가지 쉽지 않은 용어를 사용해서 복음에 대해서 자세히 기록하고 있습니다. 우리에게는 어려울 수도 있지만 당시의 사람들에게는 어렵지 않았을 것입니다. 왜냐하면 그들은 구약의 신앙적 배경을 공유하였고, 또한 당시에 사용하는 용어들의 의미를 알고 있었기 때문입니다.

전한 자로 세워가는 가장 바람직하고 효과적인 일이기 때문입니다. 저는 우리 모두가 우리의 생애를 마치는 날까지 더욱 더 깊이 그리고 바르게 십자가의 진리를 알아가는 사람들이 되기를 바랍니다.

십자가의 진리를 더 깊이 체험하기

그런데 십자가의 진리를 안다는 것은 단순히 지적인 앎만을 의미하지 않습니다. 잘 아시는 것처럼 성경에서 안다는 것은 체험적인 앎입니다. 그러면 십자가의 진리를 체험적으로 더 깊이 알아간다는 것은 무엇을 의미할까요? 본문에 근거해서 크게 세 가지만 말씀드리겠습니다.

먼저, 십자가의 복음을 더 깊이 안다는 것은 하나님의 신실하심을 더 깊이 그리고 체험적으로 아는 것을 의미합니다. 오늘 본문은 계속해서 십자가의 복음을 통해 하나님께서 얼마나 신실하신지 보여주셨다고 했습니다. 인간들이 제대로 사명을 감당하지 못했지만, 때로는 인간들이 반역하고 대항했지만 그리고 때로는 하나님께서 잠잠히 계시는 것 같았지만 하나님께서는 하나님께서 약속하신 십자가의 복음을 신실하게 진행하셔서 완성시키셨습니다. 그러니까 십자가의 복음을 더욱 깊이 체험적으로 알아간다는 것은 하나님께서 보여주신 신실하심을 더욱 깊이 체험적으로 알아갈 수 있다는 것을 의미합니다.

그런데 십자가의 복음을 통해 신실하신 하나님을 더 깊이 체험적으로 알아가기 위해서 우리에게 요구하시는 것이 있습니다. 그것은 우리가 모든 상황에서 신실하신 하나님을 전적으로 신뢰하는 것입니다. 다시 말해, 살다보면 힘들고 어려운 일을 당할 수도 있고, 때로는 이해되지 않을 일들을 경험할 수도 있습니다. 그 때에도 우리는 그 모든 상황 속에서도 다 알지 못하는 신실하신 하나님의 뜻과 섭리가 있음을 믿고 감사하는 것입니다. 주님은 모든 상황에서 우리에게 묻습니다. "너 나 신실한 것을 믿니?" 그 때 우리가 "네 주님, 제가 다 이해하지는 못하고 다 깨닫지 못하지만 저는 이 모든 것에 신실하신 하나님의 뜻과 섭리가 있고, 또한 모든 것이 합력하여 선을 이룰 줄 믿습니다." 라고 대답할 수 있기를 바랍니다.

다음으로, 십자가의 복음을 체험적으로 더 깊이 알아간다는 것은 주님의 사랑을 더 깊이 알아가는 것을 의미합니다. 십자가의 복음을 통해 하나님께서 우리를 얼마나 사랑하시는지를 보여주셨습니다. 하나님이신 예수님께서 스스로 낮아지셔서 주도적으로 우리에게 구원의 길을 마련해 주시고 또한 아무 조건 없이, 아무 대가 없이 선물로 우리를 의롭게 하셨다고 말씀합니다. 왜 그렇게 하셨죠? 그것은 우리를 너무 사랑하시기 때문입니다(요 3:16; 요일 3:9-10). 요한1서 3:9-10입니다.

> 하나님의 사랑이 우리에게 이렇게 나타난바 되었으니 하나님이 자기의 독생자를 세상에 보내심은 그로 말미암아 우리를 살리려 하심이라. 사랑은 여기 있으니 우리가 하나님을 사랑한 것이 아니요 하나님이 우리를 사랑하사 우리 죄를 속하기 위하여 화목 제물로 그 아들을 보내셨음이라.

하나님께서는 십자가의 사건을 통해 "나 너를 사랑해!" 라는 분명한 표현을 해 주셨습니다. 그러니까 십자가의 복음을 깊이 알아간다는 것은 우리가 하나님의 사랑을 더욱 깊이 체험한다는 것을 의미합니다. 그런데 그런 말로 다할 수 없는 사랑을 주신 주님께서 우리에게 듣기 원하는 말씀이 있습니다. 그것이 무엇인줄 아세요? 그것은 사랑의 고백입니다. 주님께서는 우리가 십자가의 사랑에 응답하여 "나를 구원하신 주님, 십자가의 복음을 통해 사랑하심을 확증하여 주신 주님, 사랑합니다!"라고 고백하기를 참으로 듣기 원하시는 줄 믿습니다. 우리 모두에게 주님에 대한 뜨거운 사랑의 고백이 늘 있기를 소원합니다.

세 번째로, 십자가의 복음을 체험적으로 더 깊이 알아간다는 것은 하나님이 죄를 얼마나 싫어하시는 지를 더 깊이 체험적으로 알아가는 것을 의미합니다. 십자가 복음을 통해 하나님께서 얼마나 죄를 미워하시는지 그리고 죄에는 반드시 심판이 있다는 것을 보여주셨습니다. 죄와는 함께 하실 수 없고, 죄는 반드시 심판하시는 것이 하나님의 본질적인 속성입니다. 그래서 예수님을 대속제물과 화목제물로 십자가에 못 박으셨습니다. 그것은 오늘날도 마찬가지입니다. 죄에는 반드시 징계가 따릅니다. 오히려 예수를 믿는 사람들에게 그것이 더욱 분명하게 나타납니다. 저는 우리 모두가 십자가의 복음을 통해 하나님께서 얼마나 죄를 미워하시며 싫어하시는 지를 더욱 깊이 체험적으로 알아 가시기를 바랍니다.

사랑하는 성도 여러분, 우리는 십자가의 진리에 합당한 삶을 살아야 할 줄 믿습니다. 십자가의 복음을 통해 우리에게 신실하심을 보여주시고 사랑을 보여주신 하나님 앞에서 우리는 더 이상 죄를 짓지 맙시다. 하나님을 더 이상 실망시키지 맙시다. 우리 모두가 십자가의 원수로가 아니라 십자가의 은혜를 보답하는 성숙하고 온전한 삶을 살 수 있기를 간절히 바랍니다.

말씀을 맺겠습니다.

하나님은 우리에게 십자가의 복음을 통해 하나님의 의를 보여주셨습니다. 또한 우리가 의롭게 되기를 원합니다. 그런데 그것은 하나님의 의를 믿음으로 받아들이는 것 외에 따른 방법이 없습니다. 그 때 우리는 의인이 되고 하나님의 영광을 누릴 수 있습니다. 뿐만 아니라 십자가의 복음을 더 깊이 체험적으로 알기를 원하십니다. 다시 말해, 십자가의 사건을 통해 하나님께서 얼마나 신실하신지, 주님이 우리를 얼마나 사랑하시는지 그리고 하나님께서 죄를 얼마나 미워하시는지 더욱 깊이 알아가야 한다는 것입니다. 저는 우리 모두가 십자가의 복음을 믿고 감격하며 더 깊이 체험적으로 알아가기를 바랍니다.

로마서 4:1-17

믿음으로 의롭다하시는
하나님의 은혜

(변함없는 이신칭의 원리)

※ 설교 주제: 하나님의 은혜요 선물인 믿음으로 의롭다함을 얻는 원리는 신구약이 동일하다.

※ 설교 목적: 이신칭의 원리는 신구약이 동일함을 알게 하고, 또한 믿음이 전적으로 하나님의 은혜임을 깨닫게 한다.

※ 설교 전개
      '의롭다 함을 얻는다' 는 말의 의미는?
      믿음으로 의롭다함을 얻은 아브라함
        구원의 은혜에 대한 감사와 감격
        나의 나 된 것에 대한 감사와 감격
        매일 전적으로 은혜에 의지하는 삶
       죄 사함의 은혜(다윗의 예)

※ 설교 요약
      로마서는 거듭거듭 우리가 의롭게 되는 방법은 오직 하나라고

강조한다. 그것은 오직 믿음이다. 이 이신칭의의 원리는 구약과 신약이 동일하고, 유대인과 이방인에게 동일하게 적용된다. 사도 바울은 4장에서 구약에서도 믿음으로 의롭다 여김을 받았다는 것을 확인시켜 주기 위해 아브라함을 예로 든다. 또한 이신칭의 교리를 설명하면서 사도 바울이 강조하는 것은 믿음으로 의롭다함을 받은 우리가 자랑할 수 없다는 것이다. 왜냐하면 믿음이 우리에게서 난 것이 아니요 자격이 없지만 은혜로 주신 하나님의 선물이기 때문이다. 그러면서 바울은 의롭다 하심을 얻었다는 말의 핵심적 의미를 다윗의 말을 인용하여 설명한다. 그것은 죄 문제의 해결이다. 우리는 어느 한 사람도 예외 없이 다 죄로 인해 하나님의 진노와 심판 아래 있었는데, 믿음으로 그 죄 문제가 해결되어 하나님과의 관계가 회복된 것이다. 그렇기 때문에 우리에게 구원의 은혜에 대한 감사와 감격이 있어야 하고, 나의 나 되게 하신 하나님의 은혜에 대한 감사와 감격이 있어야 하며, 매일 전적으로 은혜에 의지하는 삶을 살아야 한다.

그동안 우리가 함께 살펴보면서 확인한 것이지만, 로마서는 이해하기가 결코 쉽지 않는 성경 가운데 하나입니다. 그러나 로마서에는 우리가 신앙생활 하면서 반드시 알아야 하고 기억해야 할 중요한 진리들이 많이 있습니다. 실제로 기독교 역사를 통해 많은 위대한 믿음의 사람들이 로마서를 통해 신앙과 삶의 근본적인 변화를 경험하기도 했습니다. 말씀드린 것처럼, 로마서의 전체의 핵심 구절은 1:16-17입니다. 사실 로마서 전체는 1:16-17을 풀어서 자세히 설명하는 내용이라고 할 수 있습니다. 그 내용은 크게 세 가지입니다. 먼저는 복음(예수 그리스도)은 우리를 구원하기 위한 하나님의 처방(구원 방법)이라고 합니다. 다음으로, 복음에는 하나님의 의(언약 관계의 신실함)가 나타났다고 합니다. 그리고 예수 그리스도를 믿음으로 말미암아 의인이 된다는 것입니다.

  이렇게 핵심 주제를 선포한 다음에 1:18-3:20에서 사도 바울은 우리 인간이 어떤 죄를 짓고 있는지 그리고 그 죄들에 대한 하나님의 심판이 무엇인지를 설명합니다. 왜냐하면 구원의 진리를 온전히 깨닫고 믿기 위해서는 죄에 대한 하나님의 진노와 심판에 대해 아는 것이 절대적으로 필요하기 때문입니다. 그런데 그것을 이방인과 유대인으로 나누어서 설명합니다. 왜냐하면, 그들이 전혀 다른 죄의 상태에 있었기 때문입니다. 이방인들은 하나님을 아예 몰랐고, 유대인들은 구원의 진리를 잘못 알고 있었습니다. 그러면서 3:21-31에서 좀 더 구체적으로 하나님께서 어떻게 구원의 길을 마련하셨는지를 설명합니다. 율법 외에 하나님의 의가 나타났다는 것입니다. 그리고 오직 예수님을 믿음으로 의롭게 된다고 다시 한 번 강조합니다. 그것을 우리는 흔히 '이신칭의'라고 합니다.

'의롭다함을 얻는다' 는 말의 의미는?

오늘 본문을 보기 전에 먼저 '믿음으로 의롭다함을 얻는다' 는 구원의 진리에 대해 다시 한 번 정리해 볼 필요가 있습니다. 먼저, '의롭다하심을 얻다' 는 말의 의미는 무엇이죠? '의롭다' 는 말의 의미에 대해 학자들의 다양한 주장이 있다고 했습니다. 많은 학자들은 '의롭다' 는 말은 기본적으로 '(하나님 또는 다른 사람과의) 관계에서 신실함' 을 의미한다는 것에 동의합니다. 그래서 "복음에는 하나님의 의가 나타났다" 는 말씀은 복음을 통해 하나님께서 언약 백성과의 관계에서 얼마나 신실하신지 보여주었다는 것을 의미한다고 했습니다. 우리가 '의롭다하심을 얻다' 는 것도 기본적으로 '하나님과의 관계에서 신실하다고 인정받다' 다시 말해, '하나님과의 관계에서 하나님께서 우리에게 요구하시는 것이 있는데 그 요구를 이루어드린 것(또는 만족시킨 것)으로 인정받다' 는 의미를 가지고 있습니다.

다음으로, 의롭게 된 결과는 무엇입니까? 하나님께 신실하다고 인정받은 결과는 '죄로 인해 분리되었던 하나님과의 관계가 회복된 것' 입니다. 그 하나님과의 관계의 회복을 우리는 흔히 '구원' 이라고 표현합니다.

그러면 하나님과의 관계가 회복되면, 다시 말해 구원을 받으면 어떤 혜택이 있습니까? 성경은 구원을 다양한 용어와 방법으로 표현하는데, 대표적인 것이 "하나님의 영광에 이르게 된다(롬 3:23)" 그리고 "하나님 나라에 들어간다" 입니다. '하나님의 영광에 이르게 된다' 는 것은 타락하기 전에 누렸던 하나님과의 교제가 회복되고 하나님의 놀라운 은혜를 누리게 된다는 것을 의미합니다. 그리고 하나님의 나라에 들어가게 된다는 것은 하나님의 통치와 지배를 경험하게 되는 것을 의미합니다. 이 부분은 5장에서 좀 더 자세히 말씀합니다. 좀 복잡한가요? 이렇게 복잡하게 설명하는 이유는 이러한 개념들이 이해되고 정리될 때, 로마서의 말씀을 좀 더 쉽고 온전히 이해할 수 있을 뿐 아니라 우리가 받은 구원의 진리에 대해도 명확해 질 수 있기 때문입니다.

그러면 하나님의 영광을 누리기 위해 그리고 하나님의 통치와 지배를 경험하기 위해 하나님께서 요구하시는 것이 무엇이라고 했습니까? 다시 말해, 어떻게 의롭게 될 수 있습니까? '(율법을) 행함으로' 불가능하다고 거듭 거듭 말씀합니다. 왜냐하면 우리 가운데 하나님께서 요구하시는 것을 온전히 행할 사람 또는 죄를 전혀 짓지 않을 사람이 한 사람도 없기 때문입니다. 우리는 율법을 통해서 그것을 확인하게 됩니다. 그래서 하나님과의 관계가 회복되기 위해 율법 외에 다른 방법이 동원되었습니다. 다시 말해, 우리 자신의 힘과 능력으로(자력으로) 불가능하기 때문에 하나님께서 주도적으로 직접 우리에게 구원의 길을 마련하신 것입니다. 쉽게 이야기하면, 예수님을 이 땅에 보내셔서 십자가에 못 박으셨습니다.

그런데 로마서 3:23-24에서는 예수님을 십자가에서 못 박으셔서 우리에게 구원의 길을 마련하신 것을 크게 두 가지 관점에서 설명하고 있습니다. 하나는 '속량'이라는 용어로 설명합니다(롬 3:24). 속량은 당시에 경제 용어로 사용되었습니다. 당시에는 노예시장에서 돈을 주고 노예를 샀는데 그 때 사용했던 용어입니다. 그러니까 속량했다는 것은 예수님께서 대신 우리의 죄 값을 지불하셔서 우리를 사셨다는 것을 의미합니다. 마치 아이가 유리창을 깼는데 부모님이 그 값을 지불하셔서 아이의 잘못이 없어지는 것과 마찬가지입니다. 다른 하나는 '화목제물'이라는 용어로 설명합니다(롬 3:25). 하나님과 우리의 관계가 회복되도록 예수님께서 우리의 죄에 대한 하나님의 진노와 심판을 감당하신 것입니다. 그것은 하나님의 의로우심을 나타낸 것이라고 말씀합니다(롬 3:25). 이것은 무엇을 말씀하는 거죠? 하나님께서는 스스로 존재하시고 스스로 정하신 법칙에 신실하신데, 그 하나님의 법칙 가운데 하나가 죄가 그냥 용서되지 않는 것입니다. 그래서 우리 죄가 용서받기 위해 무언가 속죄 제물이 필요한데 예수님께서 그 제물이 되신 것입니다. 그러니까 예수님께서 화목제물이 되신 것은 하나님께서 스스로 정하신 법에 충실한 것이기 때문에 자기의 의로움을 나타내셨다고 말씀하신 것입니다.

그러면 우리가 할 일은 무엇이죠? 그것은 예수님께서 이루신 구원의 길을 인정하고 믿음으로 받아들이는 것입니다. 믿음은 하나님께서 우리에게 요구하는 유일한 것입니다. 그래서 오직 믿고 받아들이기만 하면 하나님과의 관계가 회복되어 하나님의 통치를 경험하게 되고 하나님의 영광을 누리게 됩니다. 그리고 이 구원의 진리는 모든 사람에게 똑같이 적용됩니다. 헬라인이나 유대인이나 할례자나 무할례자에게 차별 없이 적용되는 것임을 로마서는 계속 강조하고 있습니다.

믿음으로 의롭다함을 얻은 아브라함

오늘 본문 4장에서는 이신칭의 진리가 단지 예수님 이후에만 적용되는 것이 아니라 구약에서도 그 원리가 똑같이 적용되었던 것을 말씀합니다. 왜냐하면 이스라엘 사람들은 구약에는 믿음이 아니라 할례나 율법을 지킴으로 구원을 받았다고 믿었기 때문입니다. 바울은 그렇지 않았다고 말씀합니다. 그것을 아브라함의 예를 들어 설명합니다. 왜냐하면 아브라함은 이스라엘의 뿌리일 뿐만 아니라 이스라엘 사람들이 가장 존경하는 사람이요 또한 믿음의 모델이라고 인정하였기 때문이었습니다. 이제 본문을 보겠습니다. 1절입니다.

그런즉 육신으로 우리 조상인 아브라함이 무엇을 얻었다 하리요

여기에서 "육신으로"라는 말의 의미에 대해서 여러 가지 제안들이 있지만, 저는 문맥을 볼 때 본문에 언급된 '행위(2-8절)' '할례(9-12절)' 그리고 '율법을 지킴(13-16절)' 전체를 함축하는 표현으로 보는 것이 타당하다고 생각합니다. 의문문으로 끝나는 것은 그렇지 않다는 것을 의미하겠죠? 다시 말해, 육신으로 얻은 것이 없었다는 것입니다. 2절부터는 그 말씀을 구체적으로 세 가지 관점에서 설명합니다. 먼저, 아브라함이 행위로서 의롭다함을 얻지 않았다고 말씀합니다. 2절입니다.

만일 아브라함이 행위로써 의롭다 하심을 받았으면 자랑할 것이 있으려니와 하나님 앞에서는 없느니라

그러면서 성경을 인용합니다. 3절입니다.

성경이 무엇을 말하느냐 아브라함이 하나님을 믿으매 그것이 그에게 의로 여겨진 바 되었느니라

창세기 15:6에서 "아브라함이 하나님을 믿으매 그것이 그에게 의로 여기신바 되었다"고 말씀합니다. 창세기 15장을 보면, 아브라함이 상속자 문제로 고민할 때 하나님께서 아브라함에게 하늘의 별과 같이 바다의 모래와 같이 많은 자손을 주시겠다고 약속하였습니

다. 그 때 아브라함이 하나님의 말씀에 믿음으로 반응하였고 하나님께서 이 말씀을 하셨던 것입니다. 물론 아브라함이 이 때 구원받은 것은 아니죠? 구원의 때를 명확하게 이야기하는 것이 종종 위험스러운 경우가 있는데, 아브라함은 갈대아 우르를 떠날 때 이미 구원을 받았습니다. 오늘 본문 13절 이하를 보면 그것을 어느 정도 확인할 수 있습니다. 창세기 12장을 보면 아브라함이 갈대아 우르를 떠날 때 하나님께서 아브라함에게 약속을 주셨는데, 그것을 오늘 본문 13절 이하에서 언급하면서 그 때 이미 아브라함이 믿음으로 구원받았다고 말씀합니다. 본문에서의 핵심은 하나님께서 아브라함을 의롭게 여기셨던 기준이 무엇이었냐는 것입니다. 그것은 '행위'가 아니라 '믿음'이었다는 것입니다.

두 번째로, 9-12절을 보면 아브라함이 의롭다고 인정받은 것이 할례시가 아니고 무할례시 였다고 말씀합니다. 9-12절입니다.

> 그런즉 이 복이 할례자에게냐 혹은 무할례자에게도냐 무릇 우리가 말하기를 아브라함에게는 그 믿음이 의로 여겨졌다 하노라 그런즉 그것이 어떻게 여겨졌느냐 할례시냐 무할례시냐 할례시가 아니요 무할례시니라 그가 할례의 표를 받은 것은 무할례시에 믿음으로 된 의를 인친 것이니 이는 무할례자로서 믿는 모든 자의 조상이 되어 그들도 의로 여기심을 얻게 하려 하심이라 또한 할례자의 조상이 되었나니 곧 할례 받을 자에게뿐 아니라 우리 조상 아브라함이 무할례시에 가졌던 믿음의 자취를 따르는 자들에게도 그러하니라

당시 이스라엘 사람들은 할례가 구원의 수단인 것처럼 믿었습니다. 바울은 그렇지 않았다고 말씀합니다. 아브라함이 할례를 받은

것은 99세였습니다(창 17장). 그것은 아브라함이 의롭다고 인정받은 한참 후의 일이었습니다. 그러니까 할례를 통해 의롭게 된 것이 아니라는 것입니다. 할례는 단지 의롭게 된 것을 인친 것이라고 말씀합니다.

세 번째로, 하나님께서 아브라함을 구원하시면서 그와 그의 후손에게 약속을 주신 것도 역시 율법이 주어지기 전이었다는 것입니다. 그것이 13-17절에 언급되어 있습니다.

> 아브라함이나 그 후손에게 세상의 상속자가 되리라고 하신 언약은 율법으로 말미암은 것이 아니요 오직 믿음의 의로 말미암은 것이니라 만일 율법에 속한 자들이 상속자이면 믿음은 헛것이 되고 약속은 파기되었느니라 율법은 진노를 이루게 하나니 율법이 없는 곳에는 범법도 없느니라 그러므로 상속자가 되는 그것이 은혜에 속하기 위하여 믿음으로 되나니 이는 그 약속을 그 모든 후손에게 굳게 하려 하심이라 율법에 속한 자에게 뿐만 아니라 아브라함의 믿음에 속한 자에게도 그러하니 아브라함은 우리 모든 사람의 조상이라 기록 된 바 내가 너를 많은 민족의 조상으로 세웠다 하심과 같으니 그가 믿은 바 하나님은 죽은 자를 살리시며 없는 것을 있는 것으로 부르시는 이시니라

아브라함이 율법을 통해 그리고 율법을 행함으로 의롭다 하심을 받은 것이 아니라는 것입니다. 만약 율법에 속한 자들이(율법을 행한 자들이) 아브라함 약속의 상속자가 된다면 어느 누구도 율법을 온전히 지킬 수 없기 때문에 약속은 파기될 수밖에 없다고 합니다(14절). 그런 의미에서 율법은 진노를 이루는 것이라고 말씀합니다(15절).

오늘 본문에서 사도 바울은 아브라함의 예를 통해 하나님께 의

롭다 하심을 받는 원리는 구약의 백성들과 신약의 백성들이 동일하고, 유대인(할례자)과 이방인(무할례자)이 동일하다고 말씀합니다. 그것은 행함이나 할례나 율법을 통해서가 아니라 오직 믿음으로만 가능하다는 것입니다.

구원의 은혜에 대한 감사와 감격

본문에서 강조하는 것이 있습니다. 그것은 우리가 행함이 아니라 믿음으로 의롭다 여김을 받았기 때문에 아브라함이나 우리 모두에게 자랑할 것이 없다는 것입니다(2절). 로마서 3:27에서도 동일한 말씀을 하죠! 왜 우리가 자랑할 것이 없습니까? 우리 가운데 이런 질문을 할 수 있습니다. '우리가 믿는 것에 대해서는 인정해야 될 것이 아니냐?'고 할 수 있습니다. 그렇지 않습니까? 왜 그렇지 않죠? 그것은 믿음이 우리에게서 난 것이 아니요 하나님의 은혜로 주신 선물이기 때문입니다. 로마서 3:24에서도 하나님의 은혜로 값없이 의롭다 하심을 받았다고 말씀합니다(값없이 라는 말은 선물이라는 말과 같은 어원입니다). 이와 관련하여 가장 분명하게 말씀하신 곳이 에베소서 2:8입니다.

> 너희는 그 은혜에 의하여 믿음으로 말미암아 구원을 받았으니 이 것은 너희에게서 난 것이 아니요 하나님의 선물이라

우리가 믿음으로 말미암아 구원 또는 의롭게 여김을 받았는데 믿음이 어떻게 생겼다고 합니까? 그것은 하나님의 은혜요 선물이라고 말씀합니다. 우리의 믿음이 우리가 어떤 일을 해서 '일의 대가로 (삯으로)' 또는 '우리가 받을 자격이 있어서' 받은 것이 아니라 전혀 자격이 없지만 그저 하나님께서 은혜로 그리고 선물로 주신 것

이라는 말씀입니다(4-5절). 만약 우리가 수고하고 노력해서 믿었다면 자랑할 것이 있을 수 있겠지만, 은혜로 선물로 믿었기 때문에 결코 자랑할 것이 없다는 것입니다. 오직 감사만 있을 따름입니다.

사랑하는 여러분, 우리가 온전한 신앙생활, 하나님께서 기뻐하시는 신앙생활을 하기 위해서 절대적으로 필요하고 중요한 것이 있습니다. 그것은 '내가 구원받았다' 그것도 '하나님의 은혜로' '값없이' 구원받았다는 사실을 항상 기억하며 감사하고 감격하는 것입니다. 실제로 우리가 나그네 길을 살아가면서 예수 믿어 구원받은 복을 이 세상의 무엇에 비교하겠습니까? 그것이 자녀들이 원하는 대학에 간 것과 비교가 되나요? 그것이 로또 아파트 당첨에 된 것에 비교가 되나요? 그것이 직장에서 승진된 것과 비교가 되나요? 결코 비교될 수 없는, 차원이 다른 이야기입니다. 그런데 여러분 어떠세요? 은혜로 값없이 구원받은 것에 대한 기쁨과 감사와 감격이 항상 있나요? 우리는 신앙생활하면서 그것을 믿지만 잊어버리기도 하고 그것에 대한 감사나 감격이 약화될 때가 있습니다. 그것이 우리의 문제입니다.

한 예를 들어보겠습니다. 만약 아이가 죽을 수밖에 없는 상황에 있었는데 부모님이 생명을 던질 각오로 희생하셔서 그 아이가 죽음의 자리에서 살아났다고 합시다. 그런데 만약 그 아이가 살아가면서 그 희생적인 사랑을 잊어버리거나 그것에 대해 감사한 마음이 없다면 그 사람은 어떤 사람이죠? 배은망덕한 사람입니다. 그리고 배은망덕한 사람이 부모님을 제대로 섬기고 돌보는 것은 불가능합니다. 그 예가 나와는 상관없는 먼 나라에 있는 사람의 이야기가 아닙니다. 구약의 이스라엘이 늘 그랬습니다. 하나님께서 값없이 은혜로 그들을 구원하셨는데, 그들은 구원받은 그 엄청난 복에 대한 감사와 감격이 없었기 때문에 그들은 조그만 일에도 늘 원망과 불평을 하고, 늘 주님을 실망시키는 삶을 살고, 또한 우상까지 섬기곤 했던 것입니다.

저는 은혜로 구원받은 자의 기쁨과 감사와 감격이 항상 우리의 신앙과 삶을 지배할 수 있기를 바랍니다. 그것도 날마다 새롭게 샘솟듯 우리에게 있기를 바랍니다. 값없이 구원받은 기쁨과 감사가 우리의 신앙과 삶을 지배할 때 우리도 바울처럼 어떠한 형편에서든지 상황과 환경을 초월해서 항상 감사하며 살 줄 믿습니다. 왜냐하면 구원받은 기쁨은 어떤 것과 비교가 되지 않기 때문입니다. 그리고 그 때 하나님께 늘 빚진 자의 자세로 살게 되고, 시편 기자가 고백한 것처럼 "내게 임한 하나님의 은혜를 어떻게 보답할까(시 116:12)" 하는 마음으로 살게 될 줄 믿습니다.

나의 나 된 것에 대한 감사와 감격

그런데 하나님 은혜에 대한 인정과 감사가 구원 받은 것에 머물러 있어서는 안 됩니다. 한 걸음 더 나아가서, 지금 나의 나 된 것도 전적으로 하나님의 은혜임을 인정하고 고백해야 합니다. 여러분, 신앙생활의 가장 큰 적 또는 위험 요소 가운데 하나가 무엇인지 아세요? 그것은 나의 나 된 것에서 나를 인정하는 것입니다. 다시 말해, "내가 기도를 많이 해서, 내가 열심히 봉사해서, 내가 철저히 넘치도록 십일조를 해서, 내가 구제와 선행을 많이 해서, 내가 능력이 있어서 또는 나에게 은사가 있어서 이렇게 되었어!"라고 하면서 자신의 유능함이나 공로나 수고를 인정하는 것입니다. 겉으로 말은 하지 않아도 마음속으로 그렇게 생각할 수 있습니다. 그런데 그와 같이 나의 나 된 것에 자신을 인정할 때 우리는 잘못된 길로 가거나 넘어질 가능성이 아주 높습니다. 그것은 하나님 앞에서 교만입니다. 성경에서 교만은 패망의 선봉이라고 했습니다. 갈라디아서의 표현으로 하면, 그것은 성령으로 시작했다가 육체로 마치는 것입니다. 바울이 고린도전서 15:10에서 무엇이라고 고백합니까?

> 그러나 내가 나 된 것은 하나님의 은혜로 된 것이니 내게 주신 그의 은혜가 헛되지 아니하여 내가 모든 사도보다 더 많이 수고하였으나 내가 한 것이 아니요 오직 나와 함께 하신 하나님의 은혜로라.

저는 이 고백이 우리 모두의 고백이 되길 소원합니다. 제가 늘 간절히 기도하는 내용 가운데 하나는 딤후 4:7-8에 있는 바울의 고백입니다.

> 나는 선한 싸움을 싸우고 나의 달려갈 길을 마치고 믿음을 지켰으니, 이제 후로는 나를 위하여 의의 면류관이 예비 되었으므로 주 곧 의로우신 재판장이 그 날에 내게 주실 것이며 내게만 아니라 주의 나타나심을 사모하는 모든 자에게도니라.

저도 인생을 마치면서 나의 달려갈 길을 마치고 믿음을 지켰으니 하는 고백을 하기 원합니다. 저는 바울이 평생 믿음의 삶을 살고 인생의 마지막에 이런 고백을 할 수 있었던 것은 자신의 자신된 것이 하나님 은혜의 결과였다는 온전한 인정과 고백이 있었기 때문이라고 믿습니다. 물론 우리는 모든 면에서 열심히 최선을 다해서 수고해야 합니다. 그러나 그것조차도 하나님의 은혜로 된 것임을 늘 인정하고 고백할 때 우리가 끝까지 하나님이 기뻐하시고 온전한 믿음의 삶을 살게 될 줄 믿습니다.

매일 매일 전적으로 은혜에 의지하는 삶

뿐만 아니라 매일 매일 주님을 섬기고 살아가는 모든 일도 전적으로 주님의 은혜에 의지해야 합니다. 물론 우리가 교회 안에서 순장이나 교사나 성가대로 섬기고, 또한 자녀들을 키우고 직장 생활을 할 때 우리의 결단과 의지와 노력이 필요합니다. 하지만 내 의지와 결단과 수고와 노력으로만 하려고 하면 제대로 되지도 않고 얼마나 힘든지 모릅니다. 그것은 마치 기름칠을 하지 않고 기계를 돌리는 것과 같습니다. 그런데 하나님께서 주시는 은혜와 힘과 능력으로 감당하면 기쁘고 즐겁게 감당할 수 있습니다. 우리의 의지와 노력만으로 어떤 일을 하려고 낑낑대고 있으면 그런 모습을 보면서 하나님께서 "내가 주는 은혜로 감당하면 쉬울 텐데 너 왜 그렇게 사서 고생하니?"라고 생각하십니다.

그래서 자주 하나님께서는 하나님의 사람들이 하나님의 은혜를 전적으로 의지하면서 살 수밖에 없음을 깨닫도록 훈련을 시키십니다. 아마 이 가운데 많은 분들도 지금까지 인생 여정을 살아오시면서 나의 의지와 노력과 결단이 아니고 오직 하나님의 은혜로 살 수밖에 없다는 것을 철저하게 고백하도록 훈련받은 많은 일들을 경험하셨을 것입니다. 그렇죠? 저도 지금까지 그런 훈련을 많이 받았습니다. 예수님을 믿은 후에 신학을 하고, 결혼하고, 유학 가서 학위 받고, 목회하고 그리고 학교에서 가르치는 지금까지의 모든 과정에서 저의 지혜와 노력과 힘으로 하는 것이 아님을 철저히 고백하도록 인도하시고 훈련시키셨습니다.

뿐만 아니라 매일 매일 살아가면서도 하나님께서는 우리의 힘과 지혜와 노력이 아니고 오직 하나님의 은혜로 살 수 있다는 것을 경험하게 하십니다. 저와 같은 설교자에서는 최선을 다했는데도 종종 설교에 죽을 쑤게 하실 때가 있습니다. 그런데 때로는 의외로 전혀 기대하지 않은 은혜를 끼치게도 하십니다. 왜 그러한 일들을 경험케 하시나요? 그것은 저의 힘으로 하는 것이 아니라 주의 은혜로 하는 것을 깨닫게 하시기위해서 입니다. 그래서 지금 저는 항상 설교를 준비할 때나 설교를 할 때나 강의할 때나 글을 쓸 때나 항상 가장 겸손하게 주의 은혜를 구합니다.

저는 우리 모든 성도들이 가정과 자녀들 그리고 교회와 나라를 위해서 항상 주님의 은혜를 구하시기를 간절히 바랍니다. "하나님, 나는 부족합니다. 연약합니다. 나는 할 수 없습니다. 나에게 은혜를 주옵소서. 그래서 감당하게 하옵소서!" 라고 하면서 진정 겸손하고 간절하게 주의 은혜를 구하면, 주님께서 모든 것을 넉넉하게 감당할 수 있는 은혜를 주실 줄 믿습니다.

죄 사함의 은혜

본문에서 바울은 또 한 사람의 말을 인용합니다. 그 사람이 다윗입니다. 이스라엘 민족들이 아브라함과 함께 가장 존경하는 사람이 바로 다윗입니다. 그래서 다윗의 말을 인용하였습니다. 7-8절입니다.

> 불법이 사함을 받고 죄가 가리어짐을 받는 사람들은 복이 있고
> 주께서 그 죄를 인정하지 아니하실 사람은 복이 있도다 함과 같으니라

바울은 다윗의 말을 인용해서 은혜로 '의롭게 되었다'는 말의 핵심적 의미를 설명합니다. 그것이 무엇이죠? 그것은 '불법이 사함을 받았다' 또는 '죄가 가리어짐을 받았다' 그리고 '주께서 그 죄

를 인정치 않는다'는 것입니다(7-8절). 그리고 계속해서 그 사람은 복 있다고 하십니다. 바울은 지금까지 계속해서 우리가 하나님의 영광을 누리지 못하고(롬 3:23), 또한 하나님의 진노와 심판의 대상이 된 이유가 죄 때문이라고 말씀했습니다. 그런데 이제 예수님을 믿음으로 그 죄 문제가 해결된 것입니다. 그래서 하나님께 마음껏 나아가 하나님과 직접적인 교제를 할 수 있게 되었고, 하나님의 영광을 누리게 되었습니다. 그것도 우리로서는 도저히 불가능한데 하나님께서 주도적으로 희생을 치르셔서 우리에게 선물로 주신 것입니다(참고. 히 10:16-17 렘 31:34). 그러니까 죄 용서함을 받은 우리는 오늘 본문에서 다윗이 고백한대로 참으로 복된 사람입니다.

그런데 문제가 있습니다. 그것은 죄 문제가 해결되었지만 우리가 죄에 대해서 완전히 자유로워졌나요? 그렇지 않죠? 주님께서 오실 때까지 여전히 죄의 세력이 존재하기 때문에 하나님의 백성이 되어 의롭게 된 지금도 여전히 우리의 신앙생활에 있어서 가장 큰 문제는 역시 죄 문제입니다. 물론 예수님을 믿음으로 의롭게 되기 전과는 근본적인 차이가 있습니다. 어떤 차이가 있나요?

먼저는 죄를 지었다고 의인된 사람이 하나님께 버림을 받지는 않습니다. 어떤 분들은 우리가 죄를 지으면 하나님께서 버리시지 않을까 고민하고 염려할 수 있습니다. 이스라엘이 그랬습니다. 그 때 하나님께서 젖 먹이는 엄마가 그 아이를 버릴지라도 나는 결코 버리지 않겠다고 말씀합니다. 비록 그들이 죄를 지어 징계를 받는다고 할지라도 나의 의로운 오른 팔로 너를 붙들어 주겠다고 말씀합니다. 또 한 가지는 우리가 죄를 짓는다고 해도 우리의 구원이 취소되지 않습니다. 종종 어떤 분들은 성경에 "두렵고 떨림으로 구원을 이루라" 또는 "구원에서 멀어질까 조심하라"고 말씀하였기 때문에(참고. 빌 2:12, 고전 9:27, 히 3:12; 4:1, 롬 11:21-22) 우리의 구원이 취소되지 않도록 최선을 다해야 한다고 이야기합니다. 결코 그렇지 않습니다. 만약 우리가 최선을 다해서 구원을 유지해야 한다면 얼마나 불안하겠습니까? 이 시간에 이 문제를 다 설명할 수 없지만, 간단히 설명하면, 만약 우리가 행함으로 의롭게 되었다면, 죄를 짓고 행함이 부족하면 의롭다함이 취소될 수 있을 것입니다. 그러나 우리의 의롭다함이 우리의 행함이 아니라 의로우신(관계에 있어서 신실하신) 하나님께서 은혜로 선물로 주셨기 때문에 결코 우리의 부족과 행함 때문에 구원이 없어지는 것이 아닙니다. 그래서 14-15절에서 율법이 그 약속을 폐하지 못한다고 말씀합니다(참고. 갈 3:17이하). 그것을 신학적인 용어로 '성도의 견인'(Perseverance of the Saints/ 牽引)이라고 합니다. 우리의 구원을 시작하신 의로우신 그 분이 끝까지 이끌어 주신다는 것입니다(참고. 요 10:28-29, 롬 8:38-39).

> 내가 그들에게 영생을 주노니 영원히 멸망하지 아니할 것이요 또 그들을 내 손에서 빼앗을 자가 없느니라 그들을 주신 내 아버지는 만물보다 크시매 아무도 아버지 손에서 빼앗을 수 없느니라(요 10:28-29)
> 내가 확신하노니 사망이나 생명이나 천사들이나 권세자들이나 현재 일이나 장래 일이나 능력이나 높음이나 깊음이나 다른 아무 피조물이라도 우리를 우리 주 그리스도 예수 안에 있는 하나님의 사랑에서 끊을 수 없으리라(롬 8:38-39).

또한 어떤 분들은 종종 용서받지 못할 죄에 대해서 이야기하기도 합니다. 그것은 '성령 훼방 죄'라고 하기도 합니다. 종종 이단들이 그 말씀을 악용하기도 합니다. 그러나 여러분, 이 세상에 우리의 구원이 취소될 죄 또는 용서받지 못할 죄는 없습니다. 소위 '성령 훼방 죄'라는 것은 성령을 통해 임하시는 예수님의 구원 사역을 부인하고 믿지 않거나 방해하는 죄를 말하는데, 그 죄는 예수님을 믿는 사람들에게 적용하는 것이 아니고 믿지 않는 사람들에게 적용하는 죄입니다. 또한 이 말씀은 이 세상에서 가장 큰 죄는 예수님을 믿지 않는 죄임을 말씀합니다. 그러니까 죄를 짓는다고 해서 버림을 받거나 구원이 결코 취소되지는 않습니다. 그러나 죄는 하나님의 영광을 누리고 하나님과 교제를 하는데 가장 큰 방해가 되는 것은 분명합니다. 성경은 죄 때문에 우리의 예배가 무익할 수 있고, 우리의 기도가 응답되지 않을 수 있고, 죄 때문에 하나님의 징계가 임할 수 있다고 말씀합니다.

그러면 나그네 길 인생을 사는 동안 우리 인생의 가장 큰 문제인 죄 문제를 어떻게 극복할 수 있겠습니까? 조금 전에 어떻게 신앙생활을 해야 한다고 말씀드렸나요? 하나님의 은혜로 해야 한다고 말씀드렸습니다. 죄 문제도 마찬가지입니다. 죄 문제도 하나님의 은혜로 해결해야 합니다. 물론 죄를 짓지 않기 위해서 우리의 노력과 결단과 의지도 필요하지만 그렇게 신앙생활 하는 것은 힘들고 어렵습니다. 또한 오래 지속될 수도 없습니다. 죄 문제를 극복하는 최고의 길은 하나님의 은혜가 임해서 죄 짓은 것(하나님께 합당치 않는 삶/모습)이 자연스럽게 싫어져야 합니다(예. 담배, 술 등). 그리고 하나님의 뜻대로 사는 것이 더 즐겁고 행복해야 합니다. 그것이 어떻게 가능합니까? 오직 하나님의 은혜로 가능합니다.

혹시 우리 가운데 끊임없이 반복적으로 죄를 짓는 분들이 계신지 모르겠습니다. 늘 결단하지만 다시 반복하므로 좌절 가운데 있는 분들이 계신지 모르겠습니다. 어떻게 죄의 문제를 해결할 수 있나요? 주의 은혜로 가능한 줄 믿습니다. 그렇기 때문에 우리는 부족해도 연약해도 늘 넘어지고 실망시켜도 어쩌면 뻔뻔하게 주님께 나와야 됩니다. 그래서 은혜를 구해야 됩니다.

말씀을 맺겠습니다.

오늘 본문은 이신칭의 원리는 신구약에서 동일하다고 말씀합니다. 그러면서 우리의 믿음이 하나님의 은혜의 선물인 것을 말씀합니다. 그렇기 때문에 우리는 결코 자랑할 수 없다고 합니다. 우리가 온전히 신앙생활을 하기 위해서는 값없이 구원받은 것에 대한 감사와 감격이 있어야 됩니다. 또한 지금의 나의 나 된 것도 전적으로 하나님의 은혜임을 고백해야 합니다. 뿐만 아니라 우리가 하나님께서 기뻐하시는 온전한 신앙생활과 삶을 위해서 온전히 하나님의 은혜에 의지해야 합니다. 하나님의 은혜가 임하면 우리는 넉넉히 우리에게 맡겨진 일들을 잘 감당할 줄 믿습니다. 또한 우리의 신앙의 최고의 문제인 죄 문제도 하나님의 은혜로 극복될 수 있습니다. 저는 우리 모두가 범사에 항상 그리고 온전히 하나님의 은혜를 인정하고 의지함으로 승리하는 신앙생활을 할 수 있기를 간절히 바랍니다.

로마서 4:17-25

전능하시고 신실하신 하나님
(믿음의 모델, 아브라함)

※ 설교 주제: 믿음의 모델로서 아브라함의 믿음을 본받아 우리도 아브라함처럼 믿음의 모델이 되자.

※ 설교 목적: 믿음의 모델로서 아브라함의 믿음을 본받도록 하고, 우리 각자도 아브라함처럼 믿음의 모델이 되도록 결단하게 한다.

※ 설교 전개
    믿음의 모델로서 아브라함
        하나님에 대한 바른 인식과 고백
        예수님을 죽은 자 가운데 살리신 하나님을 믿음
        전능하신 하나님을 믿음
        신실하신 하나님을 믿음
        순종으로 반응하는 믿음

※ 설교 요약
    사도 바울은 신약시대 뿐 아니라 구약시대에도 동일하게 믿음으

로 의롭게 되었다는 사실을 아브라함의 예를 통해 설명한다. 뿐만 아니라 믿음의 조상인 아브라함 믿음의 구체적인 모습도 소개하고 있다. 아브라함은 믿음의 대상인 하나님에 대한 분명한 인식과 고백이 있는 믿음이었다. 아브라함은 전능하신 하나님을 믿음으로 바랄 수 없는 중에 바라는 믿음이었다. 아브라함은 언약에 신실하신 하나님을 믿음으로 믿음이 약해지지 않는 믿음이었다. 그리고 전능하시고 신실하신 하나님을 믿었기에 모든 상황에서 순종하는 믿음이었다. 우리 모두도 그 믿음을 소유함으로 아브라함처럼 믿음의 모델(본)이 되자.

계속해서 로마서를 보고 있는데요, 로마서는 거듭거듭 우리가 의롭게 되는 방법은 오직 하나라고 강조합니다. 그것은 오직 믿음이라고 합니다. 그 이신칭의 원리는 구약과 신약이 동일하고, 유대인과 이방인에게 동일하게 적용된다고 합니다. 사도 바울은 4장에서 구약에서도 믿음으로 의롭다 여김을 받았다는 것을 확인시켜 주기 위해 아브라함을 예로 듭니다. 당시 유대인들이 생각했던 것처럼 아브라함이 행함이나 할례나 율법으로 의롭게 된 것이 아니고 믿음으로 의롭게 되었다는 분명한 증거들을 제시하고 있습니다.

또한 이신칭의 교리를 설명하면서 강조하는 것이 있습니다. 그것은 믿음으로 의롭다함을 받은 우리가 자랑할 수 없다는 것입니다. 왜 그렇습니까? 그것은 믿음이 우리에게서 난 것이 아니요 자격이 없지만 은혜로 주신 하나님의 선물이기 때문이라고 합니다. 그러면서 바울은 의롭다 하심을 얻었다는 말의 핵심적 의미를 다윗의 말을 인용하여 설명합니다. 그것은 죄 문제의 해결입니다. 우리는 어느 한 사람도 예외 없이 다 죄로 인해 하나님의 진노와 심판 아래 있었는데, 믿음으로 그 죄 문제가 해결되어 하나님과의 관계가 회복된 것입니다.

믿음의 모델(본)로서 아브라함

오늘 본문에서 사도 바울은 아브라함의 믿음의 구체적인 모습을 소개하고 있습니다. 17절입니다(上).

기록 된 바 내가 너를 많은 민족의 조상으로 세웠다 하심과 같으니

여기에서 조상이라는 말은 '뿌리' 라는 의미도 있지만 '모델(또

는 본)'이라는 의미도 있습니다. 그러니까 아브라함을 우리가 따라야 할 믿음의 본 또는 모델로 세웠다는 것입니다. 로마서 4장은 크게 두 부분으로 나누어져 있습니다. 전반부는 16절까지인데요, 전반부에서는 행함이 믿음으로 의롭다함을 받았다는 법칙(원리)을 설명하는데 집중하였습니다.

후반부는 오늘 살펴보겠지만 아브라함의 믿음의 내용을 구체적으로 설명합니다. 두 부분에서 공통적으로 사용하는 용어가 있습니다. 그것은 아브라함이 '믿음의 조상'이라는 것입니다. 4장 전체를 보세요. 계속해서 바울은 아브라함이 믿음의 조상이라고 강조하고 있습니다(11,12,16절). 16절 마지막 부분에서 믿음의 조상이라는 사실을 강조하면서 전반부를 마치고, 후반부도 믿음의 조상이라는 사실을 언급하면서 시작합니다. 아브라함이 믿음의 조상이라는 사실로 전반부와 후반부를 연결하고 있는 것입니다.

정리해보면, 아브라함이 육신적으로는 유대인의 조상이지만, 하나님께서 아브라함을 모든 믿음의 사람들(즉, 유대인이나 이방인이나 상관없이 또는 할례자나 무할례자나 상관없이)의 조상이 되게 하셨습니다. 그리고 우리는 그 아브라함의 믿음의 자취를 따라야 한다고 말씀합니다(4:12/4:23-24). 아브라함은 믿음의 조상으로서 우리 믿음의 뿌리일 뿐만 아니라 우리가 따라야 할 믿음의 모델(본)인 것입니다. 그래서 성경을 보면, 하나님께서 기뻐하시는 바람직한 믿음에 대해서 언급할 때마다 그 모델로서 아브라함이 등장합니다. 갈라디아서도 그렇고, 야고보서도 그렇습니다(약 2:21-23). 히브리서에서도 많은 믿음의 사람들 가운데 아브라함에 대해서 가장 길게 설명하고 있습니다(히 11:8-12, 17-19).

저는 아브라함이 우리가 따라야 할 믿음의 본이었던 것처럼 우리도(교회 전체적으로 그리고 개인적으로) 하나님께서 인정하시는 바람직한 믿음의 본이 되었으면 합니다. 바울이 데살로니가 교회에 편지하면서 "너희가 마게도냐와 아가야에 있는 모든 믿는 자의 본이 되었다(1:7)"라고 하면서 데살로니가 교회를 칭찬하고 있습니다. 저는 지금까지 우리 교회는 여러 면에서 한국 교회에 좋은 모델을 보여주고 있다고 생각합니다. 앞으로 이사를 가서도 계속 그렇게 되기를 소원합니다. 물론 우월감이나 교만하지 않는 자세가 따라야 합니다. 종종 어떤 교회를 보면 참 좋은 교회인데 그 교회 전체적으로 우월감 또는 교만함이 있는 것을 봅니다. 나의 나 된 것에 대해 나를 인정함이 있고, 그것이 표가 나게 드러나기도 합니다. 저는 우리 교회가 하나님의 은혜를 전적으로 인정하는 겸손함 가운데 본이 되는 교회가 되길 바랍니다.

또한 바울은 종종 편지하면서 "내가 그리스도를 본받은 것 같이 너희는 나를 본받으라(고전 11:1)"라고 권면하거나 "내가 너희에게 이런 부분에서 본을 보였다(참고. 고전 4:6, 빌 3:17)"라고 말하는 것을 볼 수 있습니다. 저는 아브라함이나 바울처럼 우리 각자 각자가 우리가 처해 있는 삶의 영역에서 모든 믿는 사람들의 모델이 되고자 하는 소원을 가졌으면 합니다.

예를 들어, 저 같으면 저의 주 사역지가 학교이기 때문에 교수로 사역하는 목사의 본이 되기를 소원하는 것입니다. 직장생활을 하고 있으면 크리스천 직장인으로서 모델이 되기를 소원하는 것입니다. 사업을 하고 계시면 크리스천 사업가로서 모델이 되기를 소원하는 것입니다. 또한 크리스천 주부로서 크리스천 엄마로서 그리고 크리스천 아빠로서 모델이 되기를 소원하는 것입니다. 물론 그것은 부담되는 일이고, 결코 쉽지 않습니다. 하지만 그런 소원을 가지는 것 자체는 바람직한 일이고, 또한 그런 소원을 가지고 기도하게 되면 우리가 좀 더 하나님께서 기뻐하시는 신앙생활을 하게 될 줄 믿습니다. 한 걸음 더 나아가 저는 우리 성도들 가운데 많은 분들이 실제로 각 분야에서 믿음의 모델이 되기를 간절히 소원합니다.

하나님에 대한 바른 인식과 고백

그러면 의롭다고 인정받은 아브라함의 믿음, 그리고 우리가 본받아야 할 아브라함의 믿음은 어떤 믿음이었습니까? 먼저, 17절 하(下)입니다.

> 그가 믿은 바 하나님은 죽은 자를 살리시며 없는 것을 있는 것으로 부르시는 이시니라

그가 믿는 하나님은 죽은 자를 살리시며, 없는 것을 있는 것으로 부르시는 분이었다고 말씀합니다. 여기에서 죽은 자를 살리신다는 것은 예수님의 부활을 암시하지만, 아브라함에게 적용하자면 자기와 아내 사라가 아이를 갖는데 있어서 마치 죽은 것 같이 불가능한 상태였는데 그것을 회복시킬 것을 믿었다는 의미도 있고, 나중에 이삭을 드릴 때에도 하나님께서 다시 살리실 것을 믿었다고 고백했는데 그것도 포함한다고 할 수 있습니다.

그리고 없는 것을 있는 것으로 부르셨다는 것은 아무 것도 없었던 자신에게서(즉 무에서) 유를 창조하는 하나님으로 믿었다는 것을 의미합니다. 그러니까 아브라함은 믿음의 대상인 하나님에 대한 분명한 인식과 고백이 있었던 것입니다. 그 하나님에 대한 인식과 고백은 당시 믿음의 사람들에게 가장 본질적으로 중요한 인식과 고백이면서, 또한 아브라함이 직면한 상황에서 가장 적절한 인식과 고백이었다고 할 수 있습니다. 아마 그는 살아가면서 답답한 마음으로 기도할 때마다 늘 하나님께 "죽은 자를 살리시며 없는 것을 있

는 것처럼 부르시는 하나님"이라고 고백을 했을 것입니다.

사랑하는 성도 여러분, 아브라함은 막연히 자기 소원이 성취되고, 어떤 가능성을 기대하면서 하나님을 따르고 섬기지 않았습니다. 우리도 마찬가지입니다. 우리는 막연한 신을 믿지 않습니다. 모든 사람들에게는 종교성이 있기 때문에 어느 부족을 가도 그들 나름대로 종교가 있습니다. 하지만 그들의 신앙의 대상과 내용은 막연하고 미신적입니다. 우리 가운데도 교회에 다니면서도 그저 지성이면 감천이라는 생각으로 신앙생활하시는 분들이 있고, 믿음을 적극적인 사고방식으로 생각하는 분들도 있고, 막연한 소원을 가지고 신앙생활하시는 분도 있습니다.

우리가 온전한 신앙생활을 위해서는 절대적으로 중요한 것이 있습니다. 그것은 지금 저와 여러분들이 인격적으로 만나고 있는 것처럼 지금도 살아계신 하나님과의 인격적인 만남이 있어야 합니다. 그리고 그 하나님이 어떤 분인지에 대한 분명한 인식과 고백이 있어야 합니다. 만약 하나님에 대한 분명한 인식과 고백이 없다면 우리의 믿음은 헛된 것입니다.

예수님을 죽은 자 가운데 살리신 하나님을 믿음

그렇다면 우리가 고백해야 할 가장 중요한 하나님에 대한 고백은 무엇입니까? 24절입니다.

> 의로 여기심을 받을 우리도 위함이니 곧 예수 우리 주를 죽은 자 가운데서 살리신 이를 믿는 자니라.

사랑하는 성도 여러분, 오늘날 우리의 믿음의 대상인 하나님은 우리 주 예수 그리스도를 죽은 자 가운데서 살리신 분입니다. 그리고 25절에서는 십자가와 부활의 의미를 설명하면서 이 말씀을 보충 설명합니다. 우리의 죄 때문에 예수님을 십자가에 못 박으시고 우리의 의로움을 위해서 예수님을 죽은 자 가운데서 살리셨다는 것입니다. 그러니까 "하나님은 우리 주를 죽은 자 가운데서 살리신 분"이라는 말씀에는 구원의 도리, 우리 믿음의 핵심과 부활에 대한 믿음과 같은 우리 신앙의 가장 중요하고 핵심적인 것들이 포함되어 있습니다. 우리가 기도하면서 하나님을 부를 때 이 말씀을 넣어서 하면 좋겠습니다. "예수 우리 주를 죽은 자 가운데서 살리신 하나님!"

전능하신 하나님을 믿음

다음으로, 아브라함의 믿음은 어떤 믿음이었습니까? 18절입니다.

> 아브라함이 바랄 수 없는 중에 바라고 믿었으니 이는 네 후손이 이같으리라 하신 말씀대로 많은 민족의 조상이 되게 하려 하심이라.

먼저, 아브라함은 바랄 수 없는 가운데 바라고 믿었다고 말씀합니다. 하나님께서 아브라함에게 너의 후손이 하늘의 별과 같이 바다의 모래와 같이 많아지고 너는 많은 민족의 조상이 될 것이라고 말씀하셨는데 그것은 인간적으로 보면 전혀 불가능한 것이었습니다. 그런데 그는 죽음조차도 극복케 하시고 무에서 유를 창조하시는 하나님에 대한 분명한 믿음이 있었기 때문에, 한 마디로 하면, 전능하신 하나님에 대한 믿음이 있었기 때문에 인간적으로 육체적으로 바랄 수 없는 상황에서도 바라고 믿었던 것입니다.

사랑하는 성도 여러분, 우리가 믿는 하나님은 전능하신 하나님이신 줄 믿습니다. 그것이 무엇으로 증명되었습니까? 천지를 창조하심으로 그리고 예수님을 부활시키심으로 드러났습니다. 이 세상에 그것보다 하나님의 전능하심을 보여주는 확실할 증거가 어디에 있겠습니까? 그리고 우리는 하나님께서 천지를 창조하신 것을 믿고 예수님의 부활을 분명히 믿습니다. 우리는 종종 우리의 인간적인 경험과 이성과 상식과 과학과 의학에 근거해서 전능하신 하나님의 능력을 제한하는 경우가 있습니다.

물론 우리의 경험과 이성이 우리의 신앙생활에서 필요하고 또한 유익합니다. 우리의 신앙생활은 상식적이어야 합니다. 과학과 의학도 결코 무시해서는 안 됩니다. 그러나 그것이 전부는 아닙니다. 하나님께서는 종종 우리의 경험과 상식과 이성과 과학과 의학을 뛰어 넘는 믿음을 요구하실 때가 있습니다. 아브라함이 바랄 수 없는 가운데 바라고 믿었던 것처럼, 인간적인 관점에서 의학적으로 상식적으로 과학적으로 전혀 불가능하게 보이는 상황에서도 천지를 창조하시고 예수님을 부활시키신 전능하신 하나님에 대한 믿음을 요구할 때가 있다는 것입니다.

실제로 성경에는 우리의 경험과 상식과 이성과 과학과 의학을 뛰어 넘는 일들로 가득 차 있습니다. 성경은 자주 하나님의 백성들에게 불가능한 상황을 가능케 하시고 무에서 유를 창조하시는 전능하신 하나님에 대한 믿음을 강조합니다. "의심하는 자는 무엇을 얻기를 생각지 말라(약 1:6)"고 하십니다. "믿고 마음에 의심치 않으면 그대로 되리라(막 11:23-24)"라고 말씀합니다. "겨자씨만한 믿음이 있으면 산이 옮겨진다(마 17:20이하)"고 말씀합니다.

그러면 우리가 어떻게 해야 합니까? 바랄 수 없는 상황에서 그냥 포기하지 말고 전능하신 하나님을 믿을 수 있는 믿음을 달라고 기도해야 합니다. 마가복음 9장을 보면, 주님께서 소위 변화산에 계신 사이에 어떤 아버지가 귀신 들린 아들을 예수님의 제자들에게 데리고 왔습니다. 제자들은 그 병자의 문제를 해결해 주지 못했습니다. 예수님께서 그것을 보시고 믿음이 없는 세대라고 책망을 합니다. 그 때 그 아버지가 예수님께 "할 수 있거든 우리 아들을 고쳐주십시오"라고 부탁합니다. 그 때 예수님께서 "'할 수 있거든'이 무슨 말이냐? 믿는 자에게 능치 못함이 어디에 있느냐?" 말씀하시니까 그 아버지가 "나의 믿음 없는 것을 도와주소서!"라고 간구합니다. 그리고 예수님께서 그 아이의 병을 고쳐줍니다. 마찬가지로 우리도 믿음이 약해질 때마다 '전능하신 하나님을 믿을 수 있는 믿음'을 달라고 기도해야 합니다.

이 지점에서 우리에게 질문(의문)이 있을 수 있습니다. "하나님의 전능하심을 믿으면 하나님께서 항상 전능하심으로 역사하십니까?" 어느 목사님 이야기입니다. 주변의 사람이 암에 걸렸다고 합니다. '믿고 의심치 않으면 그대로 될 것'이라는 믿음을 가지고 많은 사람들에게 선포하고 금식기도를 하였습니다. 그러나 그 분은 그의 믿음대로 되지 않고 돌아가셨습니다. 이러한 일들이 종종 일어납니다. 물론 우리 주변에서 의학적으로 불가능한데 믿음으로 하나님의 기적적인 역사하심을 경험하고 살아난 분들도 참으로 많습니다. 그렇지만 그렇지 않는 경우도 있습니다. 또한 어떤 분은 육체적 질병이 있음에도 불구하고 하나님께서 회복시켜줄 것으로 믿고 선교사로 나갔습니다. 그런데 그 분은 선교사로 나간 지 얼마 되지 않아 돌아가셨습니다. 물론 제가 아는 어떤 선교사님은 극한 질병 가운데 믿음을 가지고 나갔는데 회복되어서 선교사역을 잘 감당하고 있기도 합니다. 그러나 항상 그렇지는 않습니다.

이러한 일들을 어떻게 받아들여야 합니까? 하나님의 전능하심을 믿고 의지했음에도 왜 하나님의 전능하심을 경험하지 못하는 것입니까? 거기에는 다양한 이유가 있습니다. 먼저, 하나님을 시험할 때 그럴 수 있습니다. 사탄이 예수님을 성전 꼭대기에 세우고 "뛰어내리라 그러면 하나님께서 사자들을 보내어 다치지 않게 하리라"고 유혹합니다. 그 때 예수님께서 주 하나님을 시험하지 말라고 합니다. 아무 쓸데없이 그런 일을 하는 것은 하나님을 시험하는 것입니다. 예를 들면, 감기가 걸렸는데 약을 먹지 않고 특별한 이유도 없이 하나님께 병을 고쳐달라고 합니다. 약을 지어먹으면 쉽게 해결될 일인데 하나님께 그것을 요구하는 것은 하나님을 시험하는 일입니다.

다음으로, 하나님의 영광을 위해서가 아니라 이기적인 마음으로 자신의 욕심을 채우기 위해서 또는 공명심으로 자신을 드러내고자 할 때 하나님께서는 전능하심으로 역사하시지 않습니다. 여러분, 자신의 공명심을 위해서 어떤 것을 구했는데 하나님께서 역사하시면 그것이 그에게 유익합니까? 아니면 손해가 됩니까? 절대적으로 손해가 됩니다. 그렇기 때문에 자신의 욕심을 채우기 위한 것에 하나님께서는 전능으로 역사하시지 않습니다.

또한 순수하고 선한 마음으로 간구했는데 하나님께서 전능하심으로 역사하시지 않고 그대로 있는 것은 종종 그것이 우리에게 유익하기 때문에 그럴 수 있습니다. 바울이 그 예 가운데 하나입니다. "네가 약할 때 강함"이라고 말씀하셨습니다.

마지막으로 우리가 알지 못하는 하나님의 뜻이 있을 수 있습니다. 신앙생활 하다보면 하나님께서 왜 그렇게 역사하시는지 다 이해되나요? 그렇지 않습니다. 우리는 창조주 하나님의 뜻을 다 알 수 없습니다. 하지만 모든 것에는 하나님의 뜻과 섭리가 있는 줄 믿습니다.

정리하면 이렇습니다. 우리는 전능하신 하나님을 믿고 바랄 수 없는 상황에서도 바라고 믿어야 합니다. 그리고 믿음이 약해질 때, "나의 믿음 없는 것을 도와주소서!"라고 구해야 합니다. 그러나 항상 예수님처럼 "내 뜻대로 마시고 하나님의 뜻대로 하소서!"라고 기도해야 합니다. 뿐만 아니라 하나님께서 주신 결과에 대해 주어진 모든 것에 대해 조금도 원망하거나 불평하지 말고 감사함으로 받아야 합니다. 이 태도가 전능하신 하나님을 믿는 우리의 태도여야 할 줄 믿습니다.

신실하신 하나님을 믿음

다음으로, 아브라함이 보여주었던 믿음은 하나님의 약속을 신뢰하는 믿음이었습니다. 본문을 보면 계속해서 강조되는 단어가 있습니다. 그것은 '약속'이라는 단어이다. "아브라함은 약속을 의심치 않았다(20절)" 그리고 "약속하신 것을 능히 이루신 분으로 믿었다(21절)"고 말씀합니다. 성경에서의 하나님의 약속을 흔히 '언약'이라고 합니다. 창세기 17장을 보면 실제로 하나님과 아브라함이 언약식을 행했습니다. 뿐만 아니라 성경을 보면 하나님과 그의 백성들 사이에 계속해서 언약이 체결되는 것을 볼 수 있습니다. 그래서 많은 학자들이 언약을 성경 전체에서 가장 중요한 개념 가운데 하나라는 것에 동의하고, 또한 언약의 관점에서 성경 전체를 관통하여 쓰여 진 책들이 참으로 많습니다.

여기에서 우리가 알아야 할 것은 성경에 나타난 하나님과 사람들과의 언약은 사람들 사이의 약속인 계약과는 다르다는 것입니다. 보통 우리는 어떤 것을 사고 팔거나 어떤 일을 행할 때 두 사람 사이에 계약을 합니다. 계약은 보통 두 사람의 동의가 이루어진 다음에 사인을 하고, 만약 한 사람이 계약을 어기면 그 계약은 취소가 되고 파기됩니다. 그런데 성경의 언약은 일반 계약과 다르게, 그 시작이 쌍방의 동의가 아니라 하나님의 주도로 일방적으로 시작됩니다. 물론 하나님의 백성들에게는 의무가 주어집니다. 그러나 중요한 것은 우리 인간이 잘못했다고 해서 그것이 결코 파기되지는 않습니다. 물론 의무를 지키지 않았을 때 징계는 있습니다. 그러나 시작하셨던 하나님이 그것을 이루어 가십니다. 이것을 우리는 하나님의 언약의 신실성이라고 부릅니다. 아브라함이 그 언약에 신실하신 하나님을 믿었다는 것입니다.

여러분, 우리 하나님은 언약에 신실하신 하나님이심을 믿습니다. 그러한 하나님의 언약의 신실성은 언제 가장 분명하게 확인되었나요? 그것은 이미 예수님의 십자가 사건을 통해 확인되었습니다. 그래서 복음에는 하나님의 의가 나타났다고 합니다.

하나님은 아담 때부터 주도적으로 예수님을 통한 구원을 약속하셨습니다. 그리고 역사가 진행되면서 계속 믿음의 사람들에게 그 약속을 반복하셨습니다. 그런데 그 과정에서 하나님의 백성들이 하나님과의 언약 관계에서 감당해야 할 의무를 제대로 행했나요? 결코 그렇지 않습니다. 끊임없이 반복적으로 죄를 지었습니다. 그래서 하나님께서 그들을 징계하셨습니다. 그러나 하나님과 이스라엘과의 언약 관계는 끝나지 않았습니다. 물론 때대로 하나님께서 그 약속을 잊어버리신 것 같기도 했고 하나님께서 가만히 계신 것 같기도 했습니다. 특히 예수님 오시기 직전 400년 동안 이스라엘은 칠흑같이 캄캄한 밤을 보냈습니다. 그러나 하나님께서는 여전히 신실하게 이스라엘과의 약속을 기억하시고 그것을 이루기 위해서 계속해서 일하셨습니다. 그리고 때가 차매 예수님을 보내셔서 하나님께서 약속하신 것을 이루셨습니다.

아브라함과의 언약 관계도 똑같습니다. 하나님과 아브라함의 언약 관계도 역시 하나님께서 주도적으로 시작하셨습니다. 그런데 아브라함이 한 번도 잘못이나 실수를 하지 않고 신실했습니까? 그렇지 않습니다. 거짓말도 하고, 아내의 여종을 통해 하나님의 뜻을 이루어보려고 하기도 하고, 때로는 불신도 하였습니다. 그래서 하나님께서는 징계를 하셨습니다. 또한 마치 하나님께서 아브라함을 잊어버린 것 같이 잠잠하시기도 했습니다. 예를 들어, 창세가 16장과 17장 사이에 13년의 공백이 있기도 합니다. 그럼에도 불구하고 하나님께서는 여전히 일하셨고, 약속을 이루어가셨습니다. 그리고 하나님의 때에 그 약속을 이루셨습니다.

사랑하는 성도 여러분, 오늘날 우리는 그리스도 안에서 새 언약 백성입니다. 그리고 언약에 신실하신 하나님께서 세상 끝 날까지 우리와 함께 하시겠다고 약속하셨습니다. 우리가 신실하지 않고 부족하여도, 또한 주님을 실망시켜도 여전히 하나님은 우리에게 신실하셔서 우리와 함께 하시고 우리를 지키시고 끝까지 선하게 인도하실 줄 믿습니다(참고. 신 7:9; 9:5). 제가 참 많이 부르는 복음성가가 있습니다.

> 하나님 한 번도 나를 실망시킨 적 없으시고
> 언제나 공평과 은혜로 나를 지키셨네.
> 오 신실하신 주 오 신실하신 주
> 내 너를 떠나지도 않으리라 내 너를 버리지도 않으리라
> 약속하셨던 주님 그 약속을 지키사
> 이 후로도 영원토록 나를 지키시리라 확신하네.

하나님께서는 지금까지 한 번도 저를 실망시키지 않고 인도하셨습니다. 긴 침묵의 시간도 있으셨고 때로 잠잠하신 것 같은 때도 있

었습니다. 그러나 제가 참으로 신실하신 하나님으로 고백하도록 인도하시고 역사하셨습니다. 종종 성도들 가운데 신실하게 하나님을 섬기면서 최선을 다하지만 여전히 하나님께서 잠잠하신 것 같고, 하나님께서 그 사정을 전혀 모르시는 것 같은 어려움으로 힘들어하는 분들이 있습니다. 그런 분들을 보면 안타까운 마음이 많습니다. 그러나 저는 그러한 분들을 보면서 오히려 기대가 됩니다. 왜냐하면 신실하신 하나님께서 반드시 역사하실 것을 믿기 때문입니다.

문제는 많은 경우 우리들이 조급하다는 것입니다. 지금 당장 그 일이 해결되지 않으면 안 될 것 같이 생각합니다. 아브라함도 그랬습니다. 그래서 실수도 했습니다. 저도 그렇게 느껴질 때가 많았습니다. 때로 불안하기도 하고 초조하기도 하고 낙심되기도 했습니다. 그런데 분명한 것이 있습니다. 그것은 우리 하나님은 당신이 정하신 시간에 우리에게 신실하게 행하시는 분이라는 것입니다. 사실 우리가 가장 적절하다고 생각하지만 그렇지 않은 경우가 많습니다. 전능하시고 전지하신 하나님의 때가 우리에게 가장 적절한 때이고, 또한 하나님께서 주시는 것이 가장 적합한 것인 줄 믿습니다. 우리 모두에게 언약에 신실하신 하나님에 대한 온전한 믿음이 있기를 소원합니다. 그래서 어떠한 상황에서도 의심하거나 낙심하지 않고 아브라함처럼 믿음의 삶을 살기를 바랍니다.

순종으로 반응하는 믿음

그런데 이렇게 전능하심과 신실하심을 믿었던 아브라함의 삶에 나타났던 대표적인 특징이 있었습니다. 그것이 무엇이죠? 그것은 순종이었습니다. 그의 믿음의 시작이었던 갈대아 우리를 떠날 때 그는 갈 바를 알지 못하였지만 믿음으로 순종했습니다(히 11:8). 또한 그의 믿음의 절정인 이삭을 드릴 때도 믿음으로 순종하였습니다 (히 11:18). 아브라함의 믿음의 특징은 처음부터 끝까지 순종이었다고 할 수 있습니다. 사실 그러한 일들은 우리가 상식적으로 생각해 볼 때 결코 쉽지 않는 일이었습니다. 어쩌면 불가능한 일이었습니다. 그가 그렇게 순종할 수 있었던 것은 오늘 본문에서 언급한 것처럼 하나님께서 전능하시고 약속에 신실하신 것을 믿었기 때문입니다.

사랑하는 성도 여러분, 만약 하나님의 전능하심과 신실하심을 믿는다면 순종하지 않을 수 없습니다. 우리가 온전히 순종하지 못하고 조급하여 하나님께서 기뻐하시지 않는 방법을 통해 무언가 이루려고 하는 것은 우리에게 전능하신 하나님, 신실하신 하나님에 대한 믿음이 부족하기 때문입니다. 저는 믿음이 성숙해지고 깊어지는 것이란 하나님을 더 많이 그리고 깊이 알아가는 것이라고 생각합니다. 성경에서도 우리에게 힘써 여호와 하나님을 알아가라고 말씀합니다.

여기에서 안다는 것은 체험적인 앎을 말합니다. 하나님은 우리가 '하나님에 대해서' 알기를 원치 않으시고 '하나님'을 알기를 원하십니다. 즉, 단지 지적으로만 이론으로만 머리로만 알지 않기를 원하시고 체험적으로 알기 원하십니다. 그런데 그 하나님을 체험적으로 알아가기 위해 우리에게 절대적으로 요구되는 것이 있습니다. 그것은 아브라함처럼 다 이해가 되지 않아도, 앞날이 불확실하게 보일지라도, 때로는 손해를 볼 것 같아도 순종하는 것입니다.

아마 우리 가운데도 순종을 통해 하나님을 전능하심과 신실하심을 경험하신 분들이 많이 계실 것이라고 생각됩니다. 뿐만 아니라 순종을 통해 하나님을 더 깊이 알아간 많은 믿음의 증인들이 있습니다. 예를 들어, 디엘 무디의 성경책에는 TP(Tested and Proved)

라는 글자가 많이 쓰여 져 있었다고 합니다. 하나님의 말씀대로 순종했더니 진정 살아계신 하나님 말씀임이 증명되었다는 것입니다. 우리 모두가 전능하신 하나님, 신실하신 하나님을 믿고 순종함으로 하나님을 더 많이 그리고 풍성하게 경험할 수 있기를 바랍니다. 그래서 우리의 생애에 전능하시고 신실하신 하나님의 위대하고 놀라운 흔적들이 우리의 신앙과 삶 속에 넘치기를 소원합니다.

말씀을 맺겠습니다.

오늘 본문은 믿음의 조상(모델, 본)인 아브라함의 믿음이 어떤 믿음이었는지 구체적으로 말씀합니다. 그것은 믿음의 대상인 하나님에 대한 분명한 인식과 고백이 있었던 믿음이었습니다. 전능하신 하나님을 믿고 바랄 수 없는 중에 바라는 믿음이었습니다. 언약에 신실하신 하나님을 믿고 믿음이 약해지지 않는 믿음이었습니다. 그리고 그 믿음이 순종으로 표현되었습니다. 저는 아브라함의 믿음이 우리 모두의 믿음이 되기를 바랍니다. 한 걸음 나아가 우리도 우리가 처한 삶의 영역에서 아브라함처럼 믿음의 모델이 되기를 바랍니다.

로마서 5:1-11
의롭게 된 자가 누리는 복

※ 설교 주제: 의롭게 된 자가 누리는 복은 무엇인가?
   1) 하나님과 화평을 누린다
   2) 하나님의 영광을 바라고 즐거워한다.
   3) 환난 중에도 즐거워한다.

※ 설교 목적: 의롭게 된 자가 누리는 복이 무엇인지 분명히 알게 하고, 그 복들을 실제 신앙생활과 삶 속에서 누리게 한다.

※ 설교 전개
    하나님과 화평
      담대함과 확신을 가지고
    하나님의 영광을 바라고 즐거워함
    환난 중에도 즐거워함
      환난이 주는 유익들(인내, 연단, 소망)
      고난 속에서 소망할 수 있는 확실한 증거

※ 설교 요약
    로마서 5-8장은 '믿음으로 의롭게 된 자의 신앙과 삶의 구체적

인 모습'을 설명하고 있다. 로마서 5:1-11은 로마서 5-8장의 전체 내용을 함축적으로 요약하고 있다고 해도 과언이 아니다. 본문에서 말씀하는 의롭게 된 자가 누리는 복은 크게 세 가지이다. 먼저 믿음으로 의롭게 되면, 하나님의 은혜의 자리로 다시 들어가 때를 따라 돕는 은혜를 경험할 수 있다. 두 번째는 하나님의 영광을 바라고 즐거워할 수 있다. 세 번째는 환난 가운데서도 즐거워할 수 있다. 왜냐하면 고난에는 고난이 아니면 경험할 수 없는 하나님의 은혜와 사랑이 감추어 있기 때문이다. 우리 모두 의롭게 된 자가 누리는 복을 온전히 누리자.

로마서는 크게 네 부분으로 나누어집니다. 그것은 1-4장, 5-8장, 9-11장, 그리고 12-16장입니다. 지금까지 우리는 1-4장을 살펴보았습니다. 1-4장의 핵심적인 내용이 무엇이었죠? 그것은 '오직 예수 그리스도를 믿음으로만 하나님께 의롭다 여김을 받는다' 는 것입니다. 이 말은 '오직 믿음으로만 하나님께 신실하다고 인정받을 수 있다' 또는 '오직 믿음으로만 하나님께서 요구하시는 것을 이루어 드릴 수 있다' 등과 같은 표현으로 바꿀 수 있다고 말씀드렸습니다. 그러니까 우리 모두는 한 사람도 예외 없이 죄로 말미암아(하나님께서 요구하시는 것을 이루어드리지 못함으로 말미암아) 하나님의 진노와 심판의 대상이었는데, 그 죄의 문제가 오직 죄 값을 대신 지불하시고 화목제물이 되신 예수 그리스도를 믿음으로만 해결될 수 있다는 것입니다.

계속해서 사도 바울은 신약시대 뿐 아니라 구약시대에도 동일하게 믿음으로 의롭게 되었다는 사실을 아브라함의 예를 통해 설명합니다. 뿐만 아니라 믿음의 조상인 아브라함의 믿음의 구체적인 모습도 소개하고 있습니다. 그러면 우리가 따라야 할 아브라함의 믿음은 어떤 믿음이었습니까? 아브라함은 믿음의 대상인 하나님에 대한 분명한 인식과 고백이 있는 믿음이었습니다. 아브라함은 전능하신 하나님을 믿음으로 바랄 수 없는 중에 바라는 믿음이었습니다. 아브라함은 언약에 신실하신 하나님을 믿음으로 믿음이 약해지지 않는 믿음이었습니다. 그리고 전능하시고 신실하신 하나님을 믿었기에 모든 상황에서 순종하는 믿음이었습니다. 우리 모두도 그 믿음을 소유할 수 있기를 바랍니다.

하나님과 화평

1-4장에서 우리 기독교의 기초요 핵심에 속하는 이 이신칭의 교리를 설명한 다음에, 이제 5-8장에서는 의롭게 된 자의 신앙과 삶의 구체적인 모습에 대해서 말씀하고 있습니다. 오늘 본문은 5-8장의 전체 내용을 잘 요약하고 있다고 할 수 있습니다. 1절 상(上)입니다.

그러므로 우리가 믿음으로 의롭다 하심을 받았으니

4장까지 말씀했던 것을 정리하면서 새로운 내용으로 옮겨가는 것을 볼 수 있습니다. 계속해서 의롭게 된 자가 누리는 복 또는 특권이 무엇인지 말씀하고 있는데요, 그것은 크게 세 가지입니다. 먼저, 1절 하(下)입니다.

우리 주 예수 그리스도로 말미암아 하나님과 화평을 누리자

"예수 그리스도로 말미암아 하나님과 화평을 누리자"는 '예수 그리스도로 말미암아 하나님과 화평하게 되었다' 는 말씀입니다. 이 말씀은 오늘 본문 10, 11절의 표현에 의하면 '하나님과 화목하게 되었다' 는 것을 의미하고, 다른 말로 하면 '하나님과 관계가 회복되었다' 는 것을 의미합니다.

그러면서 하나님과의 관계가 회복된 결과가 무엇인지 보충설명하고 있습니다. 2절 상(上)입니다.

또한 그로 말미암아 우리가 믿음으로 서 있는 이 은혜에 들어감을 얻었으며

우리말 성경에서는 명확하게 드러나지 않는데, 원문을 보면 문법적으로 1절의 "하나님과 화평하게 되었다"와 2절 상(上)의 "그로 말미암아 우리가 믿음으로 서 있는 이 은혜에 들어감을 얻었으며"는 '관계 대명사'로 연결되어 있습니다. 헬라어에서도 영어와 마찬가지로 관계 대명사는 앞의 내용을 보충 설명하는 역할을 합니다. 이 말씀을 정리하면, 우리가 의롭게 되기 전에는 하나님 은혜의 영역 밖에 서 있어서 하나님의 은혜를 경험할 수 없었는데, 이제는 하나님과 관계가 회복되어 다시 하나님의 은혜를 경험하는 자리로 들어감을 얻었다는 말씀입니다.

저는 이 원리를 자주 물고기의 비유를 통하여 설명합니다. 우리가 잘 아는 대로 물고기는 물속에서 물과 그 물 속의 생태계에서 공급되는 영양분을 먹고 살도록 지음을 받았습니다. 물고기가 물 밖으로 나오면 힘들게 살다가 죽게 됩니다. 그런데 오늘 본문에서 하나님과의 관계가 회복되고 은혜의 영역 안으로 들어갔다는 것은 물 밖에 버려진 고기가 다시 물속으로 들어가서 물속에 있는 영양분을 다시 공급받고 삶의 활기를 찾게 된 것과 같습니다. 이것이 바로 의롭다함을 얻은 자가 누리는 복입니다.

여기에서 우리가 점검할 것이 하나 있습니다. 그것은 이제 우리가 믿음으로 하나님의 은혜를 경험하는 자리에 다시 들어가게 되었는데, 모든 사람이 똑같은 분량과 깊이로 하나님의 은혜를 경험합니까? 그렇지 않습니다. 사람마다 다른 정도와 다른 깊이로 하나님의 은혜를 체험합니다. 우리 하나님은 무한대의 은혜를 예비하셨는데, 그 무한대 가운데 어떤 사람은 100을 누리고, 어떤 사람은 50을 누리고, 어떤 사람은 겨우 5정도를 누리기도 합니다. 어떤 사람은 얕은 물가에서 발만 담그고 풍덩 풍덩 하고, 어떤 사람은 그 은혜의 바다에서 그 은혜를 좀 더 풍성하게 누리기도 합니다. 찬송가

302장은 이 부분을 잘 표현해 주고 있습니다. 하나님께서는 우리 모두가 하나님께서 예비하신 은혜를 마음껏 풍성하게 누리기 원하시는 줄 믿습니다. 그런데 의롭게 된 많은 사람들이 하나님께서 마련하신 은혜를 온전히 누리지 못하고 있습니다. 그것을 보시는 하나님께서 많이 안타까워하시는 것입니다. 그것은 아이들을 위해서 최선을 다해 진수성찬을 준비해 두었는데 아이들이 한 두 개만 집어 먹고 마는 것을 보는 어머니의 안타까움 일 것입니다.

담대함과 확신을 가지고

그러면 어떻게 우리가 이미 우리에게 임한 하나님의 은혜를 더 풍성하고 더 깊게 경험할 수 있습니까? 에베소서 3:12입니다.

> 우리가 그 안에서 그를 믿음으로 말미암아 담대함과 확신을 가지고 하나님께 나아감을 얻느니라.

오늘 본문의 '들어가다($προσαγωγή$)' 와 '나아가다' 는 같은 단어입니다. 또한 '나아가다' 는 현재형입니다. 그러니까 계속 나아가야 함을 말씀합니다.

또한 히브리서 4:16을 보겠습니다.

> 그러므로 우리는 긍휼하심을 받고 때를 따라 돕는 은혜를 얻기 위하여 은혜의 보좌 앞에 담대히 나아갈 것이니라($προσέρχομαι$).

우리가 긍휼하심을 받고 때를 따라 돕는 은혜를 얻기 위하여 은혜의 보좌 앞에 담대히 나아가야 한다는 것입니다. 그런데 어떤 자세로 하나님께 나아가라고 합니까? '담대함' 과 '확신' 입니다. 먼저는 때를 따라 더 큰 하나님의 은혜를 경험하기 위해 담대함이 필요합니다. 왜 우리가 담대하게 하나님께 나아갈 수 있나요? 그것은 예수님께서 우리의 죄 값을 지불하셨기 때문입니다. 주님께서 값을 이미 치루셨기에 우리는 예수님께서 주신 평생 티켓으로 당당하게 하나님께 나아갈 수 있다는 것입니다. 또한 우리 신분의 변화도 생겼습니다. 즉 죄인에서 의인으로, 또한 자녀가 되었습니다. 그래서 담대하게 나아가서 '하나님! 언약적인 사랑을 주세요! 지금 이것이 필요해요!' 라고 구할 수 있고 구해야 한다는 것입니다. 물론 우리가 연약하고 부족하고 자주 주님을 실망시키기 때문에 사실 우리는 염치가 없고 죄송한 마음이 드는 것도 사실입니다.

    그래서 위축될 수도 있고 쭈뼛쭈뼛할 수도 있습니다. 그럼에도 불구하고 긍휼하심을 받고 우리는 때를 따라 돕는 은혜를 얻기 위해 예수님의 십자가의 공로에 의지해서 담대하게(즉, 용기를 내서) 하나님께 나아가야 합니다. 마치 아이들이 혼을 내는 엄마의 품에 울면서 안기듯이 말입니다. 이것이 바로 믿음으로 의롭게 된 자가 누리는 은혜요 사랑이요 복입니다. 그러면 그렇게 할 수 있는 근거가 무엇입니까?

    하나님은 이미 '그럼에도 불구하고'의 사랑으로 우리를 사랑하시기 때문입니다(6, 8, 10절). 다시 말해, 우리가 연약함에도 불구하고(우리의 힘으로 불가능하였음에도 불구하고), 우리가 아직 죄인 되었음에도 불구하고(우리가 하나님께서 원하시는 길에서 벗어났음에도 불구하고), 우리가 하나님과 원수 되었음에도 불구하고(심지어 우리가 하나님을 대항했음에도 불구하고) 그리스도께서 우리를 위해서 죽으심으로 우리에 대한 하나님의 사랑을 확증해 주셨기 때문입니다. 그러니까 우리가 그 사랑을 의지해서 용기를 내어 은혜의 보좌로 나아갈 수 있다는 것입니다.

또 한 가지가 필요한 자세는 확신(또는 믿음)입니다. 어떤 믿음입니까? 전능하시고 신실하신 하나님에 대한 믿음으로, 오늘 본문의 내용으로 보면 하나님께서 나를 사랑하신다는 믿음으로 하나님께 나아가야 합니다. 막연하게 또는 단순히 가능성을 기대하고 나아가는 것이 아니라, 하나님께 나아가면 나를 사랑하시는 하나님께서 반드시 긍휼을 베푸시고 때를 따라 돕는 은혜를 주실 것을 믿고 나아가는 것입니다.

사랑하는 여러분, 긍휼하심을 받고 때를 따라 돕는 은혜를 얻기 위해서 만왕의 왕 되신 하나님, 전능하신 하나님께 나아갈 수 있는 것은 의롭게 된 자가 누릴 수 있는 참으로 놀라운 특권이요 복인 줄 믿습니다. 저는 담대하게 용기를 가지고 확신하면서 계속 은혜의 보좌에 나아감으로 우리 모두가 그 복과 특권을 마음껏 그리고 풍성하게 누릴 수 있기를 바랍니다.

그러면 어떻게 은혜의 보좌로 나아갈 수 있나요? 하나님께서 많은 은혜의 방편들을 주셨습니다. 아마 은혜의 보좌에 나아가는 대표적인 방법은 기도일 것입니다. 간절함, 갈급함 그리고 믿음을 가지고 주님께 나아가 때를 따라 돕는 은혜를 구하는 것입니다. 또 한 가지는 말씀을 읽는 것입니다. 우리는 말씀을 읽으면서 때를 따라 돕는 은혜를 얻습니다. 왜냐하면 "주의 말씀은 내 발의 등이요 내 길에 빛"이시기 때문입니다(시 119:105). 그러니까 하나님께서는 말씀을 통해서 우리가 어떻게 처신해야 하고, 어떻게 행해야 할 바를 알게 하십니다. 또한 예배를 드리면서 우리는 때를 따라 돕는 은혜를 얻습니다. 종종 설교를 하고나면 성도들 가운데 설교를 통해 기도 제목이 응답되었다는 말씀을 듣습니다. 집에서도 마음이 답답하고 곤고할 때 설교를 통해 필요한 은혜를 얻을 수도 있습니다. 또한 선을 행하는 것도 은혜의 보좌로 나아가는 것입니다. 왜냐하면 선을 행하는 것은 하나님께 꾸이는 것이기 때문입니다(잠 19:17). 그래서 하나님께서 때를 따라 돕는 은혜를 허락하십니다. 이러한 은혜의 방편들을 통해 은혜의 보좌로 나아갈 때 하나님께서 때를 따라 돕는 은혜를 주실 줄 믿습니다.

하나님의 영광을 바라고 즐거워함

의롭다함으로 얻게 되는 두 번째 복 또는 특권은 2절 하(下)에서 말씀하고 있습니다. 2절하(下)입니다.

> 하나님의 영광을 바라고 즐거워하느니라

우리가 의롭게 되면 또는 하나님과의 관계가 회복되면 얻게 되는 가장 중요하고 최종적인 열매는 무엇이죠? 하나님의 영광에 참여하게 되는 복입니다. 하나님의 영광을 여러 가지로 이야기할 수 있지만, 한 마디로 쉽게 말하면, 구원입니다. 9-10절입니다(참고. 벧전 1:9).

> 그러면 이제 우리가 그의 피로 말미암아 의롭다 하심을 받았으니 더욱 그로 말미암아 진노하심에서 구원을 받을 것이니 곧 우리가 원수 되었을 때에 그의 아들의 죽으심으로 말미암아 하나님과 화목하게 되었은즉 화목하게 된 자로서는 더욱 그의 살아나심으로 말미암아 구원을 받을 것이니라

질문하나 하겠습니다. 여러분, 때를 따라 돕는 은혜를 받을 수 있는 것과 영광스러운 구원을 얻은 것 가운데 어느 것이 더 큰 복이요 은혜라고 생각하십니까? 어떤 TV프로그램을 보니까 서로 어

떤 주제(예. 우리 남편은 내조를 잘한다)를 가지고 이야기하다가 훨씬 강도가 센 사례를 이야기할 때 약과가 그려진 그림을 들고 이야기하는 것을 보았습니다. 때를 따라 돕는 은혜를 얻기 위해서 은혜의 보좌 앞으로 나갈 수 있는 특권과 복은 영혼이 구원을 얻는 특권과 복에 비하면 '약과(藥果)'입니다.

예를 하나 들겠습니다. 오늘부터 어떤 독지가가 우리에게 큰 혜택을 주기로 결정했습니다. 그런데 두 가지 가운데 하나를 선택하도록 했습니다. 하나는 오늘부터 한 달간 유럽 여행을 하는데 한 달 동안 요청만 하면 필요에 따라 모든 것을 공급해 주는 것입니다. 다른 하나는 여행은 책임져 주지 않지만 여행 이후의 여생을 책임져 주는 것입니다. 여러분, 어떤 것을 택하시겠습니까? 당연히 후자 아니겠어요? 물론 우리가 하나님과 관계가 회복되면 대부분의 경우 하나님께서 한 달 여행도 책임져 주시고 나머지 인생도 책임져 주십니다. 그런데 종종 그렇지 않을 수도 있습니다. 하지만 은혜와 복의 크기를 따져보면, 물론 은혜의 보좌로 나아가 때를 따라 돕는 은혜를 경험하는 것도 말로 다할 수 없이 엄청난 복이지만, 때를 따라 돕는 은혜는 구원의 복과 상대가 되지 않는 것입니다.

이어령 교수의 딸인 고 이민아 자매(목사)의 이야기를 우리는 많이 들었습니다. 그 분은 암 때문에 인생의 마지막에 육체적으로 아주 고통스러운 시간들을 보냈습니다. 그러나 그 분은 그것에 크게 연연하지 않고 마지막까지 초인적인 스케줄을 소화하면서 간증을 하고 복음을 전하면서 살았습니다. 왜냐하면 하나님께서 그리스도 안에서 주신 영광스러운 나라에 대한 기쁨과 기대와 소망이 나그네 길 인생에서 그녀가 경험하는 육체적으로 참을 수 없는 고통과는 감히 비교할 수 없을 만큼 크고 존귀했기 때문입니다. 유작이 되 버린 「땅에서 하늘처럼」에서 그녀는 다음과 같이 말하고 있습니다.

이 책을 쓰고 있는 저는 지금 위암 말기 암 환자라고 합니다. 그러나 제 마음에는 차고 넘치는 하늘나라의 의와 기쁨이 있습니다. 저를 사랑하시는 능력의 아버지 하나님이 그동안 저의 질병을 여러 번 고쳐주셨기 때문에 또 고쳐주시리라고 믿습니다. 그러나 어떤 이유에서든지 이 땅에서 그 치유를 온전히 다 받아 누리지 못하고 내 몸이 죽는다 해도 저는 예수님을 믿는 자는 죽어도 살 겠고 살아서 그를 믿는 자는 영원히 죽지 않는다는 하나님의 말씀을 믿습니다.

그 말씀 속에서 죽음은 이미 그 권세를 잃었고, 그래서 저는 죽음이 더 이상 두렵지 않습니다. 제게는 예수님이 십자가에서 우리에게 주신 승리가 관념적이나 종교적이 아니라, 실재적인 것입니다.

사랑하는 성도 여러분, 의롭게 된 우리에게 주시는 최고의 복이요 은혜는 믿음의 최종적인 열매인 구원인 줄로 믿습니다.

그런데 그 구원을 어떻게 해야 한다고 합니까? 먼저는 소망하는 것이고, 두 번째는 즐거워하는 것입니다. 그러면 하나님의 영광 또는 구원을 소망한다는 것은 무엇을 의미합니까? 먼저 구원을 소망하며 산다는 것은 우리의 이 땅에서의 삶이 언젠가는 끝난다는 것을 인식하고 사는 것을 의미합니다. 우리의 이 땅에서의 삶은 요즈음으로 보면 강건하면 100세입니다.

지금까지 우리의 삶을 뒤돌아보면 100년도 그렇게 길지 않을 것 같습니다. 참 세월이 화살과 같이 지나가는 것을 느낍니다. 그러나 많은 사람들은 그것을 잊고 삽니다. 사실 우리가 이 땅에서의 삶이 언젠가는 끝날 나그네 길 인생이라는 사실만 늘 인식하고 살아도 우리의 삶의 많은 부분이 달라질 것입니다. 그래서 전도서에서 지혜자의 마음은 초상집에 있다고 했습니다.

다음으로, 하나님의 영광을 소망한다는 것은 주님 앞에 설 때 영광스러운 하나님이 주실 상을 바라보고 산다는 것을 의미합니다. 다시 말해, 푯대를 향하여 주께서 부르신 부름의 상을 향하여 이 나그네 길 인생을 살아가는 삶을 의미합니다.

사랑하는 여러분, 하나님께서는 우리가 이 나그네 길 인생을 살아가면서 하나님께서 믿음의 사람들에게 선물로 주신 하나님의 영광을 소망하며 사모하며 살라고 말씀하십니다. 왜 그렇죠? 그것은 그 삶이 우리에게 가장 복되고 즐거운 삶이기 때문입니다. 실제로 하나님의 영광을 소망하며 살면 그리고 그 소망이 우리의 삶을 지배하면 우리는 이민아씨처럼 이전과는 그리고 소망이 없는 사람과는 근본적으로 다른 삶을 살지 않을 수 없습니다. 삶의 관심과 목표가 달라지지 않을 수 없고 삶의 자세가 달라지지 않을 수 없을 것입니다.

저는 종종 운동선수들의 훈련 과정을 보면서 많은 것을 생각합니다. 그들이 모든 것을 절제하며 소위 지옥 훈련을 최선을 다해 묵묵히 감당하는 것은 그들에게 메달과 승리에 대한 소망이 있기 때문이 아니겠습니까? 저는 우리의 신앙생활의 문제는 하나님의 영광의 소망이 절실하지 않고, 그 소망이 우리의 삶을 온전히 지배하지 않기 때문이라고 믿습니다. 우리 모두가 하나님의 영광을 늘 소망하길 바라고 또한 그 소망이 우리의 신앙과 삶을 온전히 지배하기를 간절히 바랍니다.

다음으로, 그 영광스러운 소망을 즐거워하는 것입니다. 여기에서 '즐거워하다($\kappa\alpha\upsilon\chi\acute{\alpha}o\mu\alpha\iota$)'는 단어의 원래 의미는 '자랑하다' 입니다. 로마서 3:27과 4:2를 보면 자랑할 것이 없다고 했는데 거기에서 '자랑하다' 와 오늘 본문의 '즐거워하다' 가 같은 단어입니다. 아마 사도 바울이 유대인들은 율법과 할례와 인간적인 것들을 자랑하였던 것과 대비시키기 위해서 이 단어를 쓴 것이라고 생각됩니다(참고. 롬 2:17,23). 사실 즐거움과 자랑은 깊이 연결되어 있습니다. 사실 우리에 어떤 일에 기쁨과 즐거움이 있으면 자랑하게 되어 있습니다. 예를 들어, 어떤 취미 생활을 시작했다고 합시다. 그것이 재미있고 즐거움이 있고 자신의 삶의 질을 바꾸었다면, 다른 사람들에게 그것을 자랑하지 않겠습니까? 할머니와 할아버지들이 손주들 자랑을 하지 않고는 견디지 못한다고 합니다. 그래서 돈을 내면서까지 자랑한다고 합니다. 왜 그렇습니까? 손주들이 주는 기쁨과 즐거움을 그냥 가슴에 묻어둘 수 없기 때문입니다. 우리도 마찬가지입니다. 하나님의 영광을 바라며 사는 것이 나에게 너무도 즐겁고 의미가 있으면 그것을 자랑하지 않고는 견딜 수 없는 것입니다. 하나님께서 우리에게 주신 구원의 복이 우리 삶의 최고의 소망이요 기쁨이요 즐거움이요 자랑이 되기를 간절히 축원합니다.

환난 중에도 즐거워함

의롭게 된 자가 누리는 세 번째 복이요 특권이 있습니다. 3절 상(上)입니다.

> 다만 이뿐 아니라 우리가 환난 중에도 즐거워하나니

여러분, 환난도 의롭게 된 자가 누리는 복이요 특권인 줄 믿습니다. 아멘입니까? 종종 성도들이 착각하는 것이 있는데, 그것은 예수 믿으면 고난이 없다는 것입니다. 성경은 결코 그렇게 말씀하지 않습니다. 성경은 분명히 예수를 믿으면 고난이 당연히 따른다고 말씀합니다(참고. 행 14:22; 딤후 3:12). 실제로 예수를 믿지 않을 때보다 예수를 믿으면 오히려 고난이 더 많습니다. 제가 증거를 제시 해 보겠습니다. 예수를 믿는 우리가 고난을 받는 이유는 다양합니다. 요한복음 9장에 나온 소경과 같이 하나님의 영광을 위해서 고난을 받을 수 있습니다. 욥과 같이 악한 영의 세력이 시기하고 질투해서 고난을 받을 수 있습니다. 하나님의 사람을 더욱 훈련시키고 온전케 하기 위해서 고난을 받을 수 있습니다. 주님을 위해서 자원함으로 고난을 받을 수 있습니다. 자녀를 사랑하는 마음에서 하나님께서 징계하심으로 고난을 받을 수도 있습니다. 이러한 고난들 가운데 대부분은 우리가 예수를 믿지 않는다면 당하지 않을 고난들입니다. 물론 하나님께서 우리를 지켜주셔서 고난을 면하게 해 주시는 부분들이 있지만, 플러스와 마이너스를 계산해 보면 우리가 예수를 믿기 때문에 받는 고난이 훨씬 더 많습니다.

그런데 의롭게 된 우리와 세상 사람들의 근본적인 차이는 고난에 대한 자세가 다르다는 것입니다. 그것이 뭐죠? 그것은 고난을 즐거워한다는 것입니다. 여기에서 '즐거워하다' 도 원어로 보면 2절과 같은 단어입니다. 고난을 자랑해야 한다는 것입니다. 다시 말하면, 고난 때에 낙심하거나 위축되지 말아야 하고 오히려 즐거워하고 당당해야 한다는 것입니다. 왜냐하면 고난은 그리스도인들에게 이상한 일이 아니고 너무도 당연하고, 또한 고난이 주는 많은 유익이 있기 때문입니다(참고. 행 5:41; 벧전 4:12-16).

물론 우리 가운데 고난을 좋아할 사람은 없습니다. 과거에 고난을 통해 많은 유익을 경험한 사람도 다시 고난을 원치 않습니다. 저도 역시 마찬가지입니다. 그러나 살다보면 우리가 피할 수 없도록 하나님께서 주권적으로 또는 강권적으로 하나님께서 주시는 경우가 있습니다. 이것은 수동적으로 어쩔 수 없이 당하는 고난입니다. 또한 때로는 하나님께서 원하시는 믿음의 삶을 살기 위해서, 비겁하지 않고 양심을 저버리지 않고 살기 위해서 우리가 자원해서 고난을 당해야 될 때도 있습니다. 그런데 그 모든 고난 속에서 우리는 즐거워하고 당당해야 한다는 것입니다. 그것은 그 고난이 우리에게 필요하고 유익해서 하나님께서 우리에게 허락하셨기 때문입니다.

환난이 주는 유익들

그러면 고난이 주는 유익은 무엇입니까? 3절 하(下)-4절입니다.

> 이는 환난은 인내를, 인내는 연단을, 연단은 소망을 이루는 줄 앎이로다

먼저 고난은 인내를 이룬다고 말씀합니다(참고. 약 1:4). 우리가 힘든 상황을 만나게 되면 그 때 우리는 어쩔 수 없이 오래 참고 견디면서 더욱 하나님을 의지하게 됩니다. 사실 우리는 편하고 어려움이 없으면 나태해 지고 하나님도 많이 의지하지 않습니다. 그렇죠? 그러나 고난이 오면 우리는 부득불 인내하면서 하나님을 바라보고 하나님을 의지하게 되고, 그래서 하나님을 더욱 깊게 알아가게 됩니다(참고. 고후 1:8-9).

다음으로 인내는 연단을 이룹니다. 연단은 'δοκιμή'라는 단어인데, 이 말은 문자적으로 '질적인 면에서 인정받은 상태'를 의미합니다. 그러니까 이 말은 '연단된 인격'이라고 해석할 수도 있고, 단순히 '인정을 받음'이라고 해석할 수도 있습니다. 다시 말해, 힘든 상황이 지속되다보면 우리는 그 고난을 통해 겸손하게 되고, 온유해 지고, 다른 사람들을 이해하는 폭도 넓어집니다(참고. 빌 2:22). 그러니까 우리의 인격이 성숙하게 됩니다. 그리고 하나님께서 그

사람을 성숙한 자로 인정하게 되면, 그 때 하나님께서 더 크고 놀라운 은혜를 경험하게 하신다는 것입니다. 뿐만 아니라 연단은 소망을 이룹니다. 우리가 고난이 지나가는 과정에서 하나님께 인정받고 하나님의 은혜와 능력을 경험하면 우리는 당연히 더욱 더 하나님을 바라보게 되고 또한 하나님의 영광을 소망하게 됩니다.

사랑하는 성도 여러분, 우리는 가능하면 고난을 원치 않습니다. 하지만 하나님께서 그것을 막아주시지 않고 때로는 우리에게 고난을 허락하십니다. 왜 그렇습니까? 그것은 우리가 고난을 당하지 않으면 경험할 수 없는 놀라운 은혜와 복이 있기 때문입니다. 그래서 고난도 의롭게 된 자가 누리는 복인 줄 믿습니다.

고난 속에서 소망할 수 있는 확실한 증거

그런데 우리가 고난을 당할 때 고난이 의롭게 된 자가 누리는 복이라고 고백하고, 고난가운데 즐거워하며, 또한 하나님을 소망할 수 있는 확실한 증거가 있다고 말씀합니다. 5절입니다.

> 소망이 우리를 부끄럽게 하지 아니함은 우리에게 주신 성령으로 말미암아 하나님의 사랑이 우리 마음에 부은 바 됨이니

우리가 가진 소망이 우리를 부끄럽게 하지 않는다고 합니다. 다시 말해, 고난 속에서 갖는 소망이 결코 신기루나 공수포가 아니라는 것입니다. 왜 그렇습니까? 그것은 하나님께서 우리를 참으로 사랑하시기 때문입니다. 하나님께서는 우리에게 '그럼에도 불구하고'의 사랑을 객관적으로 보여주셨습니다. 그리고 그 놀라운 하나님의 사랑이 성령을 통해 우리에게 부어졌기 때문입니다. 다시 말해, 하나님의 사랑이 아무리 객관적으로 증명되었어도 그 사랑이 나와 상

관없을 수 있습니다. 그렇다면 우리는 확신할 수 없습니다. 그런데 성령께서 나에게 역사하심으로 말미암아 내가 진정 하나님의 사랑받는 백성임이 확인되어졌습니다. 그렇기 때문에 우리는 고난 속에 반드시 우리를 사랑하시는 하나님의 뜻이 계시고, 또한 우리를 사랑하시는 하나님께서 반드시 합력하여 선을 이루실 것을 확신할 수 있다는 것입니다.

사랑하는 성도 여러분, 지금 우리 가운데도 결코 쉽지 않은 여러 가지 고난 가운데 있는 분이 있을 줄 압니다. 그런데 그리스도 안에 있는 자들은 고난 가운데 있을 때 환난 그 자체의 해결보다도 더 중요한 것이 있습니다. 그것은 십자가를 통해서 확증하신 우리에게 향하신 하나님의 사랑을 성령을 통해서 더 깊고 온전하게 깨닫고 고백하는 것입니다. 실제로 성령을 통해 우리가 십자가를 통해 보여주신 하나님의 크고 넓으신 사랑을 깨닫고 감격하게 되면, 그 사랑에 대한 감사와 감격이 우리로 하여금 삶의 모든 어려움 속에서도 즐거워하면서 소망을 가지고 그 어려움을 능히 극복하게 할 줄 믿습니다. 조금 전에 말씀드린 이민아 자매도 그렇게 많은 질병과 어려움들을 극복할 수 있었던 것은 십자가를 통해 보여주신 하나님의 사랑에 대한 깊은 깨달음과 감사가 있었다고 고백하는 것을 보았습니다.

뿐만 아니라 저는 우리 모두가 '십자가를 통해 확인된 하나님의 사랑'에 대한 깊은 감사와 감격이 늘 넘치기를 소원합니다. "하나님은 우리를 사랑하십니다! 하나님은 우리를 사랑하십니다!! 그것은 예수님의 십자가를 통해 확인되었습니다!"라는 말을 듣고 억지로 또는 형식적으로가 아니고 우리 마음 속 깊은 곳에서 "예! 주님 진실로 그렇습니다!" "아멘 입니다" 하고 응답할 수 있기를 바랍니다. 어떻게 그것이 가능합니까? 성령께서 역사하시면, 그리고 은혜를 주시면 가능한 줄 믿습니다. 그리고 그 사랑을 깨닫게 되면 항상 기쁘고 즐겁게 살게 될 줄 믿습니다.

말씀을 맺겠습니다.

오늘 본문은 의롭게 된 자가 누리는 특권과 복에 대해서 말씀합니다. 우리가 의롭게 되었기 때문에 우리는 은혜의 보좌에 나아가 때를 따라 돕는 은혜를 누리는 특권과 복이 있다고 말씀합니다. 또한 이 험한 나그네 길 인생길에서 하나님의 영광을 바라고 즐거워하며 자랑할 수 있는 특권과 복이 있다고 말씀합니다. 뿐만 아니라 우리가 경험하는 모든 고난 가운데서도 고난이 주는 유익 때문에 감사하며 즐거워할 수 있는 특권과 복이 있다고 말씀합니다. 우리 모두가 의롭게 된 자의 특권과 복을 온전히 그리고 더욱 풍성히 누릴 수 있기를 바랍니다.

로마서 5:12-21
더 큰 은혜와 생명의 왕 노릇

※ 설교 주제: 예수 그리스도가 오신 후에 그리스도로 말미암아 그리스도 안에서 더 큰 은혜와 생명을 누리게 되었다.

※ 설교 목적: 예수 그리스도로 말미암아 더 큰 은혜와 생명의 자리에 이르게 되었음을 알게 하고, 회개하고 사탄과의 싸움에 승리함으로 그 은혜와 생명을 온전하고 풍성하게 누리도록 촉구한다.

※ 설교 전개
    한 사람 아담으로 말미암아
    아담은 오실 자의 모형
    은혜와 생명의 왕 노릇
        회개가 요구된다
    더 크고 풍성한 은혜
        사탄과의 싸움에서 승리하자

※ 설교 요약
본문에서는 우리가 예수 그리스도 안에서 그렇게 놀라운 복을

누릴 수 있는 근거가 무엇인지 아담과 예수 그리스도를 비교하면서 설명하고 있다. 아담은 오실 예수 그리스도의 모형이다. 다시 말해, 아담이 지은 죄의 결과를 모든 인간이 받아들일 수밖에 없었던 것처럼, 예수 그리스도를 통해 주시는 은혜와 복을 누리는 것도 너무도 당연하다는 것이다. 그러면서 크게 두 가지를 비교해서 말씀한다. 하나는 예수님 이전은 죄와 사망이 지배하는 시대였는데, 지금은 그리스도 안에서 은혜와 생명이 지배하는 시대라고 말씀한다. 그리고 아담의 불순종으로 말미암는 결과와 영향보다 예수님의 순종으로 말미암는 결과와 영향이 훨씬 크고 풍성하다고 말씀한다. 우리 모두는 예수 그리스도 안에서 회개하고 사탄과의 싸움에 승리함으로 그 크고 풍성한 은혜를 온전히 누려야 한다.

로마서는 크게 네 부분으로 나누어진다고 말씀드렸습니다. 그것은 1-4장, 5-8장, 9-11장, 12-16장입니다. 지금 우리는 그 두 번째 부분을 보고 있는데, 이 두 번째 부분인 로마서 5-8장은 '믿음으로 의롭게 된 자의 신앙과 삶의 구체적인 모습'을 설명하고 있습니다. 우리가 지난주에 보았던 로마서 5:1-11은 로마서 5-8장의 전체 내용을 함축적으로 요약하고 있다고 해도 과언이 아닌데요, 크게 세 가지로 의롭게 된 자(하나님과의 관계가 회복된 자)가 누리는 복 또는 특권에 대해서 말씀하고 있습니다. 먼저 믿음으로 의롭게 되면, 하나님의 은혜의 자리로 다시 들어가 때를 따라 돕는 은혜를 계속 경험할 수 있다고 말씀합니다. 두 번째는 하나님께서 선물로 주신 하나님의 영광을 바라고 즐거워할 수 있다고 말씀합니다. 그리고 세 번째는 환난 가운데서도 의롭게 된 자는 즐거워할 수 있다고 말씀합니다. 왜냐하면 고난에는 고난이 아니면 경험할 수 없는 하나님의 은혜와 사랑이 감추어 있기 때문입니다.

한 사람 아담으로 말미암아

오늘 함께 읽었던 로마서 5:12-21에서는 아담과 예수 그리스도를 비교하고 있습니다. 언뜻 보면, 오늘 본문은 내용 전개에 있어서 앞부분인 5:1-11과 잘 연결되지 않는 약간 생뚱맞은 부분으로 생각될 수도 있습니다. 그러나 그렇지 않습니다. 12절을 보면 '그러므로' 하면서 앞부분과 연결하고 있습니다. 뿐만 아니라 오늘 본문은 6장 이하의 내용 전개를 위해서도 필요합니다. 다시 말해, 오늘 본문은 내용 전개에 있어서 징검다리 역할을 하고 있습니다. 그러니까 로마서 5:1-11의 말씀을 보고 들으면서 '예수 그리스도를 믿음으로 누리는 복이 참으로 큰 데 오직 예수 그리스도를 믿는 것으로 그렇게 큰 복을 누리는 것이 과연 합당한가?'라는 질문이 있을 수 있는데, 오늘 본문은 그에 대한 답이라고 할 수 있습니다. 결론적으로 이야기하면, 바울은 오늘 본문에서 그리스도 안에서 의롭게 되어 놀라운 복과 특권을 누리는 것은 아담의 죄로 인해 모든 인간이 겪게 된 실상과 비교하였을 때 원리적으로 너무도 당연하다고 말씀합니다. 12절입니다.

> 그러므로 한 사람으로 말미암아 죄가 세상에 들어오고 죄로 말미암아 사망이 들어왔나니 이와 같이 모든 사람이 죄를 지었으므로 사망이 모든 사람에게 이르렀느니라.

12절은 우리 기독교의 교리에 있어서 참으로 중요한 역할을 하는 구절 가운데 하나입니다. 소위 '원죄 교리'의 근거가 되는 말씀입니다. 그래서 쉽지 않지만 조금 자세한 설명이 필요한 부분이라고 생각합니다. 12절에는 다음과 같은 세 단계의 논리적 진전이 있습니다.

한 사람으로 말미암아 죄가 세상에 들어왔다.
  ⇒ 죄로 말미암아 사망이 들어왔다.
  ⇒ 모든 사람이 죄를 지었기 때문에 사망이 모든 사람에게 이르게 되었다.

먼저 한 사람(아담)으로 말미암아 죄가 들어왔다고 말씀합니다. 여기에서 죄는 '죄의 세력' 즉 '사탄'을 의미합니다. 그러니까 아담은 죄의 세력이 들어온 통로가 되어버렸다는 것입니다. 하나님께서 모든 만물을 창조하시고 마지막에 창조의 결정체로서 우리 인간을 창조하셨습니다. 또한 우리 인간에게 하나님을 대신해서 모든 피조세계를 다스릴 수 있는 권한을 주셨고, 기쁨의 동산인 에덴동산에 살게 하셨습니다. 그런데 모든 것을 허용하셨지만 한 가지만을 금하셨습니다. 그것은 '선악을 알게 하는 나무를 먹지 말라'는 것입니다. 그러면서 "먹으면 반드시 죽을 것이다"고 말씀했습니다.

그러면 왜 하나님께서 선악을 알게 하는 나무를 먹지 말라고 명령하셨을까요? 그것은 두 가지입니다. 하나는 그것은 창조주 하나님과 피조물인 우리 인간의 구분을 위한 상징적인 조치였습니다. 만약 그것마저 없었다면 하나님과 우리 인간의 구분이 존재하지 않았습니다. 또한 그 명령을 통해서 우리 인간의 본분이 하나님께 순종하는 것임을 확인시켜 주셨습니다. 그런데 사탄이 하와를 유혹했고, 처음 사람 아담은 하나님의 명령을 어기고 죄를 범했습니다.

아담과 하와를 유혹한 사탄은 타락한 천사들 가운데 하나였는데, 그 부분에 대해서 성경이 많은 것을 말씀하지는 않습니다. 베드로후서 2:4와 유다서 6절에서 타락한 천사인 사탄에 대해서 말씀하고 있는데, 그 곳을 보면, 하나님이 지으신 천사들 가운데 일부 천사들이 하나님과 같아지려는 욕심과 교만함 때문에 하나님을 대적하다가 원래의 자리에서 쫓겨났다고 말씀합니다.

그리고 타락한 천사가 하나님께 벌을 받은 시기는 아마 창세기 1:31과 3:1 이하 사건 사이의 어느 때 인 것 같습니다. 왜냐하면, 창세기 1:31을 보면 하나님께서 우주 만물을 창조하신 후에 "그가 지으신 모든 것을 보시니 보시기에 심히 좋았더라"고 했습니다. 그것은 하나님이 지으신 천사들 세계에서도 악한 천사들이 없었다는 것을 말씀합니다.

그런데 창세기 3장을 보면 뱀의 형태를 한 사탄이 등장한 것으로 보아, 창세기 1:31과 3장 사이의 어느 때에 천사들 가운데 일부가 죄를 지어서 그들의 자리에서 쫓겨났고, 그 후에 그들이 아담을 유혹해서 죄를 짓게 한 것입니다. 그러니까 아담을 통해 죄의 세력이 세상에 들어온 것입니다.

다음으로 죄로 말미암아 사망이 들어왔다고 합니다. 하나님께서는 아담과 하와에게 하나님의 명령에 순종치 않으면 반드시 죽을 것이라고 말씀하셨습니다. 그리고 아담이 죄를 지었을 때, 하나님께서 말씀하신대로 사망(또는 죽음)이 그들에게 임했습니다. 그러니까 죄로 말미암아 사망이 들어온 것입니다. 여기에서 사망은 영적 사망과 육적 사망 모두를 포함합니다. 영적 사망은 하나님과의 분리를 의미하고, 육적 사망은 이 땅에서의 삶의 끝을 의미합니다. 뿐만 아니라 아담의 범죄로 인해 여자는 아이를 낳는 고통을 경험하고, 남자는 땀을 흘리며 일을 해야 살도록 했습니다. 또한 땅도 가시덤불과 엉겅퀴를 낼 것이라고 했습니다(참고. 창 3:14-19). 다시 말해, 아담이 지었던 죄로 인해 사람 뿐 아니라 자연 세계도 형벌을 받게 되었습니다.

세 번째로, 모든 사람이 죄를 지었기 때문에 사망이 모든 사람에게 이르게 되었다고 말씀합니다. 쉽게 이야기하면, 아담이 지은 죄의 결과로 모든 사람이 죄를 짓게 되어 모든 사람에게 죽음이 임했다는 것입니다. 여기에서도 역시 사망은 영적 사망과 육적 사망 모두를 의미합니다. 다시 말해, 아담의 죄로 인해 모든 사람이 하나님과 영적으로 분리되었고, 육적인 삶의 끝을 경험하게 되었다는 것입니다.

이 부분에 대해서 이의를 제기하는 사람들이 있습니다. '아담이 죄를 지었는데 왜 우리가 아담과 똑같은 형벌을 받아야 되느냐? 그것은 정당하지 못하다'고 따지는 것입니다. 학교 다닐 때나 남자들은 군대에 있을 때 종종 한 사람이나 소수의 사람이 잘못해서 단체

기합을 받을 때가 있습니다. 물론 억울할 때도 있지만 단체 생활을 하는 과정에서 당연하다고 생각될 때도 있습니다. 그렇죠? 그런데 그 때도 꼭 억울해 하는 사람들이 있습니다. 이 문제도 마찬가지입니다. 그래서 학자들은 성경에 근거하여 아담의 죄와 우리와의 연관 관계를 크게 두 가지로 설명합니다. 하나는 '대표성의 원리'로 설명합니다. 여러분, 우리나라 대표선수들이 다른 나라 대표선수들과 시합해서 지면 '대표선수만 지는 것입니까?' 아니면 '우리나라가 지는 것입니까?' 우리나라가 지는 것입니다.

처음 사람 아담은 우리가 인정하든 인정 안하든 우리 모든 인간의 대표였습니다. 아담이 승리한 것은 모든 인간이 승리한 것이었고, 아담이 죄에게 패배한 것은 모든 인간이 패배한 것입니다. 그래서 아담이 지었던 죄의 결과인 창세기 3:14-19의 형벌을 아담 이후에 태어나는 모든 사람도 받아들이지 않을 수 없게 되었습니다(이것을 신학적으로 죄의 '전가(轉嫁, imputation)'라고 합니다). 그 결과로 우리는 태어날 때부터 영적으로 하나님과 분리되고 육적인 생명의 한계를 가지고 태어난 것입니다.

다시 말해, 우리 인간의 대표인 아담의 죄의 결과를 모든 인간이 받아들일 수밖에 없기 때문에 이것을 우리는 대표성의 원리라고 합니다. 그것을 신학적 용어로 '원죄(original sin)' 또는 '원래적 죄책(original guilt: 태어나면서부터 갖게 되는 죄에 대한 책임)'이라고 부릅니다.

다른 하나는 '죄의 오염(pollution)'이라는 용어로 설명합니다. 조금 전에 말씀드린 대로 아담의 죄로 인해 우리는 영적인 죽음을 경험하게 되었습니다. 즉 하나님과 영적으로 분리된 것입니다. 그리고 하나님과 분리된 결과로 우리는 한 사람도 예외 없이 죄의 세력의 지배를 받게 되었습니다(롬 3:9 - "그러면 어떠하냐? 우리는 나으냐? 결코 아니라. 유대인이나 헬라인이나 다 죄 아래에 있다고 우리가 이미 선언하였느니라"). 그래서 우리 모두는 죄의 세력이 재배하는 죄가 오염된 상태에서 살고 있기 때문에 죄를 짓지 않을 수 없는 것입니다. 이것은 마치 우리가 우중에 걸을 때 우산을 잘 쓰면 조금 덜 비를 맞을 수 있지만 빗물을 전혀 묻히지 않고 걷는 것이 불가능한 것과 마찬가지입니다. 이렇게 지은 죄를 우리는 신학적 용어로 흔히 '자범죄(actual sin)'라고 합니다.

정리하면, 우리는 아담이 지었던 죄의 형벌(결과)인 영과 육의 죽음을 받아들일 수밖에 없었고, 또한 지금도 죄의 세력이 지배하는 죄에 오염된 상황에 있기 때문에 우리 모든 사람들은 죄 가운데 태어나서 죄를 지으며 살지 않을 수 없는 것입니다. 그렇기 때문에 영적인 죽음과 육적인 죽음이 모든 사람에게 임하게 된 것입니다. 이해가 되시나요?

그러면서 13-14절에서 율법이 없을 때에도 그 원칙이 적용되었다고 합니다.

> 죄가 율법 있기 전에도 세상에 있었으나 율법이 없었을 때에는 죄를 죄로 여기지 아니하였느니라. 그러나 아담으로부터 모세까지 아담의 범죄와 같은 죄를 짓지 아니한 자들까지도 사망이 왕 노릇 하였나니

율법이 있기 전까지는 죄가 있었지만 그 때는 죄가 정확하게 정의되지 못하고, 또한 죄를 죄로 분명하게 인식하지 못했습니다(물론 그 때도 마음에 새겨진 율법이 있었기 때문에 죄 의식은 있었습니다. 롬 2:15). 그러나 그 때도 역시 모든 사람이 죄의 세력 아래 있었고 사망이 그들에게 왕 노릇하였다고 합니다. 이어서 20절에서

이렇게 말씀합니다.

> 율법이 들어온 것은 범죄를 더하게 하려 함이라. 그러나 죄가 더한 곳에 은혜가 더욱 넘쳤나니.

율법이 주어지기 전에는 많은 사람들이 죄를 죄로 몰랐는데, 율법에서 구체적으로 죄를 지적하고 설명하였기 때문에 사람들에게 죄 의식이 생겼고, 죄가 죄로 분명하게 알게 되었다는 것입니다. 뿐만 아니라 "죄가 더한 곳에 은혜가 넘쳤다"고 합니다. 그러니까 율법을 통해 우리가 참으로 큰 죄인이라는 것을 깨달았고(롬 3:19-21), 또한 인간 스스로 죄 문제를 해결할 가능성이 전혀 없음을 알게 되었기 때문에 하나님께서 예수 그리스도를 통해 죄 문제를 해결해 주시고 구원의 길을 열어주신 것이 더욱 큰 기쁨과 감사와 감격이 되었다는 것입니다. 그래서 갈라디아서(3:24)는 율법이 우리를 그리스도께 인도하는 '몽학선생(초등교사)'이 되었다고 말씀하고 있습니다.

아담은 오실 자의 모형

계속해서 사도 바울은 14절 하반절에서 '아담은 오실 자의 모형'이라고 합니다. 모형이란 원형과 대비되는 단어인데요, 원형을 미리 보여주는 역할을 합니다. 그러니까 아담이 오실 자인 예수님의 모형이 되었다는 것은 아담을 통해 한 사람의 행동이 어떻게 그렇게 많은(모든) 사람들에게 엄청난 영향을 줄 수 있는지를 미리 보여주었다는 것입니다. 그러면서 15절 이하에서 구체적으로 아담이 어떻게 그리스도의 모형이 되는지를 말씀하고 있습니다. 18-19절을 먼저 보겠습니다.

> 그런즉 한 범죄로 많은 사람이 정죄에 이른 것 같이 한 의로운 행위로 말미암아 많은 사람이 의롭다 하심을 받아 생명에 이르렀느니라.
> 한 사람이 순종하지 아니함으로 많은 사람이 죄인 된 것 같이 한 사람이 순종하심으로 많은 사람이 의인이 되리라.

여기에서 '많은 사람'과 12절의 '모든 사람'은 히브리식 표현에서는 같은 의미입니다(참고. 사 53:11; 막 10:45). 또한 '생명을 얻었다'는 것은 영적으로 죽은 것과 대비되는 개념입니다. 그러니까 예수님 오시기 전에는 우리가 영적으로 죽어서 하나님과 분리되었는데, 이제 예수님 안에서 영적으로 생명을 얻게 되어서 직접적으로 하나님과 교제하고 하나님의 은혜를 누리게 된 것입니다. 18-19절 말씀의 핵심은 무엇이죠? 아담의 죄(불순종)의 결과가 어쩔 수 없이 또는 자연스럽게 모든 인류에게 임했다면, 예수님의 의의 행위(순종)로 말미암아 많은 사람이 의롭게 되고 생명을 얻게 된 것은 원리적으로나 상식적으로 너무도 당연한 결과라는 것입니다.

은혜와 생명의 왕 노릇

그러면서 바울은 오늘 본문에서 예수님 오시기 전과 이제 예수님 오신 후에 그리스도 안에서의 상황이 어떻게 다른지를 말씀합니다. 그것을 크게 두 가지입니다. 하나는 예수님 오시기 전에는 죄와 사망의 세력이 왕 노릇하였는데, 이제는 예수 그리스도 안에서 은혜와 생명이 왕 노릇하게 되었다는 것입니다. 14, 17, 21절에 그 부분이 언급되어 있습니다. '왕 노릇하다'는 '지배하고 통치하다'는 것을 의미합니다. 그러니까 예수님께서 오시기 전까지 그리고 예수님을 믿기 전까지 죄와 사망의 세력이 우리 인간을 지배하고 통치하였는데, 이제는 예수님을 믿음으로 하나님의 은혜와 생명이 우리를 지배하고 통치하게 되었다는 것입니다. 물론 구약시대에도 하나님의 백성인 이스라엘에게 하나님의 은혜가 임했지만, 그것은 임시적이고 부분적이었습니다. 그러나 예수님께서 오셔서 십자가에 못 박히시고 부활하심으로 죄의 세력과 사망의 세력에 치명상을 입히셨습니다. 예수님 공생애 전체는 한 마디로 사탄과의 싸움이었다고 할 수 있습니다. 예수님께서는 공생애를 시작하시면서 마귀와 싸워서 승리하셨고(마 4:1-11), 공생애 사역 중에서도 자주 마귀들을 꾸짖으시며 마귀를 벌벌 떨게 하셨습니다(막 1:23-27). 또한 자신의 주된 임무가 사탄의 세력을 결박하는 것이라고 말씀하셨습니다(마 12:22-32). 그래서 요한일서 3:8은 이렇게 말씀합니다.

> 죄를 짓는 자는 마귀에게 속하나니 마귀는 처음부터 범죄 함이라. 하나님의 아들이 나타나신 것은 마귀의 일을 멸하려 하심이라.

뿐만 아니라 예수님께서는 부활하셔서 죽음의 권세를 극복하시고, 부활의 첫 열매가 되셔서 우리에게 죽음이 끝이 아니고 영생이 있음을 보여주셨습니다. 그래서 부활 장인 고린도전서 15:55-57은 이렇게 말씀합니다.

> 사망아 너의 승리가 어디 있느냐 사망아 네가 쏘는 것이 어디 있느냐
> 사망이 쏘는 것은 죄요 죄의 권능은 율법이라
> 우리 주 예수 그리스도로 말미암아 우리에게 승리를 주시는 하나님께 감사하노니

이 세상에 죄의 세력과 싸워서 이길 수 있는 사람이 없지만, 하나님이신 예수님께서 오셔서 십자가에 못 박히시고 부활하심으로 죄와 죽음의 세력을 결박하시고, 죄의 지배 아래 있던 우리를 구원하시고 은혜와 생명을 주셨습니다. 그래서 오늘 본문은 반복해서 예수님 오시기 전에는 죄와 사망이 왕 노릇하였는데, 이제는 예수님으로 말미암아 은혜와 생명이 왕 노릇하게 되었다고 말씀하는 것입니다.

사랑하는 성도 여러분, 우리가 '구원을 받았다'를 다양하게 설명할 수 있는데 그 대표적인 것 가운데 하나가 '마귀(죄, 사망)의 지배 아래 있다가 하나님의 지배와 통치로 옮겨진 것'이라고 표현하는 것입니다. 쉬운 질문하나 하겠습니다. 예수님께서 공생애를 시작하시면서 외치신 첫 번째 메시지가 무엇이었습니까? 그것은 '하나님의 나라가 가까이 왔다 또는 임했다'는 것입니다(마 4:17; 막 1:15). 세례 요한도 같은 메시지를 외치면서 사역을 시작했습니다(마 3:1-2). 뿐만 아니라 예수님 공생애 전체의 가르침을 한 마디로 요약하면 '하나님 나라에 대한 것'이라고 할 수 있습니다. 그러니까 예수님께서는 공생애 전체를 통해서 자신으로 말미암아 임한 하나님 나라가 무엇을 의미하는지, 하나님 나라가 어떻게 임하고 또한 하나님 나라가 임하면 어떤 결과나 나타나는지 등을 말씀과 행함으로 보여주셨습니다.

그런데 하나님의 나라가 임한다는 것은 무엇을 의미하죠? 하나님 나라는 일차적으로 '장소'를 의미하는 것이 아니라 '지배' 또는 '통치'를 의미합니다. 그러니까 예수님께서 공생애 전체를 통해 오늘 본문의 용어로 하면 자신을 통해 '하나님의 은혜와 생명의 통치'가 임한 것을 선포하고 가르치신 것입니다. 뿐만 아니라 예수님께서는 우리 모두가 예수님을 통해 임한 그 하나님의 은혜와 생명의 통치를 풍성하게 경험하고 누리기를 원하셨습니다. 그래서 주기도문에서 "하나님의 나라가 임하게 하옵소서!"라고 기도하라고 하셨습니다. 또한 요한복음 10:10을 보면, "내가 온 것은 양으로 생명을 얻게 하고 더 풍성히 얻게 하려는 것이라"고 말씀하셨습니다. 그러니까 예수님을 통해 임한 하나님의 은혜와 생명의 통치를 우리가 풍성하게 누리는 것이 주님이 오신 목적이라고 말씀하셨습니다. 저는 우리 모두가 이 복음의 시대에 그리스도 안에서 하나님의 은혜의 통치와 생명을 더욱 풍성하게 누릴 수 있기를 바랍니다.

회개가 요구된다

그러면 우리가 어떻게 은혜가 지배하는 복음의 시대에 하나님의 은혜와 생명의 통치와 다스림을 경험할 수 있나요? 예수님께서 무엇을 요구하셨습니까? 한 마디로, "회개하라!"였습니다(마 4:17; 막 1:15). 그러면, 회개는 무엇을 의미하죠? 물론 회개에는 감정적인 요소도 있고, 고백적인 요소도 있지만, 회개의 본질적인 개념은 '삶의 방향의 변화'입니다. 그러니까 하나님 나라의 관점에서 보면, '회개한다'는 것은 '죄악 된 내(사탄의 세력에 지배받는 내)가 나의 주인이 되어서 모든 것을 결정하고 행동하는 삶에서 나의 주인 됨을 주님께 양도하고 주인 되신 주님께서 원하시고 기뻐하시는 뜻대로 모든 것을 결정하고 행동하는 삶으로 바꾸는 것입니다. 한 마디로 하면, 회개는 삶의 지배권, 통치권 또는 결정권의 변화라고 할 수 있습니다.

예를 들어 들어보겠습니다. 예전에는 직장이나 가정이나 우리의 모든 삶에서 나의 본성이 이끄는 대로 나의 유익과 기쁨을 위해서 크게 고민하지 않고 어떤 일을 결정하고 행했습니다. 그런데 회개한다는 것은 무엇을 할 때 "하나님이 나에게 원하시는 것이 무엇이지?" 또는 "예수님이라면 어떻게 하실까?"라고 묻고 주인 되신 하나님께서 원하시고 하나님께 영광이 되는 방향으로 어떤 일을 결정하고 행하는 것입니다. 자녀들 문제도 마찬가지입니다. 예전에는 자녀들을 키우고 교육시키고 결혼을 시킬 때 내 생각에 의해서 또는 보통 세상 사람들이 하는 대로 따라갔습니다.

그런데 회개한다는 것은 그러한 문제들과 관련하여 하나님께서 원하시는 것이 무엇일까를 하나님께 묻고 하나님께서 원하시는 대로 결정하고 행하는 것입니다. 돈 문제도 마찬가지입니다. 예전에는 내 기준과 판단에 따라서 돈을 벌고 관리하였습니다. 그런데 회개한다는 것은 돈에 대한 모든 것을 주인 되신 하나님께 묻고 하나님께 결제 받고 재정을 집행하는 것입니다. 또한 예전에는 화가 나서, 자존심이 상해서 본성이 이끄는 대로 어떤 사람이나 일에 대응했는데, 이제는 그와 같이 본성에 따라서 살지 않는 것입니다. 이것이 회개하는 삶입니다. 여러분, 회개하셨나요? 아니 진행형으로, 회개하고 계시나요? 그리고 회개할 때 예수님을 통해 임하는 하나님의 은혜의 통치를 더욱 풍성하게 경험할 수 있다는 것입니다.

여러분, 오늘 본문을 보세요. 오늘 본문에서 아담과 예수님의 궁극적인 차이가 무엇입니까? 그것은 불순종과 순종입니다(19절). 아담의 불순종으로 모든 사람이 죽음을 경험하였고, 예수님의 순종으로 모든 사람이 생명을 얻게 되었습니다. 이런 면에서 순종은 피조물인 우리 인간이 하나님의 하나님 됨을 인정하는, 또한 하나님이 나의 주인이심을 보여주는 최고의 방편이요 덕목임을 알 수 있습니다. 뿐만 아니라 본문을 통해서 우리는 순종과 불순종의 결과와 효과와 영향이 얼마나 큰 지를 보여줍니다.

그런데 하나님께 순종하기 위해서 가장 중요하고 절대적으로 필요한 것이 무엇이죠? 그것은 회개, 즉 삶의 주도권 또는 주인 됨의 양도입니다. 내가 나의 주인이 되어 살면 우리는 온전히 순종할 수 없습니다. 하나님을 나의 주인으로 인정하고 나의 삶의 주도권을 하나님께 양도할 때 우리는 온전히 순종할 수 있습니다. 우리가 잘 아는 복음 송 가운데 이런 찬양이 있습니다.

♬내가 주인 삼은 모든 것 내려놓고 내 주 되신 주 앞에 나가
내가 사랑했던 모든 것 내려놓고 주님만 사랑해♬

나의 주인 삼은 것을 내려놓지 않으면 우리는 하나님께 절대로 온전히 순종할 수 없습니다. 또한 내가 사랑했던 모든 것을 내려놓지 않으면 우리는 하나님을 온전히 사랑할 수 없는 줄 믿습니다.

그런데 회개가 쉬운가요? 어려운가요? 물론 수요예배에 오신 분들 가운데는 아마 이 부분이 어느 정도 생활화되신 분들도 있으시겠지만, 그것이 결코 쉽지는 않습니다. 또 하나님께 나의 삶의 주도권을 양도하는 것이 항상 되나요? 아닙니다. 어느 정도 될 때도 있고 잘 안 될 때도 있습니다. 왜 그렇죠? 우리는 기본적으로 자기중심적이며 이기적이기 때문입니다. 또한 때로는 하나님 중심적이 되다가도 순간적으로 나도 모르게 자기중심적으로 되어 버리는 것이 우리의 모습입니다. 그래서 성경은 우리 안에서 성령의 소욕과 육신의 소욕이 끊임없이 싸우고 있다고 말씀합니다. 또한 성경은 하나님의 통치와 관련하여 우리에게 다양한 각도에서 말씀합니다. 예수님께서 "결코 두 주인을 섬길 수 없다(마 6:24)"고 하셨고, "나를 따르려거든 자기를 부인하고 자기 십자가를 지고 따르라"고 하셨습니다. 또한 바울도 "내가 그리스도와 함께 십자가에 못 박혔다. 정과 욕심을 십자가에 못 박았다. 내게 유익했던 모든 것을 해로 여겼

다. 나는 날마다 죽는다"라고 고백했습니다. 그만큼 쉽지 않고 그만큼 관심을 가져야 한다는 것입니다.

사랑하는 성도 여러분, 저는 하나님의 은혜와 성령의 역사하심으로 우리 모두에게 내가 나의 주인 되는 것을 포기하고, 내가 주인 삼은 것 모두 내려놓고, 하나님을 나의 왕으로 나의 주인으로 모시고 그에게 철저히 순종하는 통치권 또는 주도권의 변화가 있기를 소원합니다. 그래서 우리 모두가 은혜와 생명이 지배하는 이 시대에 예수 그리스도 안에서 주시는 하나님의 은혜와 생명의 통치를 더욱 풍성하게 경험할 수 있기를 간절히 바랍니다.

더 크고 풍성한 은혜

또 한 가지 오늘 본문이 말씀하는 것은 아담의 죄(불순종)의 결과보다 예수님의 순종의 결과가 더 크고 넘친다는 것입니다. 15-17절에서 그 부분을 말씀합니다.

> 그러나 이 은사는 그 범죄와 같지 아니하니 곧 한 사람의 범죄를 인하여 많은 사람이 죽었은즉 더욱 하나님의 은혜와 또한 한 사람 예수 그리스도의 은혜로 말미암은 선물은 많은 사람에게 넘쳤느니라 또 이 선물은 범죄 한 한 사람으로 말미암은 것과 같지 아니하니 심판은 한 사람으로 말미암아 정죄에 이르렀으나 은사는 많은 범죄로 말미암아 의롭다 하심에 이름이니라 한 사람의 범죄로 말미암아 사망이 그 한 사람을 통하여 왕 노릇 하였은즉 더욱 은혜와 의의 선물을 넘치게 받는 자들은 한 분 예수 그리스도를 통하여 생명 안에서 왕 노릇 하리로다

본문에서 계속 아담의 죄의 결과와 예수님의 은혜와 선물이 '같지 않다(15, 16절)' 그리고 예수님의 은혜의 선물이 '더욱 넘친다

(15, 17절)'고 합니다. 그러니까 아담을 통해 죄와 사망의 세력이 왕 노릇하다가 이제 그리스도 안에서 은혜와 생명이 왕 노릇하게 되었는데 예수님 안에서 있는 은혜와 생명의 능력이 죄의 결과인 죽음과 사망의 세력보다 훨씬 더 크고 풍성하다는 것입니다.

그것은 크게 세 가지 관점에서 말씀드릴 수 있습니다. 그것은 효과와 능력과 영향력입니다. 먼저, 효과적인 면에서 죄와 사망의 세력 안에서 내가 범했던 죄가 아무리 크다고 할지라도 그리스도 안에서 용서 받지 못할 죄가 없다는 것입니다. 다음으로, 능력의 면에서 마귀의 세력을 이미 제압하신 예수 그리스도를 의지해서 우리도 넉넉하게 죄와 사망의 세력을 극복할 수 있다는 것입니다. 그리고 영향력의 측면에서 죄와 사망의 세력은 제한적으로 작동하도록 하나님께서 통제하시지만, 그리스도 안에 있는 은혜는 양적으로 무제한적이라는 것입니다. 그래서 우리는 은혜를 원한대로 한없이 끝이 없이 누릴 수 있는 것입니다.

사탄과의 싸움에서 승리하자

그런데 여기에서 우리가 한 가지 짚고 넘어가야 할 것이 있습니다. 잘 알고 실제로 경험하는 것이지만, 죄와 사망의 세력과 영향력이 우리에게서 완전히 사라졌습니까? 결코 그렇지 않습니다. 죄와 사탄의 세력은 이미 치명상을 당했지만 완전히 멸하지는 않았습니다. 그래서 우리는 '이미'와 '아직'의 시대에 살고 있습니다. 그렇기 때문에 사탄은 다양한 수단과 방법으로 지금도 우리를 유혹하며 죄를 짓게 하고, 하나님의 뜻대로 살지 못하도록 방해합니다. 그래서 성경은 우리에게 이렇게 경고합니다. 고린도후서 11:3 입니다.

뱀이 그 간계로 하와를 미혹한 것 같이 너희 마음이 그리스도를 향하는 진실함과 깨끗함에서 떠나 부패할까 두려워하노라.

사탄의 유혹이나 방해 그리고 사탄과의 싸움과 관련하여 우리가 기억해야 할 것은 우리가 사탄이 무서워서 떨 필요도 없고 사탄과의 싸움을 너무 염려할 필요가 없다는 것입니다. 왜냐하면, 그리스도 안에 있는 은혜와 생명의 능력이 죄의 세력보다 훨씬 더 강하고 능하기 때문입니다. 사랑하는 성도 여러분, 우리가 우리의 대장되신 예수 그리스도 안에서 그를 의지하면 우리는 죄의 세력인 마귀와의 싸움에서 넉넉히 이길 수 있을 줄 믿습니다. 실제로 예수님의 권세와 능력을 힘입어 예수님의 제자들(막 3:14-15)과 70문도(눅 10:17-20) 그리고 초대 교회 하나님의 사람들(행 8:7, 16:18)이 마귀와 승리하였던 것이 성경에 기록되어 있습니다. 하나님께서 그리스도 안에 있는 우리 모두에게도 마귀를 이길 수 있는 권세와 능력을 주신 줄 믿습니다.

그런데 마귀와 싸워 승리하기 위해서 우리가 할 일이 있습니다. 그것은 무엇입니까? 에베소서 6:11-13을 보겠습니다.

마귀의 간계를 능히 대적하기 위하여 하나님의 전신 갑주를 입으라. …
그러므로 하나님의 전신 갑주를 취하라 이는 악한 날에 너희가 능히 대적하고 모든 일을 행한 후에 서기 위함이라.

마귀의 간계를 능히 대적하고 승리하기 위한 기본적인 자세는 하나님의 전신갑주를 입는 것입니다. 에베소서 6:13-18에서 구체적으로 하나님의 전신갑주를 입는 것에 대해서 말씀하고 있는데 쉽게 이야기하면, 기도하고, 말씀보고, 예배드리고, 믿음의 교제를 하고, 전도하면서 열심히 신앙생활 하는 것입니다. 이것이 기본적인 자세입니다.

또 한 구절 보겠습니다. 베드로전서 5:8-9입니다.

> 근신하라 깨어라 너희 대적 마귀가 우는 사자 같이 두루 다니며 삼킬 자를 찾나니 너희는 믿음을 굳건하게 하여 그를 대적하라

여기에서는 사도 베드로는 우리에게 두 가지 자세를 요구합니다. 하나는 근신하여 깨어있는 것입니다. 왜 그렇습니까? 그것은 마귀는 참으로 교활하고, 광명의 천사로 위장해서 우리에게 다가오기 때문입니다(고후 11:14. 참고. 요 8:44 - 마귀는 거짓말쟁이요). 우리가 근신하여 깨어 있지 않으면 마귀의 궤계에 걸려 넘어지지 않을 수 없습니다. 그러나 근신하여 깨어있는 것이 수요 예배에 참석하는 분들 정도면 그렇게 어렵지 않습니다. 두 가지 때문에 그렇습니다.

하나는 수요 예배에 참석하는 분들 정도면 평소 신앙생활 하는 대로 하면 되기 때문입니다. 여러분들 평소에 시간을 정해서 기도하고, 말씀보고, 이렇게 예배드리잖아요. 그렇게 하면 되는 것입니다. 또한 근신하여 깨어 있는 것이 어렵지 않은 이유는 세상에 기도하고 말씀 보는 시간만큼 즐겁고 행복한 일이 없기 때문입니다. 그렇죠? 기도하고 말씀보고 말씀 연구하는 시간이 저는 너무도 즐겁습니다. 시간이 가는 줄을 모를 정도입니다. 즐거운 일을 하는데 무엇이 힘들겠습니까? 그리고 그렇게 즐겁고 복된 시간들을 계속 가

지면 사탄이 아무리 위장하고 속이려 해도 금방 알아차릴 수 있습니다.

다음으로 대적하라고 말씀합니다. 같은 말씀이 야고보서 4:7에도 있습니다. "마귀를 대적하라! 그리하면 너희를 피하리라"고 말씀합니다. 여기에서 대적하라는 말씀은 적극적으로 대처하라는 것을 의미합니다. 이것이 무엇을 의미하죠? 마귀가 죄로 나를 유혹하고 하나님의 뜻대로 사는 것을 방해하면 가만히 두거나 소극적으로 대처해서는 안 된다는 것입니다.

히브리서 12:4에서 말씀하는 것처럼 피 흘리기까지 싸워야 된다는 것입니다. 그러니까 우리가 살다보면 마귀가 더욱 강하게 우리를 유혹하고 방해할 때가 있습니다. 그 때 평소보다 더욱 강하게 대처해야 한다는 것입니다. 쉽게 이야기하면, 평소보다 좀 더 세게 그리고 열심히 신앙생활 하는 것입니다. 기도 부탁도 하고, 믿음의 동역자들의 삶을 나누면서 도움도 구하고, 평소에 1시간 기도하고 말씀 보았는데 마귀가 강하게 시험하면 시간을 늘려서 한 시간 반 또는 두 시간 기도하고 말씀을 보는 것입니다.

그러면서 "하나님, 이기게 해 주세요. 물리쳐 주세요. 성령으로 역사해 주세요"라고 하면서 간절히 주의 은혜와 성령의 능력을 사모하는 것입니다. 또한 합리화하고 정당화하면서 우리를 유혹하는 사탄에 대항해서 예수님처럼 적절한 하나님의 말씀으로 물리쳐야 합니다. 그렇게 강력히 대처하면 우리가 마귀를 반드시 이기게 될 줄 믿습니다. 그리고 그렇게 강력하게 대응하면 우리를 마귀가 피한다는 것입니다.

그런데 마귀와의 싸움에서 우리가 반드시 이겨야할 이유가 있습니다. 그것은 우리가 마귀에게 지면 그 책임은 우리 자신이 져야하기 때문입니다. 아담이 사탄의 유혹에 넘어갔는데 그 책임을 누가

졌습니까? 사탄에게 그 책임이 돌려졌습니까? 그렇지 않습니다. 아담이 죄의 결과에 대한 모든 책임을 져야 했습니다. 다윗도 사탄의 꾐에 넘어가서 하나님께 불순종했지만 그 결과는 자신이 책임져야 했습니다. 가룟 유다도 예수님을 팔 마음을 사탄이 주었지만 그 죄의 책임은 본인이 졌습니다. 사탄의 유혹과 방해에 패하면 결코 핑계할 수도 없고, 마귀에게 책임을 넘길 수 없습니다. 이것이 성경의 원리입니다. 왜냐하면 하나님께서는 우리를 로봇으로 만들지 않으시고 우리에게 스스로 결정할 수 있는 자유 의지를 주셨고 또한 결정한 것에 대한 책임을 지도록 하셨기 때문입니다. 특별히 신약시대에 사는 우리는 죄의 세력을 이기신 예수님의 능력을 의지하고 성령의 도우심을 입으면 우리도 마귀와 싸워서 넉넉히 이길 수 있음에도 불구하고 마귀에게 지는 것은 우리가 나태하고 말씀과 기도로 무장하지 않았기 때문입니다. 그렇기 때문에 우리 모두가 하나님의 전신갑주로 무장하고 깨어 근신하고 대적함으로 우리를 유혹하는 마귀에게 지지 말고 주님의 능력을 의지함으로 늘 승리하시기를 소원합니다. 그래서 하나님의 은혜와 생명을 더욱 풍성하게 누리시기를 바랍니다.

말씀을 맺겠습니다.

오늘 본문은 아담과 예수 그리스도를 비교함으로 예수님을 믿음으로 우리가 왜 그렇게 놀라운 복과 특권을 누릴 수 있는지를 증명하고 있습니다. 그 과정에서 바울은 예수님 이전의 시대와 예수님 이후의 시대를 비교하고 있습니다. 먼저는 예수님 이전은 죄와 사망이 지배하는 시대였는데, 지금은 그리스도 안에서 은혜와 생명이 지배하는 시대라고 말씀합니다. 그리고 아담의 불순종의 결과와 영향보다 예수님의 순종의 결과와 영향이 더욱 풍성하다고 합니다. 이러한 은혜의 시대에 우리가 할 일은 무엇이죠? 먼저 회개하는 것입니다.

다음으로 전신갑주를 입고 깨어 근신하고 주님의 능력을 의지해서 마귀의 세력과 싸워 승리하는 것입니다. 그러면 은혜와 생명이 통치하는 이 시대에 그 은혜와 통치를 풍성하게 경험하게 될 줄 믿습니다. 그 은혜가 우리 모두에게 임하기를 축원합니다.

로마서 6:1-11
그리스도와 연합

※ 설교 주제: 그리스도 안에 있는 자가 죄를 지을 수 없는 것은 그리스도와 연합되었기 때문이다.

※ 설교 목적: 그리스도와 연합의 의미와 결과와 내용을 알게 하고, 더욱 온전히 그리고 깊이 그리스도와 연합을 경험하도록 촉구한다.

※ 설교 전개
    죄가 더한 곳에 은혜가 더욱 넘친다?
    죄에 대해 죽은 우리
    그리스도와의 연합
        그리스도와 연합의 결과
        그리스도와 연합의 실재
        그리스도와 연합의 내용
        그리스도와 연합을 상징하는 의식: 세례
        그리스도와 연합의 되새김: 성찬

※ 설교 요약

로마서 5:20에서 사도 바울이 '죄가 더한 곳에 은혜가 더욱 넘쳤다'고 말했을 때, 바울의 말에 꼬투리 잡기 좋아하는 사람들은 그것이 만약 진리라면 우리가 더 큰 은혜를 경험하기 위해서 더 큰 죄를 범해야 하는 것이 아니냐고 반문할 가능성이 있었다. 바울은 결코 그럴 수 없다고 말하면서, 그렇게 될 수 없는 근거를 '그리스도와의 연합'의 관점에서 설명한다. 그러니까 바울은 구원을 그리스도와 연합의 개념으로 접근한 것이다. 그리스도와 연합한다는 것은 내가 그리스도 안에 그리고 그리스도가 내 안에 거하는 것이다. 그 핵심 내용이 십자가와 부활 사건이다. 그러니까 그리스도와 연합하면 우리는 그리스도의 십자가와 부활 사건 안에서 하늘에 속한 신령한 복들을 경험하게 되고 또한 그리스도는 성령과 말씀을 통해 우리 안에 오셔서 우리를 더욱 온전하고 성숙하게 변화시키신다. 그런데 그리스도의 연합은 유기적으로 긴밀하게 연결되어 이루어지고, 성령을 통해서 그리고 성령 안에서 이루어지며, 우리의 이성과 상식을 초월하여 신비스럽게 이루어지지만 우리가 실제로 경험할 수 있다. 우리 모두 더욱 온전히 그리고 깊이 그리스도와의 연합을 경험하자. 그러면 과거 예수 믿기 전과 같은 수준의 죄를 짓는 것은 절대로 불가능하다.

거듭 말씀드린 것처럼, 로마서는 성경의 어느 책보다도 신앙의 기초와 뼈대를 든든히 세워주고, 신앙생활의 본질과 핵심이 무엇인지 잘 설명해주는 말씀을 담고 있습니다. 또한 로마서는 우리가 흔들리지 않는 견고한 신앙생활을 하기 위해서 그리고 하나님께서 기뻐하시는 바른 신앙생활을 하기 위해서 꼭 필요한 가르침과 교훈을 줍니다. 지금까지 살펴본 대로, 로마서 1-4장에서는 우리가 잘 아는 소위 '이신칭의' 교리를 말씀하고 있습니다.

다시 말해, 우리가 구원받기 위해(로마서의 용어를 따른다면, 우리가 의롭게 되기 위해 또는 하나님과 우리의 관계가 회복되기 위해) 하나님께서 요구하시는 것은 오직 구원자이신 예수 그리스도를 인정하고 믿는 것임을 분명히 말씀합니다. 우리가 많이 부족하고 연약해도 2000년 전에 이 땅에 오신 예수님께서 하나님이시고 그리스도이심을 믿으면 우리의 구원은 확보된 것입니다. 그러나 만약 아무리 열심히 신앙생활을 한다고 하더라도 예수님에 대한 믿음이 없으면 그 사람은 구원과 상관없습니다. 이것이 1-4장의 핵심 내용입니다.

로마서 5-8장에서는 복음 되신 예수 그리스도를 믿음으로 의롭다함을 받은 백성들이 누리는 복과 은혜가 무엇인지 그리고 구원받은 백성이 살아가는 믿음과 삶의 원리가 무엇인지 구체적으로 말씀합니다. 로마서 5:1-11에서는 의롭게 된 자가 누리는 복과 은혜가 무엇인지 세 가지를 말씀하고 있습니다. 그것이 무엇이었죠? 먼저는 아담의 죄로 말미암아 하나님과 분리되었던 우리가 다시 하나님 안으로 들어가서 하나님께서 주시는 은혜를 마음껏 받아 누릴 수 있는 것입니다. 그리고 이 땅에서 하나님께서 주신 영광스러운 소망을 사모하며 즐거워하며 사는 것입니다.

세 번째는 고난 가운데서도 기뻐하는 것입니다. 왜 그렇습니까?

고난이 아니면 경험할 수 없는 유익이 있기 때문에 그리고 고난을 통해 더 큰 하나님의 은혜를 경험할 수 있기 때문입니다. 로마서 5:12-21에서는 우리가 예수 그리스도 안에서 그렇게 놀라운 복을 누릴 수 있는 근거가 무엇인지를 아담과 예수 그리스도를 비교하면서 설명하고 있습니다. 아담은 오실 예수 그리스도의 모형이라고 말씀합니다(롬 5:14).

다시 말해, 아담이 지은 죄의 결과를 모든 인간이 받아들일 수밖에 없었던 것처럼, 예수 그리스도를 통해 주시는 은혜와 복을 누리는 것도 너무도 당연하다는 것입니다. 그러면서 크게 두 가지를 비교해서 말씀합니다. 하나는 예수님 이전은 죄와 사망이 지배하는 시대였는데, 지금은 그리스도 안에서 은혜와 생명이 지배하는 시대라고 말씀합니다. 그리고 아담의 불순종으로 말미암는 결과와 영향보다 예수님의 순종으로 말미암는 결과와 영향이 훨씬 크고 풍성하다고 말씀합니다.

죄가 더한 곳에 은혜가 더욱 넘친다?

이제 6장에서는 1-5장(특히 5장)의 사도 바울의 말씀을 들으면서 바울과 바울이 전한 복음을 반대하는 사람들이 엉뚱하게 제기할 수 있는 두 가지 질문에 대해 답을 합니다. 오늘은 그 가운데 하나의 질문과 관련된 내용을 보겠습니다. 1절입니다.

> 그런즉 우리가 무슨 말을 하리요 은혜를 더하게 하려고 죄에 거하겠느냐?

이 말씀의 이해를 위해서 로마서 5:20을 보아야 합니다. 로마서 5:20에서 "죄가 더한 곳에 은혜가 넘쳤다"고 말씀합니다. 그러니까

5:12-21에서 바울은 아담이 죄를 지어 우리 모든 인간이 죄의 참혹한 결과를 경험했기 때문에 그리고 율법을 통해 우리가 더욱 큰 죄인인 것을 깨달았기 때문에(이 부분에 대해서는 7장에서 자세히 말씀드리겠습니다) 복음 되신 예수 그리스도를 통해 하나님의 은혜와 사랑을 더욱 크고 감격스럽게 느끼고 경험할 수 있었다고 말씀합니다. 물론 '죄가 더한 곳에 은혜가 더욱 넘친다'는 말씀은 결코 틀리지 않습니다. 먼저 객관적으로 볼 때 그렇습니다.

예를 들어, 전과 10범 쯤 되어서 세상에서 악한 일을 많이 한 사람과 특별히 악한 일 하지 않고 선하게 살았던 사람이 하나님의 은혜로 구원받았을 때 객관적인 면에서 두 사람 가운데 누가 하나님 은혜와 사랑을 더 크게 느끼겠습니까? 물론 예수 그리스도 밖에서 전과 10범의 사람이나 바르고 선하게 산 사람이나 하나님께서 보실 때는 50보 100보입니다. 비슷하다는 것입니다. 그러나 객관적면에서 그럴 가능성이 많습니다.

그래서 저는 그것이 바람직하지 않다고 생각하고 요즈음에는 좀 뜸하지만 종종 과거에 흉악한 죄를 지은 사람들이 하나님의 은혜로 회개하고 믿은 다음에 간증하며 다니기도 하였습니다. 왜냐하면 그런 극적인 변화가 사람들에게 은혜를 끼칠 가능성이 많기 때문입니다. 다음으로 주관적인 관점에서 그럴 수 있습니다. 우리가 똑같이 구원받아도 주관적으로 더 큰 죄를 범했다고 생각하는 사람에게 하나님의 은혜와 사랑은 더 크게 느껴질 것입니다.

죄에 대해 죽은 우리

오늘 본문의 질문은 그것이 아닙니다. 당시에 바울과 바울이 전한 복음을 비판하면서 대항하는 사람들이 "죄가 더한 곳에 은혜가 더욱 넘친다"는 바울의 말을 듣고 만약 그렇다면 우리가 더 큰 은혜를 경험하기 위해서 계속해서 더 큰 죄를 범해야 할 것이 아니냐고 엉뚱하게 말꼬리를 잡아 물고 늘어졌던 것입니다. 바울은 지금 그 문제를 답하고 있습니다. 바울은 먼저 단호하게 그것은 말이 되지 않는다고 선포합니다. 2절입니다.

그럴 수 없느니라 죄에 대하여 죽은 우리가 어찌 그 가운데 더 살리요?

그 이유가 무엇이라고 말씀합니까? 우리가 죄에 대해 죽었기 때문이라고 합니다. 여기에서 '죽었다($ἀποθνήσκω$)'는 단어는 문법적으로 '부정과거(aorist)'라는 시제로 쓰였는데요. 헬라어에서 그 시제는 이미 완료된 과거 행위(사건)를 말합니다. 그러니까 우리가 과거 예수님을 믿는 순간에 죄에 대해서 죽었기 때문에 죄를 지을 수 없다는 것입니다. 그러면 '죄에 대해서 죽었다'는 말씀의 의미는 무엇이죠? 일반적으로 '죽었다'는 말은 '어떤 것에 반응이 없다' 또는 '무감각하다'는 의미를 내포하고 있습니다.

예를 들어, 길 가에 어떤 짐승이 죽었다면 그 짐승은 아무리 건들어도 반응이 없습니다. 본문이 그것을 의미합니까? 여러분, 예수를 믿으면 우리가 죄에 대해 전혀 반응이 없습니까? 죄가 아무리 유혹해도 절대로 넘어가지 않습니까? 그렇지 않죠! 우리 모두는 늘 죄를 지으며 살고 있고 또한 죄의 유혹 앞에 끊임없이 넘어지곤 합니다. 그러니까 '죄에 대해 죽었다'는 것은 그런 뜻이 아니죠.

학자들은 이 말의 의미에 대해 다양한 제안들을 합니다. 저는 '죄에 대해 죽었다'는 말씀의 의미는 본문에서 찾는 것이 가장 바람직하다고 생각합니다. 뿐만 아니라 그러한 접근은 6장 전체를 이해하는데도 도움이 됩니다. 본문을 보면, 그 의미를 여러 가지 표현으로 설명하고 있습니다.

1) 6절: 죄의 몸이 죽어 다시는 죄의 종이 되지 않는다.
2) 7절: 죽은 자가 죄에서 벗어났다.
3) 18절, 22절: 죄에서 해방되었다.

다 비슷한 말씀이죠? 또 한 가지 우리가 알아야 할 것은 로마서에 '죄'라는 단어는 많은 경우 '죄의 세력(즉, 사탄)'을 의미한다는 것입니다. 여기에서도 죄는 '죄의 세력'을 의미합니다. 그러니까 '죄에 대해서 죽었다'는 것은 '예전에 예수님을 믿기 전에는 죄의 세력에 지배와 통치를 받고 있었는데 예수 그리스도를 믿는 순간에 죄의 세력의 지배와 통치에서 벗어나게 되었다 또는 해방되었다'는 것을 말씀합니다. 이해가 되시죠? 또한 오늘 본문을 보면, '죄에 대해 죽었다'는 말과 대조하면서 긍정적이고 적극적인 관점에서 이 말의 의미를 설명하고 있습니다.

4절: 그와 함께 장사되었나니 … 새 생명 가운데 행하도록
11절: 죄에 대해 죽고 하나님께 대해서 살도록
12절: 죽을 몸을 지배하지 못하도록
14절: 죄가 너희를 주장하지 못하리니
18절: 죄로부터 해방되어 의에게 종이 되었다.
22절: 죄로부터 해방되어 하나님께 종이 되었다.

종합해 보면, 예수를 믿는 순간 죄에 대해 죽었다는 말씀은 예수를 믿는 순간 죄의 세력의 지배와 통치에서 벗어나 하나님의 통치

와 지배를 받는 새로운 삶의 질서가 시작되었다는 것이고, 또한 예수를 믿는 순간이 새로운 생명 가운데 사는 출발점이 되었다는 것을 말씀합니다. 계속해서 2절 하반절에서 "어찌 그 가운데 더 살리요?"라고 말씀합니다. 그러니까 예수를 믿어도 여전히 죄의 유혹 가운데 있고 또한 죄를 짓고 있지만 예수를 믿어 새 생명을 얻게 되었으며 하나님의 통치와 지배를 받는 삶의 질서에 변화가 생겼는데 예수를 믿기 전과 같은 삶, 또는 과거와 똑같은 수준의 죄를 짓는 삶을 사는 것이 불가능하다는 것입니다.

그리스도와의 연합

이제 바울은 죄에 대해 죽어서(즉, 죄의 세력의 통치와 지배를 벗어나서) 예수 믿기 전과 같은 죄를 지을 수 없는 이유 또는 근거를 3-5절에서 설명합니다. 3-5절입니다.

> 무릇 그리스도 예수와 합하여 세례를 받은 우리는 그의 죽으심과 합하여 세례를 받은 줄을 알지 못하느냐 그러므로 우리가 그의 죽으심과 합하여 세례를 받음으로 그와 함께 장사되었나니 이는 아버지의 영광으로 말미암아 그리스도를 죽은 자 가운데서 살리심과 같이 우리로 또한 새 생명 가운데서 행하게 하려 함이라 만일 우리가 그의 죽으심과 같은 모양으로 연합한 자가 되었으면 또한 그의 부활과 같은 모양으로 연합한 자도 되리라

3-5절에서 두드러지게 언급되는 개념이 무엇이죠? '우리와 그리스도의 연합'입니다. 사도 바울은 여기에서 구원을 그리스도와 연합이라는 개념으로 설명하면서, '우리와 그리스도와 연합' 되었기 때문에 더 이상 믿기 전과 같은 죄를 지을 수 없다고 말씀합니다. 오늘 본문 3-5절에서 언급하고 있는 '우리와 그리스도의 연합'

의 개념은 교회 안에서 자주 사용하는 용어는 아니지만, 많은 신학자들은 이 개념이 믿음과 구원의 의미를 이해하는데 아주 중요한 개념이고, 우리가 꼭 알아야 할 개념이라고 말합니다. 그래서 그리스도와 연합의 개념에 대해서 설명이 필요하다고 생각합니다.

먼저, 우리가 그리스도와 연합한다는 것은 구체적으로 무엇을 의미합니까? 성경에 연합의 의미를 잘 설명해주는 구절들이 있습니다.

"내 살을 먹고 내 피를 마시는 자는 내 안에 거하고 나도 그의 안에 거하나니(요 6:56)"
"내 안에 거하라 나도 너희 안에 거하리라(요 15:4)"
"그의 성령을 우리에게 주시므로 우리가 그 안에 거하고 그가 우리 안에 거하시는 줄을 아느니라(요일 4:13)"

'내가 그리스도와 연합한다' 는 것을 한 마디로 하면 무엇을 의미하죠? 그것은 '내가 그리스도 안에 그리고 그리스도가 내 안에 거하는 것' 을 의미합니다. 우리가 예수님을 믿어서 구원받는다는 것을 여러 관점에서 설명할 수 있는데, 그 가운데 하나가 '내가 주 안에 그리고 주가 내 안에 거하는 것' 입니다. 그래서 성경은 믿음으로 구원받는 것을 어떤 때는 "우리가 그리스도 안에 있다"라고 말씀합니다(고전 15:22, 고후 5:17, 살전 4:16). 한 구절을 더 보면 고린도후서 5:17에서 "그런즉 누구든지 그리스도 안에 있으면 새로운 피조물이라"고 말씀합니다. 예수를 믿어 구원을 받으면 새로운 피조물이 된다는 것을 '그리스도 안에 있으면' 이라고 표현하고 있습니다. 그래서 사도 바울 서신에 가장 대표적으로 나타나는 표현이 '주 안에(In Christ)' 입니다. 또한 믿음으로 구원받는 것을 어떤 때는 "그리스도가 우리 안에 있다"는 것으로 표현하기도 합니다(고후

13:5, 갈 2:20, 골 1:27). 고린도후서 13:5을 보겠습니다.

> 너희는 믿음 안에 있는가 너희 자신을 시험하고 너희 자신을 확증하라. 예수 그리스도께서 너희 안에 계신 줄을 너희가 스스로 알지 못하느냐? 그렇지 않으면 너희는 버림받은 자니라.

믿음을 그리스도 안에 있는 것과 동일시하고 있습니다. 만약 우리 안에 그리스도께서 안 계시면 우리는 믿음이 없는 자라는 것입니다.

그리스도와 연합의 결과

다음으로, 그렇게 그리스도와 연합되면(내가 그리스도 안에 있고 또한 그리스도가 내 안에 있으면) 어떤 일들이 일어납니까? 우리가 잘 알고 있고 어려운 내용은 아닌데 편의상 우리가 그리스도 안에 있다는 것과 그리스도가 우리 안에 있다는 것을 나누어서 이해하는 것이 필요합니다.

먼저, 우리가 그리스도와 연합하여 그리스도 안에 있게 되면 하늘에 속한 모든 신령한 복들을 누리게 됩니다. 에베소서 1:3에서 "찬송하리로다 하나님 곧 우리 주 예수 그리스도의 아버지께서 그리스도 안에서 하늘에 속한 모든 신령한 복을 우리에게 주시되"라고 말씀합니다. 그리스도 안에서 하나님께서 하늘에 속한 모든 신령한 복을 주신다는 것입니다. 여기에서 '하늘에 속한 신령한 복'이란 한 마디로 오직 구원받는 사람만 누릴 수 있는 하나님의 특별 은총을 말합니다. 흔히 하나님께서 예수를 믿는 사람이나 그렇지 않는 사람이나 모두에게 주시는 은총을 일반은총이라고 하고, 구원받는 하나님의 백성들에게만 주시는 은총을 특별 은총이라고 하니다. 하늘에 속한 신령한 복들은 오직 그리스도 안에서만 누릴 수 특별 은총에 해당하는 것입니다. 그러니까 그리스도와 연합하여 그리스도 안에 있으면 예수 그리스도께서 이미 이루시고 지금도 우리를 위해 베푸시고 또한 미래에 우리를 위해 마련하신 모든 복과 은혜와 특권과 영광을 누릴 수 있는 것입니다. 또한 그러한 신령한 복들로 인해 우리는 이 세상 사람들이 알 수도 없고 이해할 수도 없는 놀라운 기쁨과 즐거움과 행복을 경험할 수 있습니다. 우리 교회가 자주 사용하는 캐치프레이스(catchphrase)가 'The Happy Life in Christ'입니다. 오직 그리스도 안에서만 진정 또는 유일하게 행복한 삶을 살 수 있다는 의미입니다.

다음으로, 그리스도가 우리 안에 계시면(흔히 신학적인 용어로 '그리스도의 내주'라고 합니다) 어떤 일이 일어납니까? 그리스도께서 우리 안에 있다는 것은 그리스도께서 성령과 말씀으로 우리 안에 계신다는 것을 의미합니다(참고. 요한복음 15:7. "너희가 내 안에 거하고 내 말이 너희 안에 거하면 무엇이든지 원하는 대로 구하라 그리하면 이루리라"). 그리고 성령과 말씀으로 우리 안에 계신 주님께서 우리가 그리스도를 닮게 하시고 우리 안에 그리스도의 형상을 이루어 가십니다. 한 마디로 하면, 예수님이 우리 안에 오셔서 성화를 이루어가십니다.

그리스도와 연합의 실재

그러면 그리스도와의 연합이 어떻게 일어납니까?

먼저 그리스도와 연합은 영적이고 신비적이면서 실제적으로 일어납니다. 다시 말해, 그리스도와의 연합은 '성령을 통해,' '성령 안에서' 이루어지는 것입니다(참고. 요일 4:13). 또한 그 과정과 결과에 있어서 신비스러운 것입니다. 성령 안에서 우리가 그리스도 안에 있고 그리스도가 우리 안에 있다는 것을 설명하기가 쉽지 않고 세상 사람들은 다 이해할 수 없습니다. 또한 연합으로 인한 결과도 세상 사람들이 다 이해할 수 없습니다. 어떻게 예수 그리스도 안에서의 하나님께서 주시는 기쁨과 즐거움을 세상 사람들이 이해할 수 있겠습니까? 그렇죠? 그러나 그리스도와의 연합은 우리의 신앙과 삶에서 실제로 경험할 수 있는 실제적인 것입니다. 요한복음 3장을 보면 니고데모 이야기가 나옵니다. 예수님께서 거듭나지 아니하면 하나님 나라를 볼 수 없다고 하니까 "어떻게 우리가 어머니 뱃속으로 들어갈 수 있습니까?"라고 물어봅니다. 그 질문에 예수님께서 물과 성령으로 거듭나야 한다고 말씀합니다. 계속해서 "성령으로 난 사람은 바람이 임의로 불매 바람 소리는 들리되 어디로 와서 어디로 가는지 알지 못하는 것과 같다"고 말씀합니다.

다음으로 그리스도와 연합은 유기적으로(긴밀히 연결되어) 일어납니다. 다시 말해, 우리가 그리스도 안에 있는 것과 그리스도가 우리 안에 있는 것은 긴밀하게 연결되어 있고 상호 영향을 주면서 일어납니다. 제가 편의상 나누어 설명했지만 이 두 부분이 따로 따로 이루어지는 것은 아닙니다. 내가 그리스도 안에 들어가서 그리스도께서 이루신 모든 은총들을 누리고, 그리스도께서 내 안에 오셔서 놀라운 일들을 이루시는 것이 유기적으로 상호영향을 주면서 함께 이루어지는 것입니다.

지금까지 그리스도와의 연합에 대해서 간단하게 말씀드렸습니다. 그러니까 사도 바울은 이렇게 예수를 믿으면 그리스도와 연합이 이루어지는데 어떻게 은혜를 더하게 하려고 죄를 지을 수 있겠느냐고 말씀하고 있습니다. 절대 그럴 수 없다는 것입니다. 여러분, 상식적으로 생각해 보십시오. 성령 안에서 신비스럽게 그리스도와 연합한 사람이 예수 믿기 전과 똑같은 죄를 지을 수 있겠습니까? 그것은 불가능한 것입니다. 그래서 요한일서 3:6에서는 이렇게 말씀합니다.

> 그 안에 거하는 자마다 범죄하지 아니하나니 범죄하는 자마다 그를 보지도 못하였고 그를 알지도 못하였느니라.

사랑하는 성도 여러분, 예수를 믿는다는 것은 단순히 교회에 출석하고 형식적으로 예배드리는 것이 아닙니다. 또한 우리가 예수를 믿는다는 것은 단순히 입으로 고백하거나 단순히 머릿속에만 있는 개념이 아닙니다. 예수를 믿는 것은 그리스도와 연합되는 것입니다. 내가 그리스도 안에 들어가서 세상이 알 수 없는 놀라운 은혜를 경험하고, 그리스도께서 성령과 말씀으로 내 안에 오셔서 그리스도의 형상을 이루어 가시는 것입니다. 저는 우리 모두가 매일 매일 내가 그 안에 더 깊이 들어가고 그가 내 안에 더 온전히 들어오시는 더 깊고 친밀한 그리스와의 연합과 교제가 있길 바랍니다. 그래서 구원받은 사람만이 누릴 수 있는 주님의 은혜와 복을 더욱 풍성하게 경험하고, 또한 그리스도께서는 우리 안에 말씀과 성령으로 오셔서 우리 안에 그리스도의 형상이 이루어져서 더욱 성숙한 신앙생활을 할 수 있기를 바랍니다.

그리스도와 연합의 내용

오늘 본문을 보면 좀 더 구체적으로 그리스도와의 연합의 내용 또는 매개가 언급되어 있습니다. 3-11절을 보시면, 그리스도와의 연합의 내용 또는 매개와 관련해서 계속 반복되는 말씀이 있는데 그것이 무엇이죠? 그것은 십자가와 부활입니다. 5, 10-11절입니다.

만일 우리가 그의 죽으심과 같은 모양으로 연합한 자가 되었으면 또한 그의 부활과 같은 모양으로 연합한 자도 되리라
그가 죽으심은 죄에 대하여 단번에 죽으심이요 그가 살아 계심은 하나님께 대하여 살아 계심이니 이와 같이 너희도 너희 자신을 죄에 대하여는 죽은 자요 그리스도 예수 안에서 하나님께 대하여는 살아 있는 자로 여길지어다

그러니까 그리스도와 연합한다는 것을 좀 더 범위를 좁혀서 구체적으로 이야기하면, 예수 그리스도의 십자가와 부활 사건 안에서의 연합입니다. 먼저, 우리는 그리스도와 연합함으로 그리스도 안에서 십자가 사건과 부활의 사건에 직접 동참하였습니다. 그래서 그 십자가와 부활로 인한 은혜와 복을 누리게 되었습니다. 다시 말해, 예수님의 십자가와 연합함으로 모든 죄의 형벌에서 자유함을 얻게 되었고, 죄 용서의 기쁨과 평안을 누리게 되었습니다. 또한 모든 상황에서 보혈의 능력에 의지해서 주님께 나아갈 수 있는 은혜를 누리게 되었습니다. 뿐만 아니라 예수님의 부활과 연합함으로 새 생명을 얻게 되었고 영광스러운 몸의 부활을 보증 받게 되었습니다.

다음으로 그리스도와 연합함으로 십자가와 부활의 사건이 내 안에 들어오게 되었습니다. 십자가와 부활은 단순히 2000년 전에 발생한 과거의 사건이 아니라 지금도 내 안에서 역동적으로 역사하고 나의 삶을 주관하는 사건이 되는 것입니다. 다시 말해, 십자가와 부활 사건이 나의 신앙과 삶을 주관하여 모든 정과 욕심을 십자가에 못 박게 하고, 때로는 힘들고 어렵지만 또한 고난을 당하지만 영광스러운 구원의 소망을 가지고 푯대를 향하여 주께서 부르신 부름의 상을 향하여 달려가는 삶을 살게 한다는 것입니다.

사랑하는 성도 여러분! 예수님께서 십자가를 통해 죄 문제를 해

결하시고, 부활하셔서 우리의 부활에 보증이 되신 것을 믿습니까? 저는 우리 모두가 예수 그리스도의 십자가와 부활을 단순히 믿는 정도가 아니고 십자가와 부활 사건 안에서 예수 그리스도와 유기적으로 연합하여 매 순간 순간마다 십자가와 부활이 주는 놀라운 특권과 은혜와 복을 누리시기를 간절히 바랍니다.

그리스도와 연합을 상징하는 의식: 세례

오늘 본문에서는 또한 우리가 그리스도의 연합을 상징하는 의식에 대해 언급하고 있습니다. 그것은 무엇이죠? 3, 4절입니다.

> 무릇 그리스도 예수와 합하여 세례를 받은 우리는 그의 죽으심과 합하여 세례를 받은 줄을 알지 못하느냐 그러므로 우리가 그의 죽으심과 합하여 세례를 받음으로 그와 함께 장사되었나니 이는 아버지의 영광으로 말미암아 그리스도를 죽은 자 가운데서 살리심과 같이 우리로 또한 새 생명 가운데서 행하게 하려 함이라

그것은 세례입니다. 대부분의 학자들은 여기에서의 세례는 물세례를 의미한다고 합니다. 본문은 "그리스도와 합하여(eis) 세례를 받았다. 그의 죽으심과 함께 세례를 받았다. 그래서 그와 함께 장사되었다(3-4절 상)."고 말씀합니다. 물론 우리가 그리스도와 연합은 믿음과 성령 안에서 이루어집니다. 그렇게 믿음과 성령 안에서 그리스도와 연합한 것을 상징적으로 드러내는 외적인 의식이 바로 세례입니다. 여러분, 세례를 받지 않는다고 구원을 받지 못합니까? 결코 그렇지 않습니다. 그런데 성경은 십자가와 부활을 통해 예수 그리스도와의 연합하였으면 그것을 상징하는 외적인 표현으로 세례를 받으라고 말씀합니다. 왜 그렇죠? 그것은 크게 두 가지입니다. 하나

는 그러한 상징적이고 외적으로 드러나는 의식이 우리의 신앙과 삶에 필요하고 유익하기 때문입니다. 뿐만 아니라 세례라는 상징적이고 외적인 의식은 우리가 십자가와 부활 사건에 대한 더 큰 은혜와 감격을 경험하는 수단이 될 수 있기 때문입니다. 갈라디아서 3:26-27입니다(참고. 골 2:12).

> 너희가 다 믿음으로 말미암아 그리스도 예수 안에서 하나님의 아들이 되었으니 누구든지 그리스도와 합하기 위하여 세례를 받은 자는 그리스도로 옷 입었느니라

'합하기 위하여'는 '합하여'라고 번역하는 것이 바람직합니다. 원어가 오늘 본문과 같습니다. 또한 "그리스도로 옷 입었다"는 것은 '그리스도를 닮아간다' 또는 '하나님의 은혜를 입어 더욱 성숙하게 된다'는 것을 의미합니다. 그러니까 그리스도 안에서 하나님의 아들이 되어서 세례를 받으면 하나님의 은혜가 임해서 더욱 성숙해 진다는 것입니다. 이것을 보면 우리의 신앙에 있어서 형식과 내용 모두가 중요함을 알 수 있습니다. 물론 내용이나 본질이 사라져 버린 형식은 문제가 있지만, 형식이 내용을 지켜주고 또한 내용을 더욱 깊게 하는 것도 분명합니다. 그렇기 때문에 교회 안에서의 조직(당회, 제직회, 공동의회 등), 예배의 일정한 형식, 교회 안에서의 여러 가지 질서(축도, 성례 집례 등) 등도 우리의 신앙생활을 위해서, 교회를 교회로 세워가기 위해서 중요한 줄로 믿습니다.

그리스도와 연합의 되새김: 성찬

또한 십자가와 부활 사건을 통해 예수 그리스도와의 연합됨을 되새김하기 위해서 예수님께서 우리에게 명하신 예식이 있습니다.

그것이 무엇이죠? 그것은 성찬입니다. 주님께서는 잡히시기 전날 밤에 십자가와 부활을 통한 그리스도의 연합이 온전히 그리고 계속 지속될 수 있도록 성찬이라는 예식을 제정하셨습니다. 그리고 실제로 우리는 성찬을 통해 그리스도의 십자가와 부활의 사건을 되새김하면서 하나님의 영적 임재를 경험할 수 있고 더 깊고 친밀한 그리스도와의 연합이 이루어질 수 있습니다(요 6:56).

사랑하는 성도 여러분, 하나님께서는 십자가와 부활 사건을 통해 그리스도와의 연합을 외적으로 고백하도록 세례를 명하셨고, 또한 십자가와 부활을 되새김하도록 성찬을 명하셨습니다. 세례와 성찬은 우리가 성례라고 하여 우리 기독교의 가장 중요한 예식으로 간주합니다. 칼빈은 성례는 건강하고 바른 교회의 표지(상징)라고도 했습니다. 이것은 무엇을 말씀합니까? 이것은 십자가와 부활 사건 안에서 우리와 그리스도와의 연합이 신앙생활에 있어서 다른 어떤 것보다 중요하고 핵심적인 것임을 말씀합니다. 또한 이것은 우리 신앙생활의 관심과 초점이 항상 그리스도와의 연합에 있어야 함을 말씀하고 있습니다. 그렇죠?

그렇기 때문에 우리가 예배를 드리면서, 기도를 하면서, 설교를 들으면서, 말씀 묵상을 하면서, 또한 교회 안에서의 섬김과 교제를 하면서 우리가 사모해야 하고 경험할 수 있는 최고의 은혜와 복이 무엇이겠습니까? 그것은 십자가와 부활 사건을 통한 그리스도와의 연합인 줄 믿습니다. 저는 우리 모두가 항상 여러 가지 은혜의 수단들을 통해 십자가와 부활 사건 안에서 더 깊고 친밀한 그리스도와의 연합을 경험할 수 있기를 바랍니다. 또한 사모하시기를 바랍니다.

말씀을 맺겠습니다.

오늘 본문에서 바울은 우리가 예수를 믿기 전과 같이 죄를 지을 수 없는 이유를 말씀하고 있습니다. 그것을 그리스도와 연합 특히 십자가와 부활 사건을 통한 그리스도와의 연합이라는 개념으로 설명합니다. 그러니까 우리가 하나님께서 우리에게 허락하신 모든 은혜의 수단들을 통해 더욱 온전하고 더욱 깊은 그리스도와의 연합이 이루어지면 결코 죄를 과거와 같은 수준의 죄를 지을 수 없다는 것입니다. 그래서 더욱 복되고 성숙한 신앙생활을 할 수 있다는 것입니다. 우리 모두에게 매일 매일 그리스도와 더욱 깊은 연합이 이루어지기를 간절히 바랍니다.

로마서 6:12-21

은혜 아래 있는 삶[11]

※ 설교 주제: 은혜 아래 있는 자로서 모든 성도는 거룩한 삶을 살아야 하고 의의 무기로 드려지기를 힘써야 한다.

※ 설교 목적: 성도는 은혜 아래 있는 자임을 확실히 알게 하고, 거룩함에 이르도록 그리고 의의 무기로 드려지기에 힘쓰도록 촉구한다.

※ 설교 전개

    은혜 아래 있으니 죄를 지어도 된다?

        장로교 5대 교리

    죄를 지을 수 없는 두 가지 이유

---

[11] 6장 전체의 주제는 '그리스도인과 죄와의 관계'입니다. 6장은 크게 두 부분으로 나누어지는데, 1-14절과 15-23절입니다. 각 부분은 질문으로 시작하고, 각 부분의 내용은 두 질문에 대한 답변 형식으로 기록되어 있습니다. 그런데 필자는 설교의 바람직한 전개를 위해서 1-11절 그리고 12-23절로 나누어 설교합니다. 다시 말해, 12-14절에 있는 바울의 권면과 19절에 있는 바울의 권면을 하나로 모아서 6장 전체를 마무리하는 것이 더욱 바람직하다고 판단하기 때문입니다.

소속의 관점
　　　결과의 관점
　　　우리가 해야 할 두 가지 일
　　　　거룩함에 이르라
　　　　의의 무기로 드려라

※ 설교 요약

　6장에서는 성도가 죄를 지을 수 없는 이유 몇 가지를 제시한다. 먼저 우리는 죄에 대해서 죽었고 십자가와 부활 사건 안에서 그리스도와 연합되었기 때문이다. 다음으로 하나님께 순종함으로 하나님의 놀라운 은혜를 실제적으로 경험하기 때문이다. 세 번째로 하나님께서 믿는 자에게 주시는 분명하고 확실한 영생의 소망이 있기 때문이다. 그러면서 죄의 종이면 죄를 지을 수밖에 없고, 하나님의 종이면 순종할 수밖에 없다고 말씀한다. 만약 그리스도 안에 있다고 하면서 계속 과거 예수 믿기 전과 같은 수준의 죄를 지으면 그의 믿음은 거짓이라는 것이다. 그러면서 두 가지를 권면한다. 먼저 죄의 세력에 지배되어 육신의 소욕대로 살지 말고 거룩함에 이르라고 한다. 또한 영적 전쟁에서 불의의 무기로 사탄의 종이 되지 말고, 하나님께 드려져서 하나님의 무기로 쓰임 받는 자가 되라고 한다.

사도 바울이 복음을 전할 때마다 항상 바울과 바울이 전한 복음을 방해하며 대항하는 무리들이 있었는데요. 로마서 6장은 바울을 반대하는 사람들이 엉뚱하게 제기할 수 있는 두 가지 질문에 대해 답을 하고 있습니다. 물론 6장에 있는 질문은 로마서를 읽은 사람들이 바울에게 직접 질문한 것은 아니었습니다. 그런데 아마 바울이 복음을 전할 때마다 바울을 반대하던 사람들이 했던 질문이었기 때문에 바울은 그 질문을 미리 예상하고 답을 한 것 같습니다. 그 두 질문이 1절과 15절에 언급되어 있습니다.

> 그런즉 우리가 무슨 말을 하리요 은혜를 더하게 하려고 죄에 거하겠느냐?(1절)
> 그런즉 어찌하리요! 우리가 법 아래에 있지 아니하고 은혜 아래에 있으니 죄를 지으리요? 그럴 수 없느니라(15절)

지난주에는 1절에 있는 첫 번째 질문에 대한 사도 바울의 답변을 함께 살펴보았습니다. 로마서 5:20에서 사도 바울이 '죄가 더한 곳에 은혜가 더욱 넘쳤다'고 말했을 때, 바울의 말에 꼬투리 잡기 좋아하는 사람들은 그것이 만약 진리라면 우리가 더 큰 은혜를 경험하기 위해서 더 큰 죄를 범해야 하는 것이 아니냐고 반문할 수 있었습니다. 바울은 결코 그럴 수 없다고 말하면서, 그렇게 될 수 없는 근거를 '그리스도와의 연합'의 관점에서 설명합니다.

바울은 구원을 그리스도와의 연합의 개념으로 접근한 것입니다. 그래서 우리는 지난주에 그 부분에 대해서 살펴보았습니다. 그리스도와 연합한다는 것은 내가 그리스도 안에 그리고 그리스도가 내 안에 거하는 것이라고 하였습니다. 그 핵심 내용이 십자가와 부활 사건이라고 말씀드렸습니다. 그러니까 우리가 그리스도와 연합하면 우리는 그리스도의 십자가와 부활 사건 안에서 하늘에 속한 신령한 복들을 경험하게 되고 또한 그리스도는 성령과 말씀을 통해 우리 안에 오셔서 십자가와 부활이 주는 교훈을 통해 우리를 더욱 온전하고 성숙하게 변화시키신다고 하였습니다.

그런데 그리스도의 연합은 유기적으로 긴밀하게 연결되어 이루어진다고 하였습니다. 또한 그 연합은 성령을 통해서 그리고 성령 안에서 이루어지고, 우리의 이성과 상식을 초월하여 신비스럽게 이루어지지만 우리가 실제로 경험할 수 있는 것이라고 말씀드렸습니다. 그러니까 사도 바울은 그렇게 예수를 믿어 십자가와 부활을 통해 그리스도와 연합이 일어나면 과거 예수 믿기 전과 같은 수준의 죄를 짓는 것이 실제적으로 불가능하다고 하였습니다.

은혜 아래 있으니 죄를 지어도 된다?

이제 바울은 오늘 본문에서 또 하나의 엉뚱한 질문에 대해 답을 하고 있습니다. 15절입니다.

> 그런즉 어찌하리요 우리가 법 아래에 있지 아니하고 은혜 아래에 있으니 죄를 지으리요 그럴 수 없느니라

이 질문도 역시 1절에서의 질문과 같이 죄를 짓는 문제와 관련되어 있습니다. 사도 바울은 로마서를 통해 계속해서 율법과는 별도로 '하나님의 의'인 복음이 나타났고, 우리는 율법을 행함이 아니라 오직 은혜와 믿음으로 구원을 받고 또한 은혜가 지배하는 삶을 살고 있다고 강조했습니다. 또한 은혜로 말미암아 우리가 짓는 어떤 죄도 그리스도 안에서 용서될 수 있다고 전했습니다. 특별히 오늘 본문 14절을 보면 '우리가 법아래 있지 않고 은혜아래 있다'

고 했습니다. 그런데 바울과 바울이 전한 복음에 반대하는 사람들은 이렇게 질문합니다. '만약 우리가 율법 아래 있지 않고 은혜 아래 있다면 죄를 계속 지어도 상관없지 않느냐?' 라고 반문했던 것입니다. 다시 말해, 우리가 율법 아래 있을 때는 죄를 지으면 즉각 벌이 내려졌는데 이제 율법 아래 있지 않고 은혜의 복음 아래 있어서 어떠한 죄도 용서받으니까 과거 예수를 믿기 전과 같이 죄를 지어도 괜찮은 것이 아니냐는 것입니다. 역시 사도 바울은 절대 그럴 수 없다고 단호하게 말씀합니다.

장로교 5대 교리

물론 우리가 예수를 믿은 다음에 죄를 짓는다고 해서 하나님께서 우리를 내치시거나 버리시지는 않습니다. 그것을 우리는 신학적 용어로 '성도의 견인'이라고 합니다. 우리 장로교가 믿는 5대 교리 가운데 하나입니다. 여러분, 장로교의 5대 교리 들어보셨나요? 그게 무엇이죠? 그것을 보통 영어의 머리글자를 따서 '튤립(Tulip)'이라고 합니다. 장로교 5대 교리는 우리가 성경을 이해하고 우리 신앙의 뼈대를 세우는 중요한 것이기 때문에 오늘 잠간 그 부분을 먼저 설명하겠습니다.

1. 전적 부패(Total depravity)

우리 인간은 전적으로 부패하고 무능하여 스스로 구원받을 수 없다는 것입니다. 그래서 로마서 3:10에서 "의인은 없나니 하나도 없다"고 했습니다.

2. 무조건적 선택(Unconditional election)

하나님께서 우리를 선택하실 때 어떤 조건을 정하고 그 조건에 맞는 사람들을 선택한 것이 아니라 무조건적으로 오직 하나님의 기쁘신 뜻을 따라 우리를 선택하셨다는 것입니다. 그것은 구약의 이스라엘의 선택을 통해 이미 보여주셨습니다. 이스라엘이 딱히 뛰어난 부분이 없지만 하나님께서 사랑하셔서 하나님의 선민으로 택하셨다고 말씀합니다(참고. 신 7:6-8). 또한 고린도전서에서도 하나님께서 택하신 자들 중에는 천한 것들과 없는 것들과 멸시받는 사람들이 많다고 하였습니다. 구원은 전적으로 하나님의 주권과 섭리에 의한 것입니다.

3. 제한적 구속(Limited atonement)

하나님께서 모든 사람을 구속하신 것이 아니라 택함을 입은 제한된 사람만 구속하신다는 것입니다. 이 교리는 이해하기가 쉽지는 않지만 성경의 가르침인 것은 분명합니다. 로마서 8:30에서 "미리 정하신 그들을 또한 부르시고, 부르신 그들을 또한 의롭다 하시고, 의롭다 하신 그들을 또한 영화롭게 하셨느니라"라고 말씀합니다.

4. 불가항력적 은혜(Irresistible grace)

하나님의 택하신 자들을 부르실 때 어느 누구도 그 부르심을 거부할 수 없다는 것입니다. 그러니까 하나님께서 택하신 사람은 하나님의 구원의 부르심에 불가항력적으로 응할 수밖에 없다는 것입니다.

5. 성도의 견인(Perseverance of the saints)

하나님께서 택하신 자들을 어떤 경우에도 중간에 내팽개치시거나 포기하시지 않고 하나님께서 끝까지 지켜주시고 인도해 주신다는 것입니다. 그래서 어떤 분들은 구원은 우리가 하나님 손을 잡는 것이 아니라 하나님께서 우리 손을 잡고 인도해주시는 것으로 설명하기도 합니다. 만약 구원이 우리가 하나님의 손을 잡는 것이면 우리는 중간에 놓아버릴 수도 있습니다.

그러나 하나님께서 우리의 손을 잡고 우리의 생애 전체를 보호하시고 인도하시기 때문에 중간에 실패나 탈락이 없다는 것입니다. 물론 하나님께서 손을 잡고 가는 동안에 우리가 말을 잘 안 듣고 자기 멋대로 하면 하나님께서 혼을 내시기도 하고 매를 때리기도 합니다. 그러나 하나님께서 우리를 잡고 계시는 손은 결코 놓지 않습니다. 이런 일들은 일어나지 않아야 하지만 극단적 경우를 이야기하면, 만약 우리가 뇌사 상태에 빠져 의식이 없다고 할지라도 또는 치매에 걸려 정신이 온전치 못해도 그것은 문제가 되지 않습니다. 왜냐하면 하나님께서 끝까지 우리의 손을 잡고 인도하실 것이기 때문입니다. 이것이 '성도의 견인' 입니다.

장로교 5대 교리와 관련해서 우리가 명심해야 할 두 가지가 있습니다. 하나는 성경의 모든 말씀도 마찬가지지만 이러한 교리를 다른 사람에게 적용하지 말고 나에게만 적용해야 합니다. 왜냐하면, 이러한 교리들을 다른 사람이나 예수를 믿지 않는 사람들에게 적용하면 오해하거나 혼돈될 때가 있기 때문입니다. 예를 들어, 전도할 때 제한적 속죄 교리를 생각하면 전도의 의욕이나 동력이 떨어질 수도 있습니다. 또한 믿다가 신앙생활을 잠시 접고 있는 분들에 대해서도 고민할 수 있습니다. 그러나 우리는 이 교리를 다른 사람에게 적용해서 그 사람이 하나님께서 택한 사람인지 아닌지에 대해 결코 고려할 필요가 없습니다. 그것은 하나님의 영역이고 하나님만 아시는 것입니다. 우리는 단지 우리가 해야 할 일만 하면 되는 것입니다. 그런데 이 교리를 우리 자신에게 적용하면 참 은혜가 됩니다. 사도 바울이 고백한 것처럼 나에게는 선한 것이 없고 죄인 중에 가장 나쁜 사람이었는데 하나님께서 참으로 부족한 나를 선택하시고 거부할 수 없는 불가항력적 은혜를 주셔서 구원하셨고, 또한 지금도 여전히 부족하고 연약하지만 하나님께서 끝까지 선하게 인도하시고 나의 구원을 책임져 주실 것을 믿고 묵상하면 하나님의 은혜에 감사하고 감격하지 않을 수 없습니다.

다른 하나는 5대 교리를 포함하여 우리가 믿고 고백하는 믿음의 도리에 대해서 잘 이해하고 정리되어 있어야 합니다. 특별히 교회에서 장로님들이나 권사님들이나 안수집사님들이나 순장으로 섬기시는 분들은 그렇습니다. 실제로 우리 주변에서 이단들의 잘못된 주장에 현혹된 분들이 많이 있습니다. 또한 전도할 때나 주변의 처음 신앙생활하시는 분들이 믿음의 도리에 대해 질문하기도 합니다. 그럴 때는 어떻게 해야 하나요? 이단들은 무조건 피해야만 합니까? 또한 전도할 때나 초신자들에게 무조건 믿으라고 하면 됩니까? 물론 그 말이 틀리지는 않습니다. 이단들은 피하는 것이 정답입니다. 또한 신앙의 도리들도 믿다보면 나중에 깨달아집니다. 그러나 오늘 본문에서 사도 바울이 한 것처럼 우리도 엉뚱하게 토를 다는 사람들이나 진지하게 궁금해 하는 사람들에게 논리적으로 잘 설명할 수 있어야 합니다. 물론 신학자들이나 목회자들처럼 완벽하게 설명할 수는 없을지라도 우리는 할 수 있는 대로 우리가 믿는 도리에 대해 알고 있어야 하고 또한 어느 정도까지는 논리적으로 설명할 수 있어야 합니다. 그렇게 하기 위해서는 교리에 대한 배움이 필요합니다.

죄를 지을 수 없는 두 가지 이유

이제 다시 본문으로 돌아가서 법아래 있지 않고 은혜 아래 있기 때문에 죄를 지을 수 있다는 엉뚱한 질문에 바울은 어떻게 대답하는지 보겠습니다. 바울은 15절 하반절에서 앞의 질문과 마찬가지로 먼저 절대로 그럴 수 없다고 말하면서, 오늘 본문 16-23절에서 그 이유 또는 근거를 설명하고 있습니다. 16절입니다.

> 너희 자신을 종으로 내주어 누구에게 순종하든지 그 순종함을 받는 자의 종이 되는 줄을 너희가 알지 못하느냐 혹은 죄의 종으로 사망에 이르고 혹은 순종의 종으로 의에 이르느니라

16절은 16-23절을 한 마디로 잘 요약하고 있습니다. 바울은 법 아래 있지 않고 은혜아래 있기 때문에 죄를 지을 수 있다는 엉뚱한 질문에 두 가지 관점에서 대답을 합니다. 먼저는 소속의 관점입니다. 16절 상반절을 보시면, 사람은 자신이 소속된 주인에게 순종하며 살 수밖에 없다는 것입니다. 만약 죄의 세력에 소속되어 있다면 죄의 종의 될 수밖에 없고, 하나님께 소속되어 있다면 그 사람은 하나님께 순종하는 삶을 살 수밖에 없다는 것입니다. 그러니까 계속해서 과거와 같은 죄를 짓고 있다면 그 사람은 결코 은혜 아래 있는 사람이 아니라 죄의 세력에 속해 있는 사람이라는 것입니다. 실제로 그렇지 않습니까? 조금 전에 말씀드린 우리 장로교 5대 교리를 믿고 그 교리에서 보여준 하나님의 놀라운 은혜와 사랑에 감사하고 감격하는 사람이 어떻게 과거 예수 믿기 전과 같이 죄를 지을 수 있겠습니까? 결코 그럴 수 없습니다.

다음으로 사도 바울은 결과의 관점에서 답을 합니다. 16절 하반부를 보면, 죄의 종으로 살면 사망에 이를 수밖에 없고 순종의 종

(순종의 종은 본문 19절에서 의의 종으로, 22절에서 하나님의 종으로 표현되고 있습니다)으로 살면 의에 이르게 된다고 말씀합니다. 21-23절에서 이 부분에 대해서 좀 더 자세히 설명하고 있습니다. 21절에서 그 때에는 부끄러운 열매를 맺었고 그 마지막이 사망이라고 말씀합니다. 22절에서는 이제는 하나님의 종이 되어 거룩함에 이르는 열매를 맺었는데 그 마지막은 영생이라고 합니다. 그리고 우리가 잘 아는 23절에서 16-22절을 한 마디로 정리합니다.

> 죄의 삯은 사망이요 하나님의 은사는 그리스도 예수 우리 주 안에 있는 영생이니라

우리는 죄의 종으로 죄의 지배를 받으며 살 때의 결과와 하나님의 종으로 순종하며 살 때의 결과를 이미 경험했습니다. 우리가 죄의 종을 살 때 얼마나 그것이 허무하고 무익한지 그리고 그것이 얼마나 우리 자신을 부끄럽게 하는지를 이미 경험했습니다. 또한 하나님의 종으로 살 때 그것이 얼마나 복되고 기쁨을 주는지 경험했고 또한 거룩함(세상 사람들과 구별됨)에 이르는 열매를 맺히는지도 경험했습니다. 뿐만 아니라 예수를 믿으면 죄의 종으로 살 때와 하나님의 종으로 의의 종으로 순종의 종으로 살 때의 마지막 결과에 대해서도 분명히 믿습니다. 다시 말해, 예수를 믿으면 본문에서 말씀한대로 죄의 종으로 살면 사망에 이르게 되고, 하나님의 종으로 영생의 선물이 주어진다는 것도 너무도 분명하게 믿습니다.

이와 같이 그리스도 안에서 순종하며 살 때 그 열매가 얼마나 크고 놀라운 지 늘 경험하고, 또한 이 나그네 인생 끝에 믿음의 사람들에게 예비하신 영광스러운 소망을 확실하게 믿는 사람이 과거 예수 믿기 전과 같은 수준의 죄를 짓겠습니까? 결코 그렇지 않을

것입니다. 이것은 우리가 실제로 경험하는 것입니다. 그러니까 만약 계속 과거와 똑같이 죄의 종으로 살고 있다면, 그 사람은 구원과는 상관없는 사람이라는 것입니다. 그래서 요한일서 3:6에서는 이렇게 말씀합니다.

> 그 안에 거하는 자마다 범죄하지 아니하나니 범죄하는 자마다 그를 보지도 못하였고 그를 알지도 못하였느니라.

지금까지 우리는 6장에서 당시 바울을 반대하는 사람들이 바울에 대해 제기했던 두 가지 질문에 대한 사도 바울의 답을 함께 살펴보았습니다. 두 가지 질문 모두 죄를 짓는 문제와 관련되어 있는데요, 사도 바울은 여기에서 구원받은 우리가 죄를 지을 수 없는 이유 또는 근거를 말씀하고 있습니다.

앞부분에서는 사도 바울은 우리가 십자가와 부활 사건 안에서 그리스도와 연합되어 있음으로 죄를 지을 수 없다고 하였습니다. 뒷부분에서는 우리가 하나님께 소속되어 하나님의 종으로 순종하며 살 때의 복과 은총들을 경험하면 또한 영광스러운 소망이 분명하다면 결코 죄를 지을 수 없다고 말씀하고 있습니다. 저는 우리 모두가 그리스도 안에서 온전히 순종함으로 구원받은 자가 경험할 수 있는 이 은혜들을 더욱 크고 많이 경험하고, 또한 영광스러운 소망이 우리의 삶을 지배할 수 있기를 바랍니다. 그래서 죄 문제를 극복할 수 있기를 바랍니다.

우리가 해야 할 두 가지 일

그런데 로마서 6장에서 우리가 주의 깊게 보아야 할 것이 있습니다. 사도 바울은 우리가 죄를 지을 수 없는 두 가지 이유 또는 근거를 설명하는데 그치지 않습니다. 바울은 그 두 가지를 설명하면서 그 사실과 함께 우리가 해야 할 일들이 있음을 말씀합니다. 6장을 보면, 전반부와 후반부의 구조와 전개가 똑같습니다. 먼저 앞부분에서는 그리스도와 연합을 언급한 다음에 '그러므로' 하면서 12-13절에서 우리가 해야 할 일들을 권면합니다.

또한 19절에서 "너희 육신이 연약하기 때문에"라고 말하면서 우리가 해야 할 일을 권면하고 있습니다. 그러니까 오직 은혜로 우리가 구원을 받고, 하나님께서 우리의 구원을 끝까지 지켜주시지만, 구원받은 자로 살아가는 과정에서 우리가 기억하고 해야 할 일이 있다는 것입니다. 오늘 본문은 크게 두 가지를 말씀하고 있는데요, 저는 로마서 6장의 권면은 성경 전체를 요약했다고 해도 과언이 아닐 만큼 중요하고 핵심적인 교훈이라고 생각합니다.

거룩함에 이르라

먼저, 12절입니다.

> 그러므로 너희는 죄가 너희 죽을 몸을 지배하지 못하게 하여 몸의 사욕에 순종하지 말고

죄의 세력이 죽을 몸을 지배하지 못하게 하여 육신(몸)의 사욕에 순종하지 말라고 합니다. 여기에서 몸(육신)의 소욕은 쉽게 이야기하면 하나님의 뜻에 합당치 않는(또는 거스르는) 욕심 또는 욕망을 의미합니다(참고. 갈 5:16-26). 물론 우리가 예수를 믿으면 죄의 지배에서 벗어나서 하나님의 통치와 지배 아래 있습니다. 그러나 죄의 세력은 완전히 멸망하지 않았기 때문에 여전히 우리가 이 땅에 사는 동안에(그래서 본문에서 '죽을 몸'이라고 표현하고 있습니다)

우리를 하나님의 뜻에 거스르며 육신의 욕심대로 살도록 유혹하는데 그 유혹에 따라 살지 말라는 것입니다. 그런데 예수님을 믿은 다음에 죄의 세력이 유혹하는 대로 육신의 소욕을 따르지 말라는 권면을 좀 더 포괄적이고 긍정적으로 보충 설명하는 말씀이 19절에 있습니다. 19절입니다.

> 너희 육신이 연약하므로 내가 사람의 예대로 말하노니 전에 너희가 너희 지체를 부정과 불법에 내주어 불법에 이른 것 같이 이제는 너희 지체를 의에게 종으로 내주어 거룩함에 이르라

바울은 육신이 연약함으로 말한다고 하면서 과거 예수님을 믿기 전과 같이 너희 지체를 부정과 불법 안에서 살지 말고 '의의 종(하나님의 종)으로 드려서(하나님의 뜻에 순종하여서) 거룩함에 이르라' 고 말씀합니다. 그러니까 19절은 12절의 육신의 소욕을 따르지 말라는 말씀을 적극적인 측면에서 보충 설명하면서 한 마디로 "거룩함에 이르라"고 말씀합니다. 로마서 6장과 같은 논리의 말씀이 베드로전서 1:14-16에 있습니다.

> 너희가 순종하는 자식처럼 전에 알지 못할 때에 따르던 너희 사욕을 본받지 말고, 오직 너희를 부르신 거룩한 이처럼 너희도 모든 행실에 거룩한 자가 되라. 기록되었으되 내가 거룩하니 너희도 거룩할지어다 하셨느니라

육신의 욕심에 따라 살지 말고 모든 행실에 우리를 부르신 하나님께서 거룩하신 것처럼 우리도 거룩한 자가 되라고 합니다. 여기에서도 로마서 6장에서와 같이 '육신의 욕심을 따르는 삶' 과 '거룩한 삶' 을 대조하고 있습니다. 그러니까 오늘 본문과 베드로전서의

말씀을 정리하면, 사도들은 예수 믿기 전의 삶을 육신의 소욕을 쫓는 삶이라고 규정합니다. 그리고 예수님을 믿은 후에 우리가 살아야 할 삶, 추구하고 목표해야 할 삶을 거룩한 삶이라고 말씀하고 있습니다.

그러면 거룩한 삶을 산다는 것은 구체적으로 무엇을 의미합니까? 거룩한 삶이란 흔히 신학적 용어로 '성화'라고 하는데, 그 의미를 한 마디로 하면 '구별됨'입니다. 다시 말해, 거룩한 삶 또는 성화된 삶은 예수 믿기 전 과거의 내 모습과 구별된 삶 그리고 안 믿는 세상 사람들과 구별된 삶을 의미합니다. 그러니까 예수님을 믿어 구원 받았으면 이제는 과거와는 다르고 다른 세상 사람들과는 구별되고 다른 삶을 살아야 한다는 것입니다. 그것이 예수를 믿은 우리가 최선을 다해 추구하고 목표해야 할 삶이라는 것입니다.

그런데요, 성화와 관련하여 우리가 꼭 알아야 할 사탄의 전략 한 가지가 있습니다. 물론 죄의 세력이 우리에게 세상 사람도 죄라고 생각하는 살인죄나 간음죄나 불효와 같은 어떤 큰 죄를 범하게 하는 경우도 있습니다. 하지만 사탄의 중요한 전략 가운데 하나는 우리를 예수를 믿은 다음에도 과거의 내 자신 또는 안 믿는 다른 사람들과 비슷한 수준의 삶에 머물게 하도록 유혹한다는 것입니다. 그 정도에 만족하게 한다는 것입니다. 예를 들겠습니다. 세상 사람들의 일반적인 삶의 기준은 좋아 하는 사람은 좋아하고, 싫어하는 사람은 싫어합니다. 또한 나를 힘들게 하는 사람에게 맞대응하고 때로는 법으로 문제를 해결하려고 법적 소송을 하기도 합니다. 세상 사람들은 그것이 당연하다고 생각합니다. 세상 사람의 관점에서 보면 크게 잘못한 것도 아닙니다. 그렇지 않나요? 그런데 죄의 세력은 끊임없이 우리도 그 정도의 수준의 삶에 머물게 하려고 최선을 다하는 것입니다. 그런데 주님께서 우리에게 요구하시는 삶의 수준은 그것이 아닙니다. 잘 아는 말씀인데, 마태복음 5:46-48입니다.

> 너희가 너희를 사랑하는 자를 사랑하면 무슨 상이 있으리요 세리도 이같이 아니하느냐 또 너희가 너희 형제에게만 문안하면 남보다 더하는 것이 무엇이냐 이방인들도 이같이 아니하느냐 그러므로 하늘에 계신 너희 아버지의 온전하심과 같이 너희도 온전하라

사랑하는 성도 여러분, 주님께서는 우리가 예수를 믿은 다음에 과거의 내 모습과 계속해서 더 많이 구별된 삶을 살기를 원하시고, 또한 우리가 세상 사람들과 비슷한 수준이 아니라 확연히 다른 거룩한 삶을 살기 원하시는 줄 믿습니다. 그것이 바로 성화된 삶인 줄 믿습니다. 그런데 어느 정도까지 구별된 삶을 살아야 되나요? '내 안에 그리스도의 형상이 이루어질 때까지' 그리고 '사람들이 나에게서 그리스도의 모습을 볼 때까지' 입니다.

그리스도인(Christian)이 문자적으로 무엇을 의미합니까? 그리스도인이란 문자적으로 '예수 그리스도의 모습과 예수 그리스도의 냄새가 나는 사람'을 의미합니다. 저는 우리가 가정에서 식구들에게 그리고 주변의 사람들에게 들을 수 있는 최고의 찬사는 '너는 그리스도인이야!' "너에게서 그리스도의 모습이 보이고 그리스도의 향내가 나!"라는 말이 아닐까 생각합니다. 저는 우리 모두가 그러한 칭찬과 평가를 들을 수 있기를 바랍니다.

특별히 명절 때에 안 믿는 분들에게 그런 칭찬과 평가가 있길 바랍니다. 뿐만 아니라 우리는 성화는 주님 앞에 가는 그날까지 계속되어야 한다는 것을 기억해야 합니다. 우리 모두는 주님 앞에 가는 그날까지 조금도 방심하거나 나태하지 말아야 합니다. "이 정도

면 됐지!" 하는 사탄의 유혹에 넘어가서는 안 되는 것입니다. 저는 우리에게서 그리스도의 모습이 더 많이 그리고 더 온전히 드러날 수 있도록 최선을 다하고 또한 그것이 주님 앞에 가는 그날까지 계속해서 우리 신앙생활의 목표가 되길 간절히 바랍니다.

의의 무기로 드려라

두 번째로 13절을 보겠습니다.

> 또한 너희 지체를 불의의 무기로 죄에게 내주지 말고 오직 너희 자신을 죽은 자 가운데서 다시 살아난 자 같이 하나님께 드리며 너희 지체를 의의 무기로 하나님께 드리라

우리의 지체를 불의의 무기로 죄에게 드리지 말고 의의 무기로 하나님께 드리라고 말씀합니다. 바울은 여기에서 '무기'라는 군사적인 용어를 사용하고 있습니다. 바울은 자주 우리 신앙생활을 영적 전쟁으로 비유하곤 하는데, 실제로 우리 신앙생활은 영적인 전쟁입니다. 내 자신도 사탄과 영적으로 전쟁하고 있고, 우리의 가정과 교회도 영적 전쟁 중입니다. 뿐만 아니라 우리가 살고 있는 세상에서도, 우리가 복음을 전해야 하는 모든 곳에서도 치열한 영적 전쟁이 진행되고 있습니다. 그러니까 우리가 살고 있는 모든 곳에서 죄의 세력인 마귀가 지배하느냐 아니면 하나님의 통치가 이루어지느냐의 치열한 주도권 전쟁이 계속되고 있습니다. 그래서 예수님께서 주기도문에서 하나님의 나라(통치)가 나에게 우리 가정과 교회 위에 그리고 이 온 세상에 임하게 해달라고 기도하라고 우리에게 가르치셨습니다. 그런데 이 모든 영적 전쟁에서 우리가 할 일이 있습니다. 그것은 우리가 마귀의 도구가 되는 것이 아니라 하나님의

도구가 되어 쓰임 받는 것입니다. 본문이 말씀하는 것은 바로 그것입니다.

사랑하는 성도 여러분, 저는 우리 모두가 하나님의 통치와 하나님의 뜻이 이 땅에 임하도록 또한 하나님의 이름이 거룩히 여김을 받고 복음의 확장을 위해서 쓰임 받는 인생이 될 수 있기를 간절히 바랍니다. 오늘날 많은 사람들이 한국교회의 대표적인 문제 가운데 하나를 기복주의라고 합니다.

여러분, 기복주의가 무엇이죠? 성경에서 복은 좋은 것입니다. 또한 우리는 복 있는 사람이 되어야 합니다. 문제는 성경에서 말씀하는 복과 우리가 추구하는 복이 다르다는 것에 있습니다. 예수님께서 결론을 내려주신 최고의 복은 산상수훈에 있습니다. 우리가 잘 아는 것처럼 예수님께서는 심령이 가난하고 애통하는 사람이 복이 있다고 말씀하였습니다. 또한 온유하고 의를 위해서 사는 것이 복이라고 말씀합니다. 물론 우리는 할 수만 있으면 세상 사람들이 말하는 복도 누려야 합니다.

그리스도 안에서 물질적으로 부요하고, 건강하고, 자녀들도 훌륭하게 잘 성장하고, 세상의 명예를 얻어 존경받는 것도 좋은 것이고 할 수만 있으면 우리 성도들에게 그런 복도 임하기를 바랍니다. 그런데 문제는 무엇이죠? 돈, 자녀, 명예 등 세상 사람들이 추구하는 복이 우리 신앙의 최고의 관심과 목표가 되는 것입니다. 또한 세상 사람들이 말하는 복들이 복된 신앙생활의 기준이 되는 것입니다. 그것을 우리는 기복주의라고 합니다. 우리 주변을 보면 예수 잘 믿고 성숙하고 본이 되는 신앙생활을 하시는 분들도 물질적으로, 육체적으로, 자녀들에게 또는 직장생활하면서 어려움을 당하는 경우가 있습니다. 또한 세상에서 그렇게 특별하지 않고 평범하게 살 수도 있습니다. 어쩌면 그런 사람들이 훨씬 더 많은지도 모릅니다. 그러니까 그러한 것들이 우리가 추구해야 할 최고의 복이 아니고 또한 복된 신앙생활의 절대적 기준이 아니라는 것입니다.

그러면 진정 복된 인생은 어떤 인생입니까? 진정 복된 신앙생활은 어떤 것입니까? 그것은 이 땅에 하나님의 통치와 뜻이 이루어지고 복음이 확장되도록 우리의 인생이 하나님께 드려져서 의의 병기로 하나님께 쓰임 받는 것입니다. 그래서 많은 선교사님들이 많은 고난과 어려움을 겪으면서도 오지에 가서 복음을 전하고, 많은 귀한 분들이 세상의 모든 것을 내려놓고 사역의 길로 들어서는 것입니다. 물론 반드시 사역자의 길로 들어서는 것만이 하나님께서 쓰임 받는 인생이 되는 것은 아닙니다. 얼마든지 평신도로 직장에서 사회에서 전임 사역자들보다 귀하게 쓰임 받은 분들도 많습니다. 물론 우리 교회 안에서 하나님께서 주신 은혜와 재능과 물질들을 선용하는 분들이 참 많고 저도 개인적으로 많은 도전을 받습니다.

지난 26일 일본군 위안부 피해자인 황금자 할머니가 향년 91세를 일기로 별세했다고 매스컴에 보도되었습니다. 아마 다 보셨겠지만 그 할머니는 광복 이후 우리나라에 돌아오셔서 동네 빈병, 폐지 등을 모아 팔아서 저금한 돈과 정부에서 지원한 생활지원금을 쓰지 않고 모아두었다가 2006년부터 강서구청장학회에 1억 원을 전액 기부했다고 합니다. 뿐만 아니라 미리 작성한 유언장에서도 "세상을 떠난 후 임대아파트 보증금을 포함한 전 재산을 장학금으로 써 달라"고 했다고 합니다. 장례식 사진에 십자가가 있는 것을 보니까 아마 예수님을 믿었던 것 같습니다.

저는 하나님께서 주신 물질, 재능 그리고 여러 가지 은혜들 그 자체가 복이 아니고, 하나님께서 주신 것 모든 것들을 하나님을 위해 의의 병기로 드리는 인생이 참으로 복된 인생이라고 믿습니다. 저는 우리 모두가 자기중심적 또는 이기적 신앙생활에서 벗어나 하나님 중심적 또는 하나님께 쓰임 받는 신앙생활을 할 수 있기를 바랍니다. 따라 합니다.

"의의 병기로 쓰임 받는 삶을 살아갑시다!"

사도 바울은 우리에게 두 가지를 권면하고 있습니다. 두 가지 모두는 대조되고 있습니다. 죄의 세력에 지배를 받아 육체의 소욕대로 살지 말고 거룩한 삶을 살라고 합니다. 불의의 병기로 죄에게 드리지 말고 하나님께 쓰임 받는 삶을 살라고 합니다. 우리 앞에 두 길이 놓여 있습니다. 예수님께서 말씀하신대로 하나는 사망으로 인도하는 길이고, 다른 하나는 생명으로 인도하는 길입니다. 그런데 성경은 무엇을 말씀합니까? 사망으로 인도하는 문은 넓고 생명으로 인도하는 문은 좁다고 말씀합니다. 그만큼 쉽지 않다는 것입니다. 그러나 우리는 좁은 문으로 들어가야 합니다. 그래서 거룩함을 이루어드려야 하고 의의 병기로 하나님께 쓰임 받는 삶을 살아야 합니다.

그러면 그것이 어떻게 가능합니까? 로마서 6장에서는 십자가와 부활 사건 안에서 그리스도와 더 깊게 연합할 때 가능하다고 말씀합니다. 다시 말해, 십자가와 부활 사건이 주는 깊은 은혜에 잠길 때 가능하다는 것입니다. 뿐만 아니라 하나님께 순종함으로 큰 은혜를 경험할 때, 그리고 영광스러운 소망이 우리의 삶을 온전히 지배할 때 가능하다고 합니다. 저는 이 은혜가 우리 모두에게 임해서 과거와는 구별된 삶, 세상 사람들과는 구별된 삶을 살기를 바라고, 의의 병기로 하나님께 쓰임 받는 복된 인생이 되길 바랍니다.

로마서 7:1-13

그리스도 안에 있는 자에게 율법은?
(율법의 본질, 역할 그리고 한계)

※ 설교 주제: 그리스도인들은 더 이상 율법의 지배와 통치를 받지 않지만, 율법은 여전히 거룩하고 의롭고 선하며 유익하다.

※ 설교 목적: 율법의 본질과 역할과 한계를 잘 이해시키고, 율법이 그리스도 안에 있는 우리 신앙과 삶에도 여전히 적용되며 유익한 것을 깨닫게 한다.

※ 설교 전개
    율법에 죽임을 당했다!
    율법에 죽임을 당한 이유와 결과
    율법의 본질: 거룩하고 의롭고 선함
    율법의 역할: 죄를 깨닫게 함
    율법의 한계: 사탄의 악용

※ 설교 요약
    로마서 7장은 초대교회 당시 최고의 논쟁 이슈였던 율법에 대해 말씀한다. 사도 바울은 율법에 대해서 언급하면서 가장 먼저 그리

스도 안에 있는 우리는 율법에 대해서 죽임을 당했다고 선포한다. 예수 그리스도의 십자가를 통한 구원 사건으로 인해 이제 우리는 더 이상 율법의 지배와 통치를 받지 않는다는 것이다. 하지만 율법은 여전히 본질적으로 거룩하고 의롭고 선하고, 우리에게 죄를 깨닫게 하는 역할을 한다. 문제는 사탄이 율법을 악용해서 율법이 제 기능을 발휘하지 못하게 한다는 것이다. 특히 이스라엘에게서 보는 것처럼, 율법의 본질과 핵심을 빼버리고 문자적이고 외형적인 것에만 관심을 가질 수 있다. 우리는 율법의 본질과 역할을 잘 이해하고, 그것을 우리의 신앙과 삶에 바르게 적용해야 한다.

6장에서 우리는 당시 바울과 바울이 전한 복음을 반대하였던 사람들이 제기했던 엉뚱한 두 가지 질문에 대한 바울의 답변을 보았습니다. 하나는 "은혜를 더하려고 죄를 지을 수 있겠느냐?"는 질문이었습니다. 그러니까 '우리 인간이 죄를 지음으로 하나님의 은혜를 더 크게 느끼고 더 많이 경험했다면, 우리가 더 큰 은혜를 경험하기 위해서 더 많은 죄를 지어야 하는 것이 아니냐?' 는 것입니다.
　다른 하나는 "율법아래 있지 않고 은혜 아래 있기 때문에 죄를 지어도 괜찮지 않겠느냐?"는 질문이었습니다. 그러니까 '은혜 가운데 있는 우리는 죄를 지어도 용서해 주시기 때문에 죄를 지어도 괜찮은 것 아니냐?' 는 것이었습니다. 두 질문의 관점은 약간 다르지만, 두 질문 모두 성도가 죄를 짓는 것과 관련되어 있습니다. 이 두 문제에 대해서 바울은 절대로 그럴 수 없다고 합니다. 그러면서 성도가 죄를 지을 수 없는 이유 몇 가지를 제시합니다.
　먼저 우리는 죄에 대해서 죽었고 십자가와 부활 사건 안에서 그리스도와 연합되었기 때문이라고 합니다. 다시 말해, 우리가 십자가와 부활 사건 안에서 그리스도 안에 들어가 하늘에 속한 신령한 복들을 누리고, 또한 그리스도께서 성령과 말씀으로 우리 안에 내주하셔서 우리를 변화시켜 가시는데 믿음 안에 있는 우리가 어떻게 죄를 지을 수 있겠느냐는 것입니다. 다음으로 하나님께 순종함으로 하나님의 놀라운 은혜를 실제적으로 경험하는데 어떻게 불순종 하면서 죄를 지을 수 있겠느냐고 합니다. 세 번째로 하나님께서 믿는 자에게 주시는 영생의 분명하고 확실한 소망이 있는데 어떻게 죄를 지을 수 있겠느냐고 반문합니다. 그러면서 죄의 종이면 죄를 지을 수밖에 없고, 하나님의 종이면 순종할 수밖에 없다고 말씀합니다. 그러니까 만약 그리스도 안에 있다고 하면서 계속 과거 예수 믿기 전과 같은 수준의 죄를 지으면 그의 믿음은 거짓이라는 것입니다.

그러면서 두 가지를 권면합니다. 먼저 죄의 세력에 지배되어 육신의 소욕대로 살지 말고 거룩함에 이르라고 합니다. 거룩함은 한 마디로 구별됨이라고 말씀드렸습니다. 다시 말해, 점점 더 거룩해진다는(성화된다는) 것은 과거의 자신과의 더욱 더 구별되는 삶을 사는 것이고 세상 사람들과 더욱 더 구별되는 삶을 사는 것을 의미한다고 했습니다. 또한 영적 전쟁에서 불의의 무기로 사탄의 종이 되지 말고, 하나님께 드려져서 하나님의 무기로 쓰임 받는 자가 되라고 합니다.

율법에 죽임을 당했다!

이제 7장에서 사도 바울은 초대 교회에서 최고의 논쟁 거리였던 구약의 율법에 대해 언급합니다. 우리가 잘 아는 것처럼, 당시 율법은 약 1500년 동안 유대인들의 신앙과 삶을 지배하였습니다. 물론 이스라엘이 율법을 제대로 지키지 못해 하나님의 징계를 받기도 했지만, 그들은 율법을 생명과 같이 귀하게 여기며, 율법을 지키려고 나름 최선을 다했습니다. 그들이 포로로 잡혀가거나 다른 나라의 침략과 지배를 받을 때에도 율법은 그들의 민족적 정체성을 유지하고 하나님에 대한 신앙을 지키는데 결정적인 역할을 하였습니다.

오늘날 유대인들에게도 마찬가지입니다. 지금도 이스라엘을 가면 사회 전체가 여전히 구약 율법의 지배 아래 있는 것을 알 수 있습니다(예를 들어, 복장, 안식일 준수, 음식의 구별 등). 어쩌면 율법은 지금도 이스라엘이 이스라엘 되게 하는 원동력이라고 할 수 있습니다.

초대 교회 그리스도인들에게도 율법은 아주 민감한 문제였습니다. 유대인들도 예수 그리스도의 복음을 받아들였지만 그들의 대부분은 여전히 율법에 대한 미련이 남아 있었고, 또한 율법을 지켜야 한다고 생각했습니다. 그것은 어쩌면 자연스러운 일인지도 모릅니다. 왜냐하면 예수를 믿는 순간에 오랫동안 지켜오던 문화나 관습이나 전통들을 무시하거나 바꾸는 것은 결코 쉬운 일이 아니기 때문입니다. 초대 교회의 가장 크고 심각한 문제도 소위 율법주의자들의 문제였습니다. 당시 율법주의자들은 복음에 반대하면서 오직 할례를 받고 율법을 지켜야만 구원을 얻는다고 주장했습니다. 그들은 복음을 전하는 사람들을 핍박했고, 교회에 침입해 들어와서 교회를 어지럽히고 분열시켰습니다. 오늘날 신천지나 여러 이단들이 하는 것과 거의 똑같은 일들을 한 것입니다. 그래서 바울은 그의 서신들에서 그들을 개들이라고 행악하는 자들이라고 비난하면서 그들을 철저하게 경계해야 한다고 거듭 당부하고 있습니다.

사도 바울은 로마서에서도 당시에 혼란을 주었던 율법에 대해 언급하고 있습니다. 그런데 1-6장에서 바울은 율법에 대해서 많은 경우 부정적인 의견을 보여주었습니다. 율법으로 말미암아 심판을 받는다(2:12), 율법은 진노를 이룬다(4:15), 율법은 죄를 더하게 하였다(5:20) 라고 말씀하였습니다. 그러나 다른 한 편으로는 믿음으로 말미암아 율법을 파기하지 않고 율법을 세운다고 말씀하기도 했습니다(3:31). 일견, 왔다 갔다 하는 것처럼 보이기도 합니다. 로마서만 그런 것이 아닙니다. 다른 서신들을 보더라도 율법에 대해 혼란스러울 때가 많습니다. 그래서 그리스도인과 율법과의 관계 또는 복음과 율법에 대한 문제는 오늘날 학자들 간에도 끊임없이 논쟁 중인 대표적인 주제 가운데 하나입니다. 아마 학위 논문만 보더라도 성경의 어느 주제보다도 많을 것입니다. 그러나 문제를 만들면 복잡해지지만, 단순화시키면 그렇게 어렵지도 않습니다. 저는 개인적으로 로마서 7장만큼 간단하지만 분명히 율법에 대해서 잘 정리해주는 본문은 없다고 생각합니다. 물론 7장도 쉽지는 않지만 이번 주와 다음 주 두 주에 걸쳐서 7장을 보면서 율법에 대해 정리가 되었으면 합니다.

이제 본문으로 들어가 보겠습니다. 무엇보다도 먼저 사도 바울은 이제 그리스도 안에서 우리는 율법에 대해 죽임을 당했다고 선언합니다. 4절 상 입니다.

> 그러므로 내 형제들아 너희도 그리스도의 몸으로 말미암아 율법에 대하여 죽임을 당하였으니

"율법에 대해서 죽임을 당했다"는 것은 6장에서 '죄에 대해서 죽었다'고 하는 것과 같은 의미입니다. 그러니까 이제는 그리스도 안에서 율법의 통치와 지배에서 벗어났다는 것입니다. 그런데 본문은 율법에 대해서는 수동태로 '죽임을 당했다'고 말씀하고 있습니다. 물론 죽었다는 것과 큰 차이는 없지만(6절에서는 그냥 '죽었다'고 표현하고 있습니다), 이것은 그리스도의 십자가와 부활로 말미암아 하나님께서 주도적으로 율법의 지배와 통치에서도 벗어나게 하셨음을 강조하는 것입니다. 그러면서 두 가지 비유를 제시합니다. 1절입니다.

> 형제들아 내가 법 아는 자들에게 말하노니 너희는 그 법이 사람이 살 동안만 그를 주관하는 줄 알지 못하느냐

사람이 살아 있을 때만 법에 지배를 받고, 죽은 사람에게는 더 이상 법이 구속력을 갖지 못한다는 것입니다. 2-3절에서는 남편과

사별한 여인의 비유를 제시합니다. 어떤 여인이 남편이 살아 있다면 그 남편에게 매인 바 되지만 남편이 죽으면 그 남편에게 벗어나서 다른 사람과 결혼할 수 있다는 것입니다. 그러니까 과거에는 하나님의 백성들이 율법의 지배와 통치 아래 있었던 것이 분명하지만, 예수 그리스도께서 열어주신 복음의 새로운 시대에는 더 이상 율법의 지배나 통제를 받지 않는다는 것입니다. 이와 같이, 간단하게 그리스도 안에 있는 자는 율법에 대해서 죽었다라고 말씀하시지 않고 그것을 설명하기 위해서 두 가지나 비유를 사용하는 것은 그 만큼 당시에 율법에 대한 오해와 논란이 많았다는 것을 보여줍니다.

율법에 죽임을 당한 이유와 결과

이제 바울은 4-6절에서 율법에 대해서 죽임을 당한 이유와 결과에 대해서 간략하게 말씀하고 있습니다. 4(하)-5절입니다.

> 이는 다른 이 곧 죽은 자 가운데서 살아나신 이에게 가서 우리가 하나님을 위하여 열매를 맺게 하려 함이라 우리가 육신에 있을 때에는 율법으로 말미암는 죄의 정욕이 우리 지체 중에 역사하여 우리로 사망을 위하여 열매를 맺게 하였더니

먼저 하나님께서 율법에 대해 죽임을 당하게 하신 이유는 하나님을 위해 열매를 맺게 하기 위함이라고 합니다. 전에 율법이 지배하고 있었을 때에는 율법으로 말미암아 죄의 정욕이 우리에게 사망의 열매를 맺게 하셨다는 것은 쉽게 이야기하면 율법이 죄를 짓게 하는 원인이 되었다는 것을 말합니다. 그런데 이제는 죄를 짓게 하는 원인이 되는 율법에서 벗어나 하나님을 위해 열매를 맺도록 하나님께서 율법에 대해 죽임을 당하게 하셨다는 것입니다. 이 부분

은 8-11절에서 다시 보충 설명하고 있는데요, 조금 있다가 말씀드리겠습니다.

이와 함께 6절에서 율법에 대해서 죽임을 당하게 하신 결과에 대해 간략하게 말씀합니다. 6절입니다.

> 이제는 우리가 얽매였던 것에 대하여 죽었으므로 율법에서 벗어났으니 이러므로 우리가 영의 새로운 것으로 섬길 것이요 율법 조문의 묵은 것으로 아니할지니라

이제는 '율법의 문자적인 명령'에 따라 하나님을 섬기지 않고 내 안에서 거하시는 성령의 새로운 것(방식)으로 하나님을 섬기게 되었다는 것입니다. 성령으로 하나님을 섬기는 것에 대해서는 8장에서 구체적으로 언급하기 때문에 그 때 말씀을 드리겠습니다.

율법의 본질: 거룩하고 의롭고 선함

그러면서 7-13절에서 바울은 짧지만 율법의 본질, 역할 그리고 한계에 대해 분명하게 언급합니다. 먼저 율법의 본질에 대해 단도직입적으로 말씀합니다. 7절입니다.

> 그런즉 우리가 무슨 말을 하리요 율법이 죄냐 그럴 수 없느니라 율법으로 말미암지 않고는 내가 죄를 알지 못하였으니 곧 율법이 탐내지 말라 하지 아니하였더라면 내가 탐심을 알지 못하였으리라

율법이 죄냐? 그럴 수 없다는 것입니다. 13절에서 다시 한 번 결론적으로 강조합니다. "선한 율법 자체가 내게 사망이 되었느냐 (하나님과 관계의 분리를 가져왔느냐)? 그럴 수 없다"고 합니다.

12절에서 율법의 본질에 대해 한 마디로 정리합니다. 12절입니다.

이로 보건대 율법은 거룩하고 계명도 거룩하고 의로우며 선하도다

율법 자체는 '거룩하고 의롭고 선하다'는 것입니다. 왜 율법이 거룩하고 의롭고 선한 것입니까? 무엇보다도 먼저 율법은 모든 민족들 가운데 특별히 선택되어 하나님의 백성이 된 이스라엘에게 주신 하나님의 선물이었기 때문입니다. 지난번에 제가 출애굽기 21-23장을 중심으로 설교하고 그것을 학생들을 위한 교육용으로 책으로 출판을 했는데 책 제목을 '하나님의 선물, 율법'이라고 했습니다. 저는 율법을 표현하는 가장 좋은 단어가 '선물'이라고 생각합니다.

신명기 4:8에는 "오늘 내가 너희에게 선포하는 이 율법과 같이 그 규례와 법도가 공의로운 큰 나라가 어디 있느냐?"고 말씀합니다. 어느 나라에도 율법과 같이 공의로운 규례와 법도가 없다는 것입니다. 하나님께서 오직 이스라엘에게만 그러한 율법을 주셨다는 것입니다. 그런데 왜 선물이죠? 하나님께서는 이스라엘을 구별된 백성으로 부르시고 가나안 땅을 기업으로 주셨습니다. 그리고 그 땅에서 그들을 통해 모든 민족들 가운데서 하나님의 하나님 되심을 드러내기를 원하셨고 또한 그들을 통해 하나님의 위대한 일들을 이루시기 원하셨습니다. 율법에는 하나님께서 원하시는 것이 무엇인지 그리고 그들이 어떻게 하나님을 섬기고 살아야 할 것인지에 대해 구체적으로 제시해 주고 있습니다.

율법은 이스라엘이 그들에게 새롭게 주어진 땅에서 복과 은혜를 더욱 받고, 또한 계속 유지할 수 있는 지침서(가이드북 또는 매뉴얼)였던 것입니다. 그래서 신명기 6:24에는 "여호와께서 이 모든 규

례를 지키라 명하셨으니 이는 우리로 우리 하나님 여호와를 경외하여 항상 복을 누리게 하기 위하심이며 또 여호와께서 우리로 오늘날과 같이 생활하게 하려 하심이다"고 말씀합니다. 뿐만 아니라 성경의 다른 부분에도 율법이 얼마나 귀한 것인지를 말씀하고 있습니다(참고. 시 19:7-10, 119:105-주의 말씀은 내 발에 등이요 내 길에 빛입니다). 결국 율법은 이스라엘이 복을 받는 통로로서 그리고 복되고 은혜로운 삶을 계속 유지하게 하는 일종의 지침서로 주어졌기 때문에 율법은 이스라엘에게 주신 하나님의 선물이라고 말하지 않을 수 없는 것입니다.

다음으로 하나님께서는 율법을 통해 하나님의 창조 질서를 회복시키기 원하셨기 때문입니다. 아담의 죄로 인해 하나님께서 원래 의도하셨던 창조질서의 많은 부분이 파괴되었습니다. 하나님께서는 율법에 하나님의 창조 질서를 다시 한 번 확인시켜 주셨습니다. 많은 것이 있지만 두 가지만 예를 들겠습니다.

창세기 1장을 보면 하나님께서 우리 인간을 다른 모든 피조물보다 특별하고 존귀한 존재로 창조하셨음을 말씀합니다(창 1:26-31). 2장을 보면 하나님께서는 결혼제도를 만드시고 결혼과 가정의 순결을 원하셨음을 보여주셨습니다(창 2:21-25). 그런데 율법을 보면, 그러한 창조 질서가 회복되어지길 원하시는 하나님의 의도가 구체적으로 드러납니다. 율법을 보면, 하나님의 형상대로 지음 받은 인간이 모든 것보다 존귀한 위치에 있음을 드러냅니다. 사람에 대해 해(害)를 입히면 동물이나 다른 재산들을 약탈하는 죄와는 차원을 달리해서 징벌할 것을 명령합니다(참고, 출 21-22장).

또한 동물이나 재산은 단지 배상만 하면 되지만 사람을 죽이면 죽이라고까지 명령하고 있습니다. 이것은 하나님의 형상대로 만드신 인간의 존귀함을 보여주는 것입니다. 또한 율법은 특별한 연고

없이 이혼을 금하고 있고, 간음(출 20:14, 신 5:18)이나 동성애나 수간과 같은 창조질서에 어긋난 성관계(신 27:21. 참고, 출 22:19, 레 18:22-23, 20:13-15)를 엄격히 금하고 있습니다. 그러니까 율법에는 결혼한 남녀가 한 몸 되어서 온전하고 순결한 가정생활과 결혼관계를 유지하기 원하시는 하나님의 창조 질서가 반영된 것입니다. 이렇게 창조 질서가 회복되기 원하시는 하나님의 뜻이 기록된 율법은 거룩하고 선하고 의롭다고 하지 않을 수 없습니다.

세 번째로, 하나님께서는 율법을 통해서 하나님과 우리 인간의 관계가 회복되는 장을 제공해 주셨기 때문입니다. 창조 때 하나님께서는 하나님 자신과 피조물인 인간 사이에 아름다운 영적인 교제가 있기를 원하셨습니다. 그런데 죄로 인해 하나님과 인간의 관계는 파괴되었습니다. 하나님께서는 이스라엘의 구원을 통해서 창조 때 의도하셨던 하나님과 인간과의 교제가 회복되기를 원하셨습니다. 율법을 보면 그러한 하나님의 의도가 그대로 반영되었음을 볼 수 있습니다. 하나님께서는 하나님과 인간의 관계가 회복되고 또한 계속된 영적인 교제를 위해서 여러 가지 제사제도들과 성막의 건축을 명령하셨습니다. 그러니까 하나님께서는 그러한 제사 제도들과 성막을 통해서 우리 죄가 용서되어 하나님과 계속 교제할 수 있고 또한 우리가 하나님의 임재와 은혜를 경험할 수 있는 장을 만들어 주신 것입니다.

물론 이 외에도 율법이 거룩하고 의로우며 선한 증거들이 많이 있지만 이렇게 하나님께서는 이스라엘에게 선물로 주셔서 이스라엘이 율법을 통해 복과 은혜를 누리도록 하셨고, 또한 율법을 통해 창조질서를 회복하기를 원하셨으며, 창조 때 의도하셨던 인간들과 교제의 장을 마련하신 것입니다. 그러니까 당연히 율법이 거룩하고 의롭고 선하지 않을 수 없습니다.

율법의 역할: 죄를 깨닫게 함

그러면 그렇게 거룩하고 의롭고 선한 율법이 이스라엘에게 어떤 역할은 했습니까? 7절, 13절입니다.

> 그런즉 우리가 무슨 말을 하리요 율법이 죄냐 그럴 수 없느니라 율법으로 말미암지 않고는 내가 죄를 알지 못하였으니 곧 율법이 탐내지 말라 하지 아니하였더라면 내가 탐심을 알지 못하였으리라
> 그런즉 선한 것이 내게 사망이 되었느냐 그럴 수 없느니라 오직 죄가 죄로 드러나기 위하여 선한 그것으로 말미암아 나를 죽게 만들었으니 이는 계명으로 말미암아 죄로 심히 죄 되게 하려 함이라

이스라엘은 율법을 통해서 하나님 앞에서 어떤 것이 죄인지 분명히 알게 되었다고 말씀합니다. 그러면서 탐심을 구체적인 예로 듭니다. 만약 율법이 없었더라면 탐심이 죄인지 몰랐는데, 율법을 통해 탐심이 죄라는 것을 알았다는 것입니다. 이 말씀은 짧지만 그리고 한 가지만 간단하게 예로 들었지만 어떻게 보면 율법의 가장 중요한 역할 또는 핵심적인 기능이 무엇인지 잘 보여주고 있습니다.

여러분, 일반적으로 세상에서 남의 것을 탐하는 것 자체를 죄라고 합니까? 그렇지 않습니다. 세상은 탐심 자체를 죄라고 명확하게 규정하지는 않습니다. 가장 강하게 이야기한다고 할지라도 단지 '남의 것을 탐하는 것은 바람직하지 않다 또는 정신 건강에 해롭다' 정도로 말할 수 있습니다. 그런데 율법은 무엇이라고 말씀합니까? 제 10계명에서 "네 이웃의 집을 탐내지 말라. 네 이웃의 아내

나 그의 남종이나 그의 여종이나 그의 소나 그의 나귀나 무릇 네 이웃의 소유를 탐내지 말라(출 20:17)"고 말씀합니다. 다시 말해, 율법에서는 남의 것을 탐하는 자체를 아주 큰 죄 가운데 하나로 말씀합니다. 율법이 아니었으면 탐심이 죄라는 것을 몰랐을 것인데 율법으로 인해 탐심이 죄라는 것을 알게 되었다는 것입니다. 그러니까 율법의 가장 중요한 역할 또는 기능은 이스라엘에게 하나님께서 기뻐하시는 것이 무엇인지 또는 하나님 앞에 죄가 무엇인지 알려주는 것이었습니다(13절). 그래서 이스라엘은 율법을 통해 세상의 죄의 기준 또는 주변 이방 나라들의 죄의 기준과 차원이 다른 하나님의 죄에 대한 기준을 알게 되었습니다.

그러면 오늘 본문을 통해 우리가 알 수 있는 세상의 죄의 기준과 하나님의 죄의 기준의 가장 큰 차이점은 무엇입니까? 세상은 겉으로 드러난 잘못된 행동만 죄라고 하지만 하나님께서는(율법에서는 또는 성경에서는) 단지 겉으로 드러난 잘못된 행동만을 죄라고 하지 않고, 마음이나 태도나 생각이 잘못되어도 그것을 죄라고 한다는 것입니다. 예수님께서도 산상수훈에서 율법의 의미를 설명하시면서도 그것을 아주 분명하게 강조하셨습니다.

예수님께서 무엇이라고 말씀하셨죠? 실제로 살인한 것 뿐 아니라 형제에게 노하거나 형제를 업신여기는 것도 살인죄와 같은 심판을 받는다고 하셨습니다. 또한 실제로 간음죄를 범한 것 뿐 아니라 마음에 음욕을 품은 것도 간음죄를 범한 것이라고 하였습니다. 그러니까 하나님께서는 단지 행동 뿐 아니라 마음이나 생각이 잘못되었을 때도 죄로 여기신다는 율법의 핵심 의도를 확인시켜 주신 것입니다. 사랑하는 성도 여러분, 하나님을 믿는 우리는 세상의 기준이 아니라 하나님께서 정하신 수준에서 죄를 범하지 말아야 할 줄 믿습니다. 우리 모두가 우리의 행동 뿐 아니라 마음이나 생각도 하나님께 합당한 자가 되길 간절히 바랍니다.

그러면 마음을 중요하게 여기시는 하나님께서 우리에게 원하시는 가장 중요한 것, 어쩌면 모든 것을 포함할 수 있는 핵심적인 것은 무엇이죠? 그것은 '사랑하는 마음'입니다. 예수님께서도 모든 율법을 한 마디로 '하나님을 사랑하고 이웃을 사랑하는 것'이라고 말씀하셨습니다. 그러니까 먼저 하나님께서 하나님을 섬기는 우리에게 하나님과의 관계에서 가장 중요하게 여기시는 것은 사랑하는 마음이라는 것입니다. 물론 교회에 출석하고 예배드리고 봉사하는 것 귀합니다.

그런데 얼마든지 하나님을 사랑하는 마음이 없이도 예배도 드리고 봉사도 할 수 있습니다. 하지만 겉으로 아무리 열심히 교회에 출석하고 많이 봉사해도 하나님에 대한 뜨겁고 온전한 사랑이 없으면 그것은 핵심이 빠진 것입니다. 하나님께서 진정 중요하게 여기시는 것은 하나님을 사랑하는 마음으로 하나님을 섬기는 것입니다. 또한 이웃과의 관계에서도 마찬가지입니다. 하나님께서 우리에게 요구하시는 것은 이웃에 대한 진정한 사랑의 마음입니다.

우리는 다른 사람과의 관계에서 얼마든지 마음과 다른 행동을 할 수 있습니다. 마음에는 교만한 마음이 있으면서 겸손한 척 할 수 있습니다. 분노와 미움이 가득하면서 사랑한 척 할 수 있습니다. 시기와 질투가 가득하면서 얼마든지 표시내지 않을 수 있습니다. 물론 속마음을 다 드러내는 것도 그렇게 지혜로운 것은 아닙니다. 그렇죠? 그러나 분명한 것은 우리는 사람들을 속일 수는 있지만 하나님께서는 우리 마음의 생각을 아시기 때문에 하나님은 속일 수 없음을 알아야 합니다.

그런 표리부동한(겉과 속이 다른) 삶을 살지 않는 유일한 길은 이웃을 사랑하는 마음을 갖는 것입니다. 우리가 이웃을 사랑하면 남을 무시하거나 얕보는 교만한 마음이 자리 잡을 수 있겠습니까? 또한 이웃을 사랑하면 남이 잘 되면 배가 아픈 시기와 질투의 마음이 생길 수 있겠습니까? 동고동락할 수 있을 것입니다. 또한 이웃에 대한 사랑이 있으면 이웃의 것을 훔치거나 이웃을 속일 수 있겠습니까? 그것은 불가능합니다. 저는 우리 모두가 하나님에 대한 사랑하는 마음과 이웃에 대해 사랑하는 마음이 더욱 크고 깊어져서 마음을 원하시는 하나님께 기쁨이 되길 간절히 바랍니다.

율법의 한계: 사탄의 악용

이렇게 거룩하고 의롭고 선한 율법에 한계(또는 역기능)가 있습니다. 그것은 율법이 죄를 짓게 하였다는 것입니다. 8, 11절입니다.

> 그러나 죄가 기회를 타서 계명으로 말미암아 내 속에서 온갖 탐심을 이루었나니 이는 율법이 없으면 죄가 죽은 것임이라
> 죄가 기회를 타서 계명으로 말미암아 나를 속이고 그것으로 나를 죽였는지라

죄의 세력이 기회를 타고 들어와서 생명에 이르게 할 율법이 이스라엘(본문에서 '나'는 바울을 포함한 이스라엘 전체를 가리킵니다)에게 사망에 이르게 하였다고 합니다. 또한 죄가 기회를 타서 하나님의 백성을 속였다고 합니다. 그러니까 선한 율법을 마귀가 악용해서 오히려 죄를 짓게 하는 지렛대가 되었다는 것입니다. 이것은 무엇을 말하죠? 이것은 하나님께서 아담과 하와에게 주신 선악을 알게 하는 나무를 먹지 말라고 한 명령을 사탄이 악용한 것과 같은 원리입니다. 하나님께서 최초의 사람 아담에게 주신 명령은 너무 귀한 것이었습니다. 그것은 창조주 하나님과 피조물인 우리

인간 사이에 관계를 설정하여 준 것이었고, 또한 피조물인 우리 인간의 도리가 무엇인지 알려준 것이었습니다. 그런데 그것을 사탄이 왜곡되게 악용해서 아담과 하와가 죄를 짓게 하였습니다.

여기에서 우리는 한 가지 중요한 교훈을 얻을 수 있습니다. 그것은 악한 영인 사탄은 선한 것을 얼마든지 악하게 활용할 수 있다는 것입니다. 그것은 우리가 실제적으로 신앙생활하면서 경험하는 것입니다. 몇 가지 예를 들어보겠습니다. 자녀 양육 선한 것입니다. 교회 봉사 선한 것입니다. 전도와 구제도 선한 것입니다. 그런데 그 선한 일을 하는 과정에서 죄의 세력은 우리에게 욕심 또는 탐심을 불어넣습니다(8절).

그래서 탐심이 생기면 선한 것을 경쟁심으로 하도록 합니다. 욕심과 경쟁심이 생기면 더 나은 결과를 위해서 하나님께서 기뻐하시지 않는 비정상적인 방법을 사용하게 합니다. 그렇죠? 그러니까 그 자체는 선한 일인데 악한 영이 우리 마음에 욕심과 경쟁심이 생기게 해서 그 일이 선하지 않게 되는 것입니다. 그래서 우리 교회에서는 교역자들 간에 또는 부서 간에 경쟁을 부추기지 않습니다. 왜냐하면 선한 일에 죄의 세력이 틈타지 못하도록 하기 위해서입니다. 이것은 너무도 귀한 사역의 원리입니다.

그러면 선한 것을 악용하는 사탄이 어떻게 선한 율법을 이스라엘에게 악용했나요? 먼저 일반적인 측면에서 말씀드리면 사탄은 우리 인간의 본성을 이용하였습니다. 우리 인간의 본성 가운데 하나는 하지 말라고 하면 더욱 하고 싶어 하는 것입니다. 어거스틴의 참회록을 보면 인간의 본성을 설명하면서 자신의 경험담을 이야기합니다. 배 밭에 가서 배를 훔쳤는데 특별한 이유가 없습니다. 단지 하지 말라는 것을 한 것 때문에 희열을 느꼈다는 것입니다. 아이들이 19금이라고 하면 더욱 보고 싶어 할 수 있습니다. 어떤 것을 하지 않도록 막아 놓으면 더욱 하고 싶어지는 사람이 있습니다. 그러니까 사탄이 그런 우리 인간의 본성을 악용하여 율법을 통해 죄를 짓게 할 수 있다는 것입니다.

그런데 사탄이 이스라엘에게 율법을 통해 더욱 실제적이고 중요하게 악용한 것은 무엇입니까? 그것은 율법의 본질과 핵심을 없애 버리고 껍데기만 남게 한 것입니다. 위에서 말씀드린 것처럼 이스라엘은 열심히 하나님의 율법을 지키고자 했습니다. 그들은 더욱 하나님을 잘 섬기기 위해서 613가지 조항을 추가로 만들어 지켰습니다. 그런데 이스라엘은 시간이 지나자 율법은 마음을 강조했는데 이스라엘은 본질과 핵심은 빼버리고 외적인 것만 중요하게 여긴 것입니다. 사탄이 그렇게 한 것입니다. 그것은 예수님 시대 종교지도자들인 바리세인들에게서 분명히 드러납니다. 예수님께서는 그들을 향하여 회칠한 무덤이라고, 화 있을 것이라고 엄히 꾸짖었습니다. 그러면서 예수님께서 율법의 진정한 의미를 알려주었습니다.

사랑하는 성도 여러분, 우리는 사탄의 대표적인 전략 가운데 하나가 선한 것을 악하게 활용하는 것임을 우리는 꼭 기억해야 합니다. 물론 악한 영이 우리가 쉽게 알아차리게 우리를 유혹하고 죄를 짓게 할 수 있지만, 많은 경우 사탄은 교묘하게 선한 것을 사용하여 악을 행하게 하는 것을 알아야 합니다. 그렇기 때문에 선한 일을 하더라도 늘 깨어있어야 할 줄 믿습니다. 특별히 우리는 선한 율법을 사탄이 교묘하게 악용해서 본질과 핵심은 빼버리고 껍데기만 남겨 버린 것처럼 사탄이 교묘하게 우리의 신앙생활에서도 본질과 핵심이 사라져 버리고 형식만 남도록 유혹할 가능성이 있음을 늘 기억해야 합니다. 그것은 목회자들도 마찬가지고, 성도들도 마찬가지입니다. 목회자들도 초심을 잃어버릴 수 있습니다. 처음에는 참으로 순수하고 존경을 받았는데 나중에 탐욕이 생기고, 인간적인 수단과 방법으로 인간적인 모습을 보이는 경우가 많습니다. 어느 한 사람도 예외 없이 모든 목회자들에게 올 수 있는 위기입니다. 성도들도 마찬가지입니다. 특별히 오랫동안 신앙생활하면서 교회를 섬기는 분들에게 나타날 수 있습니다. 처음에는 구원의 기쁨과 감격으로, 하나님을 사랑하는 마음으로 신앙생활하고 교회 봉사를 했는데 나중에는 구원의 기쁨과 감격이 없이 하나님에 대한 뜨거운 사랑의 고백 없이 그냥 타성에 젖어서 신앙생활하고 봉사할 가능성이 많습니다(기도, 예배, 말씀 읽기 등도 마찬가지입니다). 우리도 이스라엘은 본질과 핵심은 빠져버리고 껍데기만 있는 모습으로 잘하고 있는 것처럼 착각하였던 것처럼 우리도 껍데기만 있는 모습을 보이면서도 잘하고 있다고 착각하기 쉽습니다. 고린도전서 9:26-27입니다.

그러므로 나는 달음질하기를 향방 없는 것 같이 아니하고 싸우기를 허공을 치는 것 같이 아니하며, 내가 내 몸을 쳐 복종하게 함은 내가 남에게 전파한 후에 자신이 도리어 버림을 당할까 두려워함이로다.

이 말씀에는 실제로 버림을 당할 것을 두려워하는 마음보다는 끝까지 잘 달려가고자 하는 바울의 소원과 결단이 표현되어 있습니다. 우리 모두에게 하나님을 섬기고 봉사하는데 있어서 본질과 초심을 놓치지 않고 두렵고 떨림으로 끝까지 잘 달려가려고 하는 간절한 마음이 있어야 할 줄 믿습니다.

말씀을 맺겠습니다.

오늘 본문은 우리에게 율법의 본질이 무엇인지 그리고 역할과 한계가 무엇인지 너무도 분명하게 말씀하고 있습니다. 저는 우리 모두가 율법의 본질과 역할과 한계에 대해서 잘 이해하고 그것을 우리 신앙과 삶에 잘 적용하여 하나님께서 기뻐하시는 신앙생활을 할 수 있기를 바랍니다.

로마서 7:14-25

오호라 나는 곤고한 사람이라

※ 설교 주제: 거룩하신 하나님 앞에서 철저히 무능한 존재인 우리 인간은 소망이요 능력이신 예수 그리스도만을 온전히 의지해야 한다.

※ 설교 목표: 우리 인간은 철저히 무능한 존재임을 깨닫게 하고, 우리의 소망이요 능력이신 예수 그리스도만을 온전히 의지하게 한다.

※ 설교 전개
    유대인들이 율법에 집착했던 이유
        율법의 역할
    그리스도 안에 있는 우리에게 율법은?
        율법의 한계
    인간 본질에 대한 깨달음과 소원
    오호라 나는 곤고한 사람이라
    예수 그리스도로 말미암아

※ 설교 요약

　율법은 본질적으로 의롭고 선하고 거룩하며, 죄를 알게 해 주는 역할을 한다. 그러나 율법의 한계는 율법이 우리를 거룩하게 만들 능력이 없다는 것이다. 뿐만 아니라 죄의 세력은 거룩하고 의롭고 선한 율법을 악용해서 하나님의 백성에게 죄를 짓게 한다. 그러한 상황에서 바울은 원하는 선은 행치 못하고 원치 않는 악을 행할 수밖에 없는 자신을 보면서 절망적으로 탄식하고 있다. 하지만 예수 그리스도로 말미암아 감사하다고 고백하면서 7장을 마무리하고 있다. 우리도 물론 성화를 위해 최선을 다해 노력해야 한다. 하지만 그것이 나의 의지와 노력으로 되는 것이 아님을 알고 예수 그리스도 앞에 나가 그 분을 철저히 의지해야 한다. 그러면 우리의 진정한 소망이신 예수님께서 우리를 받아주시고, 우리와 함께 하시고, 우리에게 힘과 능력을 주셔서, 주님을 닮고자 하는 우리의 간절한 소원을 이루어주실 것이다.

로마서 7장은 초대교회 당시 최고의 논쟁 대상이었던 율법에 대해 말씀하고 있습니다. 사도 바울은 율법에 대해서 언급하면서 가장 먼저 그리스도 안에 있는 우리는 율법에 대해서 죽임을 당했다고 선포하고 있습니다. 예수 그리스도의 십자가를 통한 구원 사건으로 인해 이제 우리는 더 이상 율법의 지배와 통치를 받지 않는다는 것입니다. 그 사실을 좀 더 분명하게 설명하기 위해 사도 바울은 두 가지 비유를 제시하였습니다. 이와 같이 그리스도인과 율법과의 관계를 설명하는데 두 개의 비유까지 동원하여 자세하게 설명한 것은 그 만큼 당시에 그 주제가 쉽지 않은 문제였음을 보여주는 것입니다.

유대인들이 율법에 집착했던 이유

그러면 당시 유대인들이 율법에 집착하고 미련을 버리지 못했던 이유는 무엇이었다고 생각합니까? 여러 가지 이유들이 있었지만, 아마 가장 중요한 이유는 유대인들이 하나님의 구속사적 경륜을 깨닫지 못하였기 때문이었습니다. 전체 하나님의 구원 역사에서 볼 때 율법은 예수님께서 오실 때까지 일정한 기간 동안만 하나님 백성의 삶을 지배하도록 주셨습니다. 그런데 유대인들 특히 율법주의자들은 그러한 구속사적 경륜을 깨닫지 못하고 율법에만 집착했던 것입니다.

이스라엘이 선택받은 것도 마찬가지였습니다. 하나님께서 이스라엘을 선택하신 것은 예수님을 통한 구원을 이루시는 과정에서 이스라엘을 통해 특별히 하실 일이 있었기 때문이었습니다. 그러나 이스라엘은 그러한 하나님의 뜻과 섭리를 모르고 잘못된 선민사상에 사로잡혀 있었습니다. 심하게 이야기하면, 그것은 자기도취요 착각인 것입니다. 만약 이스라엘이 하나님의 전체 구원의 경륜 안에서 자신들의 위치와 역할을 제대로 볼 수만 있었다면, 그들은 스스로 높이지 않고 겸손하게 자기들에게 맡겨진 사명을 잘 감당할 수 있었을 것이고, 또한 그 사명을 감당한 것만으로도 감사할 수 있었을 것입니다. 하지만 유대인들은 그 구원의 경륜 가운데서 자신들을 보지 못했기 때문에 교만과 착각에 빠진 것입니다.

그것은 지금 우리에게도 똑같이 적용됩니다. 지금도 모든 역사는 구원의 완성을 향해 달려가고 있습니다. 또한 그리스도 안에서 우리의 인생과 삶도 전체 하나님의 구원 역사가 진행되는 과정의 한 부분입니다. 그렇기 때문에 하나님께서 사회와 교회에서 주신 여러 가지 지위와 직분들을 하나님의 구속사적 경륜에서 생각해야 합니다. 예를 들어, 하나님께서 저에게 목사라는 직분을 주셨습니다.

저는 하나님께서 저같이 부족한 사람을 목사로 부르신 것에 대해(또한 특별히 신학교에서 목회자들을 양성하는 일을 하는 사역을 주신 것에 대해) 감사하고 영광스럽게 생각합니다. 그런데 이스라엘처럼 거기에서 멈추어서는 안 됩니다. 하나님께서 저에게 목사와 교수라는 직분을 주신 것을 하나님의 구원 역사의 관점에서 생각해야 합니다. 그러면 그 직분이나 지위 자체에 만족하거나 그 직분 자체가 결코 자랑이 되지 않을 것입니다. 오히려 두렵고 떨리는 마음으로 하나님의 구원 역사의 조그마한 부분이라도 감당하기 위해 저에게 맡기신 일에 최선을 다할 것입니다. 주어진 모든 것을 항상 구속사의 관점에서 생각할 수 있는 은혜가 우리 모두에게 있기를 바랍니다.

율법의 역할

그와 같이 사도 바울은 우리가 그리스도 안에서 율법에 대해서 죽었다고 말씀하면서 율법의 본질, 역할 그리고 한계에 대해서 간단하지만 성경의 어느 부분보다도 분명하게 설명하고 있습니다. 무엇보다도 먼저 율법은 본질적으로 거룩하고 의롭고 선하다고 합니다. 왜냐하면, 율법은 이스라엘이 복을 받고 또한 받은 복을 유지하도록 안내하는 지침서였기 때문입니다. 율법은 하나님께서 택한 백성인 이스라엘에게만 주신 선물이었습니다. 또한 율법에는 창조질서를 회복시키고자 하는 하나님의 의도가 담겨있습니다. 뿐만 아니라 율법에는 아담의 죄로 인해 깨어져 버린 하나님과 인간의 관계를 회복하고 하나님의 임재를 경험할 수 있는 장이 마련되어 있습니다. 이렇게 율법을 주신 이유와 목적을 생각하면 율법은 하나님께서 주신 선물로서, 거룩하고 의롭고 선하다고 하지 않을 수 없습니다.

다음으로 율법의 주된 역할을 무엇이었습니까? 그것은 하나님께서 기뻐하시고 원하시는 것이 무엇인지 그리고 하나님 앞에서 죄가 무엇인지 알게 해 주는 것이었습니다. 특별히 이스라엘은 율법을 통해 세상의 수준과는 다른 하나님의 죄의 기준을 깨닫게 되었습니다. 그런데 세상의 기준과 하나님의 기준 사이에 가장 큰 차이는 무엇이라고 했습니까? 세상 사람들은 단지 잘못된 행동으로 드러난 것만 죄라고 하지만, 우리 하나님은 마음이나 태도나 생각이 잘못되어도 죄로 간주하신다는 것입니다. 그것은 오늘 우리에게도 마찬가지입니다. 지금도 하나님께서는 성경을 통해 세상의 기준과는 차원이 다른 죄의 기준을 알려주십니다.

그런데 한 가지 물어보겠습니다. 혹시 우리 가운데 하나님의 수준 높은 죄의 기준을 알게 된 것이 불행이라고 생각하시는 분들은 계시지 않나요? 만약 하나님을 알지 않았으면(세상 사람들의 기준에서 살았으면) 하나님께 죄를 지으면서도 전혀 마음의 부담이나 괴로움이 없었을 것인데 '예수 괜히 믿었네!' 라고 생각하며 후회하는 분들이 계시지 않나요? 저도 처음 예수 믿었을 때 그랬던 적이 있습니다. '좀 더 있다가 믿을걸! 너무 빨리 믿은 것이 아닌가?' 하는 생각을 하기도 했습니다. 정말 어쩌다 한 번씩 그랬습니다(하하하). 저만 그런가요? 그런데 믿음 안에서 하나님의 뜻을 알고 하나님의 말씀을 순종할 때 주어지는 놀라운 기쁨과 평안 그리고 은혜를 경험하면서 하나님의 수준 높은 기준으로서 죄가 무엇인지 아는 것이 참으로 놀라운 특권이요 복이라는 것을 알게 되었습니다. 사랑하는 여러분, 예수 그리스도의 진리 안에 진정한 자유가 있고, 또한 그 속에 진정한 기쁨과 즐거움과 행복이 있는 줄 믿습니다.

또한 율법의 죄를 깨닫게 하는 기능(역할)은 전체 구원 역사의 관점에서 보면, 복음 되신 예수 그리스도를 통한 구원의 절대적인 필요를 인정케 하는 역할도 하였습니다. 이것 역시 율법의 중요한 기능 가운데 하나입니다. 이와 관련하여 로마서에 있는 말씀들을 보겠습니다. 로마서 3:19-20에서 "우리가 알거니와 무릇 율법이 말하는 바는 율법 아래에 있는 자들에게 말하는 것이니 이는 모든 입을 막고 온 세상으로 하나님의 심판 아래에 있게 하려 함이라. 그러므로 율법의 행위로 그의 앞에 의롭다 하심을 얻을 육체가 없나니 율법으로는 죄를 깨달음이니라"라고 말씀합니다. 로마서 5:20에서는 "율법이 들어온 것은 죄를 더하게 함이라"고 합니다. 이 말씀은 두 가지 의미를 가지고 있습니다. 앞에서 말씀드린 것처럼 실제로 율법을 통해 더 큰 죄를 범할 수도 있다는 것을 의미하기도 하고, 또한 율법을 통해 주관적으로 우리가 얼마나 큰 죄인인지 분명히 알게 된다는 것을 의미하기도 합니다. 로마서 7:13에서 "율법으로 말미암아 죄가 심히 죄가 되었다"고 했습니다. 그러니까 율법을 통해 이 땅에 어느 누구도 온전히 하나님의 기준을 만족시킬 수 없음을 알게 되었고, 또한 모든 사람이 죄인으로 하나님의 심판을 받을 수밖에 없음을 알게 되었던 것입니다. 이러한 율법의 죄를 깨닫게 하는 기능은 우리의 구원을 위해 율법과는 별도로 하나님의 의이신 예수님이 절대적으로 오셔야만 됨을 분명히 깨닫게 해 줍니다.

그리스도 안에 있는 우리에게 율법은?

그러면 여기에서 또 한 가지 질문을 해야 합니다. 율법이 신약시대에 사는 우리에게 지금도 하나님의 기뻐하시는 뜻과 죄를 알게 하는 긍정적인 역할을 합니까? 아니면 그리스도 안에서 율법에 대해서 죽임을 당했기 때문에 우리와 전혀 상관없습니까? 사도 바울이 이 부분에 대해서 로마서 3:31에서 "우리가 믿음으로 말미암아 율법을 파기하느냐? 그럴 수 없느니라. 도리어 율법을 굳게 세우느니라."고 분명히 말씀하였습니다.

이 말씀은 율법이 지금도 여전히 그리스도 안에 있는 우리에게도 유익하고 하나님께서 원하시는 것이 무엇인지 알게 한다는 것을 의미합니다. 그러니까 율법에 죽임을 당했다는 것은 율법이 지배하고 통치했던 하나님의 구원역사의 일정한 기간이 지나갔다는 것이지 하나님의 뜻과 죄를 깨닫고 알게 하는 율법의 기능 자체가 사라져 버렸다는 것을 의미하지는 않습니다.

따라서 모든 율법은 오늘날 우리들에게도 여전히 적용 가능하니다. 종종 어떤 분들은 율법 가운데 어떤 것은 적용되고 율법 가운데 어떤 것은 우리에게 무익하고 상관없다고 말씀합니다. 그러나 그렇지 않습니다. 물론 모든 율법을 문자 그대로 적용할 수는 없습니다. 왜냐하면 율법은 구원사적으로 예수님 오시기 전에 주어진 것이고 또한 문화적으로 당시와 오늘날은 많은 차이가 있기 때문입니다. 문자적으로 적용되는 것도 있고 그렇지 않는 것도 있습니다. 하지만 모든 율법을 주실 때의 하나님의 뜻과 의도는 지금도 우리에게 적용해야 합니다.[12] 그래서 하나님께서는 그렇게 많은 분량을 오늘날 성경에 남겨주신 것입니다. 뿐만 아니라 실제로 율법에는 신앙생활의 도리에 대해 신약에 언급되지 않는 많은 부분이 언급되어 있습니다. 그렇기 때문에 우리는 율법을 통해 하나님께서 기뻐하시는 것이 무엇인지 그리고 하나님 앞에서 죄가 무엇인지 더 많이 그리고 더 깊게 알 수 있는 것입니다.

율법의 한계

그런데 문제가 있습니다. 그것은 율법은 선하고 죄를 알게 해주는 역할을 감당했지만 한계가 있다는 것이었습니다. 다시 말해, 율법은 거룩하고, 우리에게 죄가 무엇인지 알려주지만, 우리를 거룩하게 만들 능력이 없다는 것입니다. 거기에서 한 걸음 더 나아가 죄의 세력은 거룩하고 의롭고 선한 율법을 악용해서 하나님의 백성을 속이고 죄를 짓게 하였다고 말씀합니다. 그것이 율법의 한계입니다. 그것이 8-11절의 핵심 내용이었죠?

오늘 본문은 8-11절을 이어서 율법의 한계를 실제적인 측면에서 말씀하고 있습니다. 사실 오늘 본문은 신학적으로 아주 뜨거운 논

---

[12] 참고. 김창훈, 『하나님의 선물-율법』 (서울: 호밀리아, 2018).

쟁이 있는 본문이기도 합니다. 그것은 오늘 본문의 내용이 구원 받기 전에 대한 것이냐 아니면 구원 받은 이후에 대한 것이냐는 것입니다. 어떤 분들은 오늘 본문은 바울이 예수님을 믿기 전 죄의 종 아래 있을 때의 상황을 이야기한다고 합니다. 어떤 분들은 구원받은 다음 성화의 과정에서 일어난 일이라고 주장하기도 합니다. 여러분은 어떻게 생각하십니까? 학자들의 견해는 거의 반반입니다. 그것은 양쪽 주장이 모두 일리가 있다는 것입니다. 저는 개인적으로 너무 어느 한쪽만 강조하거나 적용하기 보다는 두 경우 모두를 고려해서 적용해야 한다고 생각합니다. 그러니까 예수 믿기 전 사람들과 관련해서 나름대로 본문에서 적용할 부분이 있고, 오늘 저녁에 모이신 분들과 같이 신앙생활하시는 분들도 적용할 부분이 있습니다. 그런데 저는 오늘 본문이 개인적으로 구원받은 다음에 영적인 전쟁 또는 성화의 과정에서 일어난 일이라고 생각합니다. 또한 오늘은 이미 신앙생활 하는 분들에게 말씀을 전하기 때문에 그쪽 방향으로 오늘 말씀을 적용하고자 합니다.

인간 본질에 대한 깨달음과 소원

이제 본문을 보겠습니다. 오늘 본문은 14-17절 그리고 18-20절에서 비슷한 내용을 반복해서 말씀하고 있습니다. 그것은 아마 본문의 내용이 바울 자신에게 너무 분명하고 또한 절실하게 경험되었기 때문에 그렇게 한 것이 아닌가 생각합니다. 14-20절을 보면 크게 세 가지 사실을 언급하고 있습니다.

먼저, 바울은 자신이 어떤 존재인 것을 철저하게 깨닫고 고백합니다. 14절입니다.

우리가 율법은 신령한 줄 알거니와 나는 육신에 속하여 죄 아래
에 팔렸도다.

율법이 신령함을 안다는 것은 율법이 하나님으로부터 나온 거룩하고 의롭고 선하다는 것을 간략하게 다시 한 번 인정하는 것입니다. 자신이 육신에 속하였다는 것은 자신이 '예수님을 믿지만 여전히 이 세상의 원리에 따라 살고 있다' 또는 '예수님을 믿지만 여전히 인간의 죄악 된 본성의 영향 아래 있다'는 것을 의미합니다. 그래서 구원을 받았지만 여전히 죄의 종(원어: 죄 아래-죄의 종)으로 팔려진 존재라고 합니다. 또한 18절에서는 "내 속 곧 내 육신에 선한 것이 거하지 아니하는 줄을 아노니"라고 합니다. 구원 이후에도 자신 안에 선한 것이 없는 전적으로 부패한 존재라는 것입니다. 정리하면, 바울은 14, 18절에서 먼저 자신이 어떤 존재인 것을 고백합니까? 자신이 예수님을 믿어 구원을 받았지만 여전히 세상의 원리에 지배되어 살고 있고, 또한 죄의 지배 아래 있는 부패한 인간임을 고백하는 것입니다.

두 번째로, 그런 부패하고 무능한 자신에게 나타난 삶의 모습(또는 결과)이 무엇인지 말씀합니다. 15절, 18절(下)-19절입니다.

내가 행하는 것을 내가 알지 못하노니 곧 내가 원하는 것은 행하지 아니하고 도리어 미워하는 것을 행함이라(15절).
원함은 내게 있으나 선을 행하는 것은 없노라. 내가 원하는 바 선은 행하지 아니하고 도리어 원하지 아니하는 바 악을 행하는도다(18절(下)-19절)

바울은 자신의 삶의 모습은 어떠하다고 합니까? 믿음 안에서 자

신을 향한 하나님의 뜻을 알았기 때문에 그 뜻을 이루어드리기 원했고 또한 선을 행하고 싶은 소망이 있지만 실제적인 자신의 삶을 보면 자신의 원함과는 전혀 다르게 원치 않는 악을 행하고 있음을 발견한 것입니다.

세 번째로, 그렇게 살게 된 원인이 무엇인지 말씀합니다. 16-17절, 20절입니다.

> 만일 내가 원하지 아니하는 그것을 행하면 내가 이로써 율법이 선한 것을 시인하노니 이제는 그것을 행하는 자가 내가 아니요 내 속에 거하는 죄니라(16-7절)
> 만일 내가 원하지 아니하는 그것을 하면 이를 행하는 자는 내가 아니요 내 속에 거하는 죄니라(20절).

바울은 율법 자체는 선하고, 또한 자신은 율법을 통해 깨달은 선을 행하기를 원하지만, 자신이 원하는 선은 행치 아니하고 악을 행하게 하는 근본적인 원인이 죄의 세력임을 깨달았다고 말씀하고 있습니다. 사탄의 세력이 그렇게 하지 못하도록 한다는 것입니다.

이제 21-25절에서 7장을 종합적으로 정리합니다. 자신 속에 선과 악이 공존한다는 것입니다(21절). 그래서 내 속 사람은 하나님의 법을 즐거워하되 내 지체 속에 다른 법(세력)이 나를 사로잡아서 죄의 세력에 굴복케 하고 있다고 고백합니다(22-23절). 그러한 절망되고 안타까운 상황에서 마음 속 깊은 곳에서 나오는 두 개의 부르짖음이 있습니다. 하나는 "오호라 나는 곤고한 사람이라!"는 탄식입니다. 다른 하나는 "우리 주 예수 그리스도로 말미암아 하나님께 감사한다"는 감격스러운 고백입니다.

오호라 나는 곤고한 사람이로다

　사실 오늘 본문에서 보여준 사도 바울의 고백과 탄식은 우리 모두가 신앙생활을 하면서 실제적으로 경험하는 것입니다. 먼저, 사도 바울이 스스로 자신 안에 선한 것이 없고 참으로 부패한 죄인이라는 것을 인식하고 고백한 것처럼, 우리도 예수님을 온전히 알게 되면 하나님 앞에서 사도 바울과 같은 고백을 하지 않을 수 없습니다. 아마 우리 가운데 대부분은 예수 믿기 전이나 그리고 지금 예수를 믿으면서도 세상의 관점에서 보면 도덕적으로나 인격적으로 그렇게 막 살지 않았고 지금도 그럴 것입니다. 그렇죠? 그런데 세상의 관점에서 보면 크게 잘못된 것이나 부족한 것이나 악한 것이 없다고 할지라도 예수를 믿고 하나님 앞에서 우리 자신을 보면 자신이 참으로 악하고 추하고 부족하다는 것을 고백하고 인정할 수밖에 없습니다. 왜 그럴까요? 하나님은 빛이시고 거룩하시기 때문입니다.
　우리 모두가 경험하는 것인데 평소에 깨끗하게 보이고 먼지도 많지 않아 보이는데, 햇볕이 비추면 그전에 전혀 보이지 않았던 지저분한 것이나 먼지들이 보이는 것과 같은 원리입니다. 또한 지저분한 천 위에 있으면 큰 얼룩이 있어도 거의 표가 나지 않지만, 깨끗한 하얀 천위에서는 조그마한 얼룩도 분명히 드러날 수밖에 없습니다.
　그런데요, 이렇게 하나님 앞에서 악하고 추하고 부족하고 연약하게 고백되는 자신에 대한 인식은 본격적이고 성숙한 신앙생활을 위해 반드시 거쳐야 할 과정인 줄 믿습니다. 대개 모태신앙이나 차지도 않고 뜨겁지도 않은 미지근한 신앙생활 하는 사람들이 이 경험을 하지 못하는 경우가 많습니다. 그러나 바울처럼 하나님의 깊은 은혜의 자리에 들어가면 이 고백을 하지 않을 수 없습니다. 그러니까 자신의 한계에 대해 뼈저리게 느끼고 경험하는 자신의 본질에 대한 바른 깨달음은 진정한 또는 깊은 신앙생활을 위한 출발점이라고도 할 수 있습니다.

그래서 위대한 하나님의 사람들은 다 이 경험을 하였던 것을 알 수 있습니다. 하나님께서 본격적인 사역을 위해 이사야를 부르시는 과정에서 이사야 선지자가 그 경험을 했습니다. 그는 "화로다 나여 망하게 되었도다. 나는 입술이 부정한 사람이요 나는 입술이 부정한 백성 중에 거주하면서 만군의 여호와이신 왕을 뵈었음이로다(사 6:5)"고 고백합니다. 이사야 선지자는 하나님의 임재 앞에서 자신이 참으로 부정하고 누추한 죄인임을 인정합니다. 누가복음 5장을 보면 베드로도 처음 자신을 부르시는 과정에서 이 경험을 했습니다. 그는 주님의 위대하심 앞에서 "주여, 나를 떠나소서! 나는 죄인이로소이다!"고 고백했습니다. 저는 우리 모두가 거룩하시고 빛 되신 하나님 앞에서 자신의 본질을 바르게 볼 수 있기를 간절히 바랍니다.

또 하나 우리가 예수를 믿으면 선을 행하고 싶은 소원이 생깁니다. 물론 이 소원도 하나님께서 주시는 것입니다. 왜냐하면, 그것 때문에 하나님께서 우리를 부르셨기 때문입니다. 7:4에서도 율법에 대해 죽임을 당하게 한 것은 열매를 맺기 위함이라고 말씀하고 있습니다. 문맥으로 보면 오늘 본문의 선을 행하는 것과 같은 의미입니다. 그런데 열매를 맺고 선을 행하는 것이 무엇인지 여러 가지로 이야기할 수 있으나 한 마디로 요약하면 '성화'를 의미한다고 할 수 있습니다. 성화는 구별됨이라고 말씀드렸습니다. 그러니까 누구나 다 예수를 믿으면 더 구별된 삶을 살기 원한다는 것입니다. 그렇죠? 만약 예수를 믿어도 그런 마음이 없으면 그것은 문제입니다.

그런데 선한 일 또는 성화의 수준(목표)은 어느 정도까지라고 했습니까? 거듭 말씀드린 대로, '그리스도의 형상이 내 안에 이루어지기까지' 입니다. 나에게서 그리스도인의 향기가 넘쳐나기까지입니다. 그래서 "당신은 정말 그리스도인 이예요!" 라고 불리어 지는 것입니다. 그것이 우리 모두가 이루어야 할 성화의 목표입니다. 하나님께서 우리에게 이 거룩한 소원과 목표를 주시기를 바랍니다.

뿐만 아니라 성경은 우리에게 그 성화의 목표를 위해서 최선을 다해 노력해야 한다고 말씀합니다. 갈라디아서 4:19입니다(참고. 빌 2:12).

> 나의 자녀들아 너희 속에 그리스도의 형상을 이루기까지 다시 너희를 위하여 해산하는 수고를 하노니

바울은 자신과 다른 사람들이 성화되기 위해 힘을 다해 해산의 수고를 한다고 했습니다. 오늘 본문에서도 바울이 얼마나 처절하게 애쓰고 최선을 다하고 있는지 보여주고 있습니다. 우리도 마찬가지로 성화를 위해 해산하는 수고를 해야 합니다. 또한 세상 사람들은 아무렇게 생각지도 않은 일들도 우리는 하나님의 기준에서 민감하게 고민하고 대응해야 합니다.

그런데 성화를 위해 고민하고 최선을 다하는 과정에서 경험되는 것이 있습니다. 그것은 내가 원하는 선을 행하지 못하고 내가 원치 않는 악을 행하고 있다는 것입니다. 결단하고 최선을 다해 수고하고 노력했지만 늘 실패와 좌절을 경험하고 철저히 자신의 한계를 경험하게 됩니다. 물론 객관적으로 보면 예전보다 많이 달라지고 많이 성숙해진 것이 분명합니다. 그러나 주관적으로는 더욱 부족함을 느끼게 되는 것입니다. 왜 그렇습니까? 그것은 예수님을 만나고 말씀을 통해 하나님의 기준을 알게 되었기 때문에 우리의 기준과 목표가 예전보다 훨씬 높아졌고, 또한 빛 되시고 거룩하신 하나님

앞에서 우리 자신을 보기 때문입니다. 예를 들면, 두 사람이 시험을 보는데 한 사람은 100점을 기대했고 또 한 사람은 80점을 기대했습니다. 그런데 80점을 기대했던 사람은 80점을 받으면 낙심하거나 탄식하지 않습니다. 그러나 100점을 기대했던 사람이 90점을 받으면 크게 좌절합니다.

그래서 우리는 선을 행하기 위해 최선을 다하는 과정에서 바울처럼 "오호라 나는 곤고한 사람이로다! 이 사망의 늪에서 누가 나를 건져 내랴?"고 하면서 탄식하지 않을 수 없습니다. 내 자신을 생각할 때 얼마나 내가 부패하고 무능한 지를 고백하는 것처럼 선을 행하는 과정에서도 이것은 예수를 믿는 모든 사람에게서 경험되는 것입니다.

여러분도 이 탄식이 있으시죠? 지금도 많이 부족하지만 저도 처음 예수 믿을 때 이 탄식은 이루 말할 수 없었습니다. 어쩌면 예수를 믿으면서 '오호라 나는 곤고한 사람' 이라는 탄식과 절규가 없다면 문제가 있다고 할 수 있습니다. 만약 '오호라 나는 곤고한 사람' 이라고 고백하지 않는 것은 그만큼 나에게 성화에 대한 간절함과 절실함이 없었다는 것을 의미하기도 합니다. 반대로 소원과 갈급함이 크고 강할수록 좌절과 낙심과 탄식은 더욱 깊어지지 않을 수 없기 때문입니다. 그러니까 이 탄식이 있다는 것은 어쩌면 바람직한 일입니다.

그러한 좌절과 탄식을 경험하면서 우리가 깨닫는 것이 있습니다. 그것은 우리 자신 안에 내 자신과 또 다른 하나의 세력이 있는 것입니다. 그것이 바로 죄의 세력입니다. 그리고 내가 원하는 선을 행하지 못하고 악을 행하도록 이끄는 것은 내가 아니라 내 속에 있는 악한 세력이라는 것을 알게 됩니다. 그러면서 우리는 그 악한 세력의 본질과 악한 계교를 알게 되고, 우리의 싸움이 혈과 육의 싸움이 아니라 공중의 권세를 잡은 악한 영과의 싸움임을 알게 됩니다.

그런데 우리가 사탄과의 영적 싸움에서 꼭 알아야 할 것이 두 가지 있습니다. 하나는 지난주에 말씀드린 것처럼 사탄은 교묘하게 하나님께서 주신 귀하고 선한 것들을 악용하여 죄를 짓게 한다는 것입니다. 그렇기 때문에 우리는 선한 일에 악한 영이 기회를 타서 들어오지 못하도록 늘 깨어 있어야 합니다. 다른 하나는 죄의 세력의 유혹은 결코 중간에 그만 두지 않는다는 것입니다. 25절 뒷부분을 보세요. 그리스도 안에서 감사의 고백을 한 후에도 두 세력이 싸움이 계속 된다고 결론을 내리고 있습니다. 성화의 원리를 생각할 때도 이것은 당연한 것입니다. 여러분, 구원(칭의)은 한 순간에 일어나지만 성화는 주님 앞에 가는 그날 까지 계속됩니다. 그렇기 때문에 성화가 진행되는 과정에서 죄의 세력은 끝까지 우리를 포기하지 않고 우리를 계속해서 유혹하는 것입니다. 그렇기 때문에 우리는 주님 앞에 가는 그날까지 결코 긴장의 끈을 놓지 않고 계속해서 사탄의 세력과 싸워야 할 것입니다.

저의 평생에 기도하는 네 명의 롤 모델이 있습니다. 그 분들은 모세(눈이 흐려지지 아니하고 기력이 쇠하지 않은 분), 갈렙(인생의 마지막까지 하나님께서 맡기신 일을 위해 최선을 다했던 분), 여호수아(인생의 마지막에 위대한 믿음의 고백을 하였던 분), 바울(끝까지 믿음의 선한 싸움을 잘 하였던 분)입니다.

예수 그리스도로 말미암아

지금까지 우리는 바울의 자신에 대한 인식과 소원과 고민과 좌절을 보았습니다. 그런데 설교를 들으면서 혹시 "야! 예수 믿기 정말 힘들구나!"라고 생각하는 분들이 계실지 모르겠습니다. 실제로 만약 여기까지만 있으면 예수를 믿는 것이 너무도 힘든 일입니다. 예수를 믿으면 늘 고민과 긴장을 하면서 살아야 하고 또한 바울처럼 "오호라 나는 곤고한 사람이로다!"라고 늘 탄식하며 산다면 우리는 어쩌면 많이 불행한 사람일 줄 모릅니다. 그러나 복음 안에서의 삶은 여기가 끝이 아닙니다. 깊은 좌절과 탄식의 막다른 지점에서 우리는 복음 되신 예수님을 만납니다. 오늘 본문에서도 "오호라 나는 곤고한 사람이로다! 이 사망의 늪에서 누가 나를 건져내랴?"는 탄식과 "우리 주 예수 그리스도로 말미암아 하나님께 감사하리로다!"의 감사와 감격의 고백이 연결되고 있습니다. 그러면서 8장에서 바울은 자세하고 강력하게 그리스도 안에서의 삶이 얼마나 복되고 즐거운 지를 감격스럽게 외치고 있습니다.

여러분, 이것이 복음입니다. 이것이 진정한 복음의 능력이요 기쁨이요 소망입니다. 주님께서는 부족하지만 연약하지만 변함없이 늘 받아주십니다. 또한 내가 원하는 것을 기쁨과 즐거움 가운데서 이루어 가도록 인도해 주시고 능력을 주십니다. 사랑하는 성도 여러분, 우리 하나님은 더 깊은 좌절과 탄식을 경험할 때 더 큰 은혜와 복음의 능력을 경험케 하시는 하나님이신 줄 믿습니다. 할렐루야!

이것은 죄와 관련되어서만 적용되는 것이 아니라 주님께서 우리 신앙생활 전체를 이끌어 가시는 원리요 방법입니다. 죄 문제 뿐 아니라 우리는 나그네 인생을 살아가면서 늘 한계 상황을 경험하게 됩니다. 육신의 질병, 경제적 어려움, 자녀들 문제, 가정의 문제 등 도저히 어찌할 수 없는 상황에 직면할 때가 많습니다. 사방으로 우겨 싸임을 당해서 도저히 빠져나올 가능성이 없어 보일 때가 많습니다(고후 4: 7-11). 그러나 그것이 마지막이 아닙니다. 하나님께서 그와 같이 한계 상황을 경험하게 하신 것은 오직 보배 되신 예수 그리스도만을 의지하도록 하기 위함이고, 또한 상상할 수 없는 놀라운 은혜와 복을 경험하게 하기 위한 것임을 믿어야 합니다. 그렇기 때문에 우리는 모든 면에서 한계 상황을 경험할 때 모든 것을 내려놓고 잠잠히 주님을 바라보고 주님께서 열어주시는 길로 나아가야 합니다. 그 때 주님께서 놀라운 능력으로 역사하실 것입니다. 이러한 복음의 능력과 은혜와 관련하여 우리에게 잘 알려진 찬송이 있습니다.

"고통에 멍에 벗으려고(272장)"
1. 고통의 멍에 벗으려고 예수께로 나갑니다.
 자유와 기쁨 베푸시는 주께로 갑니다.
 병든 내 몸이 튼튼하고 빈궁한 삶이 부해지며
 죄악을 벗어 버리려고 주께로 갑니다.

2. 낭패와 실망 당한 뒤에 예수께로 나갑니다.
 십자가 은혜 받으려고 주께로 갑니다.
 슬프던 마음 위로받고 이생의 풍파 잔잔하며
 영광의 찬송 부르려고 주께로 갑니다.

3. 교만한 맘을 내버리고 예수께로 나갑니다.
 복되신 말씀 따르려고 주께로 갑니다.
 실망한 이 몸 힘을 얻고 예수의 크신 사랑 받아
 하늘의 기쁨 맛보려고 주께로 갑니다.

4. 죽음의 길을 벗어나서 예수께로 나갑니다.
 영원한 집을 바라보고 주께로 갑니다.
 멸망의 포구 헤어 나와 평화의 나라 다 다라서
 영광의 주를 뵈 오려고 주께로 갑니다.

말씀을 맺겠습니다.

오늘 본문의 바울의 고백을 통해서 우리 신앙의 모습을 돌아보았습니다. 우리는 거룩하신 하나님 앞에서 철저히 무능한 존재임을 깨달아야 합니다. 물론 성화를 위해 최선을 다해 노력해야 하지만, 그것이 나의 의지와 노력으로 되는 것이 아님을 알고 예수 그리스도 앞에 나가 그 분을 의지해야 합니다. 그러면 우리의 진정한 소망이신 예수님께서 우리를 받아주시고, 우리와 함께 하시고, 우리에게 힘과 능력을 주셔서 주님을 닮고자 하는 우리의 간절한 소원을 이루어주실 줄 믿습니다.

로마서 8:1-8

결코 정죄함이 없나니

※ 설교 주제: 예수 그리스도 안에서 죄 문제가 근본적으로 해결되었다.

※ 설교 목적: 예수 그리스도 안에서 죄 문제가 해결되었음을 확실히 믿게 하고, 그에 합당한 삶을 살게 한다.

※ 설교 전개
  결코 정죄함이 없다!!
    정죄함이 없는 이유와 근거
    죄 문제의 해결로서 구원
  죄 문제 해결의 또 다른 의미:
    통치 영역의 변경-성령의 지배와 통치를 경험하는 삶
  죄 문제 해결의 목적:
    율법의 요구를 이룸-관심과 목표가 바뀌는 삶
    그 결과: 생명과 평안의 삶

※ 설교 요약
  로마서 8장은 성경의 어느 장보다도 복음의 기본적이면서 중요

한 진리를 말씀한다. 오늘 본문에서는 무엇보다도 먼저 그리스도 예수 안에서 결코 정죄함이 없다고 선포한다. 정죄함이 없다는 것은 아담으로 인한 원죄의 문제가 해결되었다는 것을 의미한다. 우리는 죄 때문에 하나님의 진노와 심판의 대상이었고, 하나님의 영광에 이를 수 없었는데, 예수 그리스도를 믿음으로 그 죄 문제가 해결된 것이다. 그러면서 바울은 죄 문제의 해결을 통치 영역의 변경과 연결하여 설명하고 있다. 우리는 예수님을 믿기 전에 죄와 사망의 지배 아래 있었는데 이제는 성령으로 말미암아 하나님의 통치 안으로 들어오게 되었다. 뿐만 아니라 죄 문제를 해결한 목적이 있는데, 그것은 율법의 요구를 이루는 것이다. 다시 말해, 죄 문제를 해결해 주신 것은 하나님께서 원하시는 방향으로의 삶의 변화를 이루기 위해서이다. 특별히 우리의 생각과 관심과 목표가 달라져야 한다.

로마서는 크게 네 부분으로 나누어져 있습니다. 1-4장, 5-8장, 9-11장, 12-16장입니다. 1-4장에서는 오직 복음 되신 예수 그리스도를 믿음으로만 의롭게 된다는 우리 기독교의 근본적이며 핵심적인 진리를 말씀하고 있습니다. 5-8장에서는 믿음으로 의롭게 된 자들이 누리는 복과 은혜가 무엇인지 말씀하고 있습니다. 이제 7장까지 보았는데요, 5-7장을 잠시 정리해 보겠습니다. 5:1-11에서는 믿음으로 의롭게 된 자가 누리는 복이 무엇인지 세 가지로 잘 정리해서 말씀하고 있습니다.

5:12-21에서는 우리가 예수 그리스도 안에서 그렇게 놀라운 복을 누릴 수 있는 근거가 무엇인지를 아담과 예수 그리스도를 비교하면서 설명하고 있습니다. 사도 바울은 아담은 오실 예수 그리스도의 모형이라고 하면서, 아담이 지었던 죄의 결과를 모든 인간이 받아들일 수밖에 없는 것처럼, 우리가 예수 그리스도를 통해 주시는 은혜와 복을 누리는 것도 역시 당연하다고 합니다. 그리고 한 걸음 더 나아가 아담의 불순종으로 말미암는 결과와 영향보다 예수님의 순종으로 말미암는 은혜와 복이 훨씬 더 크고 풍성하다고 말씀합니다.

6장에서는 당시 바울과 바울이 전한 복음을 반대하였던 사람들이 제기했던 엉뚱한 두 가지 질문에 대한 답을 기록하고 있습니다. 하나는 "은혜를 더하기 위해 죄를 지어야 되지 않겠느냐?"는 질문이었습니다. 그러니까 5:12-21에서 말씀하는 것처럼 우리 인간이 죄를 지음으로 하나님의 은혜를 더 많이 느끼고 경험했다면, 우리가 더 큰 은혜를 경험하기 위해서 더 많은 죄를 지어야 하는 것이 아니냐?' 는 것입니다. 다른 하나는 "율법 아래 있지 않고 은혜 아래 있기 때문에 죄를 지어도 괜찮지 않겠느냐?"는 질문이었습니다. 다시 말해, '은혜 가운데 있는 우리는 죄를 지어도 용서해 주시기 때문에 죄를 지어도 괜찮은 것 아니냐?'는 것이었습니다. 이러한 질문들은 일종의 궤변입니다. 두 질문의 관점은 약간 다르지만, 두 질문 모두 성도가 죄를 짓는 것과 관련되어 있습니다. 이 두 문제에 대해서 바울은 절대로 그럴 수 없다고 합니다. 그 대표적인 이유는 우리가 십자가와 부활 사건 안에서 '그리스도와 연합'되었기 때문이라고 합니다. 다시 말해, 그리스도께서 성령과 말씀으로 우리 안에 내주하시고 우리가 예수 그리스도 안에 들어가서 놀라운 은혜와 사랑을 경험하는데 어떻게 우리가 죄를 지을 수 있겠느냐는 것입니다.

7장에서는 초대교회 당시 최고의 논쟁 대상이었던 율법에 대해 말씀하고 있습니다. 사도 바울은 율법에 대해서 언급하면서 가장 먼저 그리스도 안에 있는 우리는 율법에 대해서 죽임을 당했다고 선포하고 있습니다. 예수 그리스도 안에서 우리는 더 이상 율법의 지배와 통치를 받지 않는다는 것입니다. 그러면서 율법의 본질, 역할 그리고 한계에 대해서 간단하지만 성경의 어느 부분보다도 분명하게 설명하고 있습니다.

먼저 율법은 본질적으로 의롭고 선하고 거룩한 것이라고 합니다. 또한 율법은 죄를 알게 해 주는 역할을 한다고 하였습니다. 그러나 율법의 한계는 율법이 우리를 거룩하게 만들 능력이 없다는 것입니다. 뿐만 아니라 죄의 세력은 거룩하고 의롭고 선한 율법을 악용해서 하나님의 백성에게 죄를 짓게 하였다고 말씀합니다. 그러면서 바울은 원하는 선은 행치 못하고 원치 않는 악을 행할 수밖에 없는 자신을 보면서 절망적으로 탄식하고 있습니다. 하지만 마지막에 예수 그리스도로 말미암아 감사한다고 하면서 7장을 마무리하고 있습니다.

이제 8장을 보겠습니다. 로마서 8장은 그동안 많은 사람들로부터 성경 전체에서 가장 중요한 장으로 찬사를 받아 왔습니다. 물론 중요하다는 말에 어폐가 있기는 하지만, 그만큼 복음의 핵심 진리를 담고 있다는 것을 의미합니다. 실제로 여러분들이 읽어보시면 알겠지만, 로마서 8장은 우리 기독교의 가장 기본적이면서 중요한 진리를 언급하고 있습니다. 오늘 수요 예배에 나오신 분들처럼 오랫동안 신앙생활을 하신 분들은 처음 신앙생활을 하는 분들보다 로마서 8장의 말씀에서 은혜와 감동을 덜 받을 수도 있습니다. 왜 그렇죠? 그것은 너무 잘 알고 있고 또한 익숙한 말씀들이기 때문입니다. 여러분들은 그렇지 않습니까?

여기에서 우리가 기억할 것이 있습니다. 그것은 우리가 평생토록 하나님께서 기뻐하시는 신앙생활을 하기 원한다면, 복음의 가장 기본적인 진리에 대한 감사와 감격이 우리 심령 깊은 곳에서 늘 샘솟듯 계속 솟아올라야 된다는 것입니다. 만약 구원의 진리에 대한 감사와 감격이 약화되어 있거나 무덤덤하다면, 신앙에 문제가 있거나 또는 앞으로 문제가 발생할 가능성이 아주 높습니다. 그것을 흔히 '신앙의 매너리즘'이라고 합니다. 모든 경우가 다 그렇지만 우리의 신앙생활에 있어서도 결코 매너리즘에 빠지지 않기 위해 늘 최선을 다해 노력해야 할 줄 믿습니다. 로마서 8장의 말씀을 통해 우리 모두가 다시 한 번 복음의 진리로 인해 감사와 감격이 회복되고 넘치기를 간절히 바랍니다. 저도 이번에 다시 한 번 설교를 위해 로마서 8장을 여러 번 읽었는데요, 하나님께서 주시는 은혜가 많았습니다.

결코 정죄함이 없다!!

이제 본문을 보겠습니다. 8장은 '그러므로' 라는 단어와 함께 시작합니다. '그러므로' 라는 단어는 앞으로 말할 내용이 앞에서 말한 내용과 연결되어 있다는 것을 의미합니다. 그렇죠? 7장 마지막 부분(24-25절)을 보면 사도 바울은 깊은 탄식을 하다가 갑자기 우리 주 예수 그리스도로 말미암아 감사한다고 고백합니다. 이제 8장에서 '그 예수 그리스도로 말미암은 은혜'가 무엇인지 자세하고 분명하게 설명하고 있습니다. 물론 8장은 단순히 7장과만 연결되어 있지는 않습니다. 대부분의 학자들은 8장은 1-7장 전체의 결론이라고 합니다. 왜냐하면 8장은 1-7장의 핵심 내용을 잘 요약하면서 복음의 핵심을 다시 한 번 말씀해주기 때문입니다. 1절입니다.

> 그러므로 이제 그리스도 예수 안에 있는 자에게는 결코 정죄함이 없나니

"이제"는 예수 그리스도로 말미암은 복음의 새로운 시대를 말씀합니다(롬 3:21). 1절에서 사도 바울은 복음의 새로운 시대에 예수 그리스도로 말미암은 은혜를 한 마디로, '결코 정죄함이 없는 것'이라고 선포합니다. '정죄'라는 단어는 성경에 그렇게 많이 등장하는 단어는 아닌데, 이 말씀의 의미를 정확하게 알기 위해서는 단어 자체에 대한 이해보다는 로마서 5:16, 18을 보는 것이 더욱 좋을 것 같습니다. 한 번 보겠습니다.

> 또 이 선물은 범죄 한 한 사람으로 말미암은 것과 같지 아니하니 심판은 한 사람으로 말미암아 정죄에 이르렀으나 은사는 많은 범죄로 말미암아 의롭다 하심에 이름이니라
> 그런즉 한 범죄로 많은 사람이 정죄에 이른 것 같이 한 의로운 행위로 말미암아 많은 사람이 의롭다 하심을 받아 생명에 이르렀느니라

한 사람으로 말미암아 모든 사람이 정죄에 이르게 되었다고 합니다. 그런데 이제 예수 그리스도 안에서 결코 정죄함이 없다는 것입니다. 무엇을 말씀하는 것입니까? 모든 인류가 아담이 지은 원죄의 결과를 받아들일 수밖에 없고, 또한 그 죄로 인한 형벌을 경험할 수밖에 없었는데 이제 예수 그리스도 안에서 그 죄에 대한 책임과 형벌에서 벗어났다는 것입니다. 쉽게 이야기하면, 그리스도 예수 안에서 정죄함이 없다는 것은 이제 예수 그리스도 안에서 아담으로 인한 '원죄의 문제가 해결' 되었다는 것입니다.

정죄함이 없는 이유와 근거

2-3절에서는 그 이유를 설명합니다. 2-3절입니다.

> 이는 그리스도 예수 안에 있는 생명의 성령의 법이 죄와 사망의 법에서 너를 해방하였음이라

로마서를 보면, 한 단어가 다양한 의미로 쓰이는 것을 볼 수 있습니다. 그 대표적인 예들이 본문에도 나옵니다. 그것은 2절의 '법'이라는 단어와 3절의 '육신'이라는 단어입니다. 로마서에서 법이라는 단어는 여러 가지 의미로 쓰입니다[예. 율법(6:14,15), 7:1(일반법), 2-3(지배 또는 통치), 17, 20, 23(세력), 7:21(원리), 계명(22, 25) 등]. 여러분, 단어의 의미는 어떻게 결정됩니까? 문맥에 따라 결정됩니다. 그러니까 물론 종종 쉽지 않은 부분도 있지만, 성경을 읽을 때 그냥 막연하게 읽지 마시고 문맥을 따라 꼼꼼히 읽다보면 의미가 분명해지고, 말씀이 더 깊이 와 닿는 경우가 많습니다. 학자들의 다양한 견해가 있지만 저는 오늘 본문 2절의 법을 '능력' 또는 '지배'의 의미로 보는 것이 가장 적절하다고 생각합니다. 그러

니까 그리스도 안에 있는 생명을 주는 성령의 '능력'이 죄와 사망의 '지배(또는 통치)' 아래 있는 우리를 해방시켰기 때문이라는 것입니다(참고. 롬 7:2).

3절에서는 더 근본적인 이유를 설명합니다.

> 율법이 육신으로 말미암아 연약하여 할 수 없는 그것을 하나님은 하시나니 곧 죄로 말미암아 자기 아들을 죄 있는 육신의 모양으로 보내어 육신에 죄를 정하사

로마서에서 육신이라는 말도 다양한 의미로 쓰입니다. 아마 크게 세 가지 정도 됩니다. 1) 죄악 된 본성/ 타락한 본성 2) 모든 인간 또는 3) 단순히 몸(육체)의 의미로 쓰입니다. 그런데 3절에 등장하는 '육신'이라는 의미는 모두 다르게 쓰였습니다. 3절을 의미를 살려서 읽어보면, "율법이 육신(죄악 된 본성)으로 말미암아 연약하여 할 수 없는 그것을 하나님은 하시나니 곧 죄로 말미암아 자기 아들을 죄 있는 육신(사람)의 모양으로 보내어 육신(모든 사람)에 죄를 정하사"라고 할 수 있습니다.

하나님이 무엇을 하셨습니까? 예수님을 사람의 모습으로 보냈습니다. 사람이 아니라 사람의 모습으로 보내신 것입니다. 이 말은 예수님께서 인간의 모습을 가지셨으나 죄는 없다는 것을 의미합니다(히 4:15). 그리고 '예수님께 모든 사람의 죄를 정죄하였습니다(1절과 같은 단어가 쓰였습니다).' 우리 인간이 받아야 할 죄의 형벌을 예수님께 대신 집행하신 것입니다(참고. 고후 5:21). 그 결과 우리의 죄 문제가 해결되었습니다.

죄 문제의 해결로서 구원

오늘 본문 1-4절은 짧지만 '구원의 진리' 또는 '복음의 진리'에 대한 가장 중요하면서도 핵심적인 내용을 말씀하고 있습니다. 먼저, 1절에서 "이제 그리스도 예수 안에 있는 자에게는 결코 정죄함이 없다"고 선포하면서 구원은 '죄 문제의 해결'임을 말씀합니다. 로마서에 보면 구원의 의미를 설명하면서 대표적으로 사용하는 용어가 있습니다. 그것이 무엇이죠? 그것은 '의롭게 된다!'는 것입니다. 여러분, 의롭게 된다는 것의 기본적인 의미가 무엇이라고 했습니까? 그것은 기본적으로 '관계가 회복된다!'는 것을 의미합니다(우리말이 주는 뉘앙스처럼 윤리적, 도덕적 개념이 아닙니다). 그러니까 예수님을 통해 구원을 받았다는 것은 예수님을 통해 하나님과의 관계가 회복된 것을 말씀합니다. 제가 종종 설명하는 것처럼, 원래 우리 인간은 하나님과 좋은 관계 안에서 하나님의 은혜를 누리며 살도록 창조되었는데 죄로 인해 하나님과 분리되었습니다. 그런데 예수님으로 말미암아 그 관계가 회복된 것입니다.

오늘 본문에서는 예수 그리스도를 통한 구원을 다른 개념으로 설명하는데, 그것은 구원이 바로 죄 문제의 해결임을 말씀하고 있습니다. 이 말씀은 로마서 전체 내용을 볼 때 너무 중요하고 핵심을 드러내는 말씀입니다. 사도 바울은 지금까지 로마서 전체를 통해서 계속해서 우리 인간이 하나님과 분리되어 하나님의 진노를 받을 수밖에 없고 또한 하나님의 영광에 이르지 못하는 가장 중요한 요인이 죄 문제인 것을 거듭 거듭 강조했습니다. 이제 절정에 이르러서 그 죄 문제가 그리스도 안에서 해결되었음을 너무도 간결하면서도 분명하게 선포하고 있는 것입니다.

사랑하는 성도 여러분, 오늘날 우리는 예수 그리스도 안에서 우리의 모든 죄의 문제가 해결되었음을 믿습니다. 아담으로 말미암은 원죄 뿐 아니라 예수를 믿기 전후에 우리 자신이 지은 모든 죄도 예수 그리스도를 믿음으로 모두 다 해결되었습니다. 원죄는 예수님을 믿으므로 해결되고, 우리 스스로 지은 죄는 죄를 고백함으로 해결됩니다. 아멘입니까? 그래서 예수님을 믿은 처음 단계에서 하나님께서 우리 스스로 지은 죄를 고백시키실 때가 많습니다. 저도 처음에 예수님을 믿고 하나님께서 저의 죄를 철저히 고백시키셨던 기억이 있습니다. 이 사죄의 확신에 대해서는 8장 마지막 부분에서 좀 더 말씀드리겠습니다.

여기에서 우리가 알아야 할 것이 있습니다. 그것은 하나님께서는 우리와의 관계가 회복되는 정도가 아니라 우리와 하나님과 관계가 더 깊고 더 온전해 지기를 바란다는 것입니다. 물론 하나님과 우리의 관계는 어떤 것을 통해서도 결코 끊어지지는 않습니다. 그러나 우리와 하나님과의 관계가 소원해지고 불편해 질 수는 있습니다. 하나님과 관계가 불편해지고 소원해지게 하는 가장 대표적인 원인은 무엇입니까? 그것은 바로 죄 문제입니다.

이사야 1장을 보면 하나님께서 이스라엘의 예배와 기도를 받지 않으신다고 말씀합니다. 하나님께서 그러한 행위들을 지겹다고 했고, 내 마당만 밟을 뿐이라고 했습니다. 왜 그렇습니까? 그것은 그들의 죄 때문이었습니다. 그래서 하나님께서는 이스라엘이 순종의 삶을 통해서 그들의 주홍 같고 진홍 같은 죄가 흰 눈과 같이 양털과 같이 희게 되길 원하셨습니다. 또한 이사야 59:1-2에서 "여호와의 손이 짧아 구원하지 못하심도 아니요 귀가 둔하여 듣지 못하심도 아니라, 오직 너희 죄악이 너희와 너희 하나님 사이를 갈라놓았고 너희 죄가 그의 얼굴을 가리어서 너희에게서 듣지 않으시게 함이니라."고 말씀합니다. 죄가 있으면 하나님께서 우리의 예배와 기도를 받아주시지 않는다는 것입니다.

여러분, 이사야서의 말씀들이 주는 교훈은 무엇입니까? 우리가 하나님의 백성이지만 죄 문제가 해결되지 않으면 하나님과 관계가 불편하게 되고 또한 하나님의 더 크고 놀라운 은혜와 사랑을 경험할 수 없다는 것입니다. 우리가 더 온전하고 깊은 하나님과의 관계에서 더 크고 놀랍고 은혜를 경험하기 위해 가장 중요한 것은 계속해서 죄의 문제를 해결하는 것인 줄 믿습니다.

요한복음 13장을 보면, 예수님께서 목욕과 발 씻음에 대해서 말씀하셨습니다. 우리는 예수님을 믿어 이미 목욕은 했지만, 계속해서 발을 씻어야 한다는 것입니다. 발을 깨끗하게 씻는 것은 죄 문제를 해결한다는 것입니다. 물론 발이 완벽하게 깨끗해질 수는 없습니다. 그러나 발을 계속해서 더 깨끗하게 하는 것이 우리의 할 일입니다. 그러면 발이 '더' 깨끗해지도록 구원받은 우리가 해야 할 일이 무엇입니까? 많이 있겠지만 두 가지만 말씀드리겠습니다.

하나는 갈수록 더러운 죄에 대해 더 민감해지는 것입니다. 죄에 더 민감해 진다는 말은 세상 사람의 관점에 보았을 때 또는 전에는 죄라고 느껴지지 않는 하나님께 합당치 않는 일들이 죄라고 느껴지는 것입니다. 그런데 민감해지는 것만으로는 해결되지 않습니다. 또 한 가지 우리가 할 일은 발에 때가 묻으면 빨리 씻어야 합니다. 발이 더러워졌는데 빨리 씻지 않으면 계속 더러운 것을 밟는 것이 별로 어색하지 않습니다. 그러나 발을 씻으면 더러운 곳을 피해 다닙니다. 그러니까 발이 더 깨끗해지기 위해서 우리는 죄에 대해 민감하고 또한 깨닫게 하시는 대로 빨리 씻어야 되는 것입니다.

사랑하는 성도 여러분, 우리는 하나님의 더 큰 은혜를 경험하기 원합니다. 그런데 죄 문제를 해결하지 않고 은혜에만 관심이 있으면, 결코 은혜를 경험할 수 없습니다. 조금 전에 말씀드린 이스라엘이 그랬습니다. 그러나 은혜를 구하기보다도 죄 문제 해결에 더 관심을 가져야 합니다. 왜냐하면, 죄 문제를 해결하면 은혜는 자연스럽게 오기 때문입니다. 저는 우리 모두의 발이 더 깨끗해지길 원합니다. 그래서 하나님과 더 온전하고 깊은 관계에서 더 깊은 은혜를 경험할 수 있기를 간절히 바랍니다.

죄 문제 해결의 또 다른 의미: 통치 영역의 변경-성령의 지배와 통치를 경험하는 삶

뿐만 아니라 오늘 본문은 죄 문제의 해결이 무엇인지 말씀하고 있습니다. 3절에서 예수님께서 성육신 하셔서 우리 대신 죄의 형벌을 받으셨다고 말씀합니다. 2절에서는 성령께서 죄와 사망의 지배와 통치에서 우리를 해방시켰다고 말씀합니다. 이것은 무엇을 말씀합니까? 이 말씀은 우리 스스로 또는 우리 자신이 자발적으로 또는 자력으로 죄와 사망의 세력에서 나온 것이 아니라, 예수님의 십자가의 은총을 적용시켜서 죄에서 해방시키시는 분이 성령님이심을 말씀합니다. 또한 성령님께서 죄의 세력에서 해방시키셨다는 것은 성령님께서 우리를 성령께서 지배하는 영역으로 옮기셨다는 말씀입니다.

골로새서 1:13-14에서 오늘 본문의 의미를 보충 설명하고 있습니다. "그가 우리를 흑암(죄와 사망)의 권세에서 건져 내사 그의 사랑의 아들의 나라(통치 또는 지배)로 옮기셨으니, 그 아들 안에서 우리가 속량 곧 죄 사함을 얻었도다." 그러니까 오늘 본문은 죄 문제의 해결이 통치 영역의 변경인 것을 말씀하는 것입니다. 이것이 바로 하나님 나라의 핵심 개념이죠?

여러분, 예수를 믿는 사람과 예수 믿지 않는 사람을 비교할 때 근본적인 면에서 또는 본질적인 면에서 특징짓는 가장 중요한 것이 무엇이라고 생각하십니까? 아마 이 질문은 이렇게도 바꿀 수 있을 겁니다. 예수를 믿지 않는 사람과 비교해서 예수 믿는 사람의 가장 큰 특권은 무엇입니까? 그 Key Word는 성령님입니다. 예수님을 알지 못하는 사람들은 성령님에 대해 알지도 못할 뿐 아니라 성령님의 인도하심과 통치하심과 역사하심을 전혀 경험하지도 못합니다.

그런데 우리는 성령님께서 죄와 사망의 세력에 사로 잡혀 있던 우리를 해방시키셨을 뿐 아니라 지금 우리 안에 내주하시면서 우리를 지배하시고 인도하시고 통치하심을 경험할 수 있는 것입니다. 그래서 우리 기독교의 가장 기본적이면서 중요한 진리를 담고 있다고 하는 로마서 8장에서 유난히 성령님에 대한 언급이 많습니다. 20번 이상 언급되는데요. 그래서 어떤 분들은 로마서 8장을 성령장이라고도 합니다.

여기에서 질문 하나 하겠습니다. 예수를 믿는 모두 사람이 똑같은 정도와 깊이로 성령의 내주와 인도하심과 지배와 통치를 경험하고 있습니까? 결코 그렇지 않습니다. 그것은 마치 우리 모두가 예수 그리스도 안에 있지만 누리는 은혜와 복이 같지 않는 것과 마찬가지입니다. 그런데 성령의 충만하심과 인도하심과 통치하심을 온전히 경험하지 못한다면 예수님을 믿는 자의 가장 놀라운 특권을 놓쳐버리는 것입니다. 그러면 어떻게 우리가 더 철저하고 더 깊이 성령의 통치와 지배를 경험할 수 있겠습니까? 한 마디로 하면, 그것은 성령의 충만과 인도와 지배와 통치를 더욱 간절히 사모하는 것입니다.

물론 성령님께서 강권으로 우리를 인도하시고 통치하실 수도 있지만, 성령님은 인격적인 분이시기 우리가 간절히 사모할 때 가장 강력하게 역사하십니다. 그렇기 때문에 우리가 가장 간절히 사모해야 할 기도의 제목은 성령의 충만과 인도와 통치입니다. 누가복음 11장에 보면 예수님께서 간청하는 기도에 대해서 말씀하십니다. 그러면서 가장 좋은 기도의 응답 또는 최고의 기도의 응답이 성령님이라고 말씀하셨습니다.

　사랑하는 성도 여러분, 저는 우리 모두가 하나님의 백성이 누릴 수 있는 최고의 특권인 성령의 인도하심과 지배와 통치를 더 깊이, 더 세밀하게 그리고 더 철저히 경험하며 살기 원합니다. 그러기 위해서는 성령을 간절히 사모해야 합니다. 뿐만 아니라 우리의 가족들과 남편과 아내와 자녀들과 목회자들을 위해서도 우리가 가장 간절히 사모해야 할 은혜는 다른 어떤 것보다도 성령의 온전한 통치와 지배여야 할 줄 믿습니다. 그들을 성령께서 강력하게 지배하시고 통치하시면 그들에게도 놀라운 일들이 일어날 줄 믿습니다.

죄 문제 해결의 목적:
율법의 요구를 이룸-관심과 목표가 바뀌는 삶

　이제 한 걸음 더 나아가서 오늘 본문은 하나님께서 죄 문제를 해결하신 목적이 무엇인지 설명하고 있습니다. 그러면 예수님께서 죄에 대한 심판을 집행하시고 우리를 구원하신 목적이 무엇입니까? 4절은 목적절입니다.

> 육신을 따르지 않고 그 영을 따라 행하는 우리에게 율법의 요구가 이루어지게 하려 하심이니라

그 목적이 무엇입니까? 성령을 따라 행하는 자에게 율법의 요구를 이룰 수 있도록 하기 위함이라고 합니다. 7장에서 바울은 계속해서 율법을 지키기 원했지만 죄의 세력으로 말미암아 그렇게 할 수 없어서 깊은 좌절을 경험했습니다. 그런데 이제는 성령으로 말미암아 자신이 원하는 선한 삶을 살 수 있게 된다는 것입니다. 그러니까 율법의 요구를 이룬다는 것은 쉽게 이야기하면 하나님께서 원하시는 방향으로의 삶의 변화를 이루는 것 또는 한 마디로 성화라고 할 수 있습니다. 그러니까 4절은 하나님께서 우리를 구원하신 목적이 우리의 삶의 변화임을 말씀하는 것입니다.

그러면 구체적으로 죄 문제가 해결되면, 그리고 통치의 영역이 사탄에게서 성령님으로 옮겨지면 어떤 삶의 변화가 일어납니까? 5절입니다.

> 육신을 따르는 자는 육신의 일을, 영을 따르는 자는 영의 일을 생각하나니

여기에서 '생각한다'는 것은 '관심이 고정되어 있다'는 것을 의미합니다. 육신을 따르는 사람은 육신의 일에 관심과 기쁨과 목표가 고정되어 있고, 영을 따르는 사람은 영적인 일에 관심과 기쁨과 목표가 고정되어 있다는 것입니다. 그러니까 예수님을 믿어 구원을 받게 되면 우리의 기쁨과 관심과 목표가 달라지는 변화가 일어나야 한다는 것입니다. 예를 들어보겠습니다. 우리가 예수를 믿기 전에는 물질을 모으는 것, 세상에서 인정받고 명예를 얻는 것, 그리고 자녀들이 공부 잘해 좋은 대학에 가고 좋은 직장을 얻고 좋은 배우자를 만나 결혼하는 것 자체에 관심이 있었고, 기쁨이 있었고, 목표가 있었습니다. 이것은 육신을 따르는 사람의 일반적인 특징입니다.

그런데 예수를 믿으면 외적으로 보이는 삶은 바뀌지 않습니다. 물론 어떤 분들은 모든 것을 접고 신학을 하고 전임 사역자로 삶의 외적인 부분도 바뀌지만 대부분의 사람은 그렇지 않습니다. 그러나 바뀌는 것이 있습니다. 그것은 관심과 기쁨과 목표가 바뀌는 것입니다. 물질이 모아지는 것, 세상에서 인정받고 명예를 얻는 것, 그리고 자녀들이 공부 잘해 좋은 대학에 가고 좋은 직장을 얻고 좋은 배우자를 만나 결혼하는 것 자체에 관심이 있지 않습니다. 대신에 그러한 것들을 통해 하나님의 뜻을 이루어드리는 것, 하나님의 영광을 드러내는 것에 관심이 있게 되는 것입니다. 쉽게 이야기하면, 이 땅의 모든 것들이 하나님의 뜻을 이루고 하나님께 영광을 돌리는 수단 또는 도구가 되는 것입니다. 이러한 삶의 변화가 영적인 사람의 모습이라는 것입니다. 그러니까 내가 육을 따르는 사람인지 영을 따르는 사람인지 구분하는 법은 의외로 간단합니다. 그것은 내 관심과 기쁨과 목표가 어디에 있느냐에 의해 결정되는 것입니다. 여러분은 어느 쪽이 더 강한가요?

질문 하나 하겠습니다. 예전에 한 질문 같은데요. 다시 한 번 합니다. 설교가 하나님의 일입니까? 육신의 일입니까? 이번 여름 선교 떠나는 것이 하나님의 일입니까? 육신의 일입니까? 교사로 성가대로 봉사하는 일이 육신의 일입니까? 하나님의 일입니까? 육신의 일입니까? 그러한 일들이 하나님의 일인지 사람의 일인지 결정하는 것은 외적인 것보다는 우리의 관심과 목표가 무엇이냐에 따라 결정되는 것입니다. 우리는 얼마든지 육신을 따라 설교나 선교나 봉사를 할 수 있습니다. 얼마든지 겉으로는 그럴 듯하지만 하나님의 일이 아니라 육신의 일을 할 수 있다는 것입니다.

사랑하는 성도 여러분, 저는 우리 모두가 영을 따라 사는 복된 사람들이 되기를 간절히 바랍니다. 우리의 신앙생활 뿐 아니라 모든 삶에서 우리의 관심과 기쁨과 목표가 달라지기를 바랍니다. 교회에서 봉사할 때도, 헌금을 할 때도, 돈을 벌고, 직장생활 할 때도, 자녀를 양육하고 심지어 집에서 설거지를 할 때도 우리의 기쁨과 관심과 목표가 우리의 중심을 보시는 하나님께 있기를 바랍니다.

그 결과: 생명과 평안의 삶

그러면 육을 따라 사는 삶과 영을 따라 사는 삶의 결과가 어떻습니까? 그 결과에 대해 6-8절에서 말씀합니다. 6-8절입니다.

> 육신의 생각은 사망이요 영의 생각은 생명과 평안이니라 육신의 생각은 하나님과 원수가 되나니 이는 하나님의 법에 굴복하지 아니할 뿐 아니라 할 수도 없음이라 육신에 있는 자들은 하나님을 기쁘시게 할 수 없느니라

영의 생각은 생명과 평안이라고 합니다. 영을 따라 살면 삶이 활기 있고 역동적이고 또한 진정 평안함이 있다는 것입니다. 사실 우리가 불안하고 걱정되고 맘이 불편하고 힘든 것의 대부분의 원인은 우리의 관심과 목표가 잘못되어 있기 때문입니다. 우리의 관심과 목표와 기쁨이 하나님께 맞추어져 있으면 우리는 모든 상황과 환경에서 참으로 평안한 삶을 누릴 수 있을 것입니다. 그 은혜가 우리 모두에게 임하기를 바랍니다.

말씀을 맺겠습니다.

오늘 본문은 구원이 무엇인지 말씀하고 있습니다. 구원은 죄 문제의 해결입니다. 구원은 통치 영역의 변경입니다. 구원은 삶의 변

화 또는 성화입니다. 저는 우리 모두가 더 깨끗해지길 원합니다. 또한 우리 모두가 성령의 인도하심과 통치에 더욱 지배받기를 원합니다. 또한 우리 모두의 관심과 목표와 기쁨이 하나님의 뜻을 이루는 것 하나님께 영광 돌리는 것이 되기를 간절히 바랍니다. 그래서 하나님의 더 놀라운 평강과 은혜를 경험하시기를 바랍니다.

로마서 8:9-18

영광스러운 소망과 삶

※ 설교 주제: 아들이요 상속자로서 성도는 영광스러운 소망을 믿고 사모하면서, 빚진 자의 삶 그리고 아들다운 삶을 살아야 한다.

※ 설교 목적: 아들이요 상속자로서 성도의 최고 특권은 예수님의 영광에 동참하는 것임을 믿게 하고, 그에 합당한 삶(즉, 빚진 자로서의 삶 그리고 아들다운 삶)을 살게 한다.

※ 설교 전개
   본문 설명
      하나님의 영이 너희 안에 거하시면
         신분의 변화: 양자 됨
         최고의 특권: 상속자
   적용
      영광스러운 소망을 가지고
         빚진 자의 심정으로
         하나님의 아들답게

※ 설교 요약

　로마서 8장은 우리 기독교의 핵심 주제들을 체인과 같이 연결하면서 계단 형식으로 발전시키고 있다. 먼저 성령의 역사하심과 인도하심을 양자의 영을 받음과 연결시키면서 아들의 개념을 이끌어 낸다. 그리고 아들의 최고 특권으로 상속을 언급하면서, 아들이 누릴 최고의 복과 은혜는 지금 예수 그리스도께서 누리고 계시는 영광에 동참하는 것이라고 말씀한다. 뿐만 아니라 그 그리스도의 영광에 동참할 우리가 어떻게 살아야 할 것인지를 두 신분과 연결시켜 권면하고 있다. 먼저 우리는 하나님의 말할 수 없는 은혜와 사랑에 빚 진자로서 죄악 된 본성에 이끌려 사는 것이 아니라 성령의 능력을 힘입어 죄악 된 본성을 극복하는 삶을 살아야 한다. 또한 그리스도와 함께 영광을 상속할 아들로서 아들답게 살기 위해서 그리고 아들에게 주신 사명을 감당하기 위해 자원하는 고난의 삶을 살아야 한다. 우리가 고난을 자원함으로 그리고 기쁨으로 감당할 수 있는 것은 그 고난은 장차 우리에게 임할 영광과 족히 비교할 수 없기 때문이다.

로마서 8장은 성경의 어느 장보다도 복음의 기본적이면서 중요한 진리를 말씀하고 있습니다. 지난주에 우리는 1-8절을 살펴보았는데, 사도 바울은 무엇보다도 먼저 그리스도 예수 안에 결코 정죄함이 없다고 선포하였습니다. 정죄함이 없다는 것은 죄 문제가 해결되었다는 것을 의미합니다. 우리는 죄 때문에 하나님의 진노와 심판의 대상이었고 하나님의 영광에 이를 수 없었는데, 예수 그리스도를 믿음으로 그 죄 문제가 해결되었다는 것입니다. 그러면서 바울은 죄 문제의 해결을 통치 영역의 변경과 연결하여 설명하고 있습니다.

우리는 예수님을 믿기 전에 죄와 사망의 지배 아래 있었는데 이제는 성령으로 말미암아 하나님의 통치 안으로 들어오게 된 것입니다. 뿐만 아니라 죄 문제를 해결한 목적이 있는데, 그것은 율법의 요구를 이루는 것이라고 말씀합니다. 다시 말해, 죄 문제를 해결해 주신 것은 하나님께서 원하시는 방향으로의 삶의 변화를 이루기 위해서 라는 것입니다. 특별히 우리의 생각과 관심과 목표가 달라져야 한다고 말씀합니다.

하나님의 영이 너희 안에 거하시면

이제 본문을 보겠습니다. 9절입니다.

> 만일 너희 속에 하나님의 영이 거하시면 너희가 육신에 있지 아니하고 영에 있나니 누구든지 그리스도의 영이 없으면 그리스도의 사람이 아니라

1-8절까지는 구원의 진리에 대한 일반적인 설명이었다면, 9절부터는 "너희"라고 지칭하면서 그 진리를 독자들에게 직접 적용하고

있습니다. '너희' 안에 성령이 거하시면, '너희'는 당연히 관심과 목표가 달라진 변화된 삶을 살지 않을 수 없다는 것입니다. 그러면서 그리스도의 영이 없으면 그리스도의 사람이 아니라고 말씀합니다. 정리하면, 그리스도의 영이 너희 안에 거하기 때문에 너희는 그리스도인이고 또한 변화된 삶을 살 수밖에 없다는 것입니다. 10-11절에서 계속 말씀합니다.

> 또 그리스도께서 너희 안에 계시면 몸은 죄로 말미암아 죽은 것이나 영은 의로 말미암아 살아 있는 것이니라 예수를 죽은 자 가운데서 살리신 이의 영이 너희 안에 거하시면 그리스도 예수를 죽은 자 가운데서 살리신 이가 너희 안에 거하시는 그의 영으로 말미암아 너희 죽을 몸도 살리시리라

"성령이 너희 안에 거하시면 너희 몸은 죽은 것이나, 너희 영은 살아 있고"의 의미에 대해서 많은 논의가 있지만, 풀어서 쉽게 이야기하면 '이 땅에서 육신적으로는 죽을 수밖에 없지만(죽을 운명에 놓여있지만), 영적으로는 계속해서 생명을 누릴 것이다(참고. 롬 5:15-18)'는 의미입니다. 또한 11절에서 하나님께서 예수 그리스도를 부활시키신 것처럼, 나중에 너희도 몸(육체)의 부활이라는 영광스러운 경험을 하게 될 것이라고 말씀합니다.

이제 12-13절에서는 "그러므로 형제들아"라고 하면서, 죽을 몸도 살아날 그런 영광스러운 미래를 가진 자가 어떻게 살아야 할지를 말씀하고 있습니다. 한 마디로 '육신에 져서 육신대로' 살지 말아야 한다고 합니다. 여기에서 '육신대로' 라는 것은 '죄악 된 본성에 따라' 라는 의미입니다. 그러면서 그 이유와 방법을 말씀하고 있습니다. 죄악 된 본성이 지배하는 대로 살지 말아야 할 이유는 우리가 하나님의 은혜와 사랑에 빚 진자이기 때문이라고 합니다. 계

속해서 죄악 된 육신의 본성에 따라 살지 않기 위해서는 영으로서 몸의 행실을 죽어야 한다고 말씀합니다. 여기에서 '몸의 행실'은 '타락한 본성에 의해 지배되는 행동 또는 삶'을 의미합니다. 그리고 '죽인다'는 것은 '지배받지 말라'는 것을 의미합니다. 그러니까 우리는 하나님의 은혜와 사랑에 빚진 자로서 성령의 능력으로 죄악 된 본성이 우리를 지배하지 못하도록 해야 한다는 것입니다. 그러면서 타락한 본성대로 사는 것과 성령의 능력으로 타락한 본성에 의해 지배받지 않는 삶의 결과를 아주 강하게 표현하고 있습니다. 그것은 죽고 사는 것입니다(13절). 물론 여기에서 죽고 사는 것은 구원과 관계되는 것은 아닙니다. 여기에서 죽는다는 것은 하나님과의 관계가 소원해지는 것을 의미하고, 산다는 것은 하나님과의 역동적인 관계에서 하나님의 놀랍고 풍성한 은혜를 경험함을 의미합니다.

신분의 변화: 양자 됨

이제 사도 바울은 또 다시 중요한 주제로 옮겨갑니다. 8장을 보면 사도 바울은 우리 신앙에 있어서 아주 중요한 주제들이 마치 체인처럼 연결되어 있고 또한 계단을 통해 어떤 목적지에 올라가는 것처럼 자연스럽고 탁월하게 발전적으로 진전되는 것을 볼 수 있습니다. 14절에서는 성령의 내주와 인도하심으로 인해 우리 신분에 어떤 변화가 일어났는지 언급하고 있다. 14절입니다.

무릇 하나님의 영으로 인도함을 받는 사람은 곧 하나님의 아들이라

하나님의 성령에 인도하심을 받은 사람은 하나님의 아들이 되는

신분의 변화가 일어났다고 선포합니다. 15-16절에서는 좀 더 구체적으로 보충 설명합니다.

> 너희는 다시 무서워하는 종의 영을 받지 아니하고 양자의 영을 받았으므로 우리가 아빠 아버지라고 부르짖느니라 성령이 친히 우리의 영과 더불어 우리가 하나님의 자녀인 것을 증언하시나니

무서워하는 종의 영이 아니라 양자의 영을 받았기 때문에 아바 아버지라고 부르짖을 수 있다고 합니다. 그것을 성령님께서 증언한다고 합니다. 한 마디로, 예수 그리스도로 말미암아 우리와 하나님과의 관계에 엄청난 변화가 일어났다는 것입니다. 우리가 아는 것처럼, 구약 시대에 하나님은 하나님의 백성들에게 참으로 두렵고 무서운 분이었습니다. 이스라엘이 직접적으로 하나님께 나아가는 것이 불가능했고, 또한 하나님의 이름조차도 부르지도 못했습니다. 그래서 오늘날 '야웨'라고 읽는 히브리어가 어떻게 읽혀졌는지 정확히 알지 못합니다. 그런데 이제 무서워하는 종으로가 아니라 양자로 하나님을 섬기게 되었다는 것입니다.

사실 이스라엘에서는 양자를 삼는 일이 거의 없었고 자녀가 없을 때에는 형제나 친족이 대신 대를 이어주었습니다. 하지만 당시 로마에는 양자를 삼는 일이 많았다고 합니다. 이 편지의 수신자가 로마에 있는 성도들이었기 때문에 여기에서는 양자의 개념을 가지고 설명하고 있습니다. 당시 양자를 삼는 것은 중요한 두 가지 이유가 있었다고 합니다. 하나는 자신의 이름을 영원히 보존하기 위해서였고, 다른 하나는 자신의 재산을 유산으로 물려주기 위해서였다고 합니다. 그런데 당시 양자는 정상적인 아들보다 전혀 열등하지 않았고, 똑같은 권리를 누리고 똑같은 유산을 상속받았다고 합니다.

뿐만 아니라 하나님을 '아바 아버지(아바 호 파테르)'로 부를 수 있게 되었다고 합니다. 사실 아바 아버지라는 말은 어법상 옳은 사용이 아닙니다. '아바'는 아람어로 아빠라는 말이고, '파테르'는 헬라어로 아버지라는 말입니다("호"는 관사입니다). 그러니까 아버지에 해당하는 아람어와 헬라어가 동시에 등장하는 것입니다. 우리말로 한다면, '아빠 파더(the Father)'라는 말과 같습니다. 성경의 기록에 의하면, 이 아바 아버지라는 말은 예수님께서 겟세마네 동산에서 기도하실 때(참고. 막 14:36) 처음 사용하셨습니다. 초대 교회에서 그 예수님의 전통을 이어받아 예배와 기도를 드릴 때 사용했다고 합니다.

많은 주석가들은 이렇게 어법상 옳지 않게 아람어와 헬라어를 함께 사용하여 하나님을 부른 것은 하나님께서 유대인과 이방인 모두의 아버지임을 의도했다고 주장하기도 합니다. 물론 그것도 전혀 틀린 것은 아니고, 어느 정도 일리는 있습니다. 그런데 대부분의 학자들은 이 용어의 우선적인 의도는 하나님과의 관계에 있어서의 친밀함을 드러내는 것이라고 합니다. 오늘 본문에서도 아바 아버지로 부르게 되었다는 것은 무서워하고 두려워하는 종과 반대 개념을 강조하기 위해서 쓰인 것임을 알 수 있습니다. 실제로도 당시 아바는 가정에서 아이들이 친밀하게 아버지를 부르는 용어였습니다. 그러니까 아바 아버지라고 부르짖게 되었다는 것은 이제 하나님이 두렵고 무서운 분이 아니고 친밀하고 가까이서 교제하고 사랑할 수 있는 분으로 섬길 수 있게 된 것을 말씀하고 있습니다.

최고의 특권: 상속자

이제 17절에서는 자녀가 누리는 가장 중요한 특권이 무엇인지 말씀합니다. 17절입니다.

> 자녀이면 또한 상속자 곧 하나님의 상속자요 그리스도와 함께 한 상속자니 우리가 그와 함께 영광을 받기 위하여 고난도 함께 받아야 할 것이니라

자녀로서의 최고의 특권이 무엇이라고 합니까? 그것은 '상속자'로서의 특권임을 말씀합니다. 그리고 상속 받을 내용이 무엇이죠? 그것은 예수 그리스도와 함께 영광을 누리는 것입니다. 그런데 거기에 그치지 않고 나중에 예수님과 함께 영광을 누리기 위해 지금 당연히 경험해야 할 것이 있는데 그것은 '고난도 함께 받는 것'이라고 합니다. 이어서 그 고난은 나중에 누리게 될 영광과 족히 비교할 수 없다고 선포합니다. 18절입니다.

> 생각하건대 현재의 고난은 장차 우리에게 나타날 영광과 비교할 수 없도다

영광스러운 소망을 가지고

그러면 오늘 본문이 우리에게 주는 교훈은 무엇입니까? 오늘 본문은 크게 두 개의 단락으로 구성되어 있습니다. 9-13절 그리고 14-18절입니다. 흥미로운 것은 두 단락의 내용이 아주 비슷하게 전개되고 있다는 것입니다. 무엇보다도, 오늘 본문 전체를 통해 핵심적으로 강조하는 것은 그리스도 안에 있는 자에게는 영광스러운 소망이 있다는 것입니다. 앞부분에서는 몸의 부활을 말씀했고, 뒷부분에서는 상속자로서 예수 그리스도와 함께 할 영광을 말씀하고 있습니다. 그러니까 우리가 예수 그리스도를 믿음으로 얻게 되는 최고

의 복과 은혜는 지금 예수 그리스도가 누리고 계시는 영광스러움에 동참하는 것임을 말씀합니다. 아멘입니까?

물론 우리는 이 땅에서 나그네 인생을 살면서 예수 그리스도로 말미암아 많은 복과 은혜를 누립니다. 아바 아버지 되신 하나님을 섬기면서 그 하나님께서 주시는 때를 따라 돕는 은혜를 경험하며 삽니다. 또한 낙심될 때 새 힘을 얻고, 부족함을 느낄 때 용기와 새 능력을 공급받습니다. 그러면서 하나님께 감사해 하고 감격스러워 합니다. 그러나 그것이 예수 믿는 최고의 복이 아니라는 것입니다. 예수를 믿는 자의 최고의 복은 나중에 그리스도와 함께 누리게 될 영원한 영광이라는 것입니다.

사랑하는 성도 여러분, 이 땅의 삶이 전부가 아닌 줄 믿습니다. 우리의 나그네 인생이 끝나면 주님께서 우리를 위해 예비하신 영원한 영광스러운 나라가 있을 줄 믿습니다. 우리가 어떻게 그것을 확신할 수 있습니까? 우리는 종종 죽었다가 살아난 사람들에 대한 이야기를 듣습니다. 물론 가짜들도 많습니다. 미국의 심장혈관질환 전문 의사인 모리스 롤링스(Maurice Rawling) 박사가 죽었다가 살아난 다양한 환자들에 대해 오랫동안 많은 연구를 해서 책들을 출판했는데 그 안에는 유익한 내용들이 있는 것 같습니다.

우리말로도 몇 권 번역되었습니다. 그는 철저한 무신론자였기 때문에, 모든 종교는 속임수이고, 죽음은 단지 고통 없는 소멸이라고 생각했다고 합니다. 그런데 심폐소생술을 통해 살아난 많은 사람들을 보면서 사후의 세계에 관심을 가졌는데, 그들의 경험이 성경 말씀과 너무 일치했다는 것입니다. 그래서 예수를 믿고 지금은 열심히 복음과 천국을 전하는 사람으로 살고 있다는 것입니다. 물론 우리는 그러한 경험 때문에 영광스러운 나라를 믿는 것은 아니지만, 이러한 책들은 내세를 부인하는 사람들에게 선물하면 좋지 않을까 생각합니다.

　우리가 영광스러운 나라를 확신하는 것은 성경이 말씀하셨기 때문입니다. 일점일획도 틀림이 없는 성경에서 너무도 분명하게 그것을 말씀하고 있기 때문에 우리는 조금도 의심 없이 영광스러운 나라가 있는 것을 믿습니다. 우리가 잘 아는 말씀인데요, 고후 4:16-5:2를 함께 읽겠습니다.

　　그러므로 우리가 낙심하지 아니하노니 우리의 겉 사람은 낡아지나 우리의 속사람은 날로 새로워지도다 우리가 잠시 받는 환난의 경한 것이 지극히 크고 영원한 영광의 중한 것을 우리에게 이루게 함이니 우리가 주목하는 것은 보이는 것이 아니요 보이지 않는 것이니 보이는 것은 잠깐이요 보이지 않는 것은 영원함이라 만일 땅에 있는 우리의 장막 집이 무너지면 하나님께서 지으신 집 곧 손으로 지은 것이 아니요 하늘에 있는 영원한 집이 우리에게 있는 줄 아느니라 참으로 우리가 여기 있어 탄식하며 하늘로부터 오는 우리 처소로 덧입기를 간절히 사모하노라

　실제로 예수님께서 이 땅에서 부활하심으로 말미암아 죽음이 끝이 아님을 보여주셨습니다. 그리고 많은 사람들 앞에서 승천하시면서 우리를 위해 처소를 예비하면 다시 오시겠다고 분명하게 말씀하셨습니다. 뿐만 아니라 사도 바울도 고후12:1-4에서 실제적으로 그 영광스러운 나라를 직접 경험하였다고 말씀합니다. 그래서 빌립보서 1:23에서 "내가 차라리 이 땅을 떠나서 그리스도와 함께 있는 것이 훨씬 더 좋다"고 고백합니다.

　사랑하는 성도 여러분, 영광스러운 나라에 대한 분명한 믿음과 소원이 있습니까? 통계마다 다양한 결과가 나오긴 하지만, 종합적으로 보면 신앙생활을 하면서도 영광스러운 나라에 대한 확신이 없

는 사람들이 절반 가까이 된다고 합니다. 저는 우리 광염교회의 모든 성도들에게 영광스러운 나라에 대한 분명한 믿음과 소원이 있기를 바랍니다. 그리고 그 소망이 우리의 신앙과 삶을 지배할 수 있기를 간절히 바랍니다.

지금은 많이 잊혀 졌지만, 2007년 7월에 샘물교회 단기봉사탄 23명이 납치되어서 두 분이 순교하는 아픔을 경험했습니다. 그런데 2년 전에 그들의 순교 5주기를 맞아 고인들의 가족과 지인들이 함께 "별, 순례의 길을 가다"라는 추모집을 출간했습니다. 그 추모집을 보면 당시의 상황을 이렇게 설명하고 있습니다.

> 텔레반에게 단기 선교팀이 붙잡혔을 때, 인솔자였던 배형규 목사님은 죽음을 예감했던 것 같았다. 처음에는 함께 모여 있었다. 팀 전체를 향해 배 목사님은 이렇게 말했다. "텔레반은 협상을 유리하게 가져가기위해 우리 사람 중 1~2사람을 죽일지 모릅니다. 선전효과를 위해 비디오를 찍으며 총살시킬 것입니다. 그때는 제가 먼저 앞장서겠습니다." 그런데 그때 나이가 제일 많았던 유경식 전도사님이 이렇게 말했다. "목사님 순서를 바꾸시지요. 저는 살 만큼 살았습니다. 제가 죽음을 맞이하겠습니다." 이때 배영규 목사님께서 "아니 전도사님, 어디 전도사가 목사 자리를 넘봅니까?"라고 했다. "저는 어차피 나이 들면 선교지에서 인생을 마칠 마음 이었습니다. 그 몫은 저의 것입니다." 그리고 그대로 일이 진행되었다.

그분들에게 영광스러운 나라에 대한 분명한 믿음과 소망이 있었기 때문에 죽음 앞에서도 담대했고, 서로 그 일을 당하겠다고 자원했던 것입니다. 영광스러운 소망이 그들을 참으로 멋있고 훌륭한 사람으로 만든 것입니다. 우리에게도 이 은혜가 임하기를 바랍니다.

빚진 자의 심정으로

다음으로, 오늘 본문은 예수 그리스도 안에 있는 자들이 어떤 신분을 가지고 있으며, 그 신분이 요구하는 삶이 무엇인지 말씀합니다. 물론 성경은 그리스도 안에서 우리에게 주어지는 신분을 다양하게 표현하지만, 본문은 두 가지 신분을 말씀합니다. 하나는 빚진 자의 신분이고, 다른 하나는 아들의 신분입니다. 우리는 이 두 신분을 동시에 갖고 있습니다. 일견 이 두 신분은 잘 연결되지 않는 것 같지만, 깊이 생각하면 연결되는 부분이 많습니다.

먼저 본문은 우리가 빚진 자인 것을 말씀합니다(12절). 종종 어떤 사람들은 우리의 구원을 아주 값싼 구원으로 생각합니다. 왜냐하면 우리는 단지 믿기만 하면 구원을 받기 때문에 그렇습니다. 그러나 결코 우리의 구원은 값싼 구원이 아닙니다. 왜 그렇습니까? 그것은 하나님이신 예수님께서 우리의 구원을 위해 사람의 몸을 입고 이 땅에 오셔서 십자가에 못 박히심으로 엄청난 희생과 대가를 지불하셨기 때문입니다. 세상에 이보다 더 큰 희생과 대가 지불이 어디에 있겠습니까? 그리고 예수님께서 엄청난 희생과 대가를 지불하고 우리를 사셨기 때문에, 우리는 예수님의 놀라운 사랑과 은혜에 빚을 진 자들입니다. 아멘입니까? 물론 하나님께서 우리에게 빚을 갚으라고 말씀하시지는 않습니다. 또한 우리가 그 빚을 다 갚을 수도 없습니다. 그러나 우리에게는 늘 빚진 자의 마음과 자세가 있어야 할 줄 믿습니다. 다시 말해, 우리는 배은망덕하지 말아야 하고, 다윗이 고백한 것처럼 "내게 주신 은혜를 어떻게 보답할까?" 하는 자세와 삶이 필요합니다. 바울에게 늘 그런 마음이 있었습니다(롬 1:14). 사도 바울이 주님을 위해 모든 고난을 참으면서 생명 바쳐 일 할 수 있었던 것도 스스로 빚진 자인 것을 철저히 깨달았기 때문입니다.

그러면 빚진 자로서 어떻게 살아야 한다고 말씀합니까? 12-13절을 다시 읽겠습니다.

> 그러므로 형제들아 우리가 빚진 자로되 육신에게 져서 육신대로 살 것이 아니니라 너희가 육신대로 살면 반드시 죽을 것이로되 영으로써 몸의 행실을 죽이면 살리니

우리가 빚진 자로서 빚을 갚기 위해 살아야 할 삶은 성령의 능력을 힘입어 타락한 본성에 지배받지 않는 삶입니다. 그런데 여러분, 어떤가요? 예수를 믿으면 죄악 된 본성의 지배와 통치에서 완전히(아니 많이) 벗어난 삶을 살게 되나요? 결코 그렇지 않습니다. 예수를 믿은 다음에 우리 안에서 대표적으로 나타나는 현상은 성령과 우리에게 내재 된 죄악 된 본성의 충돌 현상입니다. 두 세력이 우리 안에서 끊임없이 충돌하며 우리를 지배하려고 합니다.

물론 예수님을 믿는 사람은 어느 누구도 100% 죄악 된 본성의 지배대로 사는 사람도 없고, 100% 성령으로 몸의 행실을 죽이며 사는 사람은 없습니다. 그렇죠? 그러나 사람마다 비율은 다릅니다. 어떤 사람은 성령의 지배가 훨씬 우세한 삶을 살고, 어떤 사람은 죄악 된 본성의 지배가 훨씬 우세한 삶을 삽니다. 개인적으로도 어떤 때는 성령의 지배를 받기도 하고, 어떤 때는 죄악 된 본성의 지배를 받기도 합니다. 그렇죠?

그러면 왜 성령을 통해 또는 성령의 능력으로 죄악 된 본성이 지배하지 못하도록 해야 합니까? 그 이유를 알게 되면 우리가 성령의 능력으로 죄악 된 본성이 지배하지 못하도록 하기 위해 우리가 어떻게 해야 할 것을 알게 됩니다. 저는 성령의 능력으로 죄악 된

본성이 지배하지 못하도록 해야 할 두 가지 이유가 있다고 생각합니다.

먼저, 예수님을 믿어도 우리를 가만히 나두면 우리는 죄악 된 본성이 지배하는 삶을 살 수밖에 없기 때문입니다. 예를 들어보겠습니다. 갈라디아서 5장을 보면 성령의 소욕과 육신의 소욕이 충돌한다고 말씀하면서, 죄악 된 본성을 따르는 삶의 구체적 예들을 제시합니다(육체의 일은 분명하니 곧 음행과 더러운 것과 호색과 우상 숭배와 주술과 원수 맺는 것과 분쟁과 시기와 분냄과 당 짓는 것과 분열함과 이단과 투기와 술 취함과 방탕함과 또 그와 같은 것들이라. 19-21절 상), 그런데 그 가운데 하나가 시기심입니다. 그런데 하나 물어보겠습니다.

여러분, 혹시 예수님을 믿기 전에 다른 사람이 잘 되면 배가 아픈 적이 있나요? 그런데 예수를 믿은 후에는 남이 잘 되면 배가 아픕니까? 기분이 좋습니까? 특별한 경우가 아니면, 겉으로 표현하지는 않지만 배가 아플 때가 많습니다. 왜 그렇습니까? 죄악 된 본성이 우리를 지배하여 우리가 시기하도록 하기 때문입니다. 갈라디아서 5장에 보면 죄악 된 본성에 따르는 또 하나의 삶이 화를 내는 것입니다. 물론 우리에게 의분이 필요할 때도 있지만, 많은 경우 우리는 화내지 않아도 되는데 화를 내고 나중에 후회할 때가 많습니다. 또한 때로는 눈앞에 있는 위기를 모면하기 위해서 나도 모르게 거짓말을 하기도 합니다. 왜 그런가요? 그것은 죄악 된 본성에 의해 우리가 지배되기 때문에 그런 것입니다.

그런데 '종종' 그렇지 않을 때가 있습니다. 똑같은 상황인데 시기나 화를 냄이나 거짓이 아니라 사랑과 기쁨과 인내와 양선의 마음이 나에게 충만할 때가 있습니다. 왜 그런가요? 그것은 죄악 된 본성이 나를 지배하는 것이 아니라 성령님께서 죄악 된 본성이 나를 지배하지 못하도록 역사하시기 때문입니다. 이것은 신앙생활을 하는 분이라면 누구나 경험하는 것입니다.

다음으로, 성령으로 몸의 행실을 죽여야 할 또 하나의 이유는 악한 영의 세력이 우리를 죄악 된 본성을 따라 살도록 만들기 때문입니다. 특히 악한 영의 세력은 우리의 약점을 교묘히 파고들어 옵니다. 우리 모두는 약점이 있습니다. 사람마다 다릅니다. 어떤 사람은 명예, 어떤 사람은 성적인 문제, 어떤 사람은 물질, 어떤 사람은 자녀, 어떤 사람은 유난히 사람의 평가에 민감함 등에 유난히 큰 약점이 있을 수 있습니다.

우리가 예수를 믿어도 그 약점은 여전히 우리에게 남아 있을 수 있습니다. 그렇죠? 그래서 우리는 괴로울 때가 많습니다. 또한 사탄은 교묘하게 우리에게 들어와서 우리의 약점들에 지배되는 삶을 살고, 또한 여전히 그 약점들에 관심과 목표를 두는 삶을 살도록 합니다. 다시 말해, 돈에 약점이 있으면 예수를 믿어도 여전히 돈에 의해 지배되고 돈이 목표가 되는 삶을 사는 것입니다. 명예나 성적인 문제나 자녀에 집착하는 부분에 약점이 있으면 예수를 믿어도 여전히 명예나 성이나 자녀에 의해 지배되고 그 자체가 목표가 되는 삶을 살게 되는 것입니다. 여러분, 그렇지 않나요? 그런데 종종 나의 약점들이 극복될 때가 있습니다. 종종 그러한 것들이 크게 중요하게 여겨지지 않고 어떤 것을 결정할 때도 그러한 것들을 초월하여 결정하게 됩니다. 그 때가 언제입니까? 그 때는 성령께서 우리의 약점들을 강하게 지배하실 때입니다.

정리해 보면, 우리가 신앙생활을 하면서 경험하는 것은 죄악 된 본성을 극복하기가 결코 쉽지 않다는 것입니다. 기도하고 말씀보고 예배하고 은혜가 충만하면 좀 괜찮아 지는 것 같은데 또 다시 금방 원상복귀 되어서 죄악의 본성이 지배하는 삶을 사는 경우가 많습니다. 또한 일정 기간 잘 되는 것 같은데 어느 한 순간에 무너지기도 합니다. 그래서 후회하기도 하고 좌절하기도 합니다. 또한 안 되는 줄 알면서 계속 그 속에 머물러 있기도 합니다. 그러면서 사도 바울처럼 "오호라 나는 곤고한 사람이로다!"라는 고백을 할 때가 많습니다. 그러나 분명한 것이 있습니다. 비록 죄악 된 본성에 지배되지 않는 삶이 힘들고 어렵고 잘 되지 않아도 성령을 통해 몸의 행실을 죽이며 사는 것은 하나님의 은혜와 사랑에 빚진 자로서 우리의 의무라는 것입니다.

그러면, 우리가 죄악 된 본성에 지배되지 않는 삶을 살기 위해서 할 일이 무엇입니까? 앞에서 말씀드린 대로 두 가지에 신경 써야 합니다. 하나는 우리를 매일 가꾸어야 합니다. 왜냐하면, 그냥 나두면 우리는 육체의 본성에 지배되지 않을 수 없기 때문입니다. 그렇기 때문에 우리는 규칙적으로 말씀보고 기도하고 예배하는 일을 계속해야 합니다.

뿐만 아니라 지난주에 말씀드린 대로 성령께서 온전히 우리를 지배하고 통치하도록 간절히 사모해야 하는데, 특히 우리의 약한 부분이 우리의 삶을 지배하지 않도록 그리고 그것이 통제되지 않은 채 불쑥불쑥 튀어나오지 않도록 간절히 사모해야 합니다. 그러나 여러분, 성령으로 죄악 된 본성을 지배하지 못하고 불쑥 불쑥 죄악 된 본성이 튀어나오더라도 너무 낙심하지 마십시오. 그 때 다시 시작하십시오. 왜냐하면, 그 작업은 우리가 평생 해야 할 일이기 때문입니다. 그래서 오늘 본문에서 죽이라는 명령도 현재형입니다. 아무쪼록 우리 모두가 계속해서 그리고 더욱 더 성령의 도우심을 받아 말과 생각과 행동과 삶의 모든 부분에서 죄악 된 본성을 극복할 수 있기를 간절히 바랍니다.

하나님의 아들답게

다음으로 오늘 본문은 우리가 하나님의 아들의 신분임을 말씀하고 있습니다. 다시 말해, 이제 우리는 하나님을 두려움 가운데 종으로 섬기는 것이 아니라 친밀감을 가지고 아바 아버지라고 부르면서 섬길 수 있게 되었습니다. 그리고 아들로서 가장 큰 특권은 상속을 받는 것인데, 그것은 그리스도와 함께 누릴 영광스러움임을 말씀합니다. 그런데 그리스도와 함께 영광을 누리기 위해서 반드시 아들과 함께 고난을 받아야 한다고 말씀합니다.

여기에서 우리는 사도 바울이 만왕의 왕 되신 하나님의 아들이라는 영광스러운 신분을 선포하면서 그 아들이 이 땅에서 누리는 놀라운 은혜와 복들을 말씀하지 않고, 그 아들이 경험해야 할 대표적인 일이 고난이라고 한 것은 의외라고 생각될 수 있습니다. 또한 어마 어마한 복의 상속자의 개념과 고난의 개념은 일견 잘 어울리지 않게 보이기도 합니다. 그런데 본문은 너무도 분명하고 단호하게 그리스도와 함께 영광을 누리기 위해 그와 함께 고난을 받아야 할 것이라고 말씀합니다.

그러면 상속자로서 그리스도와 함께 영광을 누리기 위해서 그리스도와 함께 받아야 할 고난은 과연 어떤 고난을 말하는 것일까요? 저는 그것은 크게 두 가지라고 생각합니다. 하나는 만왕의 왕 되신 하나님의 아들답게 사는데 수반되는 고난입니다. 다른 하나는 아들에게 맡겨진 사명을 감당하는데 수반되는 고난입니다. 그러니까 여기에서 말씀하는 고난은 잘못해서 징계로 당하는 고난이 아니라, 아들로서 자원해서 받는 고난이라고 할 수 있습니다.

실제로 성경을 보면 아들로서 누리는 많은 특권들과 복들에 대해서도 언급하고 있지만, 아들답게 살기 위해서 그리고 아들로서 맡겨진 사명을 감당하기 위해서 '반드시' 고난을 경험할 것도 분명히 말씀합니다(요 15:20; 딤후 3:12). 또한 그것이 너무 당연하기 때문에 이상하게 여기지 말라고 말씀합니다. 바울은 그렇게 살았습니다. 바울은 하나님의 아들답게 살기 위해서, 그리고 아들로서 맡겨진 사명을 감당하기 위해서 얼마나 많은 고난을 당했는지 모릅니다(행 20:24, 고후 11:23-27). 물론 바울이 살았던 시대와 21세기 오늘 우리의 상황은 많이 다릅니다. 당시에 복음의 초창기 시대였기 때문에 고난과 핍박 없이는 예수를 믿고 사명을 감당하는 것은 불가능했습니다. 그러나 오늘날은 특별한 지역이나 상황을 제외하고는 예수를 믿는다고 핍박하는 시대는 아닙니다. 그럼에도 불구하고 분명한 것은 아들답게 살기 위해서 그리고 우리에게 맡겨진 사명을 감당하는 과정에서 고난은 너무도 필수적이라는 사실입니다.

여러분 어떻습니까? 하나님의 아들답게 살면 절대로 손해 안 보나요? 전혀 고난이 없을까요? 그렇지 않습니다. 물론 아들답게 살 때 하나님께서 주시는 놀라운 은혜와 복을 경험할 수 있습니다. 그러나 아들답게 하나님 뜻대로 살아도 얼마든지 손해 볼 수도 있고, 얼마든지 고난을 경험할 수 있습니다. 또한 하나님의 아들답게 바르고 정직하고 최선을 다해 살아도 승진에서 탈락할 수도 있고, 사업에 어려움을 당할 수도 있습니다. 때로는 소위 '왕따'를 당할 수도 있습니다. 왜 그렇습니까? 여전히 악한 영의 세력이 존재하고, 또한 이 세상이 악하기 때문입니다.

아들로서 사명을 감당할 때도 마찬가지입니다. 우리가 하나님의 아들로서 하나님께서 우리에게 주신 사명을 감당하는 것은 참으로 기쁘고 즐겁고 영광스러운 일입니다. 그런데 아들로서 사명을 감당할 때 전혀 고난이나 어려움이 없습니까? 결코 그렇지 않습니다. 때로는 손해도 봐야 하고 때로는 어려움이나 고난도 감내해야 합니다. 왜 그렇습니까? 역시 여전히 악한 영의 세력이 존재하고, 또한 이 세상이 악하기 때문입니다. 뿐만 아닙니다. 아들 됨의 사명을 감당하기 위해서 우리의 시간과 물질을 드려야 할 때도 많습니다. 우리 할 일 다 하고 남은 시간과 물질만을 가지고 절대로 아들 됨의 사명을 온전히 감당할 수 없습니다. 시간적 여유가 없고 물질이 풍족하지 않아도 시간을 내고 물질을 드려서 사명을 감당해야 할 때가 많습니다. 그 때 당연히 어려움이 있을 수 있고, 인간적으로 손해를 볼 수 있고, 고난이 있을 수도 있습니다. 이러한 것들이 아들로서 살아가면서 당해야 할 고난입니다.

우리에게 잘 알려진 격언이 있습니다. "No Cross, No Crown!" 십자가 없이는 왕관도 없다는 것입니다. 물론 하나님께서는 우리가 아들답게 살고 아들의 사명을 감당할 때 악한 세력에 의해 고난을 받을 때 보호해 주시고 지켜주시기도 하시지만, 때로는 하나님께서 일부러 그냥 놔두시기도 합니다. 또한 하나님께서 우리가 아들답게 살고 아들의 사명을 감당하면서 손해보고 고난을 당할 때 이 땅에서 보상해 주시기도 하고 회복시켜주시기도 하지만, 반드시 그렇지 않을 수도 있습니다. 그런데 우리는 아들답게 살고 아들의 사명을 감당하면서 손해도 보고 고난을 당할 때 오히려 기뻐하고 즐거워하고 감사할 수 있어야 합니다. 왜 그렇습니까? 오늘 본문 18절에서 말씀하시는 것처럼 그 고난은 장차 받을 영광과 족히 비교할 수 없기 때문입니다. 같은 말씀이 베드로전서 4:12-13에 있습니다.

> 사랑하는 자들아 너희를 연단하려고 오는 불 시험을 이상한 일 당하는 것 같이 이상히 여기지 말고 오히려 너희가 그리스도의 고난에 참여하는 것으로 즐거워하라 이는 그의 영광을 나타내실 때에 너희로 즐거워하고 기뻐하게 하려 함이라

제가 사역을 하면서 늘 마음에 두고 있는 사람 가운데 한 분이 벨기에 출신의 성자 다미안(1840.1.3.-1889.4.5.)이라는 분입니다. 그 분은 33세의 젊은 나이로 한센 병 환자의 섬 몰로카이에 가서 일생동안 그들을 위해 살았는데요, 그가 아직 한센 병에 감염되지 않았을 때의 일이었습니다. 한 번은 다미안이 자기 손으로 지은 교회에 나가 한센 병 환자들 앞에서 참된 자유와 평화에 대하여 설교하였습니다. 그러나 한센 환자들은 "당신 같은 성한 사람이나 자유가 있지 우리에게 무슨 자유며 평화냐?"고 빈정댔다고 합니다. 그는 이 말을 듣고 자기 방에 들어가 꿇어 엎드려 간절히 기도했습니다. "하나님! 저들을 구원하기 위해 저를 한센 병 환자가 되게 하여 주옵소서." 얼마 뒤 그는 정말 한센 병에 감염되고 말았습니다. 감염된 후 그는 이렇게 말했습니다. " … 지금 저는 한센 병 환자가 되었습니다. 저의 빛나는 희망은 마침내 실현되었습니다. …" 그 후 16년 동안 그는 그곳에서 전도하다가 한센 병으로 엉망이 된 육체로 이 땅을 떠날 때가지, 세상의 부귀영화는 그가 바라는 영원한 집에 비하면 아무것도 아님을 굳게 믿는 삶을 살았습니다. 다미안은 십자가와 면류관이 결합된 삶의 모범을 보여주었던 것입니다.

사랑하는 성도 여러분, 우리 주변을 보면 영광스러운 소망이 없는 세상 사람들도 민주화나 인권 같은 참된 가치를 위해 자원해서 손해보고 고난도 당하고 감옥에도 가고 심지어는 목숨까지도 바칩니다. 그런데 영광스러운 소망을 가진 자로서 아들답게 살기 위해서 아들의 사명을 위해서 손해나 고난의 경험이 없고 희생해 본 경험이 없다면 그것은 문제입니다. 저는 우리 모두가 영광스러운 소망의 상속자로서 필요하다면 고난과 희생과 손해를 자원할 수 있기를 바랍니다. 그리고 그것을 참으로 기뻐해야 합니다. 왜 그렇습니까? 그 고난과 희생과 손해와 비교할 수 없는 영광이 우리를 기다리고 있기 때문입니다.

말씀을 맺겠습니다.

오늘 본문은 하나님께서 우리에게 그리스도와 함께 하는 영광스러운 소망을 주셨다고 말씀합니다. 그렇기 때문에 우리는 그 은혜와 사랑에 빚진 자입니다. 빚진 자로서 우리가 할 일은 성령의 능력을 힘입어 죄악 된 본성이 지배하지 않는 삶을 살아야 합니다. 그런데 우리의 신앙생활은 단순히 육신의 소욕을 죽이는데 그쳐서는 안 되고, 한 단계 앞으로 나아가야 합니다. 그것은 영광스러운 소망을 상속받은 아들답게 살아야 하고 아들에게 주어진 사명을 감당하는 것입니다. 그런데 사명을 감당하기 위해서 반드시 따르는 것이 있는데, 그것은 고난입니다. 저는 우리 모두가 현재의 고난은 우리에게 주어질 영광스러움과 족히 비교할 수 없음을 믿고 자원함으로 고난의 자리에 이르기를 바랍니다.

로마서 8:19-30

'이미' 그리고 '아직' 사이에서

※ 설교 주제: 이미와 아직 사이에서 우리는 고통을 경험할 수밖에 없지만, 합력하여 선을 이루시는 하나님을 믿어야 한다.

※ 설교 목적: 이미와 아직 사이에서 그리스도 안에 있는 자라도 고통을 경험할 수밖에 없음을 상기시키고, 그럴지라도 모든 상황에서 합력하여 선을 이루시는 하나님을 인정하고 신뢰할 수 있도록 권면한다.

※ 설교 전개
    본문 설명
        인간 이외의 모든 피조물의 탄식
        우리 인간의 탄식
        합력하여 선을 이루심
    적용
        이미와 아직 사이에서
            영광스러운 소망을 사모함
            성령 안에서의 기도함
                1) 하나님을 인정하게 됨

2) 지혜와 능력을 얻음
합력하여 선을 이루심을 믿음

※ 설교 요약

오늘 본문은 예수님께서 이 땅에 오셔서 승천하신 이후부터 재림까지 소위 '이미'와 '아직' 사이에서 우리 인간을 포함한 모든 피조물들은 여러 가지 고통과 고난 속에서 탄식하며 살아갈 수밖에 없음을 말씀한다. 그 시기에 우리는 원치 않는 일들 또는 이해할 수 없는 많은 일들을 경험하며 산다. 그러한 일들을 경험하면서 우리가 취할 자세가 무엇인가? 먼저 우리는 영원한 소망을 바라보며 참고 기다리는 것이다. 왜냐하면 그 때에는 그러한 일들이 더 이상 발생하지 않기 때문이다. 다음으로 우리는 성령의 도우심을 받아 기도해야 한다. 왜냐하면, 기도할 때 우리는 하나님을 신뢰함으로 모든 일들을 받아들일 수 있고, 또한 그러한 상황에서 우리가 어떻게 대처해야 할지를 깨닫게 되기 때문이다. 뿐만 아니라 우리는 그러한 일을 경험하면서 궁극적으로는 하나님께서 모든 것이 합력하여 선을 이루실 것을 믿어야 한다. 물론 여기에서 선을 이룬다는 것은 우리가 살아가면서 경험하는 모든 일들이 궁극적으로 아름답고 유익한 결과로 나타난다는 것을 의미하기도 한다. 하지만 여기에서의 선은 우선적으로 구원의 완성을 의미한다. 하나님께서 우리가 이 땅에서 경험하는 모든 것들을 활용하여 궁극적으로는 우리의 영원한 구원이 완성되도록 이끌어 가신다.

로마서 8장은 우리 기독교의 핵심 주제들을 체인과 같이 연결하면서 계단 형식으로 발전시키고 있습니다. 먼저 성령의 역사하심과 인도하심을 양자의 영을 받음과 연결시키면서 아들의 개념을 이끌어냅니다. 그리고 아들의 최고의 특권으로 상속을 언급하면서, 아들이 누릴 최고의 복과 은혜는 지금 예수 그리스도께서 누리고 계시는 영광에 동참하는 것이라고 말씀합니다. 뿐만 아니라 그 그리스도의 영광에 동참할 우리가 어떻게 살아야 할 것인지를 두 신분과 연결시켜 권면하고 있습니다.

먼저 우리는 하나님의 말할 수 없는 은혜와 사랑에 빚 진자로서 죄악 된 본성에 이끌려 사는 것이 아니라 성령의 능력을 힘입어 죄악 된 본성이 우리를 지배하지 못하도록 해야 한다고 말씀합니다. 또한 그리스도와 함께 영광을 상속할 아들로서 아들답게 살기 위해서 그리고 아들에게 주신 사명을 감당하기 위해 자원하는 고난의 삶을 살아야 할 것을 강조합니다. 그런데 우리가 고난을 자원함으로 그리고 기쁨으로 감당할 수 있는 것은 그 고난은 장차 우리에게 임할 영광과 족히 비교할 수 없기 때문입니다.

오늘 본문은 '지금' 그리고 '이 땅에서' 우리 인간과 모든 피조물이 어쩔 수없이 경험할 수밖에 없는 고통과 탄식에 대해 말씀하고 있습니다. 지난주에 우리가 이 땅에서 아들답게 살기 위해서 그리고 아들의 사명을 감당하기 위해서 고난을 당할 수밖에 없는 이유는 여전히 악한 영의 세력이 활동하고 있고 또한 그로 인해 이 세상이 악하기 때문이라고 말씀드렸는데, 오늘 본문도 그 부분과 연결되어 있습니다.

인간 이외의 모든 피조물의 탄식

먼저, 19-22절에서는 우리 인간 이외의 모든 피조물에 대해 말씀합니다. 19절입니다.

> 피조물이 고대하는 바는 하나님의 아들들이 나타나는 것이니

피조물들은 하나님의 아들들이 그리스도의 영광스러움을 입고 나타나는 것을 고대한다고 합니다. 왜 그렇습니까? 우리 인간들이 그리스도와 함께 영광을 회복할 때 인간 이외의 다른 피조물들도 우리 인간들과 함께 원래의 영광을 회복하기 때문에 그렇습니다. 그러면서 20-22절에서 지금 피조물의 상태에 대해서 말씀하고 있습니다. 20절입니다.

> 피조물이 허무한 데 굴복하는 것은 자기 뜻이 아니요 오직 굴복하게 하시는 이로 말미암음이라

무엇보다도 지금 피조물은 허무한데 굴복되어 있다고 합니다. 다시 말해, 아담의 죄로 말미암아 인간 뿐 아니라 다른 모든 피조물도 저주와 고통 가운데 있게 되었다는 것입니다. 쉽게 이야기하면, 오늘날 동물의 세계에서도 서로 물고 물리는 약육강식의 원리가 지배하고, 생존을 위해서 치열하게 다툼을 벌여야 하는 적자생존의 원리가 존재합니다. 또한 자연세계에서도 가뭄이나 홍수나 지진 등의 자연 재해가 발생하기도 합니다. 그러한 것들은 원래 그렇게 창조된 것이 아니라, 모두 우리 인간의 타락으로 인한 결과들입니다. 그래서 그 모든 것이 우연히 발생한 것이 아니라 모두 하나님으로 말미암았다고 말씀합니다. 21-22절입니다.

그 바라는 것은 피조물도 썩어짐의 종 노릇 한 데서 해방되어 하나님의 자녀들의 영광의 자유에 이르는 것이니라 피조물이 다 이제까지 함께 탄식하며 함께 고통을 겪고 있는 것을 우리가 아느니라

지금 모든 피조물들이 함께 탄식하고 함께 고통을 겪고 있는데, 그들도 우리 인간의 완성된 구원을 함께 학수고대하며 간절히 기다린다는 것입니다. 정말 동식물과 모든 피조 세계에 그런 소망이 있는지는 모르겠지만, 바울은 모든 피조 세계를 의인화를 시켜서 주님의 재림으로 인한 변화와 회복을 소망하고 있다고 말씀합니다. 실제로 성경은 주님께서 재림하시면 새 하늘과 새 땅이 도래할 것이고, 그 때는 이리와 양이 함께 뛰놀게 될 것이고, 표범이 어린 염소와 함께 누우며, 아이들이 독사 굴에 손을 넣어도 아무런 문제가 없을 것이라고 말씀합니다(사 11:6-9, 66:22, 벧후 3:13, 계 21:1).

우리 인간의 탄식

이제 다시 관심을 우리 인간에게로 돌립니다. 23절입니다.

그뿐 아니라 또한 우리 곧 성령의 처음 익은 열매를 받은 우리까지도 속으로 탄식하여 양자 될 것 곧 우리 몸의 속량을 기다리느니라

그 뿐 아니라 우리 인간도 탄식하며 양자될 것, 곧 속량을 기다린다는 것입니다. 우리는 이미 성령을 받아 양자가 되었지만 아직 온전한 구원에 이르지 못하였습니다. 그래서 이 땅에 사는 동안 우리도 아픔과 슬픔과 고통과 좌절을 경험할 수밖에 없다는 것입니다.

그러한 상황에서 우리가 할 일이 무엇인지 언급하고 있습니다. 24-25절입니다.

> 우리가 소망으로 구원을 얻었으매 보이는 소망이 소망이 아니니 보는 것을 누가 바라리요 만일 우리가 보지 못하는 것을 바라면 참음으로 기다릴지니라

그것은 영원한 영광스러운 소망을 참음으로 간절히 기다려야 한다는 것입니다.

그렇게 고난을 당하면서 탄식할 때 우리 안에 내주하시는 성령님께서 하시는 일이 있습니다. 26-27절입니다.

> 이와 같이 성령도 우리의 연약함을 도우시나니 우리는 마땅히 기도할 바를 알지 못하나 오직 성령이 말할 수 없는 탄식으로 우리를 위하여 친히 간구하시느니라 마음을 살피시는 이가 성령의 생각을 아시나니 이는 성령이 하나님의 뜻대로 성도를 위하여 간구하심이니라

성령님께서 우리의 연약함을 도우시는 것입니다. 여기에서 연약함은 피조물로서 우리 인간이 가지는 한계를 의미합니다. 그런데 어떻게 도우시나요? 우리의 연약함으로 무엇을 어떻게 기도할지 모르는데, 성령님께서 탄식하시면서 우리를 위해 하나님께 합당한 내용으로 친히 간구하신다는 것입니다.

합력하여 선을 이루심

그 결과 어떻게 됩니까? 28절입니다.

> 우리가 알거니와 하나님을 사랑하는 자 곧 그의 뜻대로 부르심을
> 입은 자들에게는 모든 것이 합력하여 선을 이루느니라

모든 것이 합력하여 선을 이루신다고 합니다. 이 말씀은 우리가 너무나 잘 알고 있는 말씀인데 많은 분들이 이 말씀의 의미를 부분적으로만 알고 있는 것 같습니다. 먼저 합력하여 선이 이루어지는 대상은 하나님을 사랑하는 자들이요 그 뜻대로 부르심을 받은 자입니다. 쉽게 이야기하면, 성도들을 말씀합니다. 그런데 합력하여 선을 이룬다는 것은 무엇을 의미합니까? 여기에서 합력하여 선을 이룬다는 것은 단순히 우리가 이 땅을 살아가면서 경험하는 모든 일들이 좋고 아름다운 결과를 가져온다는 것을 의미하지 않습니다.

물론 그것도 포함하지만, '모든 것을 합력하여 선을 이룬다'는 것은 우선적으로 '모든 것을 합력하여 구원의 완성을 이룬다는 것'을 의미합니다. 그러니까 하나님께서는 이 땅에서 성도들에게 발생하는 모든 것을 활용하여 구원의 완성을 이루어 가신다는 것입니다.

그것은 앞 뒤 문맥을 통해 확인할 수 있습니다. 19-27절에서 계속 우리 인간을 포함한 모든 피조물이 구원의 완성을 기다린다고 말씀합니다. 다음 주에 자세히 보겠지만 29-38절도 우선적으로 구원의 완성과 관련된 말씀입니다. 특별히 28절에서 모든 것이 합력하여 선을 이룬다고 선포한 다음에 바로 29-30절에서 합력하여 선을 이룬다는 말의 의미를 보충 설명하고 있습니다(물론 29-30절은 문법적으로 28절의 이유가 될 수도 있고 근거가 될 수도 있고 보충 설명이 될 수도 있지만 의미에는 거의 차이가 없습니다. 그래서 '왜냐하면' 또는 '다시 말해'라는 말을 추가해서 번역하는 것이 바람직합니다). 29-30절입니다.

하나님이 미리 아신 자들을 또한 그 아들의 형상을 본받게 하기 위하여 미리 정하셨으니 이는 그로 많은 형제 중에서 맏아들이 되게 하려 하심이니라 또 미리 정하신 그들을 또한 부르시고 부르신 그들을 또한 의롭다 하시고 의롭다 하신 그들을 또한 영화롭게 하셨느니라

많은 학자들은 29-30절을 우리의 구원과 관련한 소위 '다섯 고리로 된 황금사슬'이라고 명명합니다. 다섯 고리가 무엇이죠? 그것은 '예지-예정-부르심-칭의-영화'입니다. 여기에서 예정은 어렵지 않는 용어인데, 예지의 의미에 대해서는 학자들 사이에 논란이 있습니다. 그런데 많은 학자들은 예지와 예정의 의미에는 큰 차이가 있지 않다는 것에 동의합니다. 예를 들어, 사도행전 2:23에서는 예수님의 십자가 사건을 언급하면서 순서가 바뀌어서 예정이 먼저 나오고 예지가 뒤에 나옵니다("그가 하나님께서 정하신 뜻과 미리 아신 대로 내준 바 되었거늘 너희가 법 없는 자들의 손을 빌려 못 박아 죽였으나"). 의미에 큰 차이가 없기 때문에 순서가 바뀌어서 나올 수 있는 것입니다.

그런데 예지와 예정을 함께 언급하는 것은 예지가 예정의 의미를 보완해 주기 때문입니다. 예지는 문자적으로 단순히 미리 안다는 개념이라기보다는 예정이 우발적으로 이루어진 것이 아니라 하나님의 뜻하신 바가 있어서(즉, 하나님의 뜻과 섭리와 계획이 있으셔서) 또는 하나님께서 특별히 관심을 보이시고 사랑하셔서 하나님께서 예정하셨다는 것을 보충 설명한다고 할 수 있습니다. 그렇게 주장할 수 있는 근거는, 성경에서 '알다'라는 말이 하나님과 인간과의 관계에서 쓰여 질 때는 단순히 어떤 것을 '알다'의 의미가 아니고, 언제나 특별한 관심과 사랑을 보이신다는 의미를 가지고 있기 때문입니다(예. 암 3:2, "내가 땅의 모든 족속 가운데 너희만을

알았나니 …"). 그러니까 하나님께서 미리 아신 자들을 미리 정하셨다는 것은 하나님의 뜻과 섭리 속에서 그리고 하나님의 관심과 사랑 안에서 하나님께서 특별한 자들의 구원을 미리 정하셨다는 것을 의미하는 것입니다.

또한 본문을 보면 하나님의 예정이 그 아들의 형상을 본받게 하기 위하여 그리고 예수님으로 하여금 많은 형제 중에서 맏아들이 되게 하기 위함이었다고 말씀합니다. 이 말씀에 대해서도 많은 논란이 있는데요, 많은 학자들은 아들의 형상을 본받게 하기 위하여 그리고 예수님께서 많은 형제 중에서 맏아들이 되게 하기 위함이라고 하는 말씀은 성화를 의미하기 보다는 영화를 의미한다고 주장합니다. 다시 말해, '아들의 형상을 본받게 하기 위하여' 라는 말씀은 17절에 언급하고 있는 '그리스도와 함께 할 영광에 참여함'을 의미하고, 예수님께서 많은 형제 가운데 맏아들이 되도록 하셨다는 말씀도 지금 예수님께서 하나님의 영광을 누리는 첫 번째 케이스가 되고 우리도 예수님을 따라서 그 혜택을 누리도록 하기 위함이라는 것입니다. 이것은 마치 예수님께서 부활하심으로 우리 부활의 첫 열매가 되셨다는 말씀과 같은 이치입니다. 정리하면, 이 말씀은 하나님께서 영광스러운 구원의 완성을 목적으로 우리를 예정하셨다는 것을 의미합니다.

그것은 30절에서도 확인될 수 있습니다. 30절 뒷부분을 보면 "영화롭게 하셨느니라!"고 말씀합니다. 영화는 과거에 일어난 일입니까? 아니면 미래에 일어날 일입니까? 미래에 일어날 일이지만, 본문에는 이미 이루어진 과거로 표현되어 있습니다. 이것을 보통 '예언적 과거' 또는 '확정된 과거'라고 하는데요, 이 말씀은 하나님께서 우리를 선택하실 때 우리 구원의 완성이 확정되었다는 것을 말씀합니다. 그러니까 29-30절의 말씀은 우리의 구원의 시작부터 마지막까지 하나님의 은혜와 인도하심으로 이루어지고, 또한 우리 구원의 완성도 너무도 확실함을 말씀하는 것입니다. 따라서 28절의 말씀도 물론 우리가 이 땅을 살아가면서 하나님께서 모든 일을 아름다운 열매와 결과를 낳는다는 의미도 있지만 우선적으로 하나님을 사랑하는 자 곧 그 뜻대로 부르심을 입은 자에게 모든 것을 합력하여 구원의 완성을 이루어 가신다로 보는 것이 타당합니다. 이해가 되시죠?

이미와 아직 사이에서

오늘 본문은 우리 인간의 죄로 말미암아 함께 심판을 받은 피조물의 고통과 탄식에 대해서 그리고 이미 구원은 이루어졌지만 아직 완성되지 않는 상태에서 우리 인간이 경험하는 고난과 탄식에 대해서 말씀하고 있습니다. 신학적으로 표현하면, 소위 '이미'와 '아직' 사이에 있는 우리 인간과 피조물의 상태와 상황입니다. 조금 쉽게 이야기하면, 예수님의 초림과 재림 사이에 사탄이 이미 제압은 당했지만 아직 완전히 정복당하지는 않는 상태에서의 모든 피조물의 상황에 대한 것입니다. 그런데 그 시기에 우리 인간과 피조물이 고통과 어려움을 당하는데 그것이 얼마나 힘이 드는지 오늘 본문에서는 '탄식'이라는 단어가 계속 언급되어 있습니다(22,23절). 성령님까지도 탄식한다고 말씀합니다(26절). 그러면서 우리 인간을 포함한 모든 피조물이 구원의 완성을 참으로 간절히 기다리고 있다고 말씀합니다.

실제로 우리는 '이미와 아직'의 시기에 사회적으로 그리고 개인적으로 우리가 원치 않는 일, 이해할 수 없는 일, 또는 아주 악하고 참혹한 일들을 경험하며 살고 있습니다. 아직도 우리 기억에 생생한 몇 가지 예를 들어보겠습니다. 2001년 9월 11일에 그 어마 어마한 미국 뉴욕의 월드 트레이드 센터가 극우 이슬람 단체의 테러 공격으로 마치 장난감 건물이 무너지는 것처럼 붕괴되었고, 그로 인해 약 3000명의 사람들이 한 순간에 목숨을 잃은 적이 있습니다. 참으로 악한 일이었습니다. 또한 자연재해로 말미암은 비참한 일들도 우리는 종종 접하게 됩니다. 2004년 12월 26일에는 인도양에 쓰나미가 일어나 12개국에 걸쳐 약 23만 명의 사람들이 죽거나 실종되었습니다. 또한 2011년 3월 일본에서 대지진과 쓰나미로 인해 약 2만 명의 사람들이 목숨을 잃기도 했습니다. 자연 재해 인한 큰 아픔과 슬픔을 우리는 경험했습니다. 또한 최근에 우리나라에서도 세월호 참사로 인해 300명 이상의 사람들이 생명을 잃었습니다. 진정 우리가 경험하고 싶지 않는 일이었습니다. 그래서 한 때 온 국민이 집단 우울증에 걸릴 정도였습니다. 그러니까 우리는 이 땅을 살아가면서 사회적으로 악한 일들도 경험하고, 자연 재해로 인한 슬픔도 경험하고, 원치 않는 일들도 경험하며 삽니다.

또한 우리는 개인적으로도 힘들고 어렵고 이해할 수 없는 일들을 경험합니다. 어떤 분들은 건강에 심각한 문제가 생기기도 하고, 어떤 분들은 물질적으로 극심한 어려움을 겪기도 합니다. 어떤 분들은 예상치 못한 사고를 당하기도 하고, 어떤 분들은 가족들에게 불행한 일들이 일어나기도 합니다. 또한 살다보면 억울하게 오해받기도 하고, 불합리한 일 때문에 분통을 터트리기도 하고, 믿었던 사람에게 속임을 당하거나 배신을 당하면서 밤잠을 자지 못할 때도 있습니다. 어느 누구도 이러한 일들을 원하지 않습니다. 하지만 우리 모두는 크고 작은 차이는 있지만 그러한 일들을 경험해야 합니다. 또한 어떤 분들은 그러한 일들을 단기간 동안 잠깐 경험하기도 하지만, 어떤 분들은 오래도록 힘들고 어렵게 경험하며 사시는 분들도 있습니다.

뿐만 아니라 우리는 신앙 상식으로 잘 이해되지 않는 일들을 경험하기도 합니다. 종종 천인공노할 끔찍한 죄를 저지른 사람들이나 집단이나 나라들을 하나님께서 아무런 조치를 취하지 않고 그냥 놔두는 것 같기도 합니다. 또한 종종 악한 사람들, 불법을 행한 사람들이 오히려 잘 되고 활개를 치며 사는 경우를 보기도 합니다. 반면에 선하고 착하고 양심적인 사람들이 억울한 누명을 쓰고 고난을 당하기도 합니다. 또한 우리는 주변에서 참으로 신실한 믿음의 사람들에게 불행한 일들을 경험하는 것도 보게 됩니다.

이렇게 우리는 우리가 원치 않는 일, 이해할 수 없는 일, 또는 아주 악하고 참혹한 일들을 직간접적으로 경험하면서 우리는 깊은 좌절과 절망에 빠지기도 하고, 또한 말할 수 없는 고통 속에서 탄식을 뿜어내기도 합니다. 그렇지 않나요?

영광스러운 소망을 사모함

그러면 이렇게 원치 않는 일, 이해할 수 없는 일 또는 아주 악하고 참혹한 일들이 일어날 때, 그래서 깊은 절망과 좌절과 고통 속에서 탄식이 나올 때 우리는 무엇을 어떻게 해야 합니까? 본문에서 세 가지를 우리에게 말씀합니다.

먼저, 우리는 영광스러운 소망을 간절히 사모하면서 참고 기다려야 합니다. 24-25절입니다.

> 우리가 소망으로 구원을 얻었으매 보이는 소망이 소망이 아니니 보는 것을 누가 바라리요 만일 우리가 보지 못하는 것을 바라면 참음으로 기다릴지니라

여기에서 참고 기다린다는 것은 무엇을 말씀하죠? 이 말은 힘들고 안타깝고 참담하지만 그대로 인정하고 받아들이라는 것입니다. 그러니까 아직 구원이 완성되지 않는 상태에서 그러한 일들이 일어나는 것을 당연하게 여기고 참고 기다려야 한다는 것입니다.

그런데 본문을 보면 단순히 참는 것이 아니고, 간절한 소망을 가지고 참아야 한다고 말씀합니다. 이것은 무엇을 말씀합니까? 주님과 함께 하는 영광스러움에 이르면 더 이상 그런 일들을 더 이상 경험하지 않고, 더 이상 슬픔이나 아픔이나 불합리함이 없을 것이기 때문에 그 소망을 가지고 참고 기다려야 한다는 것입니다. 정확한 비유가 될지 모르지만, 남자들은 대개 일정 기간 동안 군대를 가게 됩니다. 군대를 가면 힘들게 훈련도 받고, 때로는 얼 차례를 받기도 하고, 때로는 불합리한 일을 당하기도 합니다. 그런데 참습니다. 왜 그렇습니까? 그것은 시간이 지나면 더 이상이 그러한 일들을 경험하지 않을 제대가 있기 때문입니다. 제대를 소망하면서 그 모든 일들을 참는 것입니다.

사랑하는 성도 여러분, 우리가 이 땅을 살아가면서 힘들고 어려운 일들을 경험할 때, 그리고 이해하지 못할 일들을 경험할 때 우리가 우선적으로 할 일은 영원한 영광스러운 소망을 간절히 사모하면서 그러한 일들을 당연히 여기고 참고 기다리는 것인 줄 믿습니다.

그런데 여러분 어떻습니까? 그러한 힘들고 어려운 일들 그리고 이해할 수 없는 일들을 경험할 때 그러한 일들을 당연한 것으로 받아들이고 인정하면서 참는 것이 쉬운가요? 아니면 쉽지 않은가요? 쉽지 않는 경우가 많습니다. 성경을 보면, 위대한 믿음의 사람들도 이해할 수 없는 일들을 받아들이고 인정하면서 참는 것이 쉽지 않았음을 알 수 있습니다. 예를 들어, 하박국서를 보면 하박국 선지자는 유다에 악이 번영하고 악인들이 득세하는 상황에서 그리고 하나님께서 악한 이방 민족인 바벨론을 통해 하나님 백성 이스라엘을 심판한다는 하나님의 말씀을 들으면서 계속해서 '하나님! 어찌하여, 어찌하여 악인의 패역함을 그냥 보십니까?(합 1:3,13,14), 하나님! 어느 때까지 이런 일들이 일어나야 합니까?(합 1:2)' 라고 하면서 하나님께 탄식하고 쏟아내는 것을 볼 수 있습니다. 눈앞에서 일어나는 이해되지 않는 일들을 결코 받아들일 수 없다는 것입니다. 시편 기자들도 이해할 수 없는 어려움을 당하면서 하나님께 원망과 불평을 쏟아내는 것을 볼 수 있습니다. 시편에서 그러한 내용을 담고 있는 소위 한탄시가 전체의 절반 이상을 차지하고 있습니다. 이스라엘 백성들은 더 했습니다. 선지서들을 보면 그들이 이방 나라들의 침략과 지배를 받을 때 그들은 "왜 하나님을 믿는 우리가 이방신들을 섬기는 나라들에게 침략과 지배를 받아야 합니까?" 하면서 "하나님이 진정 모든 신위에 뛰어난 참신입니까? 혹시 무능한 신은 아닙니까? 아니면 혹시 우리를 버리신 것은 아닌가요? 라고 하나님께 원망하고 불만을 토로한 것을 볼 수 있습니다.

우리들도 그렇지 않나요? 우리도 심각한 어려움이 지속되거나 이해하지 못하는 일들을 경험할 때, 우리도 얼마든지 "하나님, 정말 살아계시나요?" "하나님, 왜 하필 저인가요?" 아니면 "하나님, 언제까지 인가요?"라고 원망과 불평과 불신의 말을 하나님께 할 때가 있습니다. 어떤 분들은 그러한 것들을 극복하지 못하고 화병이나 우울증에 걸리기도 하고 자살을 선택하기도 합니다. 저도 처음 예수를 믿을 때 당시 청년으로서 제가 감당하기에 어렵고 힘든 일들을 경험하면서 그와 같이 원망하고 불평하면서 탄식했던 기억이 있습니다. 뿐만 아니라 지금도 종종 신앙상식으로 이해하지 못할 일들을 경험하면서 힘들 때가 있습니다. 아마 우리 가운데도 지금 그러한 일을 경험하면서 탄식하시는 분들이 계시리라고 생각합니다.

성령 안에서의 기도함

그러면 어떻게 그러한 어려움을 극복할 수 있나요? 그것은 이미 와 아직의 사이에서 원치 않는 일, 이해할 수 없는 일을 당할 때 우리가 할 대표적인 일은 성령님의 도움을 받아 하나님께 기도하는 것입니다. 26-27절입니다.

> 이와 같이 성령도 우리의 연약함을 도우시나니 우리는 마땅히 기도할 바를 알지 못하나 오직 성령이 말할 수 없는 탄식으로 우리를 위하여 친히 간구하시느니라 마음을 살피시는 이가 성령의 생각을 아시나니 이는 성령이 하나님의 뜻대로 성도를 위하여 간구하심이니라

원치 않는 일을 당할 때 또는 다 이해할 수 없는 일을 당할 때 기도하는 것은 성경의 명령입니다. 많은 믿음의 사람들이 그렇게 했습니다. 뿐만 아니라 그러한 일들을 당할 때 기도할 수 있는 것은 아바 아버지라고 부를 수 있는 아들이 가지는 놀라운 특권입니다. 그러나 우리는 연약합니다. 다시 말해, 우리는 인간으로서의 한계와 부족함이 있습니다. 때로는 그러한 일들을 당할 때 기도할 기력과 믿음이 다 없어져 버릴 때도 있고, 때로는 무엇을 기도해야 할지 모를 때도 있습니다. 그러나 우리에게 복음이 있습니다. 그 때 성령님께서 역시 말할 수 없는 탄식과 안타까움으로 우리를 도와주신다는 것입니다. 다시 말해, 성령께서 우리가 기도하도록 힘을 주시고 또한 하나님께 합당한 기도를 하도록 도와주시는 것입니다.

첫째, 하나님을 인정하게 됨

그런데 어려운 일, 이해할 수 없는 일들을 당할 때 우리는 기도하면서 크게 두 가지 은혜를 받습니다. 먼저, 우리는 기도하면서 하나님을 인정하게 됩니다. 하박국 선지자도 처음에는 원망과 불평을 가지고 하나님께 대들었습니다. 그런데 기도를 통해서 하나님을 인정하게 되고 하나님에 대한 신뢰를 회복한 것입니다. 하나님께서 하박국 선지자에게 "의인은 믿음으로 말미암아 살리라"고 하셨습니다. 하나님과의 관계가 온전한 사람(신실하게 유지되는 사람)은 모든 상황에서 하나님을 신뢰하는 믿음으로 살게 된다는 말씀입니다.

그래서 "비록 무화과나무가 무성하지 못하며 포도나무에 열매가 없으며 감람나무에 소출이 없으며 밭에 먹을 것이 없으며 우리에 양이 없으며 외양간에 소가 없을지라도 나는 여호와로 말미암아 즐거워하며 나의 구원의 하나님으로 말미암아 기뻐하리로다(합 3:17-18)"고 고백하였던 것입니다. 시편 기자들도 마찬가지입니다. 그들도 처음에는 좌절과 낙심 속에서 기도를 시작하지만 기도가 끝날 때에는 항상 소망과 확신의 고백을 하는 것을 볼 수 있습니다. 그러니까 기도함으로 우리가 힘든 일 그리고 이해할 수 없는 일에 대한 자세와 태도가 달라지는 것입니다.

이번 세월호 참사로 인해 당시 실종 상태였을 때의 김정민 학생의 아버지, 안산동부교회 김영삼 장로님의 기도문이 많은 사람들의 가슴을 뭉클하게 했던 기억이 있습니다. 아마 우리 가운데 많은 분들이 그 기도문을 읽었으리라고 생각되는데 제가 한 번 읽어보겠습니다.

'그리 아니하실지라도...'

요나가 고기 뱃속에서
하나님의 계획을 깨닫고
회개하고 나온 것처럼
돌아와도 감사하고

그리 아니하실지라도
정민이가 하나님의 자녀로서
구원받은 것이 감사합니다.

이번 일로 통하여
하나님의 모든 백성들이
생사화복의 주권이
하나님께 있음을 항상 고백하고

우리의 생명이
영원하지 않음을 인식하고
잠시 있다 가는 나그네 인생
하나님 계획 속에서
말씀과 기도의 현장,
오직 예수 그리스도
오직 복음으로
오직 전도자의 삶을 살기로 기도합니다.

모두들 기도해 주셔서 감사합니다.

이런 기도문을 발표하는 것이 여러 가지 면에서 결코 쉽지 않았을 것입니다. 그런데 그 모든 것을 받아들이고 이런 기도문을 발표

할 수 있었던 것은 하나님께서 믿음을 주셨기 때문이라고 믿습니다.

그러나 여기에서 우리가 기억해야 할 것이 있습니다. 그것은 하박국이나 시편 기자들이 이해할 수 없는 것들이 다 이해되고 다 깨달아져서 인정하고 받아들인 것이 아니라는 것입니다. 이해할 수 없는 부분이 있지만 그들이 모든 것을 인정하고 받아들인 것은 하나님에 대한 믿음과 신뢰가 생겼기 때문입니다. 김정민 학생의 아버지도 마찬가지라고 생각합니다. 이것 역시 아주 중요한 포인트입니다.

성경을 보면, 하나님께서 여러 가지 일들이 발생하는 원인이나 이유를 분명히 말씀하시는 경우도 있습니다. 노아 시대의 홍수나 소돔과 고모라가 불에 탄 이유는 죄 때문이라고 말씀합니다. 욥이 알 수 없는 어려움을 당한 원인이 사탄 때문인 것을 말씀합니다. 그리고 소경 된 자의 비참한 상황에 대해서는 하나님의 영광을 위해서 그렇게 되었다고 말씀하기도 합니다. 그러나 이사야 55:8-9에서는 "여호와의 말씀에 내 생각은 너희 생각과 다르고 내 길은 너희 길과 달라서 하늘이 땅보다 높음같이 내 길은 너희길보다 높으며 내 생각은 너희 생각 보다 높으니라."고 말씀합니다.

실제로 피조물인 우리 인간은 우리 주변에서 일어나는 참혹한 일들 그리고 악한 일들이 일어나는 원인이나 이유는 다 알 수 없습니다. 그러나 우리가 이해가 되지 않지만 힘들지만 받아들이고 참고 기다리는 것은 우리가 믿고 섬기는 하나님은 지금도 살아계셔서 여전히 선하시고 여전히 사랑이 많으시고 여전히 전능하신 하나님이라는 믿음과 신뢰가 있기 때문입니다. 기도할 때 이 믿음이 생기는 것입니다.

둘째, 지혜와 능력을 얻음

다음으로 힘들고 이해할 수 없는 상황에서 기도하면 우리가 무엇을 어떻게 대처해야 할지 지혜를 얻게 되고 감당할 능력을 얻게 됩니다. 왜냐하면 우리가 기도할 때 성령님께서 하나님의 뜻대로 기도하도록 도우시기 때문입니다. 우리가 잘 아는 것처럼 바울은 육체의 질병이 있었습니다. 그 일을 위해 참으로 간절히 기도했습니다. 그런데 주님께서 그 상황에서 자신이 해야 할 일을 깨닫게 해 주셨습니다. 네 은혜가 네게 족하기 때문에 그대로 받아들이라는 것입니다. 기도하면 하나님께서 어떤 때에는 에스더와 같이 죽으면 죽으리라고 하면서 생명을 걸고 나아가게 하기도 하고, 느헤미야처럼 자신이 누리고 있는 모든 것을 포기하고 직접 현장으로 가게 하기도 합니다.

우리도 마찬가지입니다. 우리가 원하지 않는 일들을 경험할 때 이해할 수 없는 일들을 당할 때 우리는 그것을 믿음 안에서 받아들여야 합니다. 하지만 그러한 상황에서 많은 경우 우리가 해야 할 일이 있습니다. 그런데 기도를 하면 하나님께서 우리가 믿음 안에서 할 일을 알게 하십니다. 그러니까 기도하지 않으면 우리는 경거망동하기 쉽고 그래서 더 힘든 상황 가운데 내몰려지기 쉬운데, 기도하면 하나님께서 그 상황에서 우리가 무엇을 어떻게 해야 할 지를 깨닫게 하시고 가장 지혜롭게 대처할 수 있도록 하신다는 것입니다. 뿐만 아니라 모든 일들을 감당할 능력도 얻게 됩니다.

저도 지금까지 여러 가지 원치 않는 일들, 이해할 수 없는 일들을 경험하면 가장 겸손하게 하나님께 엎드렸습니다. 청년 시절에 수많은 시간들을 탄식하면서 주님께 엎드렸습니다. 때로는 아무 말도 하지 않고 몇 시간 그저 주님을 부르기도 했습니다. 그 때마다 주님께서 제가 모든 일들을 받아들이게 하셨고 또한 저의 길을 인도하시고 해야 할 일을 알게 하셨습니다. 뿐만 아니라 쉽지는 않았지만 감당할 수 있는 능력을 얻게 되었습니다. 사실 지금 저의 모습은 하나님의 은혜와 인도가 아니면 설명할 수 없습니다. 사랑하는 성도 여러분, 우리가 이해할 수 없는 일들, 또는 감당하기 힘든 일들을 경험할 때 우리가 해야 할 가장 중요한 일은 성령의 도우심을 받으며 기도하는 일인 줄 믿습니다.

합력하여 선을 이루심을 믿음

세 번째로 이미와 아직의 사이에서 원치 않는 일, 이해할 수 없는 일을 당할 때 우리는 모든 것이 합력하여 선을 이루시는 것을 믿어야 합니다. 28절에 하나님을 사랑하는 자 곧 그 뜻대로 부르심을 입은 자들에게는 모든 것이 합력하여 선을 이룬다는 말씀은 하나님께서 모든 것을 합력하여 우리를 향한 하나님의 구원 계획을 완성시키신다는 것을 의미한다고 했습니다. 쉽게 이야기하면, 우리가 예수님을 알기 전부터 지금까지 우리가 경험한 모든 것이 우리의 구원을 시작하고 완성하는데 도움(유익)이 된다고 말씀합니다.

여러분, 한 번 곰곰이 생각해 보세요. 예수를 믿기 전부터 지금까지 여러분들에게 일어난 모든 일들이, 그것이 좋은 일이든 아니면 원치 않는 일이든, 여러분들이 예수를 믿고 지금 믿음 생활을 하고 신앙을 성숙시키는데 도움이 되었나요? 아니면 그냥 아무 의미 없었나요? 아마 어느 한 사람 예외 없이 지금까지의 모든 일들이 지금의 신앙생활에 도움이 되었다고 고백하실 것입니다. 물론 종종 지금 당장 어떤 일들에 대해 잘 이해되지 않을 때도 있지만 지나고 보면 나에게 너무도 유익했던 일임을 깨닫게 되고 또한 그로인해 감사하고 감격해 할 때가 많습니다. 그러니까 하나님을 사랑하는 자 곧 그 뜻대로 부르심을 입은 자들에게는 모든 것이 합력하여 선을 이루는 것이 분명합니다.

그런데 합력하여 선을 이루신다고 하는 말씀에는 두 가지 전제가 깔려 있습니다. 하나는 우리에게 일어나는 모든 일들이 그 일이 선하건 아니면 악하건 모두 하나님의 주권과 섭리 아래 있다는 것입니다. 성경은 참새 한 마리가 떨어지는 것도 하나님의 허락 가운데 된다고 말씀합니다. 하물며 사회적으로 그리고 개인적으로 발생하는 엄청난 일들이 우연히 그리고 아무 의미 없이 일어난다는 것은 어불성설입니다. 또한 성경은 사탄이 일시적으로 그리고 부분적으로 악이 발생하는 원인이 될 수도 있지만 그것도 하나님이 허락하신 범위 안에서만 개입할 수 있다고 말씀합니다. 그것은 욥의 사건을 통해 확인시켜 주셨습니다. 우리가 이것을 믿으면 모든 것을 받아들일 수 있는 것입니다.

다음으로, 하나님께서 하나님의 때에 선악을 판단하신다는 것입니다. 악은 잠시 승리한 것처럼 보이지만 하나님의 때가 되면 악은 분명 심판을 받는다는 것입니다. 단지 때가 찰 때까지 하나님께서 기다리시는 것입니다. 그것은 알곡과 가라지 비유를 통해서 확인할 수 있습니다(마 13:24-30, 34-43). 물론 악을 심판하시는 것을 우리가 이 땅에서 경험하지 못할 수도 있고, 주님께서 다시 오실 때까지 온전히 이루어지지 않을 수도 있습니다. 그러나 분명한 것은 언젠가는 반드시 악의 세력을 하나님께서 심판하신다는 것입니다.

사랑하는 성도 여러분, 우리는 이 세상을 살아가면서 견디기 힘든 일, 이해할 수 없는 일들을 경험합니다. 개인적으로 경험합니다. 우리 주변과 이 세상에서 경험합니다. 그리고 교회와 사회에서 경험합니다. 또한 사람들이 우리가 하는 일을 방해할 수도 있고, 악한 영의 세력이 방해할 수도 있습니다. 또한 우리의 연약함이나 실수로 인해 일이 어그러지거나 더딜 수도 있습니다. 그러나 분명한 것이 있습니다. 우리가 경험하는 모든 것에 하나님의 뜻이 있고 언젠가는 하나님께서 분명히 선과 악을 판단하신다는 것입니다. 또한 하나님을 사랑하는 자 곧 그 뜻대로 부르심을 입은 자들에게는 모든 것이 합력하여 선을 이루신다는 것입니다. 우리의 구원을 완성하는데 도움이 된다는 것입니다. 이것에 대한 분명한 믿음이 있으면 우리는 힘든 일, 이해하기 어려운 모든 일들을 참고 기다릴 수 있습니다. 또한 어떠한 경우를 경험하여도 우리는 감사할 수 있고 평안할 수 있을 줄 믿습니다.

뿐만 아니라 이것에 대한 분명한 믿음이 있으면 모든 사람을 선하게 대할 수 있습니다. 요셉을 보십시오. 이것을 분명히 믿었기 때문에 그는 이해할 수 없는 어려움 속에서도 참고 선을 행할 수 있었고 나중에 자신을 팔았던 형제들을 조금도 원망하지 않고 선하게 대할 수 있었던 것입니다. 제가 참 많이 찬양했던 복음성가가 있습니다.

   1. 하나님 한 번도 나를 실망시킨 적이 없으시고
      언제나 공평과 은혜로 나를 지키셨네.

   2. 지나온 모든 세월들 돌아보아도
      그 어느 것 하나 주의 손길 안 미친 것 전혀 없네.

   후렴) 오 신실하신 주, 오 신실하신 주
      내 너를 떠나지도 않으리라. 내 너를 버리지도 않으리라
      약속하셨던 주님, 그 약속을 지키사
      이 후로도 영원토록 나를 지키시리라 확신하네

말씀을 맺겠습니다.

오늘 본문은 이미와 아직 사이에 우리 인간과 모든 피조물이 고통하며 탄식할 수밖에 없는 상황에 대해서 말씀합니다. 우리는 그 사이에서 힘들고 이해할 수 없는 일들을 경험하지 않을 수 없습니다. 그 때 우리는 세 가지 일을 해야 합니다. 먼저는 영광스러운 소망을 간절히 사모하며 참고 기다리는 것입니다. 다음으로 성령의 도우심으로 기도하는 것입니다. 마지막으로 합력하여 선을 이루실 것을 분명히 믿어야 합니다. 그 은혜가 우리 모두에게 임하기를 간절히 바랍니다.

로마서 8:31-39
끊어질 수 없는 하나님의 은혜와 사랑

※ 설교 주제: 예수 그리스도 안에서, 하나님의 은혜와 사랑은 결코 끊어질 수 없다.

※ 설교 목적: 하나님께서 끝까지 지켜주시고 인도하시는 성도의 견인을 믿게 하고, 모든 상황에서 하나님을 신뢰하고 바라보게 한다.

※ 설교 전개
    성도의 견인
        원래 믿음이 없던 사람들
    너무도 확실한 구원의 은혜
        누가 우리를 대적하리요?
        모든 것을 주시지 않겠느냐?
        누가 정죄하리요?
        누가 그리스도의 사랑에서 끊으리요?

※ 설교 요약

　예수 그리스도 안에서 우리의 구원은 너무도 확실하다. 어느 누구도 우리를 대적하여 승리할 수 없다. 하나님께서 성도들에게 필요한 모든 것을 주신다. 어느 누구도 우리를 정죄할 수 없다(우리에게 죄 용서의 확신이 필요하다). 어느 누구도 그리고 이 세상의 그 무엇도 우리를 예수 그리스도의 사랑에서 끊을 수 없다. 이와 같이 예수 그리스도 안에서 하나님의 은혜와 사랑이 확실함을 믿고 믿음 안에서 담대하게 살자.

지난 몇 주 동안 로마서 8장을 함께 보았습니다. 우리가 살펴본 대로 로마서 8장은 성경의 어느 부분보다도 우리 기독교의 핵심 진리를 자세하고 분명하게 말씀하고 있습니다. 오늘 본문은 그 로마서 8장 가운데서도 최고의 절정 부분에 해당한다고 할 수 있습니다. 우리는 지난주에 예수님께서 이 땅에 오셔서 승천하신 이후부터 재림까지 소위 '이미'와 '아직' 사이에서 우리 인간을 포함한 모든 피조물들이 여러 가지 고통 속에서 탄식하며 살아갈 수밖에 없음을 보았습니다. 그 시기에 우리는 원치 않는 일들 또는 이해할 수 없는 많은 일들을 경험하며 삽니다. 그러한 일들을 경험하면서 우리가 취할 자세가 무엇입니까?

먼저 우리는 영원한 소망을 바라보며 참고 기다리는 것입니다. 참고 기다린다고 하는 것은 그러한 일들을 당연한 것으로 받아들이라는 말입니다. 그러나 단지 기다리는 것이 아니고 영광스러운 소망을 가지고 기다리는 것입니다. 왜냐하면 그 때에는 그러한 일들이 더 이상 발생하지 않기 때문입니다. 다음으로 우리는 성령의 도우심을 받아 기도해야 합니다. 왜냐하면, 기도할 때 우리는 하나님을 신뢰함으로 모든 일들을 받아들일 수 있고, 또한 그러한 상황에서 우리가 어떻게 대처해야 할지를 깨닫게 되기 때문입니다.

뿐만 아니라 우리는 그러한 일을 경험하면서 궁극적으로는 하나님께서 모든 것이 합력하여 선을 이루실 것을 믿어야 합니다. 물론 여기에서 선을 이룬다는 것은 우리가 살아가면서 경험하는 모든 일들이 궁극적으로 아름답고 유익한 결과로 나타난다는 것을 의미하기도 합니다. 하지만 여기에서의 선은 우선적으로 구원의 완성을 의미한다고 말씀드렸습니다. 하나님께서 우리가 이 땅에서 경험하는 모든 것들을 활용하여 궁극적으로는 우리의 영원한 구원이 완성되도록 이끌어 가시는 것입니다. 계속해서 사도 바울은 합력하여 선을 이룬다는 말씀을 보충 설명합니다. 그것은 우리의 구원과 관련한 소위 '다섯 고리로 된 황금사슬'이라고 명명하는 것입니다. 다시 말해, '예지-예정-부르심-의롭다 하심-영화' 입니다. 하나님께서 우리 구원을 계획하시고 예정하셔서, 적당한 때에 우리를 부르시고 의롭다 하시며, 결국은 우리의 구원을 완성하신다는 것입니다. 그런데 29-30절을 자세히 보면, 예정과 선택 자체가 영광스러운 구원을 목적으로 하는 것이고, 또한 선택할 때 이미 구원의 완성인 영화가 확정되었기 때문에 영화를 과거 시제로 표현하고 있습니다.

성도의 견인

이렇게 우리 구원이 하나님에 의해 확실하게 보장된다는 것을 흔히 '성도의 견인(Perseverance of the Saints, 牽引)'이라고 합니다. 쉽게 이야기하면, 하나님께서 선택하셔서 구원하셨으면 중간에 탈락하지 않는다는 것입니다. 무엇보다도 성도의 견인은 성경 전체에서 아주 중요하게 강조되는 것입니다. 예를 들면, 요한복음 6:39에는 "나를 보내신 이의 뜻은 내게 주신 자 중에 내가 하나도 잃어버리지 아니하고 마지막 날에 다시 살리는 이것이니라"고 말씀하셨고, 에베소서 1:13-14에서는 '성령께서 우리를 인치셨고, 우리 기업의 보증이 되신다'고 말씀합니다.

물론 이 외에도 성도의 견인을 보여주는 말씀들이 많이 있습니다. 또한 성도의 견인은 하나님의 성품과도 부합합니다. 성경을 보면 하나님께서는 언약에 신실하신 하나님이시라고 말씀합니다. 실제로 구약의 이스라엘을 통해서 그리고 예수님을 통해서 하나님께서 얼마나 언약 관계에 신실하신지 보여주셨습니다. 뿐만 아니라 성도의 견인은 구원의 본질과도 부합됩니다. 만약 우리의 영원한 구원이 보장되고 확정된 것이 아니고 우리의 신앙에 따라 앞으로 변경될 수 있다거나 또는 구원의 완성을 위해 우리가 따로 해야 할 것이 있다면 우리 가운데 구원받을 사람도 없을 것입니다. 왜냐하면 우리는 어느 한 사람 예외 없이 연약하고 또한 실수하지 않을 수 없기 때문입니다. 그러니까 성경 전체의 가르침으로 보나, 하나님의 성품을 보나, 구원의 본질로 보나 하나님께서 택하시고 부르신 사람의 영원한 구원이 하나님에 의해 확정되고 보장되는 것은 너무도 분명합니다. 그래서 성도의 견인은 우리 장로교의 5대 교리에 포함되어 있고, 우리는 그것을 믿음으로 받아들이는 것입니다.

그런데 성도의 견인을 받아들이지 않는 사람들이 있습니다. 그들을 소위 '알미니안'이라고 하는데, 그들은 우리 구원이 확정된 것이 아니고, 믿음 안에 있는 사람들도 얼마든지 구원에서 탈락할 수 있다고 주장합니다. 실제로 성경을 보면 일견 그렇게 보이는 말씀들도 있기도 합니다. 그래서 성도들도 이 부분에서 종종 헷갈리는 부분이 없지 않아 있는 것 같습니다.

오늘 본문을 보기 전에 먼저 성도의 견인에 대해서 말씀드리는 것이 필요하다고 생각합니다. 왜냐하면 오늘 본문이 성도의 견인 교리와 깊이 연결되어 있기 때문입니다. 먼저 성경을 보면 종종 구원을 완성하는데 우리의 수고와 노력이 필요한 것처럼 말씀하는 구절들이 있습니다. 예를 들어, "두렵고 떨림으로 너희 구원을 이루라 (빌 2:12)," "나중까지 견디는 자는 구원을 얻으리라(마 10:22)," "우리가 시작할 때에 확실한 것을 끝까지 견고히 잡으면 그리스도 예수와 함께 참예한 자가 되리라(히 3:14)," "너희 중에 누가 믿지 아니하는 악심을 품고 살아 계신 하나님에게서 떨어질까 염려함이요(히 3:12)" 등과 같은 말씀은 구원을 완성하기 위해 우리가 무언가 수고하고 노력해야 할 일이 있는 것처럼 말씀하는 것 같습니다. 물론 이 외에도 그렇게 보이는 말씀들이 많이 있습니다.

그런데 하나하나를 문맥을 통해 자세히 살펴보면 전혀 그런 뜻이 아님을 어렵지 않게 확인할 수 있지만, 시간이 없기 때문에 그렇게까지 할 수는 없는데요, 종합적으로 말씀드리면, 이러한 말씀들은 대개 이미 우리의 구원은 확정되었지만 우리가 나태하거나 방심해서는 안 되고 최선을 다해 신앙생활을 하라는 의미를 가지고 있습니다. 그러니까 신앙생활에 분발을 촉구하는 일종의 경고와 권면의 말씀입니다. 뿐만 아니라 우리는 상을 받기 위해서 열심히 그리고 최선을 다해서 주님을 섬겨야 합니다. 왜냐하면 구원은 동일하지만 상은 다르기 때문입니다. 그래서 바울도 상을 받기 위해 절제하고 두려운 마음으로 복음을 전한다고 고백합니다(고전 9장). 이런 말씀들은 우리 성도들도 어렵지 않게 이해하고 동의할 수 있기 때문에 그렇게 큰 문제가 되지 않습니다.

원래 믿음이 없었던 사람들

문제는 신중하게 접근하지 않으면, 성도의 견인과 부합하지 않는 것처럼 보이는 말씀들이 있다는 것입니다. 그 대표적인 구절이 히브리서 6:4-6(8), 10:26-27(29)입니다.

> 한 번 빛을 받고 하늘의 은사를 맛보고 성령에 참여한바 되고, 하나님의 선한 말씀과 내세의 능력을 맛보고도, 타락한 자들은 다시 새롭게 하여 회개하게 할 수 없나니 이는 그들이 하나님의 아들을 다시 십자가에 못 박아 드러내 놓고 욕되게 함이라 (땅이 그 위에 자주 내리는 비를 흡수하여 밭가는 자들이 쓰기에 합당한 채소를 내면 하나님께 복을 받고, 만일 가시와 엉겅퀴를 내면 버

림을 당하고 저주함에 가까워 그 마지막은 불사름이 되리라)
우리가 진리를 아는 지식을 받은 후 짐짓 죄를 범한즉 다시 속죄하는 제사가 없고, 오직 무서운 마음으로 심판을 기다리는 것과 대적하는 자를 태울 맹렬한 불만 있으리라. (모세의 법을 폐한 자도 두세 증인으로 말미암아 불쌍히 여김을 받지 못하고 죽었거든, 하물며 하나님의 아들을 짓밟고 자기를 거룩하게 한 언약의 피를 부정한 것으로 여기고 은혜의 성령을 욕되게 하는 자가 당연히 받을 형벌은 얼마나 더 무겁겠느냐 너희는 생각하라)

이 두 말씀에 대해 많은 신학적 논란이 있지만 결론만 말씀드리겠습니다. 대부분의 학자들은 이 말씀들을 이렇게 설명합니다. 이 말씀은 예수님을 믿은 후에 또는 믿었는데 중간에 타락한 사람들에 대한 언급이 아니고, 여기에서 언급된 사람들은 원래 거듭난 그리스도인들이 아니었다는 것입니다. 그들은 복음에 대해 지적인 동의를 하고, 심지어 성령의 능력까지 경험하였지만, 그들은 진정한 의미에서 성령의 임하심과 역사하심을 통해 거듭난 사람은 아니었다는 것입니다. 단지 그들은 복음을 받아들인 것처럼 보였고, 신앙생활을 하는 것처럼 보인 사람들이었습니다. 그것이 가능합니까? 예, 성경은 그것이 가능하다고 말씀합니다.

성경은 진정으로 거듭나지 않고도 얼마든지 그럴듯하게 신앙생활 하는 것처럼 보일 수 있고, 또한 거듭나지 않고도 얼마든지 놀라운 기적들을 행하거나 경험할 수도 있다고 말씀합니다. 야고보서 2:19에서 "네가 하나님은 한 분이신 줄을 믿느냐 잘하는도다 귀신들도 믿고 떠느니라"고 말씀합니다. 하나님에 대한 믿음 없이 얼마든지 지적으로 하나님을 인정할 수 있다고 말씀합니다. 더욱 충격적인 말씀이 마태복음 7:21-23에 있습니다.

나더러 주여 주여 하는 자마다 다 천국에 들어갈 것이 아니요 다만 하늘에 계신 내 아버지의 뜻대로 행하는 자라야 들어가리라. 그 날에 많은 사람이 나더러 이르되 주여 주여 우리가 주의 이름으로 선지자 노릇 하며 주의 이름으로 귀신을 쫓아 내며 주의 이름으로 많은 권능을 행하지 아니하였나이까 하리니, 그 때에 내가 그들에게 밝히 말하되 내가 너희를 도무지 알지 못하니 불법을 행하는 자들아 내게서 떠나가라 하리라

어떤 사람들은 선지자 노릇을 하고 어떤 사람들은 귀신을 쫓아 내며 기적과 표적을 행했지만 예수님께서는 그들을 도무지 알지 못한다고 말씀합니다. 그러니까 참 신자가 표적과 기사를 경험하는 것은 당연하지만, 표적과 기사 자체가 참 신자임을 증명해 주는 것은 아닙니다. 이것은 이단들을 보면 분명해 집니다. 물론 표적과 기사 자체가 가짜일 가능성이 높지만 그들을 통해 기적과 표적이 얼마든지 일어날 수 있습니다. 뿐만 아니라 거짓 신앙은 가룟 유다를 통해서도 확인할 수 있습니다. 그도 역시 3년 동안 예수님을 따라다니면서 말씀의 맛도 보고 능력도 체험했지만, 그는 진정 구원받은 사람이 아니었습니다.

요한복음 6:7을 보면 예수님께서는 그를 '마귀의 사람'이라고 했고, 요한복음 17:12에서는 '원래 멸망의 자식'이었다고 말씀합니다. 그러니까 구원받지 못한 마귀의 자녀들도 얼마든지 그럴 듯하게 신앙생활을 할 수 있는 것입니다. 이 문제도 오늘날 구원파라든지 이단들을 생각하면 쉽게 해결됩니다. 그들은 다 교회에서 신앙생활을 하다가 빠져나간 사람들입니다. 히브리서 6장과 10장에 언급되는 사람들은 바로 그런 사람들입니다. 그래서 요한일서 2:19에 보면, 이렇게 말씀합니다.

그들이 우리에게서 나갔으나 우리에게 속하지 아니하였나니 만일 우리에게 속하였더라면 우리와 함께 거하였으려니와 그들이 나간 것은 다 우리에게 속하지 아니함을 나타내려 함이니라.

또한 누가복음 10:17-20에서는 우리가 최고 기뻐하고 감사할 일은 능력을 행하는 것이 아니고, 우리의 이름이 생명책에 기록되어 있는 것임을 말씀합니다.

칠십 인이 기뻐하며 돌아와 이르되 주여 주의 이름이면 귀신들도 우리에게 항복하더이다. 예수께서 이르시되 사탄이 하늘로부터 번개 같이 떨어지는 것을 내가 보았노라. 내가 너희에게 뱀과 전갈을 밟으며 원수의 모든 능력을 제어할 권능을 주었으니 너희를 해칠 자가 결코 없으리라. 그러나 귀신들이 너희에게 항복하는 것으로 기뻐하지 말고 너희 이름이 하늘에 기록된 것으로 기뻐하라 하시니라

성경 전체를 통해 분명하게 말씀하는 것은 하나님께서 택하시고 구원한 사람은 한 사람도 빠짐없이 하나님께서 영원한 구원을 보장하신다는 것입니다. 중간에 구원에서 탈락하는 사람이 없다는 것입니다. 만약 중간에 떨어져 나갔다면 그 사람은 애초에 거듭난 그리스도인이 아니었다는 것입니다.

여기까지 말씀드리면 아마 여러분이 궁금하신 것이 있을 것 같습니다. 그것은 '내가 구원받았는지 어떻게 확인할 수 있습니까?'에 대한 것입니다. 상당히 조심스럽지만, 저는 구원받을 믿음이 있는지 확인할 수 있는 기준은 세 가지라고 생각합니다. 먼저는 예수님이 하나님이시고 구원자이심에 대한 믿음이 있어야 합니다. 다음으로 회개가 동반되어야 합니다. 왜냐하면, 믿음과 회개는 동전의 양면이기 때문에 믿음에는 반드시 회개의 열매가 동반되는 것입니

다. 그래서 조금 전에 말씀드린 대로 예수님을 단순히 지적으로 인정한 사람에게는 회개가 동반되지 않습니다. 그것은 이단들에게서 쉽게 찾아볼 수 있습니다. 대부분의 이단들은 윤리적으로 물질적으로 성적으로 타락해 있습니다. 세 번째로, 믿음이 성장해야 합니다. 왜냐하면, 진정한 생명은 자라게 되어 있기 때문입니다.

다시 말해, 진정한 믿음은 비록 그 폭이 크지는 않더라도 계속해서 조금씩이라고 성장하지 않을 수 없는 것입니다. 지금은 조금 부족하여도 내 믿음이 성장하고 있다면 그 사람 속에는 이미 믿음이 잉태한 것입니다. 제가 편의상 구분해서 세 가지를 말씀드렸지만 세 가지는 결코 뗄 수 없는 하나의 덩어리입니다. 하나님께서 성령님을 통해 우리가 구원받으면 이 세 가지는 동시에 자연스럽게 나타나지 않을 수 없습니다. 물론 정도와 깊이의 차이는 있겠죠? 그러니까 이런 내적/외적 증거가 있으면 그 사람은 구원받은 사람이고 또한 그 사람의 구원은 확실하고 보장된 것입니다.

너무도 확실한 구원의 은혜

여기에서 우리가 또한 알아야 할 것이 있습니다. 그것은 우리의 구원이 보장되었다고 해서 우리를 방해하거나 힘들게 하는 세력이 없다는 이야기는 아닙니다. 이것은 로마서 8장 전체에서 계속 말씀해 왔던 것입니다. 17절에서는 상속자로서 당연히 받아야 할 고난이 있다고 말씀하였고, 23절 이하에서는 아직 구원이 완성되지 않는 상황에서 우리가 경험해야 할 고통과 탄식이 있다고 말씀하였습니다. 오늘 본문은 이 두 부분과 관련해서 좀 더 구체적으로 말씀하고 있습니다. 이제 본문을 보겠습니다. 31절입니다.

그런즉, 이에 대해서 무슨 말을 하리요?

이 말은 바울이 전한 진리에 대해 따지고 반박하려는 사람들에게 앞부분에 언급했던 말을 보충설명 할 때 쓰는 표현입니다(참고. 롬 6:1, 7:15). 그러니까 28절에서 하나님께서 모든 것을 합력하여 선을 이루신다고(즉, 모든 것을 합력하여 우리의 구원을 완성하신다고) 말씀하셨고, 29-30절에서 하나님께서 우리의 구원을 시작하시고 진행하시고 완성을 보장하신다고 말씀하셨는데, 그 말씀들을 이제 보충 설명하는 것입니다. 오늘 본문에서는 그것을 질문 형식으로 말씀하고 있는데, 우리가 신앙생활을 하면서 성도의 견인과 관련하여 반드시 가슴에 깊이 담고 있어야 할 너무도 중요한 말씀이라고 생각합니다. 물론 우리가 잘 알고 있지만, 다시 한 번 살펴보면서 은혜를 나누기 원합니다.

누가 우리를 대적하리요?

첫 번째 질문은 31절 후반에 있는 "만일 하나님이 우리를 위하시면 누가 우리를 대적하리요?"입니다. 이 말씀은 우리의 구원이 완성되는 과정에서 우리를 대적할 사람이 없다는 것을 말하는 것이 아니라, 우리를 대적하는 자들이 있겠지만 그들의 도전과 방해는 결코 성공할 수 없을 것을 의미합니다. 왜 그렇습니까? 그것은 하나님께서 우리를 위하시기 때문에, 다시 말해, 하나님께서 우리를 도우시고 싸우시고 함께 하시기 때문이라는 것입니다.

여러분, 어떻습니까? 신앙생활을 하다보면 신앙생활을 방해하고 도전하는 사람들이 있나요? 없나요? 있습니다. 아마 우리 가운데는 가족들의 반대로 신앙생활의 어려움을 겪는 분들도 있으리라고 생각합니다. 또한 직장 상사나 동료들 또는 친구나 이웃이 신앙생활의 어려움을 줄 수 있습니다. 또한 교회 내에서 같이 신앙생활 하는 분들이 힘들게 할 수도 있습니다. 우리 교회는 그런 경우가 눈에 두드러지게 나타나지는 않지만 실제로 많은 분들이 교회 내에서 크고 작은 어려움을 당해 신앙생활을 그만 두거나 교회를 옮기는 경우가 있습니다. 그래서 어떤 분들은 아예 등록도 하지 않고 교회 봉사나 교제도 하지 않은 채 신앙생활을 하기도 합니다. 또한 우리 교회는 그런 분들이 별로 보이지 않는데, 목회를 하다보면 목회자를 힘들게 하는 사람들도 있습니다. 그렇죠?

성경을 보면 우리를 대적하는 사람들이 생기는 이유는 크게 서너 가지 인 것 같습니다. 먼저, 하나님께서 일부러 대적 자를 붙여 주시는 경우가 있습니다. 예를 들어, 하나님께서 모세를 통해 이스라엘을 출애굽 시키고자 하실 때 일부로 바로 왕의 마음을 강퍅하게 하셔서 모세를 대적하게 하셨습니다. 다음으로 죄를 지어서 또는 대인관계의 미숙함 때문에 대적 자가 생기기도 합니다. 예를 들어, 다윗이 범죄 했을 때 압살롬이 다윗을 대적해서 다윗이 어려움을 당했습니다. 세 번째로 많은 경우 사탄이 다양한 방법을 동원해서 우리를 대적하기도 합니다. 예를 들어, 주님께서 십자가에 대한 말씀을 하셨을 때 베드로가 반대합니다. 그 때 주님께서 사탄아 물러나라고 하셨습니다. 사탄이 베드로를 시켜 주님의 사역을 방해하려고 했던 것입니다. 그래서 데살로니가후서 2:4과 베드로전서 5:8에서 사탄을 '대적하는 자' 라고 별명을 붙이기도 합니다.

물론 대적하는 사람들이 생길 때 우리는 원인을 알 수도 있지만 알지 못할 때가 많습니다. 또한 원인이 복합적일 때도 있습니다. 그러나 분명한 것이 있습니다. 어떠한 경우에도 하나님께서 우리를 위하시기 때문에(우리와 함께 하시기 때문에, 우리를 위해 싸우시기 때문에), 하나님의 사람들은 대적 자들에게 결코 패배하지 않는다는 것입니다. 오히려 하나님께서 그 모든 것을 합력하여 선을 이루어 가신다는 것입니다. 그렇기 때문에 대적하는 사람들이 있을 때 견디기가 쉽지 않을 때도 있지만, 멀리 바라보면 대적하는 사람들이 있다는 것은 우리에게 유익합니다. 왜냐하면 우리를 대적하는 세력이 있을 때 우리는 자신을 돌아보면서 깨어 근신하게 되고, 더욱 겸손히 하나님을 의지하게 되고, 또한 그 때 우리를 위하시는 하나님의 놀라운 능력을 경험할 수 있기 때문입니다.

사랑하는 성도 여러분, 혹시 가정이나 직장이나 이웃이나 교회에서 대적하는 사람들이 있습니까? 그렇다면 원망하거나 불평하지 마십시오. 또한 두려워하거나 놀라지도 마십시오(시 27:1-3, 46:1-3, 118:6-7). 왜 그렇습니까? 우리를 위하시는 하나님이 계시고, 또한 그 하나님께서 합력하여 선을 이루시기 때문입니다. 그렇기 때문에 대적하는 사람이 생길 때 오히려 감사하면서 '우리를 위하시는' 하나님을 더욱 의지하시기 바랍니다. 그 때 '우리를 위하시는' 하나님의 놀라운 능력을 경험하게 될 줄 믿습니다.

모든 것을 주시지 않겠느냐?

두 번째 질문은 32절에 있습니다.

자기 아들을 아끼지 아니하시고 우리 모든 사람을 위하여 내주신 이가 어찌 그 아들과 함께 모든 것을 우리에게 주시지 아니하겠느냐

'아들을 아끼지 않고 주셨던 하나님께서 모든 것을 주시지 않겠느냐?' 는 것입니다. 사랑하는 성도 여러분, 아들까지 주시면서 우리

를 사랑하시는 하나님은 이미와 아직 사이에 있을 때 우리에게 모든 것을 주시는 하나님이심을 믿습니다. 그런데 우리가 잘 알고 있는 것처럼, 우리 하나님은 아무 때(상황)나 아무에게나 그냥 모든 것을 주시지는 않습니다. 마치 우리도 자녀들을 사랑하지만 아무 개념 없이 자녀들에게 주지 않는 것과 같습니다. 성경을 보면, 모든 것을 주시는 하나님의 원칙이 있습니다.

마태복음 6:33에서 "먼저 그 나라와 그 의를 구하라. 그리하면 이 모든 것을 줄 것이다"고 했습니다. 우리가 하나님의 나라와 의를 구할 때 모든 것을 주신다고 합니다. 다시 말해, 사리사욕을 위해서가 아니라 하나님께 영광과 기쁨이 될 때 주신다는 것입니다. 빌립보서 4:19에서 "나의 하나님이 그리스도 예수 안에서 영광 가운데 그 풍성한 대로 너희 모든 쓸 것을 채우시리라"고 했습니다. 하나님께서 아무 것이나 주시는 것이 아니라 우리에게 꼭 필요한 모든 것을 주신다는 것입니다. 그런데 그것을 어떻게 주십니까? 기도라는 은혜의 도구를 통해서 주십니다. 왜 그렇습니까? 구하지 않고 주시면 우리가 잘 나서 된 줄 알고 교만하기 때문입니다.

정리하면, 하나님께서는 우리가 하나님의 나라와 의를 구하는 과정에서(로마서 8장의 용어로 하면 하나님의 아들답게 살고 아들의 사명을 감당하는 과정에서), 우리에게 필요한 모든 것들을 기도라는 통로를 통해 주십니다. 저는 학교에서 사역하고 있기 때문에 제자들이 진학이나 유학에 대해 상담을 하러 옵니다. 그 때 저는 꼭 "유학을 왜 가려고 하느냐?" "공부가 앞으로 사역을 위해서 어떻게 필요하냐?"고 물어봅니다. 만약 그것이 분명하지 않으면, 더 기도하고 오라고 합니다. 또한 공부와 유학의 이유가 분명한 학생들에게는 유학은 돈으로 가는 것이 아니고 믿음으로 가는 것이라고 말합니다. 그리고 저의 이야기를 들려줍니다. 저는 유학 갈 때 저의 이유가 아니라 분명한 하나님 편에서의 이유가 있었습니다. 돈도 없고 건강도 좋지 않았지만 하나님께서 모든 것을 채우실 것을 믿고 조금도 의심하지 않고 떠났습니다. 그리고 하나님께서 실제로 필요한 모든 것을 채워주셨습니다.

그런데 문제는 종종 나는 하나님의 영광을 위해서 꼭 필요한 것 같은데 주시지 않는 경우가 있습니다. 왜 그렇습니까? 그것은 두 가지 가운데 하나입니다. 하나는 아직 때가 되지 않았기 때문입니다. 그 경우는 때가 되면 하나님께서 넘치고 풍성하게 주실 줄 믿습니다. 다른 하나는 우리는 필요한 것 같지만 하나님께서 보시기에 필요 없을 때 주시지 않습니다. 그러나 분명한 것은 아들을 아끼지 않고 주신 우리 하나님은 우리에게 필요하면 물질도 주시고, 건강도 주시고, 능력과 지혜도 주시고, 좋은 사람도 주시는 하나님이신 줄 믿습니다. 그것도 넘치게 주실 줄 믿습니다. 저는 우리 모든 성도들이 필요한 것을 풍성하게 채움을 받는 은혜를 경험하기를 간절히 바랍니다.

누가 정죄하리요?

다음 질문은 33-34절에 있습니다.

> 누가 능히 하나님께서 택하신 자들을 고발하리요 의롭다 하신 이는 하나님이시니 누가 정죄하리요 죽으실 뿐 아니라 다시 살아나신 이는 그리스도 예수시니 그는 하나님 우편에 계신 자요 우리를 위하여 간구하시는 자시니라

어떤 분들은 이 두 질문을 따로 분리해서 설명하지만, 많은 사람들은 두 질문은 같은 의미를 보충설명 하는 것이라고 주장합니다.

저도 그 의견에 동의합니다. 33-34절도 한 마디로 하면, 구원의 확신 또는 구원의 보장에 대한 말씀입니다. 33절에서는 '하나님께서 이미 우리를 의롭다고 하셨는데, 누가 택하신 자들을 죄 때문에 고발하겠느냐?'고 말씀합니다. 쉽게 이야기하면, 이 말씀은 하나님의 택하신 자들이 어떤 죄를 지어도 그들의 구원은 취소될 수 없음을 선포하는 것입니다. 예를 들어, 하나님께서 택하신 성도가 죄를 지었다고 합시다. 그러면 사탄이나 우리의 양심이 "너는 죄를 지었기 때문에 구원받을 자격이 없어!"라고 고소할 수 있습니다.

실제로 종종 자기가 큰 죄를 지었다고 생각하면, '내가 이렇게 큰 죄를 지었는데 나 같은 것이 구원 받을 수 있을까?' 하고 염려하거나 힘들어하는 분들이 있습니다. 그런데 오늘 본문은 무엇을 말씀합니까? 택함을 받은 자들의 구원은 어떠한 경우에도 취소되지 않는다는 것입니다. 왜 그렇습니까? 예수님으로 인해 구원과 관련된 죄 문제는 이미 해결되었다고 하나님께서 선언하셨기 때문입니다. 지난번에 말씀드린 것처럼, 죄로 인해 우리와 하나님과의 관계가 소원해 질 수는 있지만, 결코 구원이 취소되지 않는 것입니다. 사랑하는 여러분, 이 세상에서 성도의 구원이 취소될 만한 죄, 또는 용서받지 못할 죄는 하나도 없는 줄 믿습니다. 종종 어떤 사람들은 성령 훼방 죄는 용서받지 못한다고 주장하기도 합니다. 그것도 옳지 않습니다. 예수님께서 성령 훼방 죄에 대해 말씀하신 본문의 문맥을 보면, 성령 훼방 죄의 대상은 예수를 믿지 않는 사람들입니다. 그러니까 성령 훼방 죄는 예수를 믿는 우리에게는 전혀 해당되지 않는 것입니다.

34절에서는 우리가 정죄함이 없는 이유(근거)를 말씀합니다. 우리가 정죄함이 없는 근거는 예수님께서 죽으시고 부활하심으로 죄의 값을 지불하셨고, 또한 지금도 하나님 우편에 계셔서 성도들을 위해 기도하시기 때문입니다. 하나님 우편에 계신다는 것은 하나님과 같은 신분과 권위와 능력이 계심을 말씀하시는 것이고, 우리를 위해 중보기도 하신다는 것은 두 가지 의미가 있습니다. 먼저는 예수님께서 우리가 끝까지 믿음의 길을 잘 달려가도록 우리를 위해 중보 기도하시는 것입니다(히 7:24-25). 다른 하나는 예수님께서 대제사장으로서 우리의 죄 문제를 계속해서 해결해 주시기 위해 중보기도 하시는 것입니다(요일 2:1). 그러니까 예수님의 십자가와 부활 사건으로 인해 이미 죄 문제는 근본적으로 해결되었고, 또한 예수님께서 하나님 우편에 계시면서 우리를 위해 중보기도하시기 때문에 우리가 어떠한 죄를 짓는다고 할지라도 구원에서 탈락하는 경우는 절대로 없을 줄 믿습니다.

여기에서 또 한 가지 우리가 기억해야 할 것이 있습니다. 그것은 우리가 죄 때문에 영원한 구원에 대해서 염려하거나 걱정해서는 안 될 뿐 아니라, 이 땅을 살아가면서도 우리가 지은 죄 때문에 죄책감에 빠져 위축되거나 의기소침해서는 안 된다는 것입니다. 다시 말해, 사탄은 우리가 연약함으로 인해 범한 죄를 가지고 우리를 괴롭힐 수 있습니다. "너 같은 것이 목사야. 너 같은 것이 설교를 해~" "너 같은 것이 장로야, 권사야, 집사야." "너 같은 것이 감히 '성가대를 해,' '순장을 해,' '선교를 해'" 라고 하면서 우리를 위축시키고 우리의 힘을 빠지게 만듭니다.

이 부분과 관련하여 역사적으로 가장 많이 알려진 분은 마틴 루터입니다. 루터는 예수를 믿으면서도 계속해서 과거에 지었던 죄 때문에 괴로움을 당했습니다. 사탄이 자주 나타나서 자신이 태어나면서부터 지은 모든 죄들을 생각나게 하면서, "너 같은 것이 목사야!" "너 같은 것이 설교를 해!" "너 같은 것이 종교 개혁을 해!" 하면서 계속 좌절시키는 것을 경험했다고 합니다. 그래서 루터는 많은 좌절과 낙심을 경험하다가 로마서 8:1과 오늘 본문의 말씀을 외치면서 극복했다고 합니다. "그리스도 예수 안에 있는 자에게는 결코 정죄함이 없다. 누가 나를 정죄하겠느냐?"는 말씀을 외칠 때 과거의 죄에 대한 죄책감을 주면서 괴롭히는 사탄은 도망가 버렸고 담대하게 맡겨진 사역을 잘 감당했다는 것입니다.

물론 우리는 죄에 대해 민감해야 하고, 계속해서 회개해야 합니다. 계속 발을 씻어야 됩니다. 또한 때로는 지은 죄에 대해 다윗처럼 통회하며 회개해야 합니다. 또한 회개할 때 인간적인 면에서 보상할 수 있는 것이 있다면 할 수 있는 범위에서 보상해 주어야 합니다. 그러나 우리가 지은 죄 때문에(때로는 그 죄가 반복적일 수도 있습니다) 죄책감을 가지고 주눅 들어서 기를 펴지 못하고 사는 것은 하나님의 뜻이 아니고 사탄의 악한 전략인 줄 믿습니다. 그것은 부모들이 자녀들이 잘못했다고 기가 팍 죽어 있는 것을 보기를 원치 않은 것과 마찬가지입니다.

사랑하는 성도 여러분, 우리 주님께서는 우리가 연약하고 부족한 것을 잘 아시는 줄 믿습니다. 그래서 성령님과 주님께서 우리를 위해 중보기도 하시는 줄 믿습니다. 그러니까 우리가 연약하고 부족해서 죄악 된 본성에 따라 죄를 지어도 주님 앞에 나와서 "주님, 용서해 주세요!"라고 회개하고 어쩌면 '뻔뻔하게' 다시 시작하면 됩니다. 물론 종종 하나님께서 혼내시기도 합니다. 하지만, 마치 자녀가 부모의 품에 안기듯이 우리의 부족함을 인정하고 겸손하게 주님께 나오면 주님께서 우리를 반드시 더욱 성숙한 믿음의 사람으로 만들어 가실 줄 믿습니다. 저는 우리 모두가 하나님께서 예수 그리스도 안에서 베푸신 죄 용서에 대한 확신과 평안과 감사가 넘치기를 간절히 바랍니다.

누가 그리스도의 사랑에서 끊으리요

마지막 질문은 35-39절에 있습니다. 35절 상(上)입니다.

> 누가 우리를 그리스도의 사랑에서 끊으리요

어느 누구도 우리를 그리스도의 사랑에서 끊을 수 없다는 것입니다. 삶의 고난(환난, 곤고), 핍박, 삶의 어려움(기근, 적신-못 먹고 못 입음), 생명의 위협(위험, 칼) 등 그 어떤 것도 우리를 그리스도의 사랑에서 끊을 수 없다는 것입니다. 시편 44:22은 하나님에 대한 신실함 때문에 일상적으로 당하는 고난을 언급합니다. 한 걸음 더 나아가 37절에서는 우리를 사랑하시는 그리스도의 사랑으로 말미암아 우리가 반드시 이긴다고 말씀합니다. 이겨도 겨우 이기는 것이 아니라 넉넉히 이긴다는 것입니다. 뿐만 아니라 38-39절에서는 죽음 또는 살아서 경험하는 고통, 모든 영적 세력들의 도전, 시간과 공간에서 발생하는 모든 환난, 그리고 모든 피조물과 자연 세계를 통한 어떤 어려움도 그리스도 예수 안에 있는 하나님의 사랑에서 끊을 수 없다고 말씀합니다.

실제로 기독교 역사를 보면 초대 교회에서 지금까지 계속해서 성도들에게서 그리스도의 사랑을 끊기 위한 많은 시도들이 있었습니다. 아마 성도들에게서 그리스도의 사람을 끊고자 하는 가장 큰 시도는 목숨을 빼앗는 것이라고 생각합니다. '크리스천 히스토리(Christian History)'라는 기독교 잡지에 따르면, 예수 그리스도 시대 이후 지금까지 기독교 순교자의 수는 약 7천만 명에 이른다고 합니다. 평균적으로 보면, 매년 약 삼만 오천 명이 순교를 당했다는 거죠? 지금도 조사 기관에 따라 수치가 다르지만 매년 최소 만 명에서 최대 10만 명의 사람들이 순교하고 있다고 합니다. 실제로 오늘날도 예수 믿는 사람들을 박해하고 핍박하는 나라들이 많습니다. 국제오픈도어선교회에 따르면 북한이 12년 째 세계에서 기독교 박해가 가장 심한 국가 1위로 꼽혔습니다. 선교회는 또한 "북한에 5만~7만 명의 그리스도인이 정치범 수용소에 갇혀 있으며 성경을 소지하다 발각된 사람들은 오랜 수감생활을 하거나 죽음을 맞고 있다"고 밝혔습니다. 그리고 2위부터 10위까지는 모두 이슬람국가들입니다(소말리아, 시리아, 이라크, 아프가니스탄, 사우디아라비아, 몰디브, 파키스탄, 이란, 예멘 등).

그러니까 대한민국에서 신앙생활 하는 우리는 피부에 와 닿지 않지만 지금도 하나님과 우리의 사이를 끊으려고 하는 많은 시도와 도전이 있습니다. 많은 하나님의 사람들이 희생을 당하고 있습니다. 그러나 과거에도 그랬고, 지금도 그렇고 앞으로도 어떤 세력이나 어떤 환경도 우리를 그리스도의 사랑에서 끊을 수 없을 줄 믿습니다. 왜 그렇습니까? 우리를 사랑하시는 하나님이 우리를 지켜주시기 때문입니다. 종종 우리는 재난을 당할 때 엄마가 아이를 자신의 품에 안고 자신은 희생하면서 아이를 살리는 사례를 접합니다. 참으로 가슴이 찡한 감동을 경험합니다. 그런데 성경은 무엇이라고 말씀합니까? 젖 먹이는 엄마가 아이를 버릴지라도 나는 너희를 결코 버리지 않을 것이라고 말씀합니다. 또한 성경은 하나님께서 우리를 눈동자와 같이 보호하신다고 말씀합니다.

혹시 우리 가운데 내가 극한 상황에 처할 때 '내가 혹시 주님을 부인하지는 않을까?' 하고 염려하시는 분들이 계실지도 모르겠습니다. 혹시 있나요? 손 한 번 들어 보실래요? 그런데 저는 그 부분에 대해 너무 염려하지 않아도 된다고 생각합니다. 왜냐하면, 그 때(또는 그 상황)가 되면 우리를 사랑하는 하나님께서 반드시 그 일을 감당할 수 있는 믿음과 용기와 능력을 주실 것이기 때문입니다. 만약 내가 감당할 수 없는 것이라면 주님께서 아예 그러한 상황을 허락하지 않고 피할 길을 예비하실 줄 믿습니다. 이것이 성도의 견인입니다.

사랑하는 성도 여러분, 머리에 이런 이미지를 그리시면서 오늘 본문을 읽으면 더욱 실감나게 와 닿으리라고 생각합니다. 우리가 걷는 구원의 길은 우리가 하나님의 손을 잡고 따라가는 것이 아니라 하나님께서 우리의 손을 잡고 가는 길입니다. 만약 우리가 하나님의 손을 잡고 간다면 우리는 약하기 때문에 우리가 놓아버리거나 또는 다른 사람이 방해해서 놓을 수도 있습니다. 그러나 우리가 하나님 손을 잡고 가는 것이 아니라 전능하시고 우리를 사랑하시는 하나님께서 우리의 손을 꽉 잡고 가는 것이기 때문에 우리의 구원은 완전한 줄 믿습니다.

물론 하나님께서 우리의 손을 잡고 가는 과정에서 우리를 대적하는 세력도 있습니다. 우리에게 필요한 것도 있습니다. 우리의 죄 문제로 어려움을 당하기도 합니다. 하나님과 우리의 사이를 끊으려고 달려드는 세력도 있습니다. 그러나 우리의 손을 잡고 가시는 하나님께서는 우리의 대적도 물리쳐 주시고, 우리의 필요한 것도 공급해주시고, 우리의 죄 문제로 고소하는 자들 앞에서 변호도 해주시고, 우리와 하나님 사이를 끊으려는 모든 세력에게서도 우리를 지켜주실 것입니다. 이것이 우리가 얻은 영광스러운 구원인 줄 믿습니다.

오늘 본문 31-37절까지 함께 힘 있게 읽도록 하겠습니다.

그런즉 이 일에 대하여 우리가 무슨 말 하리요 만일 하나님이 우리를 위하시면 누가 우리를 대적하리요?
자기 아들을 아끼지 아니하시고 우리 모든 사람을 위하여 내주신 이가 어찌 그 아들과 함께 모든 것을 우리에게 주시지 아니하겠느냐?
누가 능히 하나님께서 택하신 자들을 고발하리요? 의롭다 하신 이는 하나님이시니
누가 정죄하리요? 죽으실 뿐 아니라 다시 살아나신 이는 그리스도 예수시니 그는 하나님 우편에 계신 자요 우리를 위하여 간구하시는 자시니라.
누가 우리를 그리스도의 사랑에서 끊으리요? 환난이나 곤고나 박해나 기근이나 적신이나 위험이나 칼이랴!
그러나 이 모든 일에 우리를 사랑하시는 이로 말미암아 우리가 넉넉히 이기느니라.
아멘!!

로마서 9:1-33

창조주 하나님의 신비와 주권

※ 설교 주제: 범사에 창조주 하나님의 주권을 인정하고, 신실하신 하나님에 대한 믿음을 잃지 말자.

※ 설교 목적: 범사에 하나님의 주권을 인정하게 하고, 신실하신 하나님에 대한 확실한 믿음을 갖도록 한다.

※ 설교 전개
   본문 설명
      이스라엘의 불신앙의 문제
      폐하지 않는 하나님의 말씀
      불의하지 않으신 하나님
      창조주 하나님의 주권
   적용
      인간적인 관점에서 잘 이해되지 않을 때
         하나님 주권에 대한 인정
         신실하신 하나님에 대한 믿음

※ 설교 요약

　로마서 5-8장은 믿음으로 의롭게 된 자가 누리는 복에 대해서 말씀한다. 그 가운데 절정은 8장에서 말씀한대로 이 세상의 어떤 것도 믿음으로 의롭게 된 성도들을 하나님의 은혜와 사랑에서 끊을 수 없다는 것이다. 다시 말해, 하나님께서는 성도들이 처한 모든 상황과 환경에서 합력하여 선을 이루시면서, 하나님의 백성들을 끝까지 지켜주시고 인도하신다는 것이다. 그 부분에서 사도 바울은 좀 더 보충 설명할 필요를 느꼈다. 왜냐하면, 그 말씀이 당시 대부분 구원에 이르지 못한 민족적 이스라엘에게는 적용되지 않는 것 같다고 생각되었기 때문이다. 그래서 9-11장에서 사도 바울은 이스라엘의 불신앙 문제에 대해서 설명하고 있다. 9장에서는 이스라엘 불신앙의 문제를 주로 하나님의 주권과 섭리의 관점에서 설명한다. 모든 혈통적 이스라엘이 다 하나님의 백성이 아니고, 하나님께서 주권적으로 택하시고 긍휼을 베푸신 사람들이 있는데, 그 하나님께서 택한 사람들에게는 로마서 8장의 말씀이 그대로 적용되고 있다는 것이다. 따라서 하나님의 말씀은 결코 폐하지 않는 영원한 진리이고, 하나님께서는 불의하시지 않고 말씀하신 것을 지키시는 신실하신 하나님이라고 말씀한다. 뿐만 아니라 창조주로서 하나님의 주권을 인정해야 함을 가르친다. 다시 말해, 인간적인 관점에서 다 이해되지 않더라도 모든 일에 창조주로서 하나님의 주권을 인정하고 신실하신 하나님에 대한 믿음을 잃지 않아야 한다는 것이다.

로마서는 크게 세 부분으로 나누어져 있습니다. 1-8장, 9-11장 그리고 12-16장입니다. 이 세 부분 가운데 지금까지 우리는 1-8장을 살펴보았는데요, 우리가 함께 살펴본 대로 1-8장에서는 우리 기독교의 가장 기본적이면서 중요한 진리를 말씀하고 있습니다. 그런데 1-8장을 좀 더 세분하면, 크게 두 부분으로 나눌 수 있습니다. 1-4장 그리고 5-8장입니다.

　1-4장에서는 '오직 복음 되신 예수 그리스도를 믿음'으로만 우리가 의롭게 된다는 것을 말씀합니다. 다른 방법이 없다는 것입니다. 여기에서 의롭게 된다는 것은 거듭 말씀드린 대로 하나님과의 관계가 회복됨을 의미한다고 말씀드렸습니다. 다시 말해, 우리 모두는 아담이 지은 죄로 말미암아 하나님과 분리되었는데 예수님을 믿음으로 말미암아 하나님과의 관계가 회복된 것입니다. 이렇게 하나님과의 관계가 회복되는 것을 한 마디로 '구원'이라고 표현합니다.

　그리고 5-8장에서는 믿음으로 의롭게 된 자들이 누리는 복과 은혜가 무엇인지 말씀합니다. 특히 로마서 8장은 믿음으로 의롭게 된 우리가 누리는 복과 은혜에 대한 말씀의 절정이라고 할 수 있습니다. 그래서 많은 분들은 로마서 8장을 성경 전체에서 가장 중요한 부분이라고까지 이야기합니다. 지난번에 함께 살펴본 대로 로마서 8장에는 의롭게 된 자, 하나님과의 관계가 회복된 자 또는 구원받은 자가 누리는 복이 무엇인지 크게 네 가지를 말씀하고 있습니다.

　첫 번째는 그리스도 안에서 정죄함이 없는 복입니다. 그리스도 예수 안에서 정죄함이 없다는 것은 이제 예수 그리스도 안에서 아담으로 인한 '원죄의 문제가 완전히 해결(또는 극복)'되었다는 것을 말씀합니다. 예수 그리스도 안에서 더 이상 아담의 죄는 효력을 발생하지 못한다는 것입니다. 두 번째는 양자(즉, 자녀)가 되는 복입니다. 그러니까 예수님을 믿으면 우리는 하나님의 자녀가 되어 만왕의 왕 되신 하나님의 놀라운 은혜를 누리게 됩니다. 그런데 자녀가 누리는 최고의 특권은 상속인데, 그것은 예수 그리스도와 함께 누리게 될 영광임을 말씀합니다. 세 번째가 합력하여 선이 이루어지는 복입니다.

우리는 이미 영광스러운 나라를 상속을 받았지만 아직 그것이 완성되지 않는 이미와 아직 사이에서 많은 고난과 어려움을 경험합니다. 그러나 하나님께서는 그 모든 것을 합력하여 선을 이루어 가신다 또는 우리의 구원을 완성시켜 가신다는 것입니다. 네 번째가 끝까지 지켜주시는 복입니다. 이 세상의 어떤 것도 하나님의 사랑에서 우리를 끊지 못하고, 하나님께서 끝까지 택한 백성들을 지켜주시고 인도해 주신다는 것입니다. 이것이 믿음으로 의롭게 된 자가 누리는 복입니다. 아주 점진적으로 구원받은 우리가 누리는 복들을 설명하고 있습니다. 아마 사도 바울은 이렇게 우리가 누리는 놀라운 은혜와 복들을 기록하면서 말로 다 표현할 수 없는 감격과 감사와 뜨거움이 있었을 것입니다. 바울이 이 부분을 설교했더라면 아마 그가 할 수 있는 가장 크고 감격스럽고 확신에 찬 목소리로 외쳤을 것입니다.

이스라엘의 불신앙의 문제

그런데 바울은 이 놀라운 은혜의 메시지를 기록하면서 한 가지 보충 설명할 필요가 있음을 느꼈습니다(이것이 로마서의 전형적인 논리 전개 방식입니다). 그것은 이스라엘의 불신앙의 문제였습니다. 우리가 잘 아는 대로 유대인은 하나님께 선택받은 민족입니다. 또한 하나님께서 그 어느 민족에게도 주지 않았던 많은 은혜와 복들을 주셨습니다. 4-5절입니다.

그들은 이스라엘 사람이라 그들에게는 양자됨과 영광과 언약들과 율법을 세우신 것과 예배와 약속들이 있고 조상들도 그들의 것이요 육신으로 하면 그리스도가 그들에게서 나셨으니 그는 만물 위에 계셔서 세세에 찬양을 받으실 하나님이시니라 아멘

양자됨(하나님께서 그들을 자녀 삼으심), 영광(하나님께서 그의 자녀들에게 영광스럽게 임하심), 언약(계속해서 언약을 맺으심), 율법을 주셨고, 하나님을 예배하게 하셨고(하나님께 나아가 하나님의 은혜를 경험하게 하심), 많은 약속들을 주셨고, 무엇보다도 예수님이 이스라엘 민족 가운데서 태어나셨습니다. 그런데 사도 바울이 편지를 쓰고 있는 당시 이스라엘의 모습은 어떻습니까?

당시 대부분의 이스라엘 사람들은 복음 되신 예수님을 배척하고 구원에 자리에 이르지 못하는 상황에 있었습니다. 그렇다면 하나님께서 택하신 백성을 끝까지 지키시고 인도하시고 책임져 주신다고 감격하며 외쳤던 지금까지의 말씀이 하나님께서 택하신 민족인 이스라엘과 관련해서는 진리가 아닌 것처럼 생각될 수 있습니다. 문제는 만약 이 말씀이 이스라엘에게 진리가 아니라면 믿음 안에 있는 우리도 장래에 대해 확신할 수 없다는 것입니다. 그래서 바울은 지금까지의 말씀이 당시 이스라엘 민족들에게 그대로 적용되지 않는 것처럼 보이는 문제에 대해 보충 설명해야 할 필요를 느낀 것입니다. 그것이 로마서 9-11장의 내용입니다.

혹자는 로마서 9-11장은 단순히 8장을 보충 설명을 위해 삽입되었기 때문에 크게 중요하지 않는 말씀이라고 하기도 합니다. 그렇지 않습니다. 대부분의 학자들은 비록 9-11장이 보충 설명의 형식으로 되어 있지만, 9-11장도 로마서의 다른 부분들과 같이 우리 신

앙과 삶을 위해 아주 중요한 내용을 담고 있다고 합니다. 저도 그 견해에 동의합니다. 성령님께서 우리 모두에게 이 귀한 말씀의 의미를 밝히 깨닫게 해 주시기를 원합니다. 또한 이 말씀이 우리 각자 각자의 신앙과 삶에 필요한 은혜와 교훈이 되기를 원합니다.

폐하지 않는 하나님의 말씀

먼저 8장의 말씀과 이스라엘의 현재 불신앙과 관련하여 사도 바울은 한 마디로 결론을 내립니다. 6절 상 입니다.

그러나 하나님의 말씀이 폐하여진 것 같지 않도다

결코 하나님의 말씀이 폐하여지지 않았다고 합니다. 많은 이스라엘이 믿지 않고 있지만, 택하신 자들을 끝까지 지키시고 이 세상의 어떤 것도 하나님의 사랑과 관계를 끊을 수 없다고 하는 말씀은 여전히 유효하고 틀림없는 진리라는 것입니다. 왜 그렇습니까? 6절 하 입니다.

이스라엘에게서 난 그들이 다 이스라엘이 아니요

민족적이고 혈통적 이스라엘이 모두 하나님의 택하신 백성이 아니기 때문입니다. 다시 말해, 민족적 이스라엘 가운데 하나님께서 택하셔서 하나님의 백성이 된 자들이 있고, 그렇지 않는 자들도 있기 때문이라는 것입니다. 그 예로 아브라함의 자손들(7-9절)과 이삭의 자손들(10-13절)을 제시합니다. 하나님께서는 아브라함 자손 가운데 하나님께서 약속의 자손으로 이삭을 택하셨고, 이삭의 자녀 가운데 야곱을 택하셨습니다. 그들의 모든 자손을 다 택하지 않으셨다는 것입니다.

정리하면, 물론 하나님께서 이스라엘을 민족적으로 택하신 것은 분명하지만(롬 9:4-5), 모든 이스라엘을 다 택하신 것은 아니고 이스라엘 안에서도 특별히 약속하신 자녀들이 있다는 것입니다. 그리고 하나님께서 택하신 자들에게는 8장의 말씀이 그대로 적용되었고, 지금도 적용되고 있다는 것입니다. 그러니까 8장의 말씀은 틀림이 없는 진리라는 것입니다.

불의하지 않으신 하나님

또 다시 질문을 합니다. 14절입니다.

> 그런즉 우리가 무슨 말을 하리요 하나님께 불의가 있느냐 그럴 수 없느니라

하나님께서 결코 불의하시지 않다는 것입니다. 여기에서 '불의하시지 않다'는 것은 관계성에 있어서 신실하시다는 것입니다. 어떤 사람들은 우리말이 주는 뉘앙스에 따라 이 말을 '정의'라는 개념으로 이해하는데, 원래 이 단어의 헬라어 의미는 그렇지 않습니다. 이것은 앞의 하나님 말씀이 폐하지 않았다는 것을 다른 관점에서 설명하는 것입니다. 다시 말해, 하나님께서는 택하신 백성(또는 약속의 자손)들에게 말씀하신 것을 신실하게 지키신다는 것입니다. 이번에는 모세와 바로를 예로 들고 있습니다.

하나님께서 모든 사람들을 다 긍휼히 여기시는 것이 아니라 하나님께서 긍휼히 여기는 사람이 있고 완악하게 하시는 사람이 있다고 합니다. 둘 다 하나님의 하나님 되심과 하나님의 능력을 드러내기 위해 세우셨는데 역할만 다르다는 것입니다(17절). 여기에서도

앞부분과 마찬가지로 핵심은 하나님께서 주권적으로 긍휼을 베푸시는 자들에게는 하나님께서 끝까지 신실하시다는 것을 말씀합니다. 그러니까 8장의 말씀이 결코 틀리지 않다는 것입니다.

창조주 하나님의 주권

여기까지 이야기하면 예상되는 질문이 있을 수 있습니다. 그것이 무엇입니까? 19절입니다.

> 혹 네가 내게 말하기를 그러면 하나님이 어찌하여 허물하시느냐 누가 그 뜻을 대적하느냐 하리니

만약 하나님께서 주권적으로 어떤 사람에게 은혜를 주시고 어떤 사람의 마음을 완고하게 하신다면, '그들의 완고함에 대해 하나님께서 책임을 물을 수 없지 않느냐?'는 것입니다. 또한 이 질문 속에는 '왜 하나님께서 어떤 사람은 택하시고 긍휼을 베푸시고 어떤 사람은 그렇게 하시지 않느냐?'는 불평이나 불만도 포함되어 있는 것 같습니다. 그것에 대한 바울의 답변은 무엇입니까? 20-23절입니다.

> 이 사람아 네가 누구이기에 감히 하나님께 반문하느냐 지음을 받은 물건이 지은 자에게 어찌 나를 이같이 만들었느냐 말하겠느냐 토기장이가 진흙 한 덩이로 하나는 귀히 쓸 그릇을, 하나는 천히 쓸 그릇을 만들 권한이 없느냐 만일 하나님이 그의 진노를 보이시고 그의 능력을 알게 하고자 하사 멸하기로 준비된 진노의 그릇을 오래 참으심으로 관용하시고 또한 영광 받기로 예비 하신 바 긍휼의 그릇에 대하여 그 영광의 풍성함을 알게 하고자 하셨을지라도 무슨 말을 하리요

피조물인 우리 인간이 그와 같이 창조주 하나님께 대항하거나 따질 수 없다는 것입니다. 왜 그렇습니까? 그것은 창조주 하나님께서는 토기장이로서 스스로 그렇게 하실 주권과 권리가 있기 때문이라는 것입니다(렘 18:1, 사 29:16, 45:9). 계속해서 24-29절에서는 호세아와 이사야의 말씀을 인용하면서 그와 같은 유대인들의 불신앙은 예언의 성취라고 말씀합니다. 그러니까 유대인의 불신은 하나님 말씀에 문제가 있거나 하나님의 신실하지 못함의 결과가 아니라 예언의 성취이기 때문에 오히려 말씀의 확실성과 하나님의 신실하심을 드러낸다는 것입니다.

이제 30절부터는 이스라엘의 책임 부분에 대해 말씀합니다. 32절입니다.

> 어찌 그러하냐 이는 그들이 믿음을 의지하지 않고 행위를 의지함이라 부딪칠 돌에 부딪쳤느니라

이방인들은 믿음으로 의(하나님과의 관계 회복)를 얻었지만, 이스라엘은 믿음을 의지하지 않고 행위를 의지함으로 오히려 예수님이 부딪쳐 넘어지는 걸림돌이 되었다는 것입니다. 이것이 오늘 본문의 내용입니다.

인간적인 관점에서 잘 이해되지 않을 때

이제 오늘 본문이 우리에게 주는 교훈을 같이 생각해 보겠습니다. 사도 바울이 9-11장을 쓴 근본적인 이유는 무엇이었죠? 그것은 하나님과 하나님의 말씀에 대해 잘 이해되지 않는 부분이 있었고 또한 인간적인 관점에서 납득하기 어려운 부분이 있었기 때문이었습니다. 그러니까 8장에서는 택하신 자들을 끝까지 지켜주신다고

하셨는데 그 말씀이 하나님께서 택하신 민족인 이스라엘에게 제대로 적용되지 않는 것 같은 의문이 있었습니다. 사도 바울은 그 문제를 하나님의 주권적인 선택과 긍휼의 관점에서 설명합니다. 그런데 그 부분을 설명하니까 이제 하나님의 주권적인 선택과 긍휼에 대해 인간적인 관점에서 납득이 안 되는 부분이 있습니다. 그래서 바울은 또 다시 창조주 하나님의 관점에서 보충 설명하고 있는 것입니다.

여러분, 어떻습니까? 실제로 신앙생활하다 보면 하나님과 하나님 말씀에 대해서 잘 이해되지 않는 부분이 있나요? 없나요? 있습니다. 사실 성경을 보면 이해하기 어려운 부분이 많습니다. 여러분만 그런 것이 아닙니다. 저도 그렇고, 성경만을 연구하는 모든 신학자들도 다 그렇습니다. 수많은 신학자들이 수천 년 동안 성경을 연구했지만 여전히 해결되지 않는 문제들이 많습니다. 그러니까 여러분들이 성경을 다 이해하지 못한 것에 대해 전혀 이상하게 생각할 필요가 없습니다.

때로는 머리로 이해는 되지만 우리가 가진 인간적인 상식과 이성으로는 납득하기 어려운 부분이 있습니다. 예를 들어, 원죄의 문제라든지 성육신의 교리 등은 인간적인 상식으로 보면 잘 이해되지도 않고 받아들이기도 쉽지 않습니다. 그래서 복음을 전하면 안 믿는 사람들이 그러한 부분들과 관련하여 많이 따지기도 합니다. 오늘 본문에 언급되는 하나님의 주권과 섭리 문제도 세상 사람들의 관점으로는 잘 납득되지 않는 대표적인 예 가운데 하나입니다.

그러면 하나님의 말씀과 하나님에 대해 이해되지 않거나 납득되지 않는 부분과 관련하여 우리가 할 일은 무엇이죠? 무엇보다도 성경을 많이 읽고 배울 수 있는 데까지 배워야 합니다. 제가 지금 너무 당연한 이야기를 하고 있죠? 그런데 오늘날의 상황은 제가 당연한 이야기를 할 수밖에 없습니다. 제가 성도들을 보면서 가장 아쉬운 것 가운데 하나는 성경을 읽지 않는다는 것입니다. 세상에 재미있는 것들이 너무도 많아서 일 년에 일독하기가 쉽지 않습니다. 새해 들면서 우리 가정에서 아이들에게 다짐시킨 것이 있습니다. 그것은 성경을 최소한 1독 하는 것입니다. 올 한 해 성경을 많이 읽고 많이 배우시기 바랍니다. 계속해서 성경을 읽고 배우다 보면 어느 순간에 말씀과 하나님에 대해 더 많이 이해하고 알게 됩니다.

그런데 성경을 읽고 배운다고 성경과 하나님에 대한 문제가 다 해결되나요? 결코 그렇지 않습니다. 오히려 더 복잡해 질 수 있습니다. 물론 그것은 성장을 위한 과정이지만요. 인간적인 상식으로 이해하기 어려운 신앙의 문제를 해결하기 위해 성경을 읽고 배우는 것보다 더욱 중요한 것이 있습니다. 그것이 무엇인지 아세요? 그것은 피조물로서의 우리의 위치와 한계를 인정하는 것입니다. 로마서 11:33-36을 보겠습니다.

> 깊도다 하나님의 지혜와 지식의 풍성함이여, 그의 판단은 헤아리지 못할 것이며 그의 길은 찾지 못할 것이로다 누가 주의 마음을 알았느냐 누가 그의 모사가 되었느냐 누가 주께 먼저 드려서 갚으심을 받겠느냐 이는 만물이 주에게서 나오고 주로 말미암고 주에게로 돌아감이라 그에게 영광이 세세에 있을지어다 아멘

이 말씀은 9-11장을 기록한 다음에 결론적으로 바울이 고백한 말씀입니다. 그가 9-11장에서 이스라엘의 불신앙에 대해 여러 가지로 설명했지만, 자신이 다 알 수 없고 다 설명할 수 없는 하나님의 비밀스러운 부분이 있다는 것입니다. 여러분, 사도 바울은 신약 성경 가운데 13권을 기록한 사람입니다. 또한 그는 우리가 알 수 없는 하나님의 신비스럽고 깊은 부분들을 직접 보고 깨달은 사람입니

다. 그런 그가 9-11장을 기록하면서 하나님의 지혜와 지식과 판단을 다 헤아릴 수 없다는 고백과 함께 9-11장을 마치고 있습니다. 이 말씀은 직접적으로는 9-11장과 관련된 말이지만, 성경 전체와 관련하여 그리고 우리 신앙생활 전체와 관련하여 우리가 늘 기억해야 할 말씀입니다.

우리가 신앙생활을 하면서 범하기 쉬운 잘못 가운데 하나는 피조물인 우리의 지식, 논리, 판단으로 창조주 하나님의 모든 것을 이해하고 평가하고 판단하는 것입니다. 물론 신앙생활을 하면서 우리의 이성과 사고도 필요하고 논리적인 접근도 분명히 필요합니다. 그러나 우리 피조물의 제한된 논리나 이성이나 사고로 절대로 하나님과 그의 행하심을 온전히 다 이해하는 것은 불가능합니다. 만약 논리나 이성이나 사고로 하나님의 모든 것을 분명하게 이해할 수 있다면 그 분은 하나님이 아닙니다. 그렇기 때문에 신앙생활을 하면서 우리는 우선적으로 피조물로서 우리 인간의 위치와 한계를 인정하는 것이 절대적으로 필요하고 또한 중요합니다. 우리에게 그 은혜가 있기를 바랍니다.

하나님 주권에 대한 인정

그러면 피조물로서 다 알 수 없는 창조주 하나님의 비밀스러운 부분이 있음을 인정하는 우리가 어떻게 살아야 한다고 말씀합니까? 그것은 우리에게 최종적으로 주어지는 모든 일에 하나님의 주권과 섭리를 인정하며 받아들이며 사는 것입니다(19-20절). 살다보면 우리는 신앙 안에서 이해할 수 있는 일들도 경험하지만 이해할 수 없는 일들도 경험하며 삽니다. 또한 우리의 실수나 잘못으로 인해 어떤 일들을 경험할 수도 있지만, 어떤 것들은 우리의 의지와 전혀 상관없이 주어지기도 합니다. 그 때 어떻게 하라고요? 다 알 수 없는 하나님의 주권과 섭리를 받아들이라는 것입니다. 조금 있다가 말씀 드리겠지만 물론 우리의 부족한 부분이나 실수나 잘못한 부분을 분석하고 극복하거나 해결하려고 노력해야 합니다. 그러나 우리에게 최종적으로 다가오는 모든 것에서 하나님의 주권과 섭리를 인정해야 한다는 것입니다. 물론 힘들고 어려운 모든 상황에서 하나님의 주권과 섭리를 인정한다는 것이 결코 쉽지 않습니다. 그러한 일들을 직접 경험하면 원망이나 불평이 나오고 낙심과 좌절도 있습니다. 그러나 성경은 분명히 "하나님의 허락 없이는 참새 한 마리도 결코 떨어지지 않는다"고 말씀합니다. 우리 모두는 우리가 경험하는 모든 일에 하나님의 주권과 섭리가 있음을 인정하는 성숙한 믿음의 사람이 되기를 간절히 바랍니다.

실제로 하나님의 주권을 인정하는 것과 그렇지 않는 것은 하늘과 땅 차이의 삶을 살 수밖에 없습니다. 하나님의 주권과 섭리를 인정하지 않으면 원망과 불평과 좌절과 포기의 삶을 선택할 수 있습니다. 우리 주변에 그런 사람들이 참으로 많습니다. 물론 종종 하나님을 모르는 분들도 모든 것을 운명으로 받아들이고 극복한 분들도 있습니다. 그러나 하나님의 주권과 섭리를 인정하며 사는 것과는 차원이 다릅니다. 실제로 우리는 주변에서 하나님의 주권을 인정함으로 훌륭한 삶을 사는 분들이 많습니다. 이 시간에 그러한 예들을 열거하려면 끝이 없을 것입니다. 두 사람의 예를 들겠습니다. 너무나 유명해서 여러분들도 다 아는 사람들입니다.

닉 부이치치는 목사의 아들로 태어났습니다. 사지가 없이 태어나서 어머니도 그를 받아들이는데 4개월이 걸렸답니다. 그것도 신앙인이기 때문에 가능한 것이었습니다. 또한 본인도 3번이나 자살을 시도했습니다. 그러나 그는 다 이해할 수는 없지만 믿음으로 자신을 향한 하나님의 주권과 섭리를 받아들인 것입니다. 그 이후로 그의 인생은 180도 달라졌고 지금은 세상의 많은 사람들에게 희망을 주는 사람이 되었습니다. 이지선양은 지난 2000년에 음주운전 차량이 낸 사고로 전신 55%에 3도 화상을 입고 생사를 오가는 수차례 수술과 재활 치료로 기적처럼 삶을 되찾은 자매입니다. 젊은 자매에게 그 일은 하늘이 무너지는 것 같은 일이었지만 그가 그렇게 오뚝이처럼 일어서서 쓰임을 받는 것은 다 이해할 수 없지만 하나님의 주권과 섭리를 받아들였기 때문입니다.

사랑하는 성도 여러분, 닉 부이치치와 같이 우리의 의도와는 상관없이 자신이나 가족들에게 이해할 수 없는 일들이 주어지기도 합니다. 이지선 자매처럼 살아가면서 자신이나 가족들에게 이해할 수 없는 일들이 일어날 수도 있습니다(교통사고, 갑작스러운 죽음 등). 물론 닉 부이치치나 이지선 양처럼 어마어마한 일은 아닐 수도 있습니다. 하지만 우리도 우리의 의지와 상관없이 주어지는 여러 가지가 있을 수 있습니다. 예를 들어, 자신에게 다른 사람들보다 부족한 부분이 있을 수 있습니다. 보통 일반 사람의 능력이나 건강이 평균 80정도 되는데 나는 60, 70밖에 안 될 수 있습니다. 또한 하나님께서 선물로 주신 자녀가 객관적인 기준으로 볼 때 공부나 삶에 있어서 하위 그룹에 속할 수도 있습니다. 뿐만 아니라 우리는 살아가면서 자주 원치 않는 일들을 경험하기도 하고 간절히 소원했지만 이루어지지 않는 일들도 경험합니다. 예를 들어, 직장에서 승진이 잘 진행되고 있는데 어떤 사람의 방해로 승진이 이루어지지 않을 수 있습니다. 어떤 분 이야기를 들으니까 집을 사려고 했는데 계약서를 쓰기 직전에 집 주인의 마음이 바뀌어서 계약하지 못했다고 하더군요. 또한 요즈음 입시철인데 자녀들이 수능 성적이 평소보다 나오지 않아서 원하는 대학에 가지 못할 수도 있습니다. 또한 원치 않게 재정적으로나 건강 문제로 어려움 당할 수도 있습니다.

그럴 때 어떻게 해야 한다고요? 일의 경위가 어떻게 되었던 최종적으로 우리에게 주어진 '모든 일'에 대해 우리는 다 이해할 수 없는 하나님의 주권과 섭리를 인정해야 한다는 것입니다. '나는 왜, 또는 우리 아이는 왜 이 정도밖에 안 될까?' 하고 신세 한탄을 해서는 안 된다는 것입니다. 또한 마음 바뀐 집주인을 원망하거나 나를 방해한 사람을 미워하지 말고 시험 못 본 것을 단지 재수가 없거나 운이 없는 것으로 생각해서는 안 된다는 것입니다.

신실하신 하나님에 대한 믿음

그런데 하나님의 다 알 수 없는 주권과 섭리를 인정하는 것과 함께 우리에게 필요한 것이 두 가지 있습니다. 하나는 하나님과 하나님의 말씀의 신실하심을 믿는 것입니다. 오늘 본문에서 사도 바울은 크게 두 가지를 강조합니다. 하나는 하나님의 말씀은 결코 폐하지 않는다는 것이고 다른 하나는 하나님께서는 말씀하신 것을 신실하게 이루어 가신다는 것입니다. 또한 오늘 본문을 보면 하나님께서 주권을 행사하시는 이유는 그것을 통해 하나님의 하나님 되심과 하나님의 능력을 드러내기 위함이라고 말씀합니다. 그러니까 우리가 원치 않는 일을 경험하고 우리가 소원하는 일들이 이루어지지지 않았더라도 우리가 삶의 모든 영역에서 하나님의 주권과 섭리를 인정할 때 우리의 머리카락까지 세시는 하나님께서 결코 우리를 실망시키지 않는다는 것입니다. 또한 반드시 하나님께서 능력을 행하시고 신실하심을 드러내신다는 것입니다.

여러분들도 모두 경험하셨겠지만, 저도 지금까지 살아오면서 실망되고 원치 않는 이런 저런 일들을 많이 경험했습니다. 그런데 제가 지금 너무도 분명히 고백할 수 있는 것은 하나님의 말씀은 영원한 진리이고 우리 하나님은 참으로 신실하신 하나님이라는 것입니다. 그것은 저만 경험한 것이 아니고 여러분들도 경험하셨고 모든 믿음의 사람들이 경험한 것입니다. 물론 우리의 나그네 인생이 끝날 때까지 여전히 이해되지 않는 일들이 있을 수 있습니다. 그러나 우리는 여전히 하나님의 말씀과 하나님에 대한 믿음을 내려놓아서는 안 될 줄 믿습니다. 우리에게 이 믿음이 있길 바랍니다.

하나님의 주권과 섭리를 인정하면서 우리가 해야 할 또 한 가지 일은 우리가 할 수 있는 최선을 다하는 것입니다. 본문을 보면 뒷부분에 이스라엘의 책임 부분을 언급하고 있습니다. 다음 주에 볼 10장에서 그 부분에 대해서 자세히 말씀하고 있는데요, 한 마디로 그들이 잘못 행했다는 것입니다. 그들에게도 책임이 있다는 것입니다. 사실 신앙생활을 하면서 하나님의 주권과 우리의 책임 문제에 대한 이해는 인간적인 관점에서 보면 결코 쉽지 않는 문제입니다. 제가 처음 신앙생활을 하면서 가장 심각하게 고민하고 힘들어 했던 문제가 바로 이 문제였습니다. 오늘 본문에서 언급하는 것처럼 하나님의 주권과 섭리가 있고 그것이 이루어진다면 우리는 로봇이란 말인가? 그렇다면 나는 과연 무엇을 어떻게 하며 살아야 하는가? 라는 많은 고민이 있었습니다. 아무리 생각해도 풀리지 않는 문제였습니다. 그런데 신앙생활을 한 지 2-3년 지나면서 하나님께서 깊은 은혜를 주셔서 그 문제가 해결되었습니다. 지금은 저에게 아무 문제가 안 됩니다. 두 가지가 전혀 충돌이 되지 않습니다. 저는 한 편으로는 모든 것을 다 하나님의 주권과 섭리로 받아들입니다. 또 다른 한 편으로는 하나님의 주권과 섭리가 전혀 없는 것처럼 평가하고 분석하고 전략을 짜고 하면서 내가 할 수 있는 최선을 다합니다. 물론 그 과정에서 전심으로 주님을 의지하고 은혜를 구합니다. 둘 사이에 조금의 충돌도 없습니다. 어떤 분은 이것을 복잡한 기계의 바퀴들이 서로 반대 방향으로 돌아가지만 하나의 공동의 목표를 향해 가는 것처럼, 하나님의 주권과 인간의 최선을 다하는 노력이 겉으로는 모순처럼 보이지만 전혀 문제없이 주님의 뜻과 목표를 이루어 나간다고 설명하기도 합니다. 그러니까 조금 전에 말씀드린 것처럼, 나의 능력이 평균이 80인데 60밖에 안 된다고 합시다. 또한 나의 건강이 평균이 80인데 60밖에 안 된다고 합니다. 그것을 운명으로 생각하거나 포기하는 것이 아니라 주님의 주권과 섭리로 받아들이되 주님을 의지하며 능력을 향상시키고 최선을 다해 건강을 관리하면 얼마든지 90이상을 가진 사람들보다 이 땅에 귀하게 쓰임 받을 수 있고 건강하게 살 수 있다는 것입니다. 저는 우리 모두가 범사에 주님을 의지하면서 주님의 은혜를 사모하면서 최선의 수고와 노력을 다하는 복된 성도들이 되기를 간절히 바랍니다.

오늘 본문에서 언급하고 있는 선택과 유기의 문제는 어떻습니까? 이것도 아무런 문제가 되지 않습니다. 우리는 사도 바울처럼 한 편으로는 선택과 유기가 전혀 없는 것처럼 최선을 다해야 합니다. 오늘 본문 1-3절에서도 그러한 이스라엘의 상황을 알고 있지만 전혀 그 사실을 모르는 것처럼 그는 그들을 향한 사랑과 복음에 대한 간절한 열망을 보여주고 있습니다. 그러니까 자신이 행할 수 있는 최선을 다하고 있는 것입니다. 그러나 다른 한 편으로는 나의 구원이 전적으로 하나님의 선택과 은혜로 된 것을 믿고 감사하는 것입니다.

이제 말씀을 맺겠습니다.

오늘 본문은 8장의 말씀과 이스라엘의 불신앙의 문제를 다루면서 창조주 하나님의 비밀과 주권을 말씀하고 있습니다. 그러면서 피조물로서의 우리 인간의 위치와 한계를 인정하라고 말씀합니다. 다시 말해, 우리의 논리와 사고와 이성으로 다 해결할 수 없는 창조주 하나님의 비밀스러운 부분이 있음을 인정하고 또한 범사에 창조주 하나님의 주권과 섭리를 받아들이라는 것입니다. 뿐만 아니라 모든 상황에서 하나님의 신실하심에 대한 믿음을 가지고 우리가 할 수 있는 최선을 다해야 할 것을 말씀합니다. 이 은혜가 우리 모두에게 있기를 간절히 바랍니다.

로마서 10:1-21

의로우신 하나님 더 알아가기

※ 설교 주제: 의로우신 하나님을 바로 알 때, 온전한 신앙생활을 할 수 있다.

※ 설교 목적: 우리 생애에 그 무엇보다도 귀하고 중요한 것이 하나님을 더 바르고 깊이 알아가는 것임을 깨닫게 한다.

※ 설교 전개
    본문 설명
        이스라엘의 문제(책임)
        구원받기 위해서
    적용
        하나님의 의를 모르기 때문에
        하나님의 의 알아가기
        의로우신 하나님과 복음 전하기

※ 설교 요약

  9장에서 사도 바울은 이스라엘의 불신앙을 하나님의 주권과 섭리 차원에서 설명했다. 10장에서는 그 문제를 이스라엘의 책임 차원에서 설명한다. 이스라엘은 열심을 다해 하나님을 섬겼지만 하나님 특히 하나님의 언약 관계에 있어서 신실하심을 몰랐기 때문에 하나님을 잘못 섬겼다. 물론 하나님께서는 다양한 방법으로 그리고 선지자들을 통해 하나님의 뜻과 섭리를 계속해서 들려주시고 알려주셨지만 그들은 그것을 깨닫지 못했다. 그래서 이스라엘은 그들의 의(신실함)를 드러내고자 원했고, 궁극적으로 하나님의 의의 절정인 복음 되신 예수 그리스도를 받아들이지 않았다. 그렇기 때문에 우리 생애의 신앙과 삶에서 가장 귀한 것은 의로우신 하나님을 더욱 바르고 깊이 알아가는 것이다.

거듭 말씀드린 대로 로마서 5-8장에서는 믿음으로 의롭게 된 자가 누리는 복에 대해서 말씀합니다. 그 가운데 절정은 8장에서 말씀한대로 이 세상의 어떤 것도 믿음으로 의롭게 된 성도들을 하나님의 사랑에서 끊을 수 없다는 말씀입니다. 다시 말해, 하나님께서는 성도들이 처한 모든 상황과 환경에서 합력하여 선을 이루시면서, 하나님의 백성들을 끝까지 지켜주시고 인도하신다는 것입니다. 그런데 사도 바울은 그 부분에서 좀 더 보충 설명할 필요를 느꼈습니다. 왜냐하면, 그 말씀이 당시 대부분 구원에 이르지 못한 민족적 이스라엘에게는 적용되지 않는 것 같다고 생각할 수도 있었기 때문입니다. 그래서 9-11장에서 사도 바울은 이스라엘의 불신앙 문제에 대해서 설명하고 있습니다.

지난주에 살펴본 것처럼, 9장에서 사도 바울은 이스라엘 불신앙의 문제를 주로 하나님의 주권과 섭리의 관점에서 설명하였습니다. 모든 혈통적 이스라엘이 다 하나님의 백성이 아니고, 하나님께서 주권적으로 택하시고 긍휼을 베푸신 사람들이 있다는 것입니다. 그리고 하나님께서 택한 사람들에게는 로마서 8장의 말씀이 그대로 적용되고 있다는 것입니다. 그러면서 하나님의 말씀은 결코 폐하지 않는 영원한 진리이고, 하나님께서는 불의하시지 않고 말씀하신 것을 지키시는 신실하신 하나님이라고 말씀합니다.

이스라엘의 문제(책임)

성경 전체를 통해 우리가 확인할 수 있는 중요한 진리 하나가 있습니다. 그것은 한 편으로는 하나님의 주권과 섭리를 인정하고 강조하면서도, 다른 한편으로는 항상 사람들의 책임과 수고에 대해서도 무시하지 않는다는 것입니다. 이스라엘 불신앙의 문제도 마찬가지입니다. 9장에서는 주로 하나님의 주권과 섭리의 차원에서 설명했다면, 9:30부터 10장 전체에서는 주로 이스라엘의 책임의 관점에서 설명하고 있습니다. 1절입니다.

> 형제들아 내 마음에 원하는 바와 하나님께 구하는 바는 이스라엘을 위함이니 곧 그들로 구원을 받게 함이라

9장에서 자기 민족 이스라엘을 향한 뜨거운 사랑을 고백했던 바울은 다시 한 번 이스라엘의 구원을 위해서 간절히 기도하고 있음을 고백합니다.
2-3절에서는 이스라엘의 문제가 무엇인지 간단하면서도 명확하게 말씀합니다. 2절입니다.

> 내가 증언하노니 그들이 하나님께 열심이 있으나 올바른 지식을 따른 것이 아니니라

3절에서 좀 더 구체적으로 설명합니다. 3절입니다.

> 하나님의 의를 모르고 자기 의를 세우려고 힘써 하나님의 의에 복종하지 아니하였느니라

2절의 '올바른 지식을 따르지 않았다'는 것과 3절의 '하나님의 의를 모른다'는 것이 연결되어 있습니다. 그리고 하나님의 의를 몰랐기 때문에 자신의 의를 세우려고 했고 결국에는 하나님의 의에 복종하지 않았다고 말씀합니다. 3절에서 '의'라는 단어가 세 번이나 언급되고 있는데요, '의'라는 단어의 의미에 대해서는 제가 로마서를 강해하면서 여러 차례 말씀드렸습니다. 간단히 설명하면

'의'라는 단어는 기본적으로 '관계성에 있어서 신실함'을 의미한다고 했습니다. 그러니까 이스라엘이 하나님의 의를 몰랐다는 것은 하나님의 언약 관계에 있어서 신실함을 몰랐다는 것을 의미합니다. 그 결과로 자기 자신들의 신실함을 드러내기를 힘썼고, 또한 하나님의 언약 관계에 있어서 신실하심의 절정인 복음을 받아들이지 않았던 것입니다. 이 부분에 대해서는 조금 있다가 좀 더 말씀드리겠습니다.

그러면 2-3절의 핵심 포인트는 무엇이죠? 이스라엘이 하나님, 특히 하나님의 의를 잘 몰랐기 때문에 신앙생활에 있어서 관심과 방향과 목표가 잘못되게 하였고, 궁극적으로는 메시아이신 예수 그리스도를 인정하지 않고 받아들이지 않았다는 것입니다.

그와 같이 그들의 문제를 지적하면서 아주 유명한 말씀을 합니다. 4절입니다.

> 그리스도는 모든 믿는 자에게 의를 이루기 위하여 율법의 마침이 되시니라

여기에서 '마침'이라는 말은 헬라어(telos)로 크게 두 가지 의미를 가지고 있습니다. 하나는 '끝'이라는 의미이고, 다른 하나는 '목표' 또는 '완성'이라는 의미입니다. 학자들 사이에 두 의미 가운데 어느 것이 오늘 본문에 합당한 지에 대한 논란이 있는데요, 저는 4절은 이 둘 모두의 의미를 포함하고 있다고 생각합니다. 왜냐하면 끝이라고만 하면 율법이 그리스도 안에 있는 우리와 상관없다는 의미를 포함하는데, 율법은 여전히 우리의 신앙과 삶에 적용되고 유익하다는 로마서의 가르침에 위배되기 때문입니다. 또 다른 한 편으로는 예수 그리스도로 말미암아 구원사적으로 율법이 지배하던

시대는 끝이 나고 새로운 복음의 시대가 열린 것도 분명합니다. 예수 그리스도는 모든 믿는 자에게 구원을 주시기 위해 율법의 마침과 동시에 완성이 되신 것입니다. 그러니까 4절에서 바울은 이스라엘이 그렇게 집착하고 생명같이 여기는 율법의 복음 안에서의 위치를 다시 한 번 확인시켜주고 있습니다.

이제 사도 바울은 5-8절에서 '율법으로 말미암는 의'와 '믿음으로 말미암는 의'를 대조하고 있습니다. 5절의 의미에 대해서 여러 가지 견해가 있지만, 저는 5절은 2-3절의 이스라엘의 잘못된 부분을 지적하는 말씀이라고 생각합니다. 다시 말해, 모세가 율법을 행함으로 말미암은 의에 대해 말씀하였는데, 이스라엘은 지금까지 그것을 이루어 보려고 발버둥 쳤지만 그것은 이미 불가능한 것으로 판명되었다는 것입니다. 그런데 믿음으로 말미암은 의는 그렇지 않다는 것입니다. 믿음으로 말미암는 의는 하늘로 올라가거나 무저갱으로 내려갈 필요가 없다는 것입니다(6-7절). 다시 말해, 믿음으로 말미암는 의를 위해서 우리가 어떤 것도 할 필요가 없다는 것입니다. 왜냐하면 예수님께서 모든 것을 이루어놓으셨기 때문에 우리는 믿기만 하면 되기 때문입니다. 또한 우리가 가까이에서 쉽게 접하고 접근할 수 있다고 말씀합니다(8절).

구원받기 위해서

9-10절에서는 구원받기 위해 우리가 해야 할 일이 무엇인지 말씀합니다.

> 네가 만일 네 입으로 예수를 주로 시인하며 또 하나님께서 그를 죽은 자 가운데서 살리신 것을 네 마음에 믿으면 구원을 받으리라 사람이 마음으로 믿어 의에 이르고 입으로 시인하여 구원에

이르느니라

아주 유명한 말씀인데요, 우리가 구원받기 위해 두 가지가 필요하다고 말씀합니다. 하나는 예수님이 하나님이신 것과 십자가와 부활을 마음으로 믿는 것입니다. 그러니까 우리가 구원받기 위해서는 무엇보다도 십자가에 못 박히시고 부활하신 예수님이 하나님이 우리의 구원자요 하나님이심을 마음으로 믿어야 하고 입으로 시인해야 합니다. 입으로 시인하는 것은 우리의 마음으로 믿는 것을 공개하는 것 또는 드러내는 것을 의미합니다. 그러니까 진정 마음으로 믿는다면 그것을 당당하게 그리고 공개적으로 드러내야 한다는 것입니다. 오늘날 우리나라에서 믿음을 공개적으로 드러내는 것이 어려운 일이 아니지만, 당시에는 예수 믿는 것을 공개적으로 드러내는 것은 쉽지 않은 일이었습니다. 그것은 엄청난 핍박과 고난과 손해를 각오해야 가능한 것이었습니다. 하지만 진정 믿는다면 그 믿음을 말로서 그리고 삶으로 공개적으로 드러내야 한다는 것입니다. 그것이 진정 구원받을 수 있는 믿음이라는 것입니다.

11-13에서 그 믿음으로 말미암은 의는 모든 민족에게 차별함이 없이 주어진다고 말씀합니다. 계속해서 '누구든지'와 '모든 사람'이라는 말이 반복되고 있습니다. 그러니까 마음으로 믿고 입으로 고백만 하면 모든 사람이 구원을 받을 것을 말씀합니다. 여기에서 '구원을 받는다,' '부끄러움을 당치 않는다,' '부요함을 얻는다'는 것은 다 같은 의미입니다. 14-15절에서 유명한 말씀을 합니다.

그런즉 그들이 믿지 아니하는 이를 어찌 부르리요 듣지도 못한 이를 어찌 믿으리요 전파하는 자가 없이 어찌 들으리요 보내심을 받지 아니하였으면 어찌 전파하리요 기록된 바 아름답도다 좋은

소식을 전하는 자들의 발이여 함과 같으니라

구원을 받는데 필요한 과정을 역순으로 설명합니다. '부른다-믿는다-듣는다-전파해야 한다-보내져야 한다' 고 말씀합니다. 간단하게 이야기하면, 예수님께서 이루신 구원이 적용되기 위해서 복음을 전해야 한다는 것입니다. 그리고 그것은 참으로 아름다운 일이라고 합니다.

16-21절에서는 다시 본문 2-3절에서 언급했던 부분을 보충 설명합니다. 16-18절에서는 이미 복음이 온 세상에 전파되었다고 합니다. 그러니까 이스라엘도 당연히 들었다는 것입니다. 19-20절에서는 이미 이방인들에게 복음이 전파될 것을 선지자들을 통해 이미 알려주셨다고 합니다. 그러니까 그들에게 알려주지 않거나 그들이 듣지 않아서 하나님의 의에 대해 무지한 것이 아니라는 것입니다. 또한 예수 그리스도를 통한 복음도 그들은 이미 들었고 알았다는 것입니다. 뿐만 아니라 21절에서는 하나님께서 종일토록 손을 들어 그들이 알도록 간곡하게 요청하면서 최선을 다했지만 이스라엘은 그 하나님의 요청을 무시하고 불순종했다는 것입니다. 그러니까 그들의 책임이 크다는 것입니다.

하나님의 의를 모르기 때문에

그러면 이제 오늘 본문이 우리에게 교훈하는 것을 같이 살펴보겠습니다. 오늘 본문은 당시 이스라엘의 불신앙과 관련하여 그들의 문제 또는 잘못이 무엇이었는지를 말씀하고 있습니다. 그들의 불신앙과 관련하여 그들의 가장 대표적인 문제 또는 근본적인 문제는 하나님, 특별히 하나님의 의를 제대로 알지 못하는 것이었습니다.

그렇다면 하나님의 의를 몰랐다는 것은 무엇을 의미합니까? 조금 전에 말씀드린 것처럼 '하나님의 의'는 '하나님의 언약 관계에 있어서의 신실함'을 의미합니다. 그러니까 성경에서 '하나님께서 의롭다'는 것은 우리의 구원을 시작하셔서 우리와 언약을 맺으신 하나님께서 우리가 부족하고, 연약하고, 죄를 지어 주님을 실망시킴에도 불구하고 계속해서 신실하게 우리를 지켜주시고 인도해 주신다는 것을 의미합니다. 물론 중간에 잘못하면 혼도 내시지만 하나님과 우리와의 언약 관계가 결코 끊어지지 않는다는 것입니다.

실제로 하나님께서는 그 언약 관계에 있어서 신실하심을 하나님의 사람들을 통해 보여주셨습니다. 예를 들어, 아브라함, 이삭, 야곱, 요셉, 모세, 다윗 등을 보십시오. 우리가 성경을 통해서 알 수 있는 것처럼 아브라함, 이삭, 야곱, 요셉, 모세, 다윗 등이 똑똑하고 잘나서 그리고 신실해서 하나님께서 그들을 통해 하나님의 뜻을 이루신 것이 아니었습니다. 그들은 항상 부족하고, 연약하여 실수도 하고 죄도 지었습니다. 그러나 하나님께서 그들을 포기하거나 모른다고 하시지 않으셨습니다.

하나님께서는 그들을 용서하시고 받아주셨고, 또한 그들의 연약함과 부족함을 채우시면서 주도적으로 그들과의 언약을 이루어 가셨습니다. 그 언약 관계에 있어서의 신실하심은 예수님을 통한 복음에서 절정을 이루었습니다(롬 1:17).

그런데 이스라엘은 그 하나님의 의로우심을 몰랐기 때문에 그 의로우신 하나님을 믿음으로 섬기지 않고 자기들의 열심과 노력으로 섬기려고 했습니다. 거꾸로 이야기하면, 하나님과 하나님의 의를 제대로 알았더라면 그들은 잘못된 신앙의 모습을 보이지 않고 믿음으로 하나님을 바르고 온전히 섬겼을 것이 분명합니다. 이것은 무엇을 말씀합니까? 하나님을 바르게 잘 섬기기 위해 절대적으로 중요하고 필요한 것은 하나님을 바르게 아는 것임을 말씀합니다. 저는 신앙이 성숙한다는 것을 한 마디로 표현하라고 하면, 주님을 더 바르고 온전히 알아가는 것이라고 생각합니다. 물론 하나님을 안다는 것은 지식적인 것과 경험적인 것 모두를 포함합니다. 하나님께서는 지금 우리에게도 다양한 방법으로 자신을 알려주십니다. 성경을 통해 알려주시기도 하시고, 목회자들을 통해 알려주시기도 하시고, 그리고 신앙생활과 삶의 여러 일들을 통해 직접 우리에게 자신을 알려주시기도 합니다. 또한 그런 다양한 방법들을 통해 우리가 하나님을 바로 알아서 하나님을 잘 섬기기 원하십니다. 그렇기 때문에 우리가 바르고 성숙한 신앙생활을 하기 원한다면 다른 어떤 것보다도 주님을 더 바르고 더 깊고 더 온전하게 알기를 간절히 사모하는 마음이 우리에게 필요한 줄 믿습니다. 제가 자주하는 복음송 가운데 '♪내 생애 가장 귀한 것♪'이란 찬송이 있습니다.

　　내 생애 가장 귀한 것 주 앎이라
　　내 생애 가장 귀한 것 주 앎이라
　　주님을 알기를 간절히 원하네
　　내 생애 가장 귀한 것 주 앎이라

우리 생애에 가장 귀한 것은 주님을 더 알아가는 것인 줄 믿습니다. 우리 모두가 올 한 해 그리고 평생토록 하나님을 더 바르고 더 깊고 더 온전하게 알아갈 수 있기를 축원합니다.

하나님의 의를 알아가기

그러면 하나님, 특별히 하나님의 의를 알아간다는 것은 무엇을 의미할까요? 또는 하나님의 의를 더 바르고 더 깊이 알게 되면 나타나는 모습은 어떤 것일까요? 여러 가지를 말씀드릴 수 있지만 오늘 본문에 따라 저는 크게 두 가지를 말씀드리겠습니다. 무엇보다도 먼저 그리고 중요한 것은 하나님을 더 바르고 깊게 알게 되면 구원의 진리가 더 분명하고 확실하게 믿어지고, 또한 구원의 진리에 대한 더 큰 감사와 감격이 있게 됩니다.

여러분, 진정 '하나님을 안다' 라고 말할 수 있는 출발점은 어디라고 생각합니까? 그것은 '하나님께서 우리에게 허락하신 구원의 진리(하나님의 의 또는 복음)를 믿음으로 받아들이는 시점입니다. 왜 그렇습니까? 그것은 하나님께서 예수 그리스도를 통해 우리에게 허락하신 구원의 진리는 하나님의 하나님 되심과 우리를 향한 하나님의 사랑과 은혜와 섭리를 알려주시는 진면목이요 절정이기 때문입니다. 그래서 오늘 본문에서도 하나님에 대한 무지와 복음을 받아들이지 않음을 연결하고 있습니다. 결국 오늘 본문 9-10절에서 말씀하는 대로 예수님의 하나님 되심과 구원 사건으로서 십자가와 부활이 마음으로 믿어지지 않으면 진정한 의미에서 하나님을 안다고 말할 수 없다는 것입니다. 그 구원의 진리가 믿어질 때 우리는 비로소 하나님을 안다고 말할 수 있습니다.

그리고 그 지점에서 출발하여 성경을 읽으면서 신앙생활과 삶을 통해서 지식적으로 그리고 경험적으로 하나님을 알게 되면 다른 어떤 것보다 '우선적으로' 나타나는 것이 무엇인지 아세요? 그것은 이미 믿고 있는 구원의 진리가 다시 말해 예수님의 하나님 되심과 구원 사건으로서 십자가와 부활이 더 분명하고 확실하게 믿어진다는 것입니다. 더불어서 성경에서 말씀하는 대로 원죄가 믿어지고, 내가 하나님 앞에서 참으로 큰 죄인인 것이 고백되어지고, 예수님의 성육신이 믿어지고, 또한 영광스러운 나라가 더 분명하고 확실하게 믿어집니다. 그냥 믿어집니다. 또한 믿어질 뿐 아니라 구원 받은 자로서의 더 큰 감사와 감격이 생깁니다. 그것이 하나님을 더 바르고 깊이 알아감으로 나타나는 대표적인 모습입니다. 그러니까 만약 우리가 신앙생활을 하면서도 이러한 구원의 진리에 대한 믿음과 감격이 더 커지고 뜨거워지지 않는다면 하나님을 더 알게 되었다고 말할 수 없는 것입니다.

종종 어떤 분들은 신앙생활을 오래하면 구원의 기쁨과 감격이 사라진다고 합니다. 그러나 그것은 정상적인 것이 아닙니다. 제대로 신앙생활을 하면 말씀을 통해 매일 매일의 신앙생활과 삶을 통해 하나님을 더 깊이 알게 되는데 어떻게 구원의 기쁨과 감격이 사라질 수 있겠습니까? 그것은 불가능합니다. 저는 우리 모두가 올 한 해 그리고 평생토록 하나님을 더 알아감으로 예수님의 하나님 되심과 십자가와 부활의 구원의 진리가 더욱 분명하고 확실하게 믿어지고 또한 구원의 기쁨과 감격이 더욱 넘치기를 간절히 축원합니다.

다음으로 하나님과 하나님의 의를 더 바르고 깊게 알게 되면 우리 신앙생활과 인생이 더욱 더 멋있고 품격이 있어집니다. 오늘 본문은 당시 이스라엘의 모습을 세 가지 표현으로 요약합니다. '행함(9:32),' '잘못된 열심,' '자기 의를 세움' 입니다. 이 표현들을 하나로 묶어서 정리하면, 이스라엘은 나름대로 열심히 최선을 다했는데 그들의 관심과 방향과 목표가 잘못되었다는 것입니다. 그리고 그렇게 된 근본적인 이유는 하나님에 대해서 특별히 하나님의 의에 대해서 잘못된 지식 또는 무지했기 때문입니다. 이것을 거꾸로 뒤집어서 이야기하면, 하나님을 더 바르게 알게 되면 우리의 관심과 목표가 제대로 된다는 것입니다. 그렇죠?

그러면 하나님과 하나님의 의를 더 알게 되면 관심과 목표가 어떻게 달라집니까? 한 마디로 하면, 신앙생활과 삶의 모든 부분에서 관심과 목표가 나에게서 하나님으로 점점 더 옮겨집니다. 다시 말해, '내가 복 받고 내 문제 해결되는 것'에 우선적인 관심이 있었던 신앙생활에서 하나님의 영광을 드러내고 하나님의 뜻을 이루는 것에 관심이 있어지는 신앙생활을 하게 됩니다. 또한 하나님을 제대로 알기 전에는 무슨 일을 행하거나 어떤 것을 결정할 때 이 것이 내게 유익이나 손해가 되는지가 우선적인 관심이었습니다. 그러나 하나님을 알게 되면 나의 관심과 유익이 줄어들고 그 자리에 하나님의 뜻, 하나님의 영광, 하나님의 기쁨이 자리잡게 됩니다. 자녀를 양육하는 것도 직장 생활하는 것도 건강을 챙기는 것도 마찬가지입니다. 부족하고 연약한 나를 구원하시고 늘 실수하고 죄를 지어도 신실하게 사랑해주시는 은혜를 깊이 경험하면 억지로 그렇게 되는 것이 아니고 자연스럽게 그냥 되는 것입니다. 그렇게 되지 않을 수 없습니다. 만약 여러 가지 큰 은혜를 받은 것 같은데 나 자신에 대한 관심과 목표가 여전히 똑같은 분량으로 있다면 아직 하나님을 제대로 모르는 것입니다.

이번 주 주보에서 보신 것처럼, 저는 우리 교회가 캄보디아에 140호 교회를 세우는 것과 관련하여 많이 기뻐하고 감사했습니다. 참으로 멋있고 품격 있는 결정이었습니다. 그렇게 결정한 유일한 기준과 관심과 목표는 하나님의 뜻이고 영광이고 기쁨이었습니다. 이것은 하나님을 바로 아는 자들이 보여줄 수 있는 모습입니다. 저는 목사님과 장로님들에게 마음 속 깊은 곳에서 나오는 박수를 보내고 싶습니다. 저는 우리 모두가 하나님, 신실하신 하나님을 더욱 깊이 알아감으로 우리의 관심과 목표에 하나님이 더욱 더 큰 자리를 차지하는 멋있고 품격 있는 인생이 되길 간절히 바랍니다.

뿐만 아니라 하나님의 의를 알고 알아 가면 모든 면에서 불안해 하거나 조급해 하지 않습니다. 또한 사람들 앞에서 비겁하지 않습니다. 나의 모든 것의 시작이 되시고 진행이 되시고 완성이 되시는 하나님을 믿고 의지하는데 왜 불안해하며 왜 조급해 하며 왜 사람들 앞에서 비겁한 모습을 보이겠습니까? 결코 그럴 수 없습니다. 우리가 불안해하며 조급해 하며 사람들 앞에서 비겁한 모습을 보이는 것은 하나님의 의로우심을 온전히 알지 못하고 믿지 못하기 때문입니다. 저는 우리 모두가 의로우신 하나님을 더 깊이 경험적으로 앎으로 말미암아 모든 상황과 환경에서 참으로 평안하게, 여유롭고 넉넉하게, 그리고 모든 사람들 앞에서 참으로 당당하게 사는 멋있고 품격 있는 인생이 되기를 간절히 바랍니다.

의로우신 하나님과 복음을 전하기

또한 오늘 본문은 주님을 알고 복음을 받아들인 우리가 해야 할 일이 무엇인지 말씀합니다. 그것은 우리가 알고 있는 의로우신 하나님과 복음을 알려주는 것입니다. 오늘 본문은 복음이 전파되기 위해서 우리가 반드시 복음을 전해야 한다고 말씀합니다. 오늘 본문에서 이 부분을 특히 강조하는 것은 9장 내용의 오해를 없애기 위해서 입니다. 9장에서는 하나님의 섭리와 주권에 대한 강조가 있습니다. 그러면 우리는 '복음을 전할 필요가 없겠네!' 라고 생각할 수 있습니다. 그래서 바울은 전하지 않으면 들을 수 없다는 것을 강조하고 있습니다. 우리의 전하는 행동을 통해서 하나님께서 구원을 이루어 가신다는 것입니다.

그러면 우리가 믿는 하나님을 어떻게 전해야 할까요? 무엇보다도 입으로 전해야 합니다. 입으로 복음을 전하는 것은 마음으로 믿는 주님을 시인하는 대표적인 방법입니다. 또한 분명한 것은 전도할 때 우리의 믿음이 유지될 수 있고 역동성 있는 신앙생활을 할 수 있습니다. 그래서 우리 교회에서 목요 전도, 지하철 전도, 등산 전도, 외침 전도 등을 통해 성도들이 전도에 힘을 쓰는 것은 귀한 봉사라고 생각합니다. 또한 해외에 나가서 우리의 입술로 복음을 전하는 것도 정말 귀한 일입니다. 물론 오늘날 우리나라에서 입으로 복음을 전하는 것은 쉽지도 않고 열매도 그렇게 많지 않습니다. 그럼에도 불구하고 우리는 우리가 알게 된 복음을 잘 전해야 합니다. 그런데 입으로 전도하는 것과 함께, 아니 어쩌면 입으로 전하는 것보다 더 중요한 것은 삶으로 우리가 믿는 하나님을 전하는 것입니다. 다시 말해, 믿는 우리가 세상 사람들과 차원이 다른 삶을 살아갈 때 복음은 효과적으로 전파될 수 있다는 것입니다.

일본 기독교계에서는 역대 일본으로서 가장 많은 일본인에게 예수님을 알게 해준 사람으로 미즈노 겐조(1937-84)를 꼽습니다. 그는 초등학교 4학년인 11세 때 예기치 않은 뇌성마비에 걸려 전신이 마비돼 평생 자리에 누워 지내고 그가 할 수 있는 것은 오직 눈을 깜박이는 것이었습니다. 그러던 그가 전도활동을 하던 목사님을 통해 복음을 듣고 성경을 선물로 받아 읽으면서 예수님을 만났다고 합니다. 하나님의 은혜요 섭리였습니다. 그때부터 그는 가슴 가득 밀려드는 감사와 찬양을 주체할 수 없어 시를 지었습니다. 그것은 어머니 도움을 받아 가능했다고 합니다. 일본어 50음도를 벽에 붙여 놓고 어머니가 손가락으로 가리키는 글자에서 원하는 글자에 눈을 깜박여 단어를 만들고 글을 만들었다고 합니다. 그리고 1984년 47세의 나이로 세상을 떠날 때까지 모두 4권의 시집을 만들었는데, 시집이 나올 때마다 많은 사람들에게 엄청난 감동을 주었다고 합니다. 그래서 NHK 방송국에서 이 미즈노 겐조씨의 얘기를 다큐멘터리로 만들어서 방송하였는데, 이 방송을 통해서 많은 사람들이 예수님을 영접하게 되었다는 것입니다. 그런데 작년 10월 엔가요, 그의 4권의 시집에서 엄선한 시들을 한 권으로 엮어 <감사는 밥이다>

는 타이틀로 시집이 우리말로 번역이 되었습니다. 그 중에 오늘 말씀과 연결된 시 한 편을 읽어드리겠습니다.

<그리스도를 알기 위함이라는 걸 깨달았습니다>

병으로 쓰러졌던 그때에는
눈물이 흐르고 슬펐지만
'영의 아픔을 치유하시는 그리스도'를
알기 위함이라는 걸 깨닫고
기쁨과 감사로 바뀌었습니다.

친구에게 외면당하던 그때에는
밤에 잠들지 못할 만큼 원망스러웠지만
'영원히 변치 않는 친구 되신 그리스도'를
알기 위함이라는 걸 깨닫고
기쁨과 감사로 바뀌었습니다

실수했던 그때에는
마음이 혼란스러웠지만
'모든 것을 속죄하신 그리스도'를
알기 위함이라는 걸 깨닫고
기쁨과 감사로 바뀌었습니다

그는 그리스도를 아는 것이 얼마나 귀한 것임을 고백하고 있습니다. 이 시뿐 아니라 그의 시 한 편 한 편을 읽을 때마다 엄청난 감동이 있습니다. 그리고 그의 시를 통해 보여준 삶이 많은 사람들에게 감동을 주고 그리스도에게로 인도한 것입니다. 사랑하는 성도 여러분, 저는 우리 모두가 예수 그리스도로 말미암아 세상 사람들이 감히 넘볼 수 없는 차원이 다른 진정 행복하고 감사한 삶을 살 수 있기를 바랍니다. 그것이 자녀들에게, 친구들에게, 직장 동료들에게, 이웃들에게 드러날 수 있기를 바랍니다. 그래서 우리의 삶을 통해 의로우신 하나님과 예수님을 전하는 복된 인생이 되길 바랍니다.

세 번째는 간절함과 열정으로 기도해야 합니다. 바울은 오늘 본문 1절에서 간절히 기도한다고 고백하고 있습니다. 기도한다는 것의 의미를 한 마디로 하면 내 힘으로 내 지혜로 하는 것이 아니라 성령의 능력을 의지함으로 복음을 전한다는 것을 의미합니다. 그러니까 우리가 알고 있는 의로우신 하나님과 복음을 전해야 하는데, 기도하면서 하나님을 의지함으로 입으로 전하고 삶을 전해야 한다는 것입니다.

이제 말씀을 마칩니다.

오늘 본문은 이스라엘의 불신앙에 있어서 이스라엘의 문제가 무엇이었는지 말씀합니다. 그들의 문제는 하나님과 하나님의 의를 제대로 몰랐기 때문이었습니다. 그러한 이스라엘의 모습은 하나님을 올바로 섬기기 위해 절대적으로 필요한 것이 하나님을 바르게 아는 것임을 교훈합니다. 뿐만 아니라 오늘 본문은 우리가 알게 된 하나님을 다른 사람들에게 기도함으로 입으로 그리고 삶으로 전해야 할 것을 교훈합니다. 저는 우리 모두가 올 한 해 그리고 평생토록 하나님을 더 바르고 깊게 알아가고 또 알게 된 하나님을 전하는 복된 인생이 되기를 간절히 축원합니다.

로마서 11:1-36
역사의 주인이신 하나님

※ 설교 주제: 역사의 주인이신 하나님께 쓰임 받고 복을 받는 인생이 되자.

※ 설교 목적: 하나님께서 역사를 주관하심을 믿게 하고, 그 하나님께 쓰임 받고 복을 받는 인생이 되도록 촉구한다.

※ 설교 전개
   본문 설명
      이스라엘의 미래
      이방인들이 가져야 할 자세와 태도
      온 이스라엘의 구원
   적용
      민족적 이스라엘에 대한 하나님의 사랑과 은혜
      역사의 주인이신 하나님
      우리의 할 일
         하나님의 복이 임하는 인생
         하나님께 쓰임 받는 인생-시기를 일으키는 인생
         하나님께 영광 돌리는 인생

※ 설교 요약

　오늘 본문은 불신앙 가운데 있는 이스라엘의 미래에 대해서 말씀한다. 한 마디로 하나님께서는 결코 이스라엘을 버리시지 않는다는 것이다. 그러면서 하나님의 구원 계획이 어떻게 진행될 것인지 간략하게 말씀한다. 우리가 분명히 알 수 있는 것은 하나님의 은사와 부르심에는 후회가 없다는 것이다. 그러면서 우리가 해야 할 세 가지를 제시했다. 하나는 우리로 말미암아 우리 후손들에게 하나님의 복이 임하는 인생이 되는 것이다. 또한 역사의 주인이신 하나님께 쓰임 받는 인생이 되는 것이다. 특히 다른 사람들의 시기를 일으키는 인생이 되는 것이다. 그리고 그러한 인생이 되기 위해서 겸손하고 두려운 마음과 하나님께 모든 영광을 돌리는 자세가 필요하다.

로마서 9-11장은 구약 시대에 택함과 사랑을 받았지만 복음 되신 예수님을 믿지 않는 이스라엘에 대한 사도 바울의 설명입니다. 9장에서 사도 바울은 이스라엘의 불신앙을 하나님의 주권과 섭리 차원에서 설명했습니다. 그러면서 하나님의 말씀은 결코 폐하지 않았고, 하나님께서는 말씀하신 것을 신실하게 지키시는 하나님이심을 다시 한 번 강조합니다. 10장에서는 이스라엘의 책임 차원에서 그 문제를 설명했습니다. 이스라엘은 열심을 다해 하나님을 섬겼지만 하나님 특히 하나님의 언약 관계에 있어서 신실하심을 몰랐기 때문에 하나님을 잘못 섬겼습니다. 물론 하나님께서는 다양한 방법으로 그리고 선지자들을 통해 그들에게 하나님의 뜻과 섭리를 계속해서 들려주시고 알려주셨지만 그들은 그것을 깨닫지 못했던 것입니다. 그래서 이스라엘은 그들의 의(신실함)를 드러내고자 원했고, 궁극적으로 하나님의 의의 절정인 복음 되신 예수 그리스도를 받아들이지 않았던 것입니다.

이스라엘의 미래

이제 11장에서 바울은 이스라엘의 미래, 즉 이스라엘이 앞으로 어떻게 될 것인가를 말씀합니다. 1절입니다.

> 그러므로 내가 말하노니 하나님이 자기 백성을 버리셨느냐 그럴 수 없느니라 나도 이스라엘인이요 아브라함의 씨에서 난 자요 베냐민 지파라

바울은 단도직입적으로 '하나님께서 자기 백성 이스라엘을 결코 버리시지는 않았다'고 선포합니다. 그러면서 몇 가지 예를 듭니다. 먼저 자신을 보라는 것입니다. 자신도 이스라엘 백성이지만 이렇게

구원받아서 열심히 사역하고 있지 않느냐는 것입니다. 다음으로 2-4절에서는 이스라엘 역사 가운데 한 예를 제시합니다. 엘리야 시대 때에 하나님의 백성이 아무도 없었던 것 같았지만 하나님께서 바알에게 무릎을 꿇지 아니한 7천명을 남겨두시지 않았느냐는 것입니다. 5-6절에서는 이스라엘이 하나님 백성 된 것이 그들의 행함이나 탁월함이나 선함에 있지 않고 하나님의 은혜로 말미암았기 때문에 그 은혜가 진정한 은혜 되기 위하여 지금도 여전히 은혜에 따라 남은 자가 있는 것은 당연하다는 것입니다.

그런데 분명한 것은 역사적으로 계속해서 그리고 바울 당시까지도 하나님의 택하심을 입은 자들 외에 대부분의 사람들은 영적으로 우둔하다는 것입니다. 하나님께서 그들에게 혼미한 심령과 보지 못할 눈과 듣지 못할 귀를 주셨다고 합니다(7-10절). 그래서 대부분의 이스라엘 사람들은 마음이 완악해졌고, 그 결과로 하나님의 은혜를 누리지 못하고 있다고 합니다.

그러면서 11절에서 또 다른 중요한 메시지를 전합니다. 11절입니다.

> 그러므로 내가 말하노니 그들이 넘어지기까지 실족하였느냐 그럴 수 없느니라 그들이 넘어짐으로 구원이 이방인에게 이르러 이스라엘로 시기 나게 함이니라

실족한 것은 맞는데 완전히 넘어지지는 않았다는 것입니다. 다른 말로 하면, 그들의 실족함은 부분적이며 일시적인 것이며, 그들이 실족함에 하나님의 뜻과 섭리가 있다는 것입니다. 또한 그들의 실족함으로 구원이 이방인에게 넘어갔지만, 그것으로 인해 이스라엘

이 시기나게 하기 위함이라고 합니다. 이제 12절에서는 다시 이스라엘에게 하나님의 풍성한 은혜가 임할 것을 말씀합니다.

> 그들의 넘어짐이 세상의 풍성함이 되며 그들의 실패가 이방인의 풍성함이 되거든 하물며 그들의 충만함이리요

그들의 넘어짐과 실패가 이방인들이 하나님 은혜의 풍성함을 경험한 계기가 되었다고 합니다. 그러면서 다시 이스라엘이 풍성함을 경험할 것인데, 그것은 또 다시 이방인들에게 더 큰 풍성함을 경험케 할 것을 말씀합니다("하물며 그들의 충만함이리요").

이방인들이 가져야 할 자세와 태도

이제 13절에서는 당시 로마 교회의 대부분을 구성했던 이방인들을 향해 직접적으로 말합니다. 13절입니다.

> 내가 이방인인 너희에게 말하노라 내가 이방인의 사도인 만큼 내 직분을 영광스럽게 여기노니

자신이 이방인의 사도인 것을 영광스럽게 생각하지만 자신 사역의 한 측면에 유대인들에게 시기심을 유발시켜 이스라엘을 구하고자 하는 마음도 있었다고 합니다(예. 행 5:17, 13:45, 17:5). 그러면서 15절에서 마치 죽은 자들 가운데 살아나는 것같이 앞으로 하나님께서 기적적이고 놀라운 은혜를 주셔서 이스라엘이 다시 회복될 것을 말씀합니다. 16절도 같은 말씀입니다. 16절입니다.

> 제사하는 처음 익은 곡식 가루가 거룩한즉 떡덩이도 그러하고 뿌

리가 거룩한즉 가지도 그러하니라

여기에서 제사하는 처음 익은 곡식가루와 뿌리는 이스라엘 족장들을 의미하고, 떡덩이와 가지는 이스라엘 후손들 전체를 의미합니다. 그러니까 하나님께서 이스라엘의 족장들에게 특별한 은혜를 주셨던 것처럼, 그의 후손들에게도 분명 하나님의 구별된 은혜가 있을 것임을 말씀합니다. 17절부터는 감람나무의 비유로서 이방인의 구원을 설명하고 있습니다. 17절입니다.

또 한 가지 얼마가 꺾이었는데 돌 감람나무인 네가 그들 중에 접붙임이 되어 참 감람나무 뿌리의 진액을 함께 받는 자가 되었은즉

성경을 보면 이스라엘은 종종 감람나무 또는 포도나무로 비유되곤 합니다. 그런데 그 가지 일부가 지금 꺾여 있는 것입니다. 그것은 이스라엘의 일부가 지금 하나님의 은혜에서 떨어져 나갔음을 의미합니다. 대신 돌 감람나무인 이방인들이 접붙임을 받아 참 감람나무의 진액을 받게 되었다는 것입니다. 그렇기 때문에 이방인 너희들도 결코 자랑하지 말고, 또한 마음을 높이 두지 말고 도리어 두려워하라고 합니다(18-20절). 만약 너희가 교만하면 너희도 끊어질 수 있다는 것입니다(21-22절). 23-4절에서는 다시 한 번 하나님께서 자신의 능력으로 다시 이스라엘을 접붙이셔서 회복시키실 것임을 말씀합니다.

온 이스라엘의 구원

이제 25-32절에서 종합적으로 이스라엘의 불신과 이방인들의

구원에 대한 비밀을 정리해서 말씀하고 있습니다. 먼저 이방인의 충만한 수가 들어오기까지 이스라엘은 우둔하게 될 것이라고 합니다(25절). 여기에서 이방인의 충만한 수는 어떤 특별한 숫자를 의미하는 것이 아니고 이방인을 향한 하나님의 계획이 성취될 때를 의미합니다. 또한 그 후에는 '온 이스라엘'이 구원을 받을 것임을 말씀합니다(26절). 여기에서 '온 이스라엘'에 대한 여러 가지 해석이 있습니다. 어떤 분들은 온 이스라엘은 민족적 이스라엘이 아니라 영적 이스라엘을 의미한다고 합니다. 그러나 그것은 옳지 않습니다. 지금 9-11장은 민족적 이스라엘에 대해 언급하는데 그것은 문맥적으로 자연스럽지 않기 때문입니다. 또한 어떤 분들은 문자 그대로 모든 민족적 이스라엘을 의미한다고 합니다. 그것도 옳지 않습니다. 앞에서 하나님께서 모든 이스라엘을 다 택하신 적은 없었기 때문입니다. 또한 성경에서 '모든' 또는 '온'이라는 말은 하나님께서 택하신 모든 사람들을 의미할 때가 많습니다. 그래서 대부분의 학자들은 온 이스라엘은 민족적 이스라엘을 의미하고 또한 택하신 하나님의 백성을 의미한다고 합니다.

그래서 많은 학자들은 역사적으로 어느 한 시기에 민족적 이스라엘이 대규모로 하나님께 돌아올 것이라고 합니다. 저도 그 의견에 동의합니다. 실제로 이스라엘에 대해 연구하는 학자들이 이구동성으로 하는 말은 최근 오십 년 사이에 유대인들 안에 많은 급격한 변화가 있다고 합니다. 작년 통계에 의하면, 이스라엘에 거주하는 인구는 약 800만 정도 됩니다. 그 가운데 유대인들은 약 600만 정도 되고, 현재 세계에 흩어져 있는 유대인들과 합하면 대략 1500만에서 1700만 명 정도 되는 것으로 알려져 있습니다. 오늘날 많은 유대인들이 예수님께 돌아오고 있는데, 학자들에 의하면 지금 예수 그리스도를 메시아로 믿는 그리스도인(메시아닉) 유대인의 수가 지금 이스라엘 땅에는 약 만 오천 명에서 이 만 명 그리고 전 세계적으로는 약 350,000명에 이른다고 합니다. 그러니까 2%가 넘는 유대인들이 예수님을 믿습니다. 뿐만 아니라 점점 더 많은 유대인 학자들이 역사적 예수의 연구에 참여하고 있다고 합니다. 그래서 어떤 분들은 이렇게 많은 유대인들이 급격하게 예수 그리스도를 인정하고 믿기 시작한다는 것은 종말의 때가 다가오고 있음을 의미한다고 주장하기도 합니다. 저는 전혀 틀린 이야기는 아니라고 생각합니다.

28절에서는 다시 비록 이스라엘이 지금 복음 안에서는 하나님과 원수인 상태에 있지만 그의 조상들로 말미암아 그들을 향한 하나님의 사랑과 은혜가 회복될 것을 말씀합니다. 또한 29절에서 하나님의 은사(즉, 선물)와 부르심에는 후회가 없다고 말씀합니다. 그러면서 30-32절에서 하나님께서 유대인과 이방인 모두 일정한 기간 동안 불순종의 시기가 있었는데 그 모든 것은 그들에게 긍휼을 베풀기 위함이었음을 말씀합니다.

33-36절에서는 하나님께서는 우리가 다 알 수 없는 신비스러움은 있지만, 분명한 것은 모든 것의 시작과 진행과 마지막은 모두 하나님으로 말미암은 것임을 말씀합니다. 이제 마지막으로 하나님께 영광이 세세에 있기를 간절히 바람으로 이스라엘의 불신앙의 문제에 대한 설명을 마치고 있습니다.

민족적 이스라엘에 대한 하나님의 사랑과 은혜

오늘 본문은 이스라엘 불신앙과 관련된 말씀의 결론입니다. 그러면 오늘 본문에서 바울이 이스라엘의 불신앙과 관련하여 말씀하는 핵심은 무엇입니까? 그것은 비록 지금 이스라엘의 대부분이 불신앙 가운데 있다고 할지라도 하나님께서 이스라엘을 결코 완전히 이스라엘을 버리시지 않았다는 것입니다. 그들의 불신앙은 일시적이고 부분적이라고 합니다. 또한 그들은 잠시 실족한 것이지 결코 완전히 넘어진 것이 아니라고 합니다. 뿐만 아니라 그 조상들에게 임했던 하나님의 은혜와 사랑을 회복시켜 주실 것이라고 합니다. 그러면서 하나님의 은사(선물)와 부르심에는 결코 후회함이 없다고 말씀하십니다.

정리해 보면, 지금은 일시적으로 민족적 이스라엘이 하나님과 소원한 관계에 있지만, 그럼에도 불구하고 분명한 것은 그들의 조상들을 택하시고 사랑하셨던 하나님이 지금도 여전히 그들을 사랑하고 계신다는 것입니다. 그리고 우리는 오늘날도 하나님께서 민족적 이스라엘을 여전히 사랑하고 계시는 실제적인 예들을 쉽게 볼 수 있습니다.

먼저, 우리가 잘 알고 있는 대로 이스라엘은 1948년 5월에 그들의 조상들이 살았던 옛 영토에 다시 국가를 재건하였습니다. 사실 그것은 인간적인 관점에서 보면 불가능한 것이었습니다. 이스라엘이 언제 국가로서의 존재가 사라졌는지에 대해서는 다양한 의견들이 있지만, 많은 학자들이 주장하는 것처럼 국가로서의 이스라엘의 멸망을 로마가 예루살렘을 점령하고 성전을 파괴했던 AD 70년으로 인정한다면 이스라엘은 거의 2000년 동안 흩어져 살았습니다. 그렇게 오랫동안 흩어져 있었지만, 그들은 자기들의 문화와 종교와 혈통과 언어를 그대로 가지고 있다가 자기 조상들이 살던 땅에서 다시 나라를 세운 것입니다. 여러분, 그것이 가능하다고 생각합니까? 그것은 인간적으로 보면 불가능한 일이고 참으로 기적 같은 일입니다. 그리고 4차에 걸친 중동 전쟁을 치루면서 1967년에는 예루살렘을 회복하였습니다. 물론 시오니즘으로 인해 무자비하게 폭력을 행사하는 것에 대한 문제도 있고, 지금도 여전히 전쟁의 긴장이 넘치는 곳이지만 잘 버티고 있습니다. 어쩌면 이것은 오늘 본문에서 말씀하는 이스라엘 회복의 시작이라고 할 수도 있습니다.

또한 조금 전에 말씀드린 대로 현재 세계에 흩어져 있는 유대인들과 합하면 대략 1500만에서 1700만 명 정도 되는데, 그렇게 많지 않은 인구에도(전세계 인구의 0.2-0.3%) 불구하고 우리가 잘 알고 있는 것처럼 역대 노벨상 수상자의 1/3이 유대인입니다. 그리고 미국에서는 유대인 인구가 580만 명으로 전체 인구의 약 3% 정도이지만 100대 기업의 40%를 유대인이 소유하고 있고, 미국 대학 교수 중 30%가 유대인이라고 합니다. 이 뿐만 아닙니다. 듀퐁(Dupont), 보잉(Boeing), GE, 제록스(Xerox) 등 글로벌 기업들, 워너 브러더스(Warner Brothers)를 비롯한 할리우드 5대 메이저 영화사들, '엑슨모빌(Exxonmobil)', '스탠더드(Standard)', '걸프(Gulf)', '로열 더치 셸(Royal Dutch-shell)', '텍사코(Texaco)' 등 세계 6대 석유회사, AP, UPI, AFP, 로이터(Reuters) 등의 통신사, 뉴욕 타임즈(NewYork Times), 월 스트리트 저널(Wall Street Journal) 등의 신문사, NBC, ABC, CBS, BBC 등의 방송사도 모두 유대인 소유입니다. 그러니까 전세계의 경제계, 학계, 문화계, 언론 등의 대부분을 그들이 지배하고 있습니다.

참으로 경이로운 일입니다. 많은 사람들은 유대인의 건국과 유대인의 탁월함의 원인을 유대인의 특별한 교육에서 찾기도 합니다. 물론 교육의 요소를 무시할 수는 없지만 저는 결코 그렇다고 생각하지 않습니다. 저는 이것이 오늘 본문 28절의 말씀처럼 그들의 조상들을 사랑하셨던 하나님의 은혜요 사랑이라고 믿습니다. 다시 말해, 하나님의 부르심과 은사에는 후회함이 없다는 오늘 본문 말씀이 역사적으로 확인되고 있는 것입니다.

사랑하는 성도 여러분, 택하심과 부르심에 결코 후회함이 없으신 하나님께서 이스라엘 민족의 조상들 때문에 오늘날도 이스라엘 민족들을 사랑하시고 그래서 그들이 여전히 탁월한 삶을 사는 것을 보면서 우리도 한 가지 소원을 가졌으면 좋겠습니다. 그것은 우리도 우리로 말미암아 우리의 후손들에게 하나님께서 사랑하시는 흔적들이 나타나는 것입니다. 오늘 말씀과는 약간 관점은 다르지만 성경을 보면, 십계명 가운데 제 2계명에서(출 20:5-6; 신 5:8-10) 우상을 만들지 말고 섬기지 말라고 명령하시면서 하나님을 사랑하는 자녀들에게 천대까지 복을 주신다고 약속하셨습니다. 저는 우리 모두에게 그 복이 임하기를 간절히 바랍니다.

어느 목사님이 2010년에 뉴욕에서 한인 130여 명이 모여서 하는 수련회에 강사로 초청이 되었다고 합니다. 그 목사님은 교회 수련회인 줄 알았는데, 알고 보니 방 씨(氏) 가족의 수련회였다는 것입니다. 그때 모인 사람들이 전부 고(故) 방만준 할아버지의 후손들이었던 것입니다. 방만준 할아버지는 1898년 평양에서 예수님을 영접했고 슬하에 5남 1녀를 두었는데, 그 자손들이 한국에 100여 명, 미국에 240여 명 있다고 합니다. 얼마 전에 소천하신 방지일 목사님이 그 분의 아들이신데 방 목사님의 백수를 맞아 미국에 있는 자손 중심으로 모여서 가족 수련회를 하게 된 것입니다. 그런데 그 가족 가운데 목사가 20명, 선교사가 7명이 배출되었고, 다수의 사회의 저명인사들이 나왔다고 합니다. 그러니까 우리에게 잘 알려져 있지는 않지만 방만준이라는 한 분으로 인해 믿음의 명문가가 세워진 것입니다. 저는 우리 모두가 믿음의 명문가를 이루는 주인공이 되기를 바랍니다.

실제로 저는 자주 부모님 대에는 어려웠지만 신실한 믿음의 삶을 살았던 사람들의 자손들에게 하나님께서 많은 은혜와 복을 주시는 것을 봅니다. 이 부분은 우리가 충분히 이해할 수 있습니다. 그런데 종종 성경에도 그런 예들이 있고 또한 오늘날 교회에도 그런 경우들이 있는데 하나님께 위대하게 쓰임 받은 사람들의 자녀들이 비뚤어지거나 잘못되는 경우가 있는 것을 봅니다. 또한 우리 주변에서도 종종 참으로 신실하게 신앙생활을 하는데 자녀들이 어려움을 주는 경우도 있습니다. 그러한 경우들을 보면서 로마서 9-11장에서 사도 바울이 이스라엘의 불신앙의 문제를 보면서 갖는 안타까움도 있고 마음이 많이 편치 않는 부분도 있습니다. 하지만 오늘 본문을 통해 분명히 확신하는 것이 있습니다. 그것은 일시적이고 부분적이라는 것입니다. 언젠가는 조상들을 택하신 하나님의 사랑과 은혜가 그 후손들에게 임하게 되고, 또한 조상들의 위대한 믿음과 헌신의 삶이 그의 후손들에게 사랑의 흔적으로 남게 된다는 것입니다. 아무쪼록 은사와 부르심에 후회함이 없는 하나님의 사랑이 그리고 하나님을 사랑하는 자의 자손에게 천대에 이르도록 베푸시겠다는 하나님의 은혜와 복이 우리 성도들을 통해 우리성도의 자손들에게도 임하기를 바랍니다. 우리 모두는 그 은혜를 사모해야 할 줄 믿습니다.

역사의 주인이신 하나님

오늘 본문을 통해 우리가 확인할 수 있는 또 하나의 중요한 메시지는 하나님께서는 역사의 주인이시며 또한 역사는 하나님께서 정하신 목적을 향하여 나아간다는 것입니다. 오늘 본문에서 사도 바울은 당시 이스라엘의 불신앙에 대해 다음과 같이 설명합니다. 먼저 이스라엘의 불신앙을 통해 이방인에게 구원이 이르게 되었다. 다음으로 이방인의 구원은 이스라엘을 시기 나게 하였고, 그들은 결국 회복될 것이다. 세 번째로, 이스라엘의 충만은 또한 세상에 훨씬 부요함을 가져올 것이다. 요약하면, 하나님의 택하심과 은혜와 복이 이스라엘에게서 이방인에게로 이방인에게서 다시 이스라엘로 그리고 이스라엘에게서 또 다시 이방인에게로 오고 간다는 것입니다.

그러는 과정에서 하나님께서 택하셔서 은혜와 긍휼을 베푸시는 사람들도 있고, 그 과정에서 혼미한 심령을 주시며 눈과 귀를 멀게 하시는 사람들도 있고, 완악하게 하시는 사람들도 있다고 말씀합니다. 또한 특별히 남김을 받는 사람들이 있고 그렇지 않는 사람들도 있다고 말씀합니다. 이 부분에 대해서 9장에서도 말씀하시고 오늘 본문에서도 말씀하십니다. 물론, 지난번에 말씀드린 것처럼, 이 문제는 우리 인간의 상식과 논리 차원에서는 이해하기가 결코 쉽지 않습니다. 성경은 그것을 우리가 다 알 수 없는 신비라고 표현합니다. 또한 그것은 창조주 하나님으로서의 주권과 섭리라고 말씀합니다. 그렇기 때문에 우리는 피조물로서 우리의 위치와 한계를 인정하고 그것을 받아들여야 한다고 말씀합니다. 그러나 분명한 것은 그 모든 과정을 통해 하나님의 계획과 섭리와 뜻이 이루어진다는 것입니다.

여기에서 우리가 알아야 할 것 두 가지가 있습니다. 하나는 비록 하나님의 주권과 섭리가 있는 것이 분명하지만, 하나님의 구원 계획과 뜻이 이루어지는 과정에서 우리가 해야 할 일이 있다는 것입니다. 9-11장에서 우리가 보는 것처럼, 바울은 이스라엘의 과거와 현재와 미래에 대한 하나님의 비밀을 어느 정도 알고 있는 사람이지만, 그럼에도 불구하고 9:1-3을 보면 큰 근심과 고통 가운데서 이스라엘의 구원을 간절히 소원하였습니다. 그리고 10:1을 보면 그것을 위해 간절히 기도한다고 고백합니다. 뿐만 아니라 10:14을 보면 실제로 그렇게 되도록 최선을 다해 노력하고 있다고 말씀합니다. 이것은 무엇을 말씀합니까? 제가 9장을 설교하면서 말씀드린 것처럼 한 편으로는 하나님의 뜻과 섭리가 있음을 인정하고 받아들이면서도 다른 한편으로는 하나님의 구원 계획과 뜻이 이루지는 과정에서 하나님의 뜻과 섭리가 전혀 없는 것처럼 우리도 소원하고 기도하고 최선을 다해야 한다는 것입니다.

또 한 가지 우리가 알아야 할 것은 하나님께서 구원 계획과 목적을 가지고 역사를 이끌어 가시는데 특별히 선택된 사람들을 통해 또는 남는 자들을 통해 이루어 가신다는 것입니다. 오늘 본문만 그렇게 말씀하는 것이 아닙니다. 성경을 보십시오. 하나님께서는 항상 특별히 사람들을 택하셔서 하나님의 뜻과 계획을 이루어 가심을 알 수 있습니다. 하나님께서는 아브라함과 모세와 다윗을 택하셨습니다. 12제자를 택하셨고 바울도 택하셨습니다.

하나님께서 스스로 하실 수 있지만 그렇게 하지 않으시고 모두 사람들을 택하셔서 하나님의 계획과 뜻을 이루어 가신 것입니다. 그러니까 하나님의 뜻과 섭리와 예정이 전혀 없는 것처럼(왜냐하면 우리는 그것을 모르고 하나님만 아시는 비밀이고 또한 신비스러운 것이니까요), 우리는 이 시대에 하나님의 구원계획과 뜻을 이루어 가시는데 하나님께서 남기시는 자가 되길 또는 하나님의 특별한 택함을 받는 자가 되기를 간절히 원하고 기도하고 실제로 그렇게 최선을 다해 노력해야 할 것입니다. 그것도 개인적으로 단지 나만 그렇게 되기를 바라지 말고 오늘 본문에서 사도 바울이 그랬던 것처럼 우리가 속해 있는 공동체 그러니까 우리 교회, 우리 교단, 우리 나라가 하나님의 구원 계획과 뜻을 이루기 위해 택함을 받고 남는 교회, 교단, 나라가 되기를 소원하고 기도하고 최선을 다해야 할 줄 믿습니다.

우리가 할 일

그러면 하나님의 구원 역사를 이루어 가시는데 쓰임 받기 위해 우리가 할 일은 무엇입니까? 무엇을 소원하고 기도하고 최선을 다해 노력해야 합니까? 물론 많이 있을 것입니다. 10장에서 말씀하는 것처럼, 열심히 복음을 전해야 합니다. 그런데 오늘 본문은 중요한 또 한 가지를 우리에게 교훈합니다. 그것이 무엇이죠? 그것은 다른 사람들에게 시기를 일으키는 인생이 되는 것입니다. 오늘 본문을 보면 역사의 주인이신 하나님께서 역사를 통해 하나님의 구원 계획과 뜻을 이루어 가시는 대표적인 방법 가운데 하나가 다른 사람들의 시기심을 불러일으키시는 것이라고 하십니다(11, 14절). 이 말씀을 보면서 하나님께서 우리 모두에게 크고 작은 시기심을 주신 것을 감사해야 할 것 같은 생각도 들었습니다. 그런데 우리에게 시기라고 하는 단어는 그렇게 좋은 이미지를 가지고 있지 않기 때문에 우리가 자주 사용하는 다른 용어로 바꾸어보면 '찜 당하는 인생'이라고도 할 수 있을 것 같습니다.

지난 연말에 우연히 '천상의 엄마'라는 프로그램을 보았습니다. 수녀들이 버림받은 아이들을 엄마로서 고등학교 졸업할 때까지 키워서 사회에 내 보내는 일을 방영한 것입니다. 그런데 아주 인상이 깊었던 것은 담당 PD가 어떤 수녀에게 이렇게 물었습니다. "행복하십니까?" 그 분의 대답은 "내 얼굴을 보면 행복하게 보이지 않나요?"라고 반문하는 것이었습니다. 실제로 정말 행복해 보였습니다. 그 장면을 보면서 약간의 시기도 있었습니다. 찜하고 싶었습니다. 저를 포함한 우리 목회자들도 그래야 하고 우리 성도들도 그래야 하는데 하는 마음이 있었습니다. 그런데 지난주에 목사님 칼럼에서 한 권사님의 이야기를 듣고 참 기분이 좋고 감사했습니다. 암으로 병원에 입원했음에도 불구하고 너무 행복해 하니까 어떤 분이 어떻게 그렇게 행복할 수 있느냐고 물었고 그 사람이 나중에 예수님을 믿었다는 것입니다.

사랑하는 성도 여러분, 우리가 인생을 살아가면서 좋을 때도 있고 어렵고 힘들 때도 있습니다. 그런데 우리 모두가 좋을 때는 좋을 때대로, 어려울 때는 어려울 때대로 우리의 모습을 통해 다른 사람들의 시기를 일으킬 수 있기를 원합니다. "저 사람을 보니 정말 하나님께서 살아계시고 역사하시는 것 같다" 또는 "찜하고 싶다"고 이야기를 들을 수 있는 참으로 복된 인생인 줄 믿습니다.

그런데 오늘 본문은 하나님의 구원 계획에 계속해서 선하게 쓰임 받는 인생이 되기 위해 다시 말해 계속해서 다른 사람의 시기를 일으키는 복된 인생이 되기 위해 우리에게 꼭 필요한 자세가 있음을 말씀합니다. 그것은 두 가지인데 깊이 연결되어 있습니다. 먼저 18, 20절입니다.

> 그 가지들을 향하여 자랑하지 말라 자랑할지라도 네가 뿌리를 보전하는 것이 아니요 뿌리가 너를 보전하는 것이니라
> 옳도다 그들은 믿지 아니하므로 꺾이고 너는 믿으므로 섰느니라
> 높은 마음을 품지 말고 도리어 두려워하라

절대로 자랑하지 말고 마음을 높이지 말고 두려워하라고 말씀합니다. 21절을 보면 하나님께서 얼마든지 대상을 바꾸실 수도 있다고 말씀합니다. 물론 이 말씀은 경고의 말씀입니다.

또 한 가지는 36절입니다.

> 이는 만물이 주에게서 나오고 주로 말미암고 주에게로 돌아감이
> 라 그에게 영광이 세세에 있을지어다 아멘

말씀을 마치면서 참으로 간절히 하나님께서 영광 받으시길 간절히 소원하고 있습니다. 이 두 마음가짐과 자세가 우리가 평생토록 쓰임 받는 인생이 되고 시기를 일으키는 인생이 되기 위해 꼭 필요한 신앙의 자세입니다. 저는 사도 바울이 끝까지 쓰임 받는 인생이 된 것은 전적으로 하나님의 은혜라고 하는 믿음이 뼛속 깊이 새겨져 있는 겸손한 마음, 두렵고 떨리는 마음 그리고 자신의 모든 것을 통해 자신이 드러나지 않고 하나님께 영광을 돌리려는 마음이었다고 믿습니다. 우리에게 그 마음이 있어야 할 줄 믿습니다.

제가 9장을 설교하면서 말씀드린 것처럼, 혹시 우리에게 부족하거나 연약한 것이 있다면, 한 편으로는 절대로 낙심하지 않고 그 속에 하나님의 주권과 섭리가 있는 것을 분명히 믿고 받아들이고 다른 한 편으로는 하나님을 의지하면서 극복하기 위해서 최선을 다해야 합니다. 그런데 오늘 본문은 하나님께서 특별한 은혜 주셔서 다른 사람들보다 탁월한 것이 있고, 부러움을 살만하고, 시기를 일으킬 만한 것이 있다면, 온전히 하나님의 은혜임을 고백하고 절대적으로 겸손하고 두렵고 떨리는 마음으로 하나님께 영광을 돌려야 함을 말씀합니다.

그런데 여러분, 어려움을 관리하는 것이 어렵습니까? 아니면 형통함을 관리하는 것이 어렵습니까? 주변에서 보면 부족하고 어려워서 인생이 힘들어지는 사람보다는 잘 되어서 인생이 힘들어지는 사람이 훨씬 많은 것을 알 수 있습니다. 형통함을 관리하는 것이 훨씬 더 어렵습니다. 우리는 기본적으로 하나님께서 남다른 은혜를 주시면 우쭐해지기 쉽습니다. 사실 이스라엘이 그랬습니다. 지금도 여전히 그런 마음이 있습니다. 우리에게 자존감은 필요하지만 불필요한

자신감, 우쭐함, 교만함, 자신을 드러내고자 하는 마음은 패망의 지름길임을 우리는 명심해야 할 줄 믿습니다. 저는 우리 모두가 하나님께서 남보다 탁월한 은혜와 복을 주셔서 다른 사람들이 시기하는 인생이 되게 하실 때 정말 겸손함과 두렵고 떨리는 마음으로 그리고 모든 영광을 오직 하나님께 돌림으로 그 은혜와 복을 계속 누릴 수 있기를 간절히 바랍니다.

말씀을 맺겠습니다.

오늘 본문은 불신앙 가운데 있는 이스라엘의 미래에 대해서 말씀합니다. 한 마디로 하나님께서는 결코 이스라엘을 버리시지 않는다고 말씀합니다. 그러면서 하나님의 구원 계획이 어떻게 진행될 것인지 간략하게 말씀하고 있습니다. 우리가 분명히 알 수 있는 것은 하나님의 은사와 부르심에는 후회가 없다는 것입니다. 그러면서 세 가지를 적용했습니다. 하나는 우리로 말미암아 우리 후손들에게 하나님의 복이 임하는 인생이 되자고 했습니다. 또한 역사의 주인이신 하나님께 쓰임 받는 인생이 되자고 했습니다. 특히 다른 사람들의 시기를 일으키는 인생이 되자고 했습니다. 그리고 그러한 인생이 되기 위해서 겸손하고 두려운 마음과 하나님께 모든 영광을 돌리는 자세가 필요하다고 했습니다. 이 은혜와 복이 우리 모두에게 임하길 간절히 바랍니다.